The Essence of INTERNATIONAL FINANCE

国际金融学精讲

孙颢 赖溟溟 编著

东北财经大学出版社
Dongbei University of Finance & Economics Press

· 大连 ·

图书在版编目（CIP）数据

国际金融学精讲/孙颋，赖溟溟编著．—大连：东北财经大学出版社，2023.10

（21世纪高等教育金融学精讲教程）

ISBN 978-7-5654-4933-8

Ⅰ.国⋯　Ⅱ.①孙⋯②赖⋯　Ⅲ.国际金融学–高等学校–教材　Ⅳ.F831

中国国家版本馆CIP数据核字（2023）第148507号

东北财经大学出版社出版

（大连市黑石礁尖山街217号　邮政编码　116025）

网　　址：http://www.dufep.cn

读者信箱：dufep@dufe.edu.cn

大连日升彩色印刷有限公司印刷　　　东北财经大学出版社发行

幅面尺寸：170mm×240mm　　字数：367千字　　印张：19.75　　插页：1

2023年10月第1版　　　　　　　　　　2023年10月第1次印刷

责任编辑：郭　洁　章北蓓　　　　　　　责任校对：国　宝

封面设计：张智波　　　　　　　　　　　版式设计：原　皓

定价：45.00元

教学支持　售后服务　　联系电话：（0411）84710309

版权所有　侵权必究　　举报电话：（0411）84710523

如有印装质量问题，请联系营销部：（0411）84710711

前言

当今世界正经历百年未有之大变局，和平与发展仍然是时代主题，同时国际环境日趋复杂，不稳定性和不确定性不断增加。

综览当前的国际经济金融环境不难看出，全球化发展出现了诸多新变化。在技术进步和地缘政治格局等因素的作用下，跨境资本流动增加，新的金融工具相继出现，国际金融风险溢出现象频出。鉴于此，维护金融稳定、促进经济增长，应对气候变化和收入不平等等全球性挑战，成为我国经济金融领域不能回避的问题。习近平总书记在党的二十大报告中强调，我们要增强问题意识，聚焦国际变局中的重大问题，不断提出真正解决问题的新理念、新思路、新办法。因而，掌握国际金融领域的相关知识，了解当前国际金融领域发生的新变化，对于学生和专业人士来说变得更为迫切。

针对新的变化，以二十大精神为指导，结合教学与实践的需要，以对复杂的国际金融问题作出尽量简单的阐释为目标，我们编撰了这本《国际金融学精讲》。本书的特色在于：首先，在梳理现有国际金融知识体系的基础上，试着构建一条基本概念—理论分析—实际应用的学习路线，突出从理论到实际、从市场到政策的分析思路，培养学生对问题的分析能力。其次，精讲包括汇率、国际投资、风险管理、金融衍生品和金融监管等的理论与实务内容，对当前国际金融领域发生的最新变化也有适当阐释。同时，通过习近平总书记的重要讲话、中外近现代历史上的金融事件（例）等相关学习参考资料的电子阅读等内容安排，以及各章中精心设计的"思政谈"栏目，使课程思政达到润物无声的效果。

全书共分九章。第一章到第三章主要是国际金融基本理论的介绍，涵盖国际收支、汇率、开放经济条件下的经济政策等内容；第四章到第七章主要是国际金融市场、金融投资等相关市场实践的介绍，涵盖外汇市场、国际金融市场、国际储备、国际投资等内容；第八章到第九章主要是国际金融领域的制度、国际金融组织、国际金融监管等相关政策实践的介绍，涵盖国际货币体系、国际金融组织、国际金融危机和国际金融监管等具体内容。

在本书的编撰过程中，参考了大量国内外相关文献，并有所借鉴，在此谨向相关文献的所有作者表示衷心感谢。书中的错误和遗漏部分，敬请读者批评指正。

作　者

2023 年 5 月

目录

第一章

国际收支和国际收支平衡

──────── 学习目标 ────────

掌握国际收支的概念，理解国际收支的作用。

掌握国际收支平衡表的编制原理和内容，理解国际收支平衡表中各项目的含义与关系。

掌握国际收支不平衡的定义，理解国际收支不平衡的口径，掌握国际收支不平衡的类型和调节机制。

理解国际收支调节理论。

第一节 国际收支

随着经济全球化的发展，一国的经济金融关系不可能脱离其他国家而独自展开，而各国之间的经济交易又可能出现交易收入大于支出或者交易支出大于收入的情况，由此产生的国际收支问题通常是了解国际金融的起点。汇率、国际货币体系、国际金融市场等国际金融知识都与国际收支存在某种因果联系。

一、国际收支的定义

国际收支是在一定时期内，一个国家（地区）的居民与非居民之间所发生的经济交易往来的全部系统记录。具体来说，国际货币基金组织认为，国际收支包括：（1）商品、服务和收益方面的交易。（2）该经济实体所持有的货币性黄金和特别提款权的变化，以及它对其他经济实体债权债务关系的变化。（3）无偿的单方面转移，以及会计意义上为平衡尚未抵消的上述交易所规定的对应项目。

应当从以下几个方面理解国际收支。

（一）国际收支是以国际交易为基础

国际收支的基础是居民和非居民之间的交易往来。这一交易既包括货币收支的对外往来，也包括非货币收支的对外往来；既包括双方之间双向的贸易往来，也包括单向的资本转移，如国际的货物、服务等贸易支出，各国间的直接投资、证券投资等资本流动，政府间的转移支付。

（二）国际收支反映交易主体的双方是本国居民与非居民

居民是指在一国经济领土内居住生活工作或从事各种经济活动达一年以上的政府机构、个人和各类企业、社会组织，否则就为非居民。但是，外交使节、驻外军事人员等虽然可能会在一国经济领土居住一年以上，但他们仍是非居民。经济领土指一国政府管辖的陆地区域、领空、领海（包括对捕鱼权、燃料或矿物权行使管辖的区域）；在海上领土中，属于该领土的岛屿；在世界其他地方的领土飞地（如使领馆、军事基地、科学站、信息或移民局、援助机构、具有外交身份的中央银行代表处等）。

（三）国际收支是一个流量的概念

统计学上的流量是指一定时期内变量发生变动的数值。国际收支反映的是一定时期，比如一年、一个季度、一个月内一国对外经济交易往来的变动值，是一个时间段内的变动值而非时点值。因此，国际收支也是一个流量的概念。在分析国际收支时，需要明确分析所涉及的周期，常见如年度、季度等。

二、对国际收支的认识

国际收支经历了一个从简单的贸易收支发展到包括全部国际经济交易的过程。其在一国经济政策框架中的地位也经历了这样一个过程。

早期的重商学派将国际收支简单地认定为是一个国家的对外贸易差额及贸易收支。他们认为，一国产生的贸易顺差有利于该国的经济增长。若一国的出口量大于进口量，产生贸易顺差，获得对外国的净收入，作为货币的金银就会流入本国，本国货币供应量相应增加，利率下降，有助于本国的投资和经济增长。受重商主义理论的影响，这一时期各国政府普遍通过经济政策追求国际收支顺差，以增强本国的经济竞争力。

金本位制度下，经济学家认为政府无须对国际收支进行调节，因为黄金的流入和流出可自动调节国际资本流动，可以自动实现国际收支平衡，不需要政府的政策干预。因而，这一时期，国际收支并不是各国经济政策的关注重点。

随着第一次世界大战的结束和1929—1933年大萧条的发生，由大规模移民形成的资本单方面转移和同盟国向协约国的战争赔款等国际资本流动的日益增多，范围限于贸易收支的国际收支已无法反映国际经济的真实状态。因此，国际收支范围从贸易收支开始扩大。政府和研究者将所有涉及货币往来的交易都包括在国际收支范畴内。这一时期，许多国家放弃了金本位制，实行浮动汇率制，并且为实现国际收支平衡而采取贸易管制、报复性贸易政策和货币贬值政策等，以改善本国经济状况。由此，国际收支再次成为一国经济政策的重点关注目标。

第二次世界大战之后，由于各国之间的贸易形式更为多样，政治文化往来更为频繁，不涉及外汇收支的交易越来越多，因此，有必要将非货币往来的收支也包括在国际收支内，同时，各国都加强了对宏观经济的管理，国际收支成为宏观经济管理的主要目标之一。

要理解国际收支，需要将其与国际借贷进行区别辨析。国际借贷是指一个国家在一个时间点的对外债权债务的综合情况，是一个存量概念。而国际收支表示一个国家在一定时期内对外交易往来的全部系统记录，是一个流量概念。两者之间具有一定的联系。国与国之间的债权债务在一定时期内必须进行结算，此过程一定涉及国际收支问题，债权国要通过收入货币了结债权关系，而债务国要通过支付货币清偿债务。因此，有了国际借贷才会产生国际收支，国际借贷是国际收支的原因，国际收支是国际借贷的结果。

【参考资料1-1】 国际收支顺差与鸦片战争

早在战国时期，中国就以白银作为货币，而在明、清以及民国前期，白银已经大量使用。直到1935年国民政府发行法币，取消银本位，白银作为货币的使用功能才受到限制，但银元在民间一直流通到1949年。不仅仅在中国，在整个世界的历史上，白银也是从一开始就充当了货币的角色，今天的美元和英镑，其名称都源于白银。

继续阅读请扫码

第二节 国际收支平衡表

国际收支平衡表是一国计量和分析国际收支状况的重要工具。一国的国际收支状况只有通过国际收支平衡表的项目增减变化和差额才能反映出来。此外，通过分析国际收支平衡表，可以了解一国的贸易和资本流动状况，从而制定出相应的、具有重要前瞻性和指导性的经济政策。

一、国际收支平衡表的账户原理

（一）国际收支平衡表的定义

国际收支平衡表是反映一国（地区）在一定时期（通常为一年内）以货币单位表示的国与国之间全部的对外经济往来的平衡表。它反映了该国（地区）国际收支的总量和结构构成。

从国际收支平衡表的结构来看，可以分为经常账户、资本和金融账户、净误差和遗漏等三大类。其中，涉及产品和服务的进出口，计入经常账户；涉及资金形式的国际资本流入流出的交易计入资本和金融账户；净误差与遗漏则是用来轧平国际收支表的差额。国际收支平衡表从这三方面系统记录一国（地区）对外的国际交易状况，是政府制定经济政策及个人、企业和银行参与国际贸易和国际金融活动的重要信息来源。

（二）国际收支平衡表的原理

类似财务报表，国际收支平衡表是按照复式记账法编制的。国际收支中每笔交易的记录均由两个金额相等但方向相反的分录组成，反映每笔交易的流入和流出。每一笔交易，都会产生一个与之相应的贷方分录和借方分录。其中，一切本国资产减少、负债增加或收入增加、支出减少的项目都列在贷方；一切本国资产增加、负债减少或收入减少、支出增加的项目都列在借方。

根据复式记账法"有借必有贷、借贷必相等"的原理，国际收支平衡表全部项目的借方总额和贷方总额总是相等的，其净差额为零。但在实际经济环境下，由于资金在途、清算时限等问题，国际收支平衡表中的项目借方和贷方经常是不平衡的，借贷双方收支相抵总会出现一定差额。当贷方额大于借方额时，差额为正数，一般称为顺差或盈余；当借方额大于贷方额时，差额为负数，一般称为逆差或赤字。

此外，国际收支平衡表的日期记录原则类似于权责发生制原则，记录日期以资产或负债所有权的变更日期为准，而非其实际支付日期。如某日发生了一笔涉及外国债券的已到期未支付利息的交易，即使该笔债券的利息并未实际支付给债券的持有者，但因为已经发生了利息所有权的变更，仍应当进行记录。

具体来说，国际贸易和金融交易产生后，可以以许多不同的方式在国际收支平衡表上反映。

（1）本国居民从非居民进口货物或服务，属于支出项目，记借方；本国居民向非居民出口货物或服务，属于收入项目，记贷方。

（2）本国居民的资金对非居民的单边转移，记借方；本国居民收到国外的资金单方面转移，记贷方。

（3）本国居民通过继承、投资等方式获得外国资产，记借方；非居民获得本国资产或对本国投资，记贷方。

（4）本国居民偿还外债，记借方；非居民向本国偿还债务，记贷方。

（5）本国国际储备增加，记借方；本国国际储备减少，记贷方。

二、经常账户

经常账户反映了一国实体经济交易的对外状况，主要记载货物、服务的相关收支状况，可将其细分为货物、服务、初次收入和二次收入等。其差额又称经常账户差额，反映出口、应收收入之和及进口、应付收入之和之间的差额。

1.货物。货物是指经济所有权在一国居民和非居民之间转移的货物交易，货物进口记借方，货物出口记贷方。但部分货物未发生所有权转移或不具有商业价值，不会被纳入到货物贸易中，如转口贸易品、移民的个人物品、商业样品等。

2.服务。服务包括加工服务，维护和修理服务，运输，旅行，建设，保险和养老金服务、金融服务，知识产权使用费，电信、计算机和信息服务，其他商业服务，个人、文化和娱乐服务，以及未涵盖的政府货物和服务。本国居民接受的外国服务记借方，本国居民向外国提供的服务记贷方。

（1）加工服务：加工服务包括由不拥有相关货物所有权的企业承担的加工、装配、贴标签和包装等服务。该制造服务由不拥有货物的实体进行，且所有者需向该实体支付一定的费用。货物的所有权未发生变更，所以在加工者与所有者之间不记录一般商品交易。

（2）维护和修理服务：维护和维修服务包括一国居民为非居民所拥有的货物提供的维护和维修工作。船舶、飞机和其他运输设备的维护和维修计入该项目。但有部分设备的维护和维修不计入该项目，例如：运输设备的清洁是计入运输服务，建设工程维护和维修计入建设，计算机的维护和维修计入计算机服务。

（3）运输：运输服务是指将人和物体从一地点运送至另一地点的过程，包括相关辅助和附属服务，以及邮政和邮递服务。

（4）旅行：旅行服务指某经济体的非居民在旅行或访问该经济体期间从该经济体处消费的自用和馈赠的货物和服务。个人在其居住领土之外学习或求医而购买的货物和服务计入旅行项目；边境工人、季节性工人和其他短期跨境工人在其就业经济体购买的货物和服务也计入该项目。但外交官、领事馆人员、军事人员等及其家属在其就职的领土购买的货物和服务计入未涵盖的政府货物和服务；转售货物计入货物贸易。

（5）建设：建设包括以建筑物、工程性土地改良和其他此类工程建设为形式的固定资产的建造、翻修、维修或扩建以及相关的安装和装配工作。

（6）保险和养老金服务：保险和养老金服务包括提供人寿保险和年金、非人寿保险、再保险、货运险、养老金、标准化担保服务，以及保险、养老金计划和标准化担保计划的辅助服务。

（7）金融服务：金融服务指除保险和养老金服务之外的金融中介和辅助服务。包括通常由银行和其他金融公司提供的服务，如存款吸纳和贷款、信用证、信用卡、与金融租赁相关的佣金和费用、保理、承销、支付清算等。还包括金融咨询、金融资产或金条托管、金融资产管理、监控、流动资金提供、非保险类的风险承担、合并与收购、信用评级、证券交易等的服务以及信托服务。

（8）知识产权使用费：知识产权使用费指本国居民和非居民之间经许可使用的无形的、非生产非金融资产和专有权及经特许安排使用的知识产权和相关权利。

（9）电信、计算机和信息服务：电信、计算机和信息服务指本国居民和非居民之间的电信、计算机和信息服务，但不包括以电信、计算机和信息服务为媒介交付的商业服务。其中，电信服务，过去包括通过电话、电传、电报、无线广播和电视线缆、电视卫星、电子邮件、传真传输音频、图像、数据或其他信息，现在则是指利用有线、无线的电磁系统或者光电系统等各种通信网络资源，提供语音通话服务，传送、发射、接收或者应用图像、短信等电子数据和信息的业务活动。计算机服务包括硬件和软件相关服务和数据处理服务。信息服务包括通讯社服务，如向媒体提供新闻、照片和特写。其他信息服务包括数据库服务，通过邮件、电子传输手段或其他手段直接非批量订阅报纸和刊物，其他在线服务，图书馆和档案服务等。

（10）其他商业服务：包括研究和开发服务，专业和管理咨询服务，技术服务、贸易相关服务和其他商业服务。

（11）个人、文化和娱乐服务：个人、文化和娱乐服务指本国居民和非居民之间与个人、文化和娱乐有关的服务。这包括视听和相关服务以及其他有关个人、文化和娱乐的服务。视听和相关服务包括与电影制作（胶片录像带、磁盘上的电影或电子传输的电影等）、无线广播和电视节目制作（现场直播或磁带播放），以及音乐录音等相关的服务和费用。其他个人、文化和娱乐服务包括医疗卫生服务、教育服务和其他服务。

（12）别处未涵盖的政府货物和服务：别处未涵盖的政府货物和服务包括由飞地（如使馆、军事基地和国际组织）或向飞地提供的货物和服务；外交官、领馆工作人员和在海外的军事人员及其家属从东道国经济体购买的货物和服务；由政府或向政府提供的未计入其他服务类别的服务。

3.初次收入账户。初次收入指某些机构、单位因其对生产所做的贡献、向其他机构、单位提供金融资产和出租自然资源而获得的回报。初次收入分为雇员报酬、投资收益和其他初次收入三类。

雇员报酬表示雇主（生产单位）和雇员为不同经济体的居民时，个人在与企业的雇主-雇员关系中因劳务而获得的酬金回报。雇员报酬包括现金形式的工资和薪金，实物形式的工资和薪金，雇主的社保缴款。

投资收益指因金融资产投资而获得的利润、股息、利息和再投资收益。

其他初次收入指将自然资源让渡给不同国居民使用而获得的租金收入，以及对跨境产品和生产的征税和补贴。

4.二次收入账户。二次收入指本国居民和非居民之间的经常性转移。其中，转移指经济实体向另一个经济实体提供货物、服务、金融资产或其他非生产资产而无相应的经济价值的物品回报。

三、资本与金融账户

顾名思义，资本与金融账户包括两类账户：资本账户和金融账户。

1.资本账户

资本账户反映本国居民与非居民之间非生产、非金融资产和资本转移，因而包括两部分：第一，本国居民与非居民之间非生产、非金融资产的取得和处置；第二，本国居民与非居民之间应收资本转移、应付资本转移。其中非生产、非金融资产包括自然资源、契约、租约和许可、商誉。本国居民向非居民进行资本转移，取得非生产、非金融资产的支出，记借方；本国居民获得非居民提供的资本转移，处置非生产、非金融资产获得的收入，记贷方。

2.金融账户

金融账户反映本国居民与非居民之间金融资产和负债的获得和处置净额。金融账户包括直接投资、证券投资、金融衍生工具、其他投资和储备资产。

直接投资是指一国的居民对另一国的居民企业实施管理上的控制或重要影响的投资，这种投资不仅包括被控制企业的股权，还包含相关对被控制企业有生产、销售、财务方面重要影响的投资。

证券投资指没有被列入直接投资或储备资产的，有关债务或股本证券的跨境交易和头寸。

金融衍生工具是指与特定金融工具、指标或商品挂钩，其价格随特定金融工具、指标或商品变动而变动的金融工具。

其他投资指除直接投资、证券投资、金融衍生工具和储备资产外，居民与非居民之间的其他金融交易。其他投资包括一次性担保、养老基金、证券回购协议等。

储备资产指一国拥有的对外资产，包括外汇、货币黄金、特别提款权、在国际货币基金组织的头寸等。

本国居民当期对外金融资产净增加记负方，净减少为正；当期对外负债净增加为正，净减少为负。

四、净误差与遗漏

设计净误差与遗漏项的初衷是为了轧平国际收支平衡表的差额。国际收支平衡表采用复式记账原理，所有账户间的差值应为零。但由于资料来源、统计口径和交易清算时点不同等因素，会形成经常账户数额、资本与金融账户数额两者的不平衡，形成相应差值。将该差额计入净误差与遗漏，以保证国际收支平衡表差额为零。但该项目只反映总体国际收支平衡表的差额，无法从结构上反映各账户具体环节的误差与遗漏。

国际收支平衡表的内容参见表1-1。[①]

下面以几个例题来说明国际收支平衡表的复式记账原则。

例1-1：假设中国A公司从日本的B公司购入一台机器设备，通过中国银行以5万美元的支票进行支付。该业务为中国的一笔货物进口业务，因而在国际收支平衡表上产生了下面两个相互冲抵的复式记账条目：

借方——经常账户——货物进口：50 000美元

贷方——金融账户——资产：50 000美元

例1-2：贾同学在法国旅行时，在C餐馆享用了丰盛的法国大餐，花费120欧元，以招商银行信用卡进行支付。该业务为中国的一笔服务进口业务，因而在国际收支平衡表上产生了下面两个相互冲抵的复式记账条目：

借方——经常账户——服务进口：120欧元

贷方——金融账户——资产：120欧元

例1-3：我国企业在海外投资取得利润100万美元，其中50万美元用于当地再投资，25万美元购买当地土特产运回国内，25万美元结汇兑换为人民币。则：

借方——经常账户——货物进口：25万美元

金融账户——直接投资：50万美元

——储备资产——外汇储备：25万美元

贷方——经常账户——投资收益：100万美元

[①] 数据来源于国家外汇管理局官网公布的统计数据，限于写作时的数据可得性，截至2023年3月数据可查。

表1-1 　　　　　　　　　　　中国的国际收支平衡表　　　　　　　　　单位：亿SDR

项目 ＼ 年度	2016	2017	2018	2019	2020	2021
1. 经常账户	1 370	1 350	185	745	1 768	2 231
贷方	17 669	19 739	20 839	21 217	21 634	27 248
借方	−16 299	−18 388	−20 653	−20 471	−19 866	−25 017
1.A 货物和服务	1 838	1 552	634	957	2 552	3 255
贷方	15 819	17 453	18 747	19 050	19 616	24 979
借方	−13 981	−15 901	−18 112	−18 093	−17 064	−21 724
1.A.a 货物	3 516	3 415	2 697	2 847	3 649	3 956
贷方	14 319	15 921	17 096	17 281	17 976	22 599
借方	−10 802	−12 506	−14 399	−14 434	−14 327	−18 644
1.A.b 服务	−1 679	−1 863	−2 063	−1 890	−1 097	−701
贷方	1 500	1 532	1 650	1 769	1 640	2 380
借方	−3 179	−3 395	−3 713	−3 659	−2 737	−3 080
1.A.b.1 加工服务	132	129	121	111	91	95
贷方	133	130	123	114	95	100
借方	−1	−1	−2	−3	−4	−5
1.A.b.2 维护和维修服务	23	27	33	47	31	28
贷方	37	43	51	74	55	55
借方	−14	−16	−18	−27	−24	−27
1.A.b.3 运输	−336	−402	−473	−427	−273	−143
贷方	244	268	299	334	406	896
借方	−580	−670	−772	−761	−679	−1 039
1.A.b.4 旅行	−1 481	−1 579	−1 672	−1 583	−870	−663
贷方	320	277	285	259	71	80

项目 \ 年度	2016	2017	2018	2019	2020	2021
借方	-1 801	-1 856	-1 957	-1 843	-941	-743
1.A.b.5 建设	30	26	35	37	32	40
贷方	91	88	96	104	90	108
借方	-61	-62	-61	-68	-58	-68
1.A.b.6 保险和养老金服务	-64	-53	-47	-45	-68	-101
贷方	29	29	35	35	21	34
借方	-93	-82	-82	-80	-90	-136
1.A.b.7 金融服务	8	13	9	11	6	3
贷方	23	25	24	28	35	36
借方	-15	-12	-15	-17	-29	-33
1.A.b.8 知识产权使用费	-164	-172	-213	-201	-210	-247
贷方	8	34	39	48	62	83
借方	-172	-207	-252	-249	-271	-329
1.A.b.9 电信、计算机和信息服务	91	54	46	58	46	75
贷方	183	193	212	253	280	356
借方	-92	-139	-166	-195	-234	-281
1.A.b.10 其他商业服务	106	122	135	140	140	238
贷方	417	427	467	501	501	611
借方	-311	-305	-332	-361	-361	-373
1.A.b.11 个人、文化和娱乐服务	-10	-14	-17	-23	-14	-13
贷方	5	6	7	7	7	10
借方	-15	-20	-24	-30	-22	-23
1.A.b.12 别处未提及的政府服务	-14	-13	-19	-15	-7	-12

项目 \ 年度	2016	2017	2018	2019	2020	2021
贷方	9	12	12	11	18	11
借方	−23	−25	−32	−27	−26	−23
1.B 初次收入	−398	−116	−433	−286	−844	−1 140
贷方	1 629	2 083	1 896	1 979	1 760	1 924
借方	−2 027	−2 199	−2 329	−2 265	−2 604	−3 064
1.B.1 雇员报酬	149	108	57	22	1	−9
贷方	193	156	128	103	106	120
借方	−45	−49	−70	−81	−104	−129
1.B.2 投资收益	−550	−227	−503	−316	−860	−1 153
贷方	1 431	1 922	1 754	1 863	1 634	1 777
借方	−1 981	−2 148	−2 257	−2 179	−2 494	−2 930
1.B.3 其他初次收入	2	3	13	8	15	22
贷方	4	5	15	13	20	26
借方	−2	−2	−2	−5	−6	−5
1.C 二次收入	−69	−86	−16	74	60	116
贷方	222	203	196	188	258	346
借方	−291	−288	−212	−113	−198	−230
1.C.1 个人转移	0	−18	−3	0	3	6
贷方	0	50	44	29	30	38
借方	0	−69	−46	−29	−27	−31
1.C.2 其他二次收入	0	−67	−13	74	57	110
贷方	0	152	152	158	228	308
借方	0	−220	−165	−85	−171	−198

项目 \ 年度	2016	2017	2018	2019	2020	2021
2. 资本和金融账户	205	131	1 070	189	−645	−1 054
2.1 资本账户	−2	−1	−4	−2	−1	1
贷方	2	2	2	2	1	2
借方	−5	−2	−6	−4	−2	−1
2.2 金融账户	208	132	1 074	192	−645	−1 055
资产	−1 662	−3 044	−2 553	−1 887	−4 820	−5 690
负债	1 870	3 177	3 627	2 079	4 176	4 635
2.2.1 非储备性质的金融账户	−2 996	784	1 198	51	−442	266
资产	−4 866	−2 392	−2 430	−2 028	−4 618	−4 370
负债	1 870	3 177	3 627	2 079	4 176	4 635
2.2.1.1 直接投资	−292	196	646	363	701	1 445
2.2.1.1.1 资产	−1 554	−993	−1 011	−991	−1 104	−901
2.2.1.1.1.1 股权	−1 054	−979	−798	−789	−967	−698
2.2.1.1.1.2 关联企业债务	−499	−14	−213	−203	−137	−203
2.2.1.1.1.a 金融部门	0	−128	−147	−127	−170	−260
2.2.1.1.1.1.a 股权	0	−127	−141	−138	−171	−237
2.2.1.1.1.2.a 关联企业债务	0	−1	−5	12	1	−23
2.2.1.1.1.b 非金融部门	0	−865	−864	−865	−934	−641
2.2.1.1.1.1.b 股权	0	−852	−657	−650	−795	−461
2.2.1.1.1.2.b 关联企业债务	0	−13	−207	−214	−138	−180
2.2.1.1.2 负债	1 262	1 189	1 657	1 354	1 804	2 346
2.2.1.1.2.1 股权	1 191	1 008	1 312	1 174	1 575	1 946
2.2.1.1.2.2 关联企业债务	71	181	345	180	229	400

年度 项目	2016	2017	2018	2019	2020	2021
2.2.1.1.2.a 金融部门	0	87	124	133	122	166
2.2.1.1.2.1.a 股权	0	64	105	115	79	130
2.2.1.1.2.2.a 关联企业债务	0	22	18	18	43	36
2.2.1.1.2.b 非金融部门	0	1 102	1 533	1 221	1 682	2 180
2.2.1.1.2.1.b 股权	0	944	1 206	1 059	1 497	1 817
2.2.1.1.2.2.b 关联企业债务	0	159	326	162	186	363
2.2.1.2 证券投资	−379	208	752	420	674	361
2.2.1.2.1 资产	−741	−680	−374	−648	−1 082	−881
2.2.1.2.1.1 股权	−275	−235	−123	−213	−937	−598
2.2.1.2.1.2 债券	−466	−444	−251	−435	−144	−282
2.2.1.2.2 负债	363	887	1 126	1 067	1 756	1 241
2.2.1.2.2.1 股权	168	260	428	325	570	586
2.2.1.2.2.2 债券	194	627	698	742	1 186	656
2.2.1.3 金融衍生工具	−39	3	−44	−17	−79	78
2.2.1.3.1 资产	−47	11	−34	10	−38	126
2.2.1.3.2 负债	8	−8	−9	−27	−41	−48
2.2.1.4 其他投资	−2 287	378	−156	−715	−1 738	−1 617
2.2.1.4.1 资产	−2 524	−731	−1 010	−399	−2 395	−2 713
2.2.1.4.1.1 其他股权	0	0	−10	−11	−3	−4
2.2.1.4.1.2 货币和存款	−463	−410	−106	−736	−1 036	−1 073
2.2.1.4.1.3 贷款	−794	−327	−573	189	−973	−834
2.2.1.4.1.4 保险和养老金	−3	0	−4	−8	−23	−31
2.2.1.4.1.5 贸易信贷	−731	−128	−473	262	−257	−436

项目 \\ 年度	2016	2017	2018	2019	2020	2021
2.2.1.4.1.6 其他	−534	134	156	−95	−102	−336
2.2.1.4.2 负债	237	1 109	854	−315	657	1 096
2.2.1.4.2.1 其他股权	0	0	0	0	0	0
2.2.1.4.2.2 货币和存款	62	786	363	−403	662	455
2.2.1.4.2.3 贷款	−124	367	222	306	−122	33
2.2.1.4.2.4 保险和养老金	−5	5	2	13	22	23
2.2.1.4.2.5 贸易信贷	118	−16	292	−205	47	235
2.2.1.4.2.6 其他	187	−32	−25	−26	48	58
2.2.1.4.2.7 特别提款权	0	0	0	0	0	293
2.2.2 储备资产	3 204	−652	−123	141	−203	−1 320
2.2.2.1 货币黄金	0	0	0	0	0	0
2.2.2.2 特别提款权	2	−5	0	−4	−3	−292
2.2.2.3 在国际货币基金组织的储备头寸	−38	16	−5	0	−17	0
2.2.2.4 外汇储备	3 240	−662	−118	145	−183	−1 029
2.2.2.5 其他储备资产	0	0	0	0	0	0
3. 净误差与遗漏	−1 576	−1 482	−1 256	−935	−1 122	−1 177

例1-4：因非洲某国新冠疫情严重，我国政府动用50万美元外汇储备进行援助，同时提供50万美元的疫苗援助。则：

借方——经常账户——二次收入：100万美元

贷方——经常账户——货物出口：50万美元

金融账户——外汇储备：50万美元

【小专栏】 **2021年中国的国际收支**

2021年，我国国际收支延续基本平衡格局，外汇储备稳定在3.2万亿美元左右。我国经常账户顺差3 173亿美元，较2020年增长28%，与国内生产总值（GDP）之比为1.8%，继续处于合理均衡区间。非储备性质的金融账户顺差382亿美元，而2020年为小幅逆差。

货物贸易顺差扩大。按国际收支统计口径，2021年，我国货物贸易出口32 159亿美元，较2020年增长28%；进口26 531亿美元，增长33%；贸易顺差5 627亿美元，延续增长态势。

服务贸易逆差收窄。2021年，服务贸易收入3 384亿美元，较2020年增长48%；支出4 384亿美元，增长15%；逆差999亿美元，下降34%。其中，运输逆差206亿美元，收窄46%，主要是运输收入较快增长；旅行项目逆差944亿美元，下降22%，体现出全球疫情对我国居民跨境出行的持续影响。

初次收入呈现逆差。2021年，初次收入项下收入2 745亿美元，较2020年增长12%；支出4 365亿美元，增长20%；逆差1 620亿美元。其中，雇员报酬逆差13亿美元，投资收益逆差1 638亿美元。从投资收益看，外商来华各类投资的收益合计4 174亿美元，我国对外投资的收益合计2 536亿美元。

二次收入延续小幅顺差。2021年，二次收入项下收入492亿美元，较2020年增长37%；支出327亿美元，增长19%；顺差165亿美元，增长95%。

直接投资顺差增加。按国际收支统计口径，2021年，直接投资顺差2 059亿美元，2020年为顺差994亿美元。我国对外直接投资（资产净增加）1 280亿美元，较2020年减少17%，疫情背景下境内企业跨境投资并购总体合理有序；外商来华直接投资（负债净增加）3 340亿美元，增长32%，说明我国经济增长保持全球领先优势，对外资吸引力增强。

证券投资保持顺差。2021年，证券投资顺差510亿美元。其中，我国对外证券投资（资产净增加）1 259亿美元，较2020年下降17%；境外对我国证券投资（负债净增加）1 769亿美元，下降28%。

其他投资延续逆差。2021年，存贷款、贸易应收应付等其他投资逆差2 298亿美元。其中，我国对境外的其他投资净流出（资产净增加）3 873亿美元，较2020年增长15%；境外对我国的其他投资净流入（负债净增加）1 576亿美元，增长73%。

储备资产稳中有增。2021年，因交易形成的储备资产（剔除汇率、价格等非交易价值变动影响）增加1 882亿美元，其中外汇储备增加1 467亿美元。2021年末，我国外汇储备余额32 502亿美元，较2020年末增加336亿美元，余额变动主要受交易、汇率折算、资产价格变动等因素的影响。

——根据国家外汇管理局发布的《2021年中国国际收支报告》整理。

五、国际投资头寸表

国际收支平衡表中的数据反映一国一定时期内的国际收支流量。但为了评估特定时点下一国国际收支账户的状态，还需要通过统计工具反映该国金融资产和负债的存量情况。国际投资头寸表就是这样的工具。该表反映特定时点上一国（地区）对世界其他国家（地区）金融资产和负债的存量。

按照国际货币基金组织第六版的国际收支手册，国际投资头寸表反映一国国际投资头寸的变化。这些变化来自国际经济交易以及汇率、价格等因素的变化，或其他各项的调整。其中其他各项调整包括特别提款权撤销分配所引起的变化，黄金货币化、非货币化所引起的变化、重新分类，债权人单方面取消债务以及没收等。

国际投资头寸表的内容参见表1-2。

表1-2 　　　　　　　　　　　　　中国国际投资头寸表 　　　　　　　　　　单位：亿SDR

年度 项目	2017年年末	2018年年末	2019年年末	2020年年末	2021年年末
净头寸	14 502	15 153	16 630	15 878	14 171
资产	50 498	53 443	56 742	61 649	66 622
1 直接投资	12 955	14 391	16 174	17 918	18 447
1.1 股权	11 199	12 240	13 986	15 718	15 963
1.2 关联企业债务	1 756	2 152	2 188	2 200	2 484
1.a 金融部门	1 665	1 810	2 053	2 154	2 659
1.1.a 股权	1 598	1 737	1 981	2 085	2 551
1.2.a 关联企业债务	67	73	72	69	108
1.b 非金融部门	11 290	12 581	14 122	15 764	15 788
1.1.b 股权	9 601	10 503	12 006	13 632	13 412
1.2.b 关联企业债务	1 689	2 078	2 116	2 131	2 376
2 证券投资	3 505	3 642	4 755	6 269	7 000
2.1 股权	2 137	2 003	2 787	4 199	4 633
2.2 债券	1 368	1 639	1 968	2 070	2 367

项目＼年度	2017年年末	2018年年末	2019年年末	2020年年末	2021年年末
3 金融衍生工具	42	45	49	143	110
4 其他投资	11 274	12 586	12 457	14 014	16 580
4.1 其他股权	38	50	61	62	68
4.2 货币和存款	2 535	2 802	2 865	3 360	3 922
4.3 贷款	4 475	5 103	5 035	5 854	6 879
4.4 保险和养老金	71	77	97	116	154
4.5 贸易信贷	3 735	4 294	4 053	4 146	4 706
4.6 其他	419	261	346	475	851
5 储备资产	22 722	22 778	23 307	23 305	24 485
5.1 货币黄金	537	549	690	821	808
5.2 特别提款权	77	77	80	80	379
5.3 在国际货币基金组织的储备头寸	56	61	61	75	76
5.4 外汇储备	22 048	22 093	22 475	22 333	23 222
5.5 其他储备资产	4	−2	0	−3	−1
负债	35 996	38 289	40 112	45 771	52 451
1 直接投资	19 139	20 327	20 222	22 435	25 892
1.1 股权	17 660	18 592	18 293	20 420	23 573
1.2 关联企业债务	1 479	1 735	1 930	2 015	2 319
1.a 金融部门	948	1 023	1 161	1 269	1 514
1.1.a 股权	871	918	1 031	1 117	1 314
1.2.a 关联企业债务	77	104	129	152	201
1.b 非金融部门	18 191	19 305	19 062	21 166	24 377

年度 项目	2017年年末	2018年年末	2019年年末	2020年年末	2021年年末
1.1.b 股权	16 788	17 674	17 261	19 302	22 259
1.2.b 关联企业债务	1 402	1 630	1 800	1 864	2 118
2 证券投资	8 268	8 361	10 505	13 580	15 400
2.1 股权	5 902	5 397	6 868	8 753	9 546
2.2 债券	2 367	2 964	3 636	4 826	5 854
3 金融衍生工具	24	43	47	89	73
4 其他投资	8 564	9 559	9 338	9 667	11 086
4.1 其他股权	0	0	0	0	0
4.2 货币和存款	3 065	3 475	3 070	3 652	4 266
4.3 贷款	2 754	2 998	3 330	3 065	3 177
4.4 保险和养老金	70	79	97	116	168
4.5 贸易信贷	2 474	2 826	2 635	2 582	2 896
4.6 其他	132	111	136	183	217
4.7 特别提款权	70	70	70	70	362

第三节　国际收支不平衡与调节

　　国际收支不平衡往往是一国国际经济政策关注的重要因素。从国际收支平衡表总体差额来判断，国际收支往往是平衡的。这是由于复式记账法下，国际收支平衡表中借方总额和贷方总额往往相等。虽然，经常账户与资本和金融账户的合计存在差额，但可以通过净误差与遗漏项目进行平衡，最终的差额一定为零。而从国际收支平衡表的结构和实质来看，国际收支往往存在不平衡。首先，受一国禀赋结构、产业结构等因素影响，国际收支平衡表的各个项目往往存在借方和贷方的不相等，结构上也存在不平衡。其次，抛开政策干预和统计因素，就经济内在均衡状况来看，一国的国际收支也往往存在不平衡。

一、国际收支不平衡的定义和口径

从宏观经济学来看，调节国际收支平衡是经济政策的重要目标之一。一国国际收支平衡是经济体内在均衡的表现。国际收支不平衡则需要通过政策调整。因而，为了分析当前的国际收支不平衡是缘于经济体的内在原因还是政策调节，需要对国际经济交易进行有目的的区分。

根据交易的目的不同，可以将国际经济交易分为自主性交易和补偿性交易。自主性交易是指经济主体本着实现利润最大化或者效用最大化等经济目的而进行的国际交易。不同于自主性交易，补偿性交易指一国为了调节自主性交易所产生的国际收支各项目不平衡状况而进行的各项交易。

一国国际收支不平衡往往指自主性交易后的国际收支出现差额，当借方余额大于贷方余额时为顺差，借方余额小于贷方余额时为逆差。因为一国的自主性交易往往反映一国经济体的内在状况。若自主性交易后国际收支达到平衡，不需要通过补偿性交易施加影响，说明该国国际收支平衡是内在的、稳定的；通过补偿性交易后该国国际收支达到的平衡则是一种形式上的平衡。

经济实践中，由于国际交易的目的和形式多样，很难具体判断出一笔交易是纯粹自主性的还是补偿性的。因而，一般需要通过划定不同交易的自主性程度与范围，来认定自主性交易后的国际收支不平衡。因而，根据交易自主性的划定范围，国际收支的不平衡可以从以下三个口径来判断。

1.贸易不平衡

该口径下，贸易收支出现差额一般被认为是国际收支不平衡。这种口径设定的理由是，一国居民与非居民之间的贸易行为往往出于经济实体的生产、流通、消费等自主经济目的，调节性交易所占比重较小。一国的贸易收支状况往往反映该国的自主性交易状况。

2.经常账户不平衡

该口径下，经常账户出现差额会被认为是国际收支不平衡。这是因为，随着经济金融全球化的发展，资本流动规模和速度加快，对外投资对部分国家的外部经济状况影响逐渐增大，贸易账户往往难以囊括所有自主性交易，需要将除贸易外的国家间服务往来和各种收入包括进来。因此，以经常账户差额来反映国际收支不平衡更为全面。

3.综合收支不平衡

该口径下，除经常账户外，资本和金融账户的交易也被划为自主性交易。因而，国际收支不平衡包括经常账户、资本和金融账户的差额。这是因为，部分学者认为，资本和金融账户中，有关短期资本往来的交易是出于避险或获利的目的，而有关长期资本的交易更多是出于追求利润和获取资源的稳定资本流动。因而，这些交易也属于自主性交易，这些交易所涉及的资本和金融账户差额与经常账户差额一起被认为是国际收支不平衡的影响因素。

二、国际收支不平衡的类型

国际收支不平衡可以通过以上不同的统计口径来衡量，而从成因来看，国际收支不平衡的类型也有很多。可以将国际收支不平衡分为临时性不平衡、周期性不平衡、结构性不平衡、货币性不平衡等。

1.临时性不平衡

在经济运行过程中，偶尔会出现一些短期的、不确定的因素，影响一国的国际收支，导致国际收支不平衡，这种不平衡被称为临时性不平衡。引起临时性不平衡的因素一般都是短期因素，这些因素不会影响经济的长期均衡性，如某年天气突然变化引起一国粮食歉收，需要大量进口粮食，进而令本国出现国际收支的不平衡。

2.周期性不平衡

周期性不平衡是由于一国经济周期波动引起的国际收支不平衡。从经济周期理论来看，一国的经济增长路径往往呈现繁荣—衰退—萧条—复苏的循环模式，一国经济处于不同的阶段，国际收支也就会出现不同的状态，进而呈现不同的国际收支状况，或平衡或不平衡。如当一国经济处于繁荣阶段，对国外商品需求比较大，进口量会增加；同时，在经济繁荣的形势下，本国商品价格上涨会导致对本国商品需求的下降，出口量减少。而经济周期因素对进出口的影响就会导致国际收支的不平衡。伴随着经济周期的轮动，引起周期性不平衡的因素会消失，因而，周期性不平衡一般是短期的、轻微的。

3.结构性不平衡

结构性不平衡是指由于一国的禀赋结构、产业结构、宏观结构等结构性因素导致的该国国际收支的不平衡。经济全球化之下，国与国之间的贸易状况受国家的禀赋结构和产业结构因素影响，而这些结构因素决定了一国国际产品的需求和供给，进而容易诱致该国国际收支不平衡。例如，由于地理、禀赋、历史等原因，不少发展中国家产业结构单一，缺少生产工业制成品的技术条件，只能出口原材料和初等产品，进口工业制成品，而工业制成品价格较高，导致这些国家国际收支不平衡。结构性不平衡往往是长期的、持续的，因为一国的禀赋结构、产业结构等的调整需要较长时间。

4.货币性不平衡

货币性不平衡是指由于一国货币价值或实际购买力变动因素导致的国际收支不平衡。当一国出现较为严重的通货膨胀时，该国价格水平上升，货币价值和货币购买力下降。如果不用汇率干预，该国产品的出口竞争力会下降，出口减少，同时外国产品的进口价格相对低廉，本国进口需求会上升，国际收支也会出现不平衡。

三、国际收支不平衡的调节工具

国际收支不平衡的成因是多种多样的。若引起国际收支不平衡的因素是短期的、偶然的、非确定性的，这种不平衡一般持续时间不长、影响不大，可以随着经济的运行实现自动平衡，不必由政府采取政策干预。若引起国际收支不平衡的因素是长期的、持续的、确定且难以自行调整的，这种不平衡很难自行消除，需要政府采取调节政策进行调节。因而，国际收支不平衡的调节需要不同的机制，主要分为自动调节机制和干预机制两种。

（一）国际收支的自动调节机制

在没有政策干预的条件下，一国国际收支不平衡表现为国际收支盈余或赤字。国际收支盈余或赤字会影响相应的利率、汇率等经济变量的走势，而这种变动又可能影响国际收支盈余或赤字的变动方向，自动促进国际收支平衡，形成国际收支的自动调节机制。

国际金本位制下，一国的国际收支可以通过黄金国内外的输入输出和对价格水平的影响自动得到调节。金本位制下，一国的货币本位是黄金，因而一国国内的黄金存量决定了该国的货币数量。根据古典经济学的货币数量关系 $MV=PY$，在货币流通速度和产出水平长期不变的前提下，一国的货币数量影响其市场上的产品价格，而其产品价格同时影响其产品的国际竞争力和进出口状况，进而影响国际收支。因此，古典经济学家大卫·休谟提出了金本位制下国际收支的自动调节机制，又称为物价–黄金机制。参见图1-1。

若一国出现国际收支赤字，该国需要以黄金向外国支付，黄金外流，国内货币存量减少，进而物价下降，物价下降导致该国的贸易品相对出口竞争力增强，进而出口增加、进口减少，该国的国际收支趋向盈余；若一国出现国际收支盈余，该国会获得更多黄金，国内货币存量增加，进而物价上升，物价上升导致该国的贸易品相对出口竞争力减弱，进而进口增加、出口减少，该国的国际收支趋向赤字。

而在信用货币制度下，一国的货币本位是信用货币而非黄金，因而此时的国际收支自动调节机制不再通过黄金的输入输出，而是需要经济体系的"内在稳定器"发挥作用，通过价格、利率、汇率、国民收入等经济变量对国际收支进行调节。

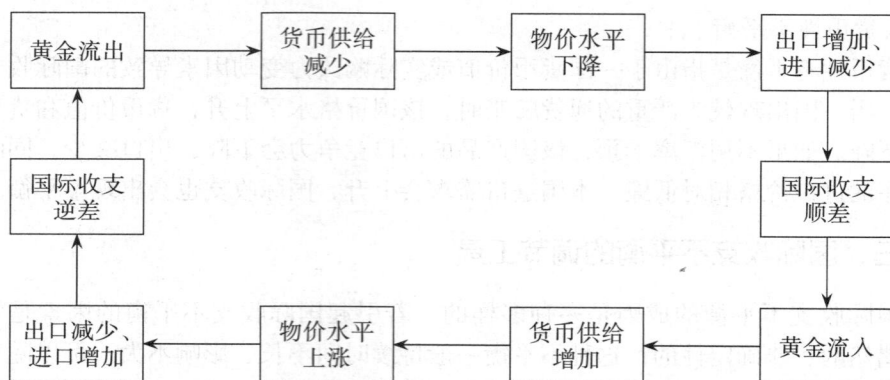

图1-1 物价-黄金机制

（二）国际收支的干预机制

国际收支平衡是一国财政、货币等经济政策的重要目标。国际收支自动调节机制可以发挥经济的自动稳定器作用，政策成本较低。但自动调节机制调节时间较长，有可能会影响公众预期、社会福利和经济增长。因而，政府也可能根据经济与社会的需要，主动采取相应的政策、融资等手段对国际收支进行干预，以促进国际收支的平衡，这就是国际收支的干预机制。一般将对国际收支的干预机制分为三种基本类型：政策调节、融资调节和直接管制。

1.政策调节

政策调节主要指一国政府通过经济政策对国际收支进行调节，改变国际收支不平衡的趋势，恢复国际收支平衡。政府主要采取的政策类型有两种：支出增减政策和支出转移政策。

（1）支出增减政策。支出增减政策指一国通过政策手段改变社会总需求和总供给水平，进而改变货物和服务、资本流入流出等的数量，改善国际收支状况，促进国际收支平衡。按照数量变化的方向，支出增减政策又可以分为两种：扩张性政策和紧缩性政策。

扩张性政策主要在一国的国际收支过度盈余条件下使用。若一国的国际收支出现过度盈余，政府可以通过扩张性的财政货币政策影响该国的社会总需求或总供给，进而影响该国的进出口量或资本流入情况，使国际收支盈余减少，国际收支趋于平衡。例如，减税或增加政府支出，该国社会总需求增加，进口量增加，经常账户盈余减少，国际收支趋于平衡；或者降低利率，该国社会总需求也会增加，经常账户盈余减少，国际收支趋于平衡，同时，降低利率还可以使一国资本流出，资本账户盈余减少，促使国际收支趋于平衡。

紧缩性政策主要在一国的国际收支出现赤字条件下使用。若一国的国际收支出现赤字，政府可以通过紧缩性的财政货币政策影响该国的社会总需求和总供给，影响该国的进出口量或资本流入情况，使国际收支盈余增加，国际收支趋于平衡。例如，加税或降低政府支出，该国社会总需求减少，进口量减少，经常账户盈余增加，国际收支趋于平衡；或者提高利率，该国社会总需求也会减少，进口量减少，经常账户盈余增加，国际收支便趋于平衡，同时，提高利率还可以吸引外资流入，资本账户盈余增加，使得国际收支趋于平衡。

（2）支出转移政策。支出转移政策指一国调节国际收支的经济政策并不改变社会总需求和总供给水平，而是改变社会总需求和总供给的国内外流向，进而改善国际收支状况，促进国际收支平衡。支出转移政策主要有汇率政策、关税政策、进口配额和出口补贴等。

汇率政策。若一国出现国际收支赤字，该国可能会采取本币贬值政策，提高本国出口商品的价格竞争力，外国商品的价格竞争力相对下降，本国出口增加、进口减少，本国经常账户盈余增加，国际收支趋于平衡。

关税政策。若一国出现国际收支赤字，该国可能会增加关税，提高外国商品的价格，本国商品的价格竞争力相对上升，本国进口减少，本国经常账户盈余增加，国际收支趋于平衡。

进口配额。若一国出现国际收支赤字，该国可能会对进口商品实行配额制，限制外国商品的进口数量，本国进口减少，本国经常账户盈余增加，国际收支趋于平衡。

出口补贴。若一国出现国际收支赤字，该国可能会对出口进行补贴，降低本国出口商品的成本，本国商品的价格竞争力相对上升，本国进口减少，本国经常账户盈余增加，国际收支趋于平衡。

2.融资调节

融资调节主要是在国际收支不平衡并不严重的情况下采用。政府采取政策调节手段，虽然可以使国际收支较快地实现平衡，但也有可能导致经济衰退、失业率上升、通货膨胀等负面效应。因此，对于期限较短、数额不大的国际收支不平衡，可以采用筹措资金弥补其缺口，以融资来调节的方式。按照融资对象的不同，可以采取的主要融资调节手段有两种：内部融资和外部融资。

当一国出现国际收支赤字时，可以通过动用本国的国际储备或者向国内居民进行外汇融资的办法应对对外支付，弥补国际收支赤字，达到国际收支平衡，这即为内部融资。当一国出现国际收支赤字时，也可以通过向外国政府、国际金融组织或国际金融市场融资的方式来应对，以达到国际收支平衡，即为外部融资。通常，选择哪种融资手段来应对国际收支不平衡，需要根据融资成本、国际政治经济关系、国内经济增长等因素综合考量确定。

3.直接管制

直接管制是指政府通过强制性的行政手段，对进出口贸易和资本流入流出予以调节，达到国际收支平衡。对进出口贸易的直接管制称为贸易管制；对资本流入流出的直接管制称为资本管制。

直接管制一般用于由局部因素引起的、发展迅速的国际收支不平衡的治理。这是因为，直接管制的政策效果强，政策时滞性弱，对资本快速流出等现象的治理比较迅速；同时，直接管制通常针对特定的国际收支交易，政策针对性强。但是，直接管制也具有明显的缺陷。首先，采用行政手段对交易进行管制，往往会扭曲市场机制，影响市场配置资源的效率；其次，直接管制并不能消除国际收支不平衡的根本因素，一旦解除直接管制，国际收支不平衡会继续显现；最后，直接管制往往违反国际贸易协定，有可能破坏国际贸易的公平竞争秩序，因而经常受到对手国家的报复，实施效果会大打折扣。

【参考资料1-2】　　疫情对美国国际收支的影响

阅读请扫码

第四节　国际收支分析理论

国际收支平衡是一国政府追求的宏观经济的重要目标。在了解了国际收支不平衡的内涵和调节工具后，还需要理解国际收支不平衡形成的原因，这样才能对症下药，实施对国际收支不平衡的调节。随着世界经济的发展和国际金融研究的逐渐深入，产生了一系列有关国际收支分析的政策主张，如弹性分析法、吸收分析法、货币分析法和结构分析法。

一、弹性分析法

弹性分析法是根据进出口供给和需求的价格弹性来分析汇率变动对国际收支影响的理论。20世纪30代后，金本位制度逐渐消亡，主要国家国际收支的自动调节机制失灵，需要从贸易收支角度寻求国际收支平衡的方法。于是，经济学家试图通过弹性分析法分析汇率变动对国际收支的影响。

国际收支的弹性分析法实质上是贸易收支的弹性论。不同国家之间的经济关系主要表现为贸易往来，与贸易无关的资金跨国流动并不重要，所以国际收支基本等同于贸易收支。

英国经济学家马歇尔（A.Marshall，1842—1924）是最早提出弹性分析法的经济学家。后来，他又把弹性分析推广到国际贸易方面的研究，提出了"进出口需求弹性"的概念。勒纳（A. P. Lerner，1903—1982）在马歇尔相关理论基础上进一步指出，如果进出口需求的弹性之和小于1，则货币贬值会使贸易收支恶化。英国剑桥大学的琼·罗宾逊（J. Robinson，1903—1983）对马歇尔和勒纳的观点做了系统归纳、补充和完善，在分析过程中引入了进出口供应弹性的概念，并首次提出了著名的马歇尔-勒纳条件（Marshall-Lerner Condition）。

（一）弹性分析法理论分析

弹性分析法以局部均衡理论为基础，有以下假设：

（1）其他条件不变，只考虑汇率变化对贸易收支的影响。

（2）假设进出口商品的供给弹性均为无穷大，即按国内货币表示的出口商品的价格不随需求增加而上涨，与出口相竞争的外国商品价格也不因需求减少而下降。当进口需求减少时，以外国货币计算的进口商品价格不下降。当进口替代商品需求上升时，与进口商品相竞争的商品价格也不上涨。

（3）假设没有资本流动，国际收支等于贸易收支。

在以上假设条件下，一国的国际收支余额等于该国出口商品额减去进口商品额。所以可知：

$$B = X - M = P_x Q_x - P_m Q_m \tag{1.1}$$

式中，B为只考虑国际贸易时的一国国际收支，即贸易收支；X为本国出口的商品总值；M为本国进口的商品总值，P_x 和 Q_x 分别为出口商品的价格和数量；P_m 和 Q_m 分别为进口商品的价格和数量。

当在贸易过程中考虑汇率的作用时，以外币来反映商品价格，则（1.1）式可写为，

$$B = eP_x^d Q_x - P_m^f Q_m \tag{1.2}$$

式中，e为两国之间的汇率，P_x^d 为本国出口商品的本币价格，P_m^f 为本国进口商品的外币价格。

因此，随着本国货币贬值，本国出口商品相对价格下降，本国进口商品价格相对升高，进而起到刺激出口、抑制进口的作用。弹性分析法认为，贬值影响进出口变化的程度，取决于进出口商品的供给和需求的价格弹性。

1.进口商品的需求弹性（E_m）等于进口商品需求量的变动率与进口商品价格的

变动率之比。如式（1.3），

$$E_m = \frac{dQ_m^d / Q_m^d}{dP_m^f / P_m^f} \tag{1.3}$$

2. 出口商品的需求弹性（E_x）等于出口商品需求量的变动率与出口商品价格的变动率之比。如式（1.4），

$$E_x = \frac{dQ_x^d / Q_x^d}{dP_x^d / P_x^d} \tag{1.4}$$

3. 进口商品的供给弹性（S_m）等于进口商品供给量的变动率与进口商品价格的变动率之比。如式（1.5），

$$S_m = \frac{dQ_m^s / Q_m^s}{dP_m^f / P_m^f} \tag{1.5}$$

4. 出口商品的供给弹性（S_x）等于出口商品供给量的变动率与出口商品价格的变动率之比。如式（1.6），

$$S_x = \frac{dQ_x^s / Q_x^s}{dP_x^d / P_x^d} \tag{1.6}$$

（二）马歇尔–勒纳条件

从弹性分析法的理论前提可以得出，调节国际收支不平衡的机制是，一国通过货币贬值使进出口商品的相对价格变动，进而引起进出口商品数量的变动，最终实现对国际收支的调整。因而，国际收支变动取决于货币贬值引起的进出口商品价格的变化和价格引起的进出口商品数量的变化两个因素。

因而，通过货币贬值改善国际收支状况需要满足一定的条件。主要是一国出口需求弹性（Ex）和本国的进口需求弹性（Em）的绝对值之和应大于1，这就是著名的马歇尔–勒纳条件。只有满足马歇尔–勒纳条件，货币贬值才能改善国际收支状况；若不满足该条件，货币贬值反而会恶化国际收支状况。

（三）J 曲线效应

马歇尔–勒纳条件假设进出口商品的供给弹性为无限大。在这一条件下，货币贬值导致进出口商品相对价格变化，相对价格变化影响贸易收支，进而影响货币贬值国的国际收支。但在现实条件下，当一国货币贬值时，贸易商品供求和贸易收支对相对价格变动的反应具有时滞性，即相对价格变动一段时间后，贸易商品供求和贸易收支才会发生调整。

由于时滞性，在马歇尔–勒纳条件成立的条件下，在贬值发生的初始阶段，贸易收支并不会立即改善，反而可能会恶化。经过一段时间之后，进出口状况才开始对贬值作出反应，贸易收支会逐渐改善。这种在货币贬值后先是恶化，继而随着时间的推移而逐步改善呈现出的贸易收支走势酷似英文字母"J"，因而这种现象称为

J曲线效应。

J曲线效应的出现主要有以下原因：

首先，贸易合同从签订到履行通常需要一段时间。贸易买卖双方商定的进出口数量和与此相关的支付结果是由之前签订的合同决定的。因而在贬值发生的最初时刻，一国已确定合同的商品进出口数量和价格并不会因为汇率的变化而受到影响。相反，如果一国的进出口合同是以本币计价的，随着本币的贬值，外国进口商就可以用较少的外币换取同样数额的本币用于支付，以外币计价的出口收入就会下降，从而恶化贸易收支。

其次，进出口商品的生产、销售、运输状况对汇率的变化需要一段时间才能作出反应。

从出口来看，即使货币贬值，出口商品数量在短期内也不会扩大。这是因为：第一，国内厂商需要时间组织生产；第二，国内厂商需要时间设法扩大在海外的营销网络并供给商品；第三，货物的国际贸易运输也需要时间。

从进口来看，即使货币贬值，进口商品数量在短期内也不会减少。因为：第一，基于消费者的生活习惯和消费模式，国内消费者对进口商品的需求存在惯性，可能对进口商品产生一定的依赖，在消费者尚未适应国内替代品的情况下，还是会一如既往地购买进口商品；第二，基于生产技术和产品结构，国内生产者难以在短期内摆脱对进口商品的依赖，而调整生产线或改变产品结构需要经历一段时间。因此，只有经过一段时间后，出口量开始增加，进口量开始减少，国际收支状况才开始改善。

（四）弹性分析法的评价

弹性分析法针对贸易收支不平衡的成因和调整进行了分析，具有一定的理论意义，但也存在局限性。

首先，弹性分析法是一种基于局部均衡分析的方法，但并没有基于一般均衡进行分析。因而，该法只考虑了汇率变化对进出口市场的影响，忽视了汇率变化对其他因素的影响，如汇率对社会总供给的影响等。

其次，贸易收支等于国际收支的假设并不符合实际。随着经济全球化的发展，服务贸易和资本流动在国际收支中占有显著地位，弹性分析仅仅针对贸易收支，没有涉及服务贸易和资本流动，并不太符合当前的实际情况。

最后，技术上的困难也使弹性分析法很难在实际中应用。首先，弹性分析法中的参数确定是一项极为复杂和困难的工作。进出口商品种类很多，各国贸易商品结构也经常发生变动，不易准确计量各类商品的供给弹性和需求弹性。其次，供给弹性和需求弹性不仅受价格的影响，还受国民收入、资源配置以及其他间接因素的影响。因而，弹性分析法只能作为对国际收支的一种理论认识，在实际分析中采用的难度较大。

二、乘数分析法

乘数分析法（Multiplier Approach）是由马克卢普（F. Machlup，1902—1983）、哈罗德（R. F. Harrod，1900—1978）等经济学家基于凯恩斯的乘数原理创建的。与弹性分析法一样，乘数分析法对国际收支的关注口径也是贸易收支，并且乘数分析法主要分析了国民收入变动在国际收支调整中的作用。该理论假定经济体内部存在闲置资源，处于非充分就业状态，价格和汇率保持不变，不存在资本跨国移动的情况，进口支出是国民收入的函数，并且该理论将支出细分为两部分：一部分与收入无关，称其为自主性支出；另一部分与收入有关，称其为诱致性支出。自主性支出的变动通过乘数效应引起国民收入的变动，进而影响进口支出。其影响程度取决于一国边际进口倾向和进口需求弹性的大小以及开放程度的高低。

（一）乘数分析法理论分析

在开放经济条件下，一国的支出由四部分构成：消费 C、投资 I、政府支出 G 和净出口（X–M）。我们以 Y 表示国民收入，则得到，

$$Y = C + I + G + X - M \tag{1.7}$$

当产品市场达到均衡条件时，在 C、I、G、X 和 M 这五个变量中，I、G、X 与国民收入无关，从而归入自主性支出部分；C 和 M 与国民收入有关，并且呈正相关关系，据此可假定，

$$C = C_0 + cY \, (0 < c < 1) \tag{1.8}$$
$$M = M_0 + mY \, (0 < m < 1) \tag{1.9}$$

式中，C_0、M_0 分别是自主性消费和自主性进口，是消费与进口中与国民收入无关的部分。c 为边际消费倾向，m 为边际进口倾向。因而将（1.8）、（1.9）代入（1.7）中可得（1.10）。

$$Y = \frac{1}{1 - c + m}(C_0 + I + G + X - M_0) \tag{1.10}$$

由此求得贸易乘数，

$$\frac{dy}{dx} = \frac{1}{1 - c + m} \tag{1.11}$$

由于一国国民收入中用于进口的部分通常小于消费部分，即 m<c，所以有：1–c+m<1。又因为消费和进口都是收入的组成部分，因此，0<1–c+m<1，因而贸易乘数大于1。

由于乘数反映了自主性支出与国民收入的关系，而贸易差额又与国民收入有

关，所以可以通过乘数分析法分析各种自主性支出对贸易收支的影响。

设 $B = X - M$ (1.12)

由（1.10）、（1.12）可得，

$$B = X - M_0 - (C_0 + I + G + X - M_0) \cdot \frac{m}{1 - c + m}$$

$$= (X - M_0) \times \frac{1 - c}{1 - c + m} - (C_0 + I + G) \cdot \frac{m}{1 - c + m}$$ (1.13)

式中，

$$\frac{dB}{dX} = \frac{1 - c}{1 - c + m} > 0$$ (1.14)

所以，自主性支出中，若出口增加，则贸易收支改善。

$$\frac{dB}{dC_0} = \frac{-m}{1 - c + m} < 0$$ (1.15)

所以，自主性支出中，若自主性消费增加，则贸易收支恶化。

$$\frac{dB}{dI} = \frac{-m}{1 - c + m} < 0$$ (1.16)

所以，自主性支出中，若投资增加，则贸易收支恶化。

$$\frac{dB}{dG} = \frac{-m}{1 - c + m} < 0$$ (1.17)

所以，自主性支出中，若政府支出增加，则贸易收支恶化。

$$\frac{dB}{dM_0} = -\frac{1 - c}{1 - c + m} < 0$$ (1.18)

所以，自主性支出中，若自主性进口增加，则贸易收支恶化。

（二）乘数分析法的评价

乘数分析法开辟了从一般均衡的宏观经济角度分析国际收支与国民经济相互关系的新思路，具有一定的实践价值和政策意义。但它没有考虑国际资本流动、价格变动、货币量因素等对国际收支的影响，而且它是在假设国内没有达到充分就业和不存在资本跨国流动的前提下才能发挥作用。因此，乘数分析法同样具有一定的局限性。

三、吸收分析法

吸收分析法由德国的西德尼·斯图亚特·亚历山大（S. S. Alexander，1916—2005）和英国的詹姆斯·爱德华·米德（J. E. Meade，1907-1995）等人于20世纪50年代创立。与弹性分析法类似，吸收分析法关注的也是贸易收支。这一时期，英、法等西欧国家曾先后实行本币贬值政策，但贸易收支并未得到显著改善。除关注微观角度的贸易收支变化外，亚历山大、米德等人认为，可以从宏观角度分析贬值对贸易收支的影响，进而解释当时国际收支领域出现的新现象。吸收分析法以凯恩斯宏观经济学为基础，着重考察了总收入与总支出对国际收支的影响，并在此基础上提出了调节国际收支的相应政策主张。

（一）吸收分析法理论分析

吸收论的假设前提为（1）生产要素能够自由流动；（2）不考虑资本流动，国际收支等于贸易收支。

因而，根据凯恩斯宏观经济理论，在开放经济条件下，一国的国民收入恒等式为，

$$Y = C + I + G + X - M \tag{1.19}$$

式中，Y表示国民产出（或GDP），C表示私人消费，I表示私人投资，G表示政府支出，X表示出口，M表示进口。

等式（1.19）是国民收入恒等式，等式左边为国民经济产出，等式右边反映的是已经发生的各项支出活动。支出又分为两类：第一类是国内支出，由于C+I+G为国内发生的不包含进出口的各类消耗之和，反映国内所吸收的产品总量，所以亚历山大将其定义为吸收，用A表示；第二类是外部经济支出，等于X–M，用贸易差额B表示。于是可得到吸收论的表达式，

$$Y = A + B \tag{1.20}$$

也可写为，

$$B = Y - A \tag{1.21}$$

因此，当一国的总产出超过其吸收水平（Y>A），即该国的产出成果被用于消费、投资和政府支出之后仍有剩余，就会转为出口，于是该国国际收支顺差（即B>0，亦即净出口为正）；当该国总产出无法满足其吸收水平时，其国内吸收只能通过进口得到满足，结果该国国际收支逆差（B<0）；当该国总产出恰好等于其吸收水平时，该国实现贸易均衡。

当一国国际收支出现不平衡，需要政府采用政策进行调整时，根据吸收分析法，可以通过调节该国国民经济总供给和总需求的平衡来实现。消除国际收支逆差的政策主张是：通过各种经济政策增加一国总产出，或减少总吸收，或二者兼用。主要政策包括汇率政策、直接管制政策、货币政策和财政政策等。

但是，当一国采用紧缩的财政政策或紧缩的货币政策减少总吸收时，紧缩政策虽然可以使本国减少对国外商品的过度进口需求，但在减少对进口需求的同时也会减少对本国商品的需求，本国产出减少，因而平衡国际收支的政策目的还是难以实现。所以，同时还需运用支出转换政策，使减少的进口需求的一部分能转换到国内需求上来，使总需求减少的同时总产出增加，国际收支达到平衡。

国际收支的吸收分析法还特别分析了贬值对国际收支的作用。贬值要改善国际收支必须满足两个条件：有闲置要素资源的存在和边际吸收倾向小于1。只有存在闲置要素资源，贬值后出口部门才能扩大生产，满足出口需求，从而才能增加出口。也只有边际吸收倾向小于1，增加的收入部分才能用于支出。因为出口增加、产出增加的同时，支出乘数效应会增加整个社会的投资和消费。若增加的吸收大于产出，就与贬值减少支出、增加产出的目的相违背，反而会进一步恶化国际收支。

（二）吸收分析法的评价

吸收分析法采用一般均衡方法，强调通过对国内宏观经济变量的调整来调节国际收支，具有强烈的政策意义。它指出了国际收支失衡的宏观原因，是相比于弹性分析法的一大进步。但是，吸收分析法不可避免地也有其局限性：

（1）吸收分析法的假定条件是要素能够自由转移，但由于国家行政和市场干预的存在，闲置要素资源往往难以实现自由转移。

（2）吸收分析法同样没有考虑资本流动，因而也没有克服弹性分析法存在的根本缺陷。

四、货币分析法

货币分析法是随着现代货币主义而兴起的，在20世纪70年代中后期开始流行的一种国际收支理论，其创始者为美国经济学家哈里·约翰逊（H.G. Johnson，1923—1977）。在当时的环境下，各主要西方国家不同程度地出现了滞胀局面，国际收支出现巨额逆差，国际资本流动的规模日益增加，凯恩斯经济学却无法对此提出令人信服的解释，因而，货币学派对凯恩斯学派在包括国际金融在内的多个理论领域提出了挑战。在国际金融领域，一些学者把货币学派的理论与方法推广到了国际收支方面。他们认为，国际收支差额的出现可由货币因素来解释，应主要通过货币政策和汇率政策来调整国际收支。这形成了国际收支的货币分析法。货币分析理论是货币学派相关理论在国际收支方面的应用。该理论认为，国际收支是一种货币现象，应该以货币为出发点来探讨国际收支失衡的原因以及作出相应的政策主张。

货币论作为国际收支的一种理论，其有别于弹性论和吸收论之处在于：（1）弹性论、吸收论关注的仅是贸易收支，而货币论关注的是整个国际收支；（2）弹性论、吸收论对国际收支的分析仅局限于商品市场，而货币论则推而广之，把货币因素和货币市场纳入国际收支分析。

（一）货币分析法理论分析

货币分析法有以下基本假定：

（1）一价定律长期成立，即国际的套利活动能保证同一商品的价格在各国间是一致的，商品价格是外生变量。（2）货币需求在长期均衡状态下是稳定的。即一国处于充分就业条件下，货币需求是有关收入、价格、利率等的稳定函数。（3）货币是中性的。即货币供给变动不影响经济增长。

从货币市场的角度来看，当货币市场处于均衡时，名义货币供给 M_s 等于名义货币需求 M_d，即，

$$M_s = M_d \tag{1.22}$$

从货币需求端来看，名义货币需求量等于价格水平与实际货币需求量的乘积，因而有，

$$M_d = PL(y, i) \tag{1.23}$$

式中，$L(y, i)$ 为实际货币需求量，是与当期收入和利率相关的函数，又等于 M_d/P。

从货币供给端来看，名义货币供应量等于基础货币与货币乘数的乘积，而根据货币当局的资产负债表，基础货币等于货币当局的国内资产（主要是国内信贷 D）与国外资产（主要是外汇储备 R）之和，即，

$$M_s = \mu(D + R) \tag{1.24}$$

式中，μ 表示货币乘数，反映以下事实，即货币当局投放的基础货币会经由银行体系的货币创造而成倍放大，且假定 μ 是稳定的。

因而，当名义货币供给等于名义货币需求时，

$$\mu(D + R) = PL(y, i) \tag{1.25}$$

根据等式（1.25），如果中央银行通过影响国内货币供应量来执行货币政策，由于长期内货币需求函数是稳定的，货币政策变化不会影响国内货币需求，因而国内货币供给 μD 的变化会带来国外资产 R 的反向变化以确保等式（1.25）成立，即，

$$-\Delta D = \Delta R \tag{1.26}$$

又由于在固定汇率制下，国际收支差额（B）与国外资产的变化有着简单的对应关系，即 $B = \Delta R$，所以，

$$B = -\Delta D \tag{1.27}$$

因而，国际收支与一国的货币政策密不可分。

当中央银行采取扩张性货币政策时，使国内信贷 D 增加，会造成国际收支逆差。这是因为，如果中央银行突然使 D 增加，由于货币需求不变，货币供应的突然增加就造成国内货币供给的过剩，需要对过剩的货币进行配置。对个人和企业而言，配置过剩的国内货币，可以购买外国的产品或资产；对整个国家而言，随着人们纷纷购买外国产品及外国金融资产，会造成资本流出与国际收支逆差。

当中央银行采取紧缩性货币政策，使国内信贷 D 减少，会造成国际收支顺差。

原理是，如果中央银行突然使D减少，由于货币需求不变，货币供应的突然减少就造成了货币的短缺。为了解决货币不足，对个人和企业而言，可以用本国的产品或资产去与外国货币相交换；对整个国家而言，随着人们纷纷出售本国产品及本国金融资产，就会带来资本流入与国际收支顺差。

（二）货币分析法的评价

货币分析法考虑了在国际资本流动时货币对国际收支的影响，把国际收支的分析范围推广到了经济项目和资本项目。货币分析法将货币供应量的变动分为国内货币供给与国外货币供给，赋予了货币政策调整国际收支的更多政策意义。然而，货币分析法同样存在不足：

（1）货币分析法过于看重货币因素对国际收支的作用。在商品和货币的问题上，该方法把货币看成是决定性的因素，认为货币供给和需求的变化决定着收入、贸易等实体经济因素，但它忽略了是商品流动决定货币流动，实体经济因素对国际收支有着显著影响。

（2）货币分析法假定货币需求是稳定的。但在短期内，货币需求函数往往是不稳定的。

（3）货币分析法还假定货币是中性的，货币供给变动不影响实际经济变量，并且强调一价定律的作用。但在现实经济中，货币往往不是独立变动的变量，它和其他实体经济变量相互作用、互相影响。而且，由于垄断商品、政府管制和商品供求弹性等因素，一价定律往往也不能成立。

五、结构分析法

结构分析法是来源于发展经济学的国际收支分析方法，其早期零星观点散见于20世纪五六十年代的西方经济学文献。赞成结构分析法的经济学家，大多来自发展中国家或者研究发展经济学的学者。20世纪70年代中期，在货币分析法指导下的国际收支调节存在一定的弊端，而为了克服这些弊端，结构分析法逐渐兴起。当时，国际货币基金组织的理论权威、研究部主任波拉克（J.J.Polak）将货币分析法运用于国际货币基金组织的国际收支调节要求中，使货币分析法成为基金组织制定国际收支调节政策的理论基础。当某个成员方出现国际收支困难，须向基金组织借用款项时，成员方必须按基金组织国际收支调节规制的要求，制定相应的调节政策。基金组织协助其制定政策并监督政策的实施。由于货币分析法的核心主张是紧缩需求，以牺牲国内经济增长来换取国际收支平衡，因而当时众多成员方在接受了基金组织的国际收支调节规制后，经济活动普遍受到抑制，有的甚至因过度削减预算和收紧货币供应而导致国内经济、社会动荡。因而，一些发展经济学家提出了结构分析法，以从经济结构而非货币角度来解释这些国家的国际收支失衡现象。

（一）结构分析法理论分析

结构分析法认为，一国的国际收支不平衡，特别是长期的、显著的国际收支逆差问题主要是由于国内经济结构急需调整。国内经济结构的老化、单一和落后造成长期的国际收支不平衡。而长期的国际收支不平衡反过来又会制约一国的经济改革，成为制约经济发展和经济结构调整的瓶颈，如此便形成了一种"经济结构出现问题—国际收支逆差—经济结构问题恶化"的恶性循环。因此，只有推动国内产业升级，调整经济结构，在供给侧、生产端予以改进，才能真正解决国际收支不平衡的问题。

结构分析法认为，引起国际收支长期逆差的结构性问题主要有以下三种情况：

1.经济结构老化

随着全球技术进步以及生产条件、世界市场环境等的变化，一国原先具有一定竞争力的商品可能逐渐失去竞争力。而且该国往往由于国内生产要素不足、流动性缺乏、技术落后等原因，难以自主调整经济结构。这导致该国容易受到外部技术、生产、市场等环境的冲击，造成出口供应长期不足、进口替代余地不大，进而国际收支持续逆差。

2.经济结构单一

经济结构单一包括出口商品结构的单一和产业结构的单一。这两方面都可能导致国际收支逆差。一方面，若一国出口商品结构单一，而该国出口商品价格又受国际市场的影响不断变化，会造成国际收支不稳定。出口商品价格一旦出现下降，会直接作用于该国国际收支，出现国际收支逆差。而在出口商品种类较多的情况下，如果一种出口商品的价格下降，会被另一种出口商品的价格上涨所抵消，国际收支可保持相对稳定。另一方面，如果一国产业结构单一，该国就不具备充足的生产能力，会严重依赖进口，也很难通过进口替代支撑自身经济发展带来的商品需求。该国经济发展的需求越强烈，其国际收支逆差就会越严重。相反，如果该国具备多样化、层次化的产业结构，就可通过大力发展进口替代品来减少进口，从而抑制国际收支逆差。

3.经济结构落后

经济结构落后表现为别国对一国的出口商品的需求存在收入弹性低而价格弹性高的特点；而一国对别国进口商品的需求却有收入弹性高而价格弹性低的特点。由于一国的出口商品收入弹性低而进口商品的收入弹性高，则其他国家收入增加，本国出口增加的程度并不大，而本国收入增加，却会导致本国进口增加程度较大。在这种情况下，只会发生国际收支的收入性逆差，不会发生收入性顺差，即国际收支的收入性不平衡具有不对称性。同样，由于出口商品的价格弹性高而进口商品的价格弹性低，本国出口商品的价格上升会导致出口额的相应减少，而进口商品的价格上升却会导致进口额的相应增加，即由价格因素引起的国际收支不平衡也具有不对称性。因而，收入和价格的波动都容易引起经济结构落后的国家国际收支的逆差。

可见，经济结构问题会带来一国的国际收支不平衡，而国际收支不平衡也会导致国内经济发展和经济结构调整的困难。发展经济、调整经济结构等需要一定数量的投资和资本货物的进口，而国际收支的结构性困难和外汇短缺却制约着进口，阻碍着国内经济的发展和经济结构的调整。

面对结构问题导致的国际收支不平衡，传统的支出政策并不能从根本上解决问题。结构论认为，调节政策的重点应放在优化经济结构和加速经济发展上，以此来增加出口商品和进口替代品的数量和种类。优化经济结构、促进经济发展的主要手段包括：增加生产供应、提升资源质量、降低企业成本、优化资源配置，使劳动力、资本和技术等生产要素顺利地从传统产业流向新兴产业。

（二）结构分析法的评价

不同于以往从需求侧进行国际收支分析的方法，结构分析法从供给侧揭示了国际收支持续失衡的原因并提出政策建议，开辟了国际收支不平衡问题治理的新思路。从长期看，结构论尤其符合发展中国家的国际收支客观状况，因此受到了国际金融研究和政策分析界的重视。

结构论的主要缺陷是过于强调长期因素而忽视了短期因素，其开出的药方往往难以解决短期逆差问题。在某种意义上，结构论关注更多的是经济发展而非国际收支问题，而国际收支不平衡问题往往是短期内亟待解决的问题。因而，解决国际收支问题需要通过国内外政策的配合和不同国际收支分析理论的调和与综合运用。

【思政谈】 **共创开放繁荣的美好未来**

中国共产党第二十次全国代表大会强调，中国坚持对外开放的基本国策，坚定奉行互利共赢的开放战略，坚持经济全球化正确方向，增强国内国际两个市场两种资源联动效应，不断以中国新发展为世界提供新机遇，推动建设开放型世界经济。

中国将推动各国各方共享深化国际合作机遇，全面深入参与世界贸易组织改革谈判，推动贸易和投资自由化便利化，促进国际宏观经济政策协调，共同培育全球发展新动能，积极推进加入《全面与进步跨太平洋伙伴关系协定》和《数字经济伙伴关系协定》，扩大面向全球的高标准自由贸易区网络，坚定支持和帮助广大发展中国家加快发展，推动构建人类命运共同体。

——2022年11月习近平主席在第五届中国国际进口博览会开幕式上的致辞（节选）

——————————— **本章小结** ———————————

国际收支是在一定时期内，一国（地区）居民同非居民之间所发生的交易往来的全部系统记录。应当从以下几个方面理解国际收支：国际收支是以国际交易为基础；国际收支反映交易主体的双方是本国居民与非居民；国际收支是一个流量的概念。

国际收支平衡表是反映一国（地区）在一定时期（通常为一年内）以货币单位表示的国与国之间全部的对外经济往来的平衡表。它反映了该国国际收支的总量和结构构成。国际收支平衡表的结构分为经常账户、资本和金融账户、净误差和遗漏账户三大类。国际收支平衡表是按照复式记账法编制的。国际收支中每笔交易的记录均由两个金额相等但方向相反的分录组成，反映了每笔交易的流入和流出。

国际投资头寸表是反映特定时点上一国（地区）对世界其他国家（地区）金融资产和负债的存量的报表。

国际经济交易分为自主性交易和补偿性交易。自主性交易指经济主体为了实现利润最大化或者效用最大化等经济目的而进行的国际交易。补偿性交易指一国为了调节自主性交易所产生的国际收支各项目的不平衡状况而进行的各项交易。一国国际收支不平衡往往指自主性交易后的国际收支出现差额，或顺差，或逆差。可以将国际收支不平衡分为临时性不平衡、周期性不平衡、结构性不平衡、货币性不平衡等。

国际收支不平衡的调整机制分为自动调节机制和干预机制。在没有政策干预的条件下，一国国际收支不平衡表现为国际收支盈余或赤字，这会影响相应的利率、汇率等经济变量的走势，而这种变动又可能影响国际收支盈余或赤字的变动方向，从而自动调整国际收支，形成国际收支的自动调节机制。国际收支的干预机制分为三种基本类型：政策调节、融资调节和直接管制。

国际收支平衡是一国政府追求的宏观经济的重要目标。在了解了国际收支不平衡的内涵和调节工具后，需要通过理论学习，系统地理解国际收支的不平衡及其分析方法，对症下药地进行调节。

—— 关键概念 ——

国际收支 国际收支平衡表 自主性交易 补偿性交易 国际收支不平衡 弹性分析法 马歇尔-勒纳条件 乘数分析法 吸收分析法 货币分析法 结构分析法

—— 思考与应用 ——

1.什么是国际收支?
2.国际收支不平衡的类型有哪些?
3.如何调节国际收支不平衡?
4.国际收支分析的基本方法有哪些?它们的特点是什么?

外汇、汇率与汇率制度

第二章

———外汇、汇率与汇率制度———

——— **学习目标** ———

理解外汇的动态与静态概念，掌握汇率的概念。

掌握外汇的种类以及外汇在国际经济贸易中的作用。

熟练掌握汇率的直接标价法、间接标价法和美元标价法。

掌握按不同标准划分的各种汇率种类及其相互关系、固定汇率制和浮动汇率制的内涵和各种表现形态。

第一节　外汇与汇率

随着经济金融全球化的发展，各国经贸往来日益加深，由此而来的支付和清算需求则会涉及不同国家货币之间的兑换，进而形成了外汇市场和外汇交易。汇率则是外汇交易中各种货币之间的相对价格，汇率波动导致了外汇风险及对国际经济贸易关系的冲击。政府也会采取相应的政策防范和治理相关的风险冲击。因此，外汇、汇率是国际金融领域有关经济和政策的重要内容。

一、外汇概述

在国际货币金融活动中，交易结算是通过货币资金的支付完成的，至少有一方会需要以外国货币进行支付，也就是外汇支付。外汇的产生是国际货币经济发展的必然结果。

（一）外汇的定义

外汇是国际汇兑的简称，是以外国货币作为流通和支付手段的交易行为。一般可以从动态和静态两个角度来认识外汇的含义。

外汇的动态含义是指交易者出于国际经贸交易的目的，把一国货币兑换成另一国货币的汇兑结算过程。它强调外汇的行为性，认为外汇的存在是为了便利国际经贸关系结算。

外汇的静态含义是指以外币表示的，用于应对对外支付结算的金融资产。它强调外汇的工具性，认为外汇是对外交易的客体和支付工具。人们一般所说的外汇，指的是其静态含义。

外汇作为对外交易的支付结算工具，其范围是广泛的。《中华人民共和国外汇管理条例》规定，外汇是指以外币表示的、可以用作国际清偿的支付手段和资产，包括：外国货币（包括纸币和铸币）、外币支付凭证（包括票据、银行存款凭证、邮政储蓄凭证）、外币有价证券（包括政府债券、公司债券、股票等）、特别提款权和其他外汇资产。

因各国货币种类、范围不同，所以要实现外汇数据的可比性，就需要制定统一的外汇统计口径。因此，国际货币基金组织将外汇设定为货币当局（中央银行、货币管理机构、外汇平准基金组织及财政部）以银行存款、长短期政府债券等形式所持有的在国际收支逆差时可以使用的债权。因此，外汇并不限于外国货币，而是一系列有关外国货币的、可用于对外交易支付结算的资产和工具。

（二）外汇的作用

外汇的作用主要有以下几种：

1.促进国际贸易发展，推动国际支付和结算

外汇主要用于对外交易，充当相应的支付结算手段。通过国际清算系统进行的外汇兑换和支付可以加速资本流动，降低相应的财务风险，使国际经济活动更为便利，促进国际贸易发展。

2.促进国际金融资源配置

由于资源禀赋、法律制度、文化等条件不同，所以不同国家的产业结构和金融结构具有差异，进而导致不同国家的金融资源不平衡。有的国家具有较强的支付需要，但缺乏资本，而有的国家则资本相对过剩。因此，需要进行国际投融资活动对金融资源进行配置。而外汇作为国家之间的支付手段，是国际投融资参与方接受的载体，以便利国际金融资源的配置。

3.充当国际储备资产

外汇不仅限于外国货币，而且是可以用于对外支付结算的资产。因此，外汇具有金融资产性质，可以作为各国的储备资产来应对各国的国际支付结算需求。

（三）外汇的特征

根据外汇的定义，可以得到外汇的三个基本特征：

1.外汇以外币表示

外汇必须以外国货币表示。一般来说，以本国货币表示的资产、信用工具不能用于国际交易支付，因而不能称为外汇。虽然美元、欧元等部分种类货币拥有国际货币属性，在国际交易中可以被普遍接受，但是当美国、欧洲居民以本国货币在本国进行交易时，仍不能将其持有的本国货币视为外汇。

2.外汇是普遍接受的金融资产

资产是指具有价值的财物或权利，预期会使相应的经济利益流入拥有者或权利方。从形态来划分，将资产分为以实物形态表示的实物资产和以货币形态表示的金融资产。外汇作为对外支付结算的工具，拥有一定的价值，并且以货币形态表示，因而属于金融资产。作为金融资产的外汇必须被各国交易者普遍认可，在交易中被无条件接受，才能作为国际支付工具，承担国际流通和支付的职能。

3.外汇具有可兑换性

所谓可兑换性，就是指一种货币能够不受限制，可以兑换成其他种类货币或以其他种类货币所表示的金融资产。外汇的主要功能是用于满足国际经贸交易的支付结算需求。国内居民为了应对对外经济关系产生的交易清算，则需要兑换相应所需种类的外汇。因而，外汇需要具有可兑换性。

（四）外汇的分类

外汇的种类可以从不同角度、不同标准或根据不同的研究目的来划分，但常用的划分标准主要有以下几种：

1.从能否自由兑换的角度，外汇可以分为自由外汇和记账外汇

自由外汇亦称现汇，是指那些可以在国际金融市场上自由买卖、在国际支付中广泛使用并可以无限制地兑换成其他国家货币的外汇，如美元（USD）、英镑（GBP）、日元（JPY）等货币。持有这种外汇，既可以自由兑换，又可以直接向第三国进行支付。自由外汇的价值被世界各国普遍接受。

记账外汇亦称双边外汇或协定外汇，是指贸易协定或支付协定下只能用于双边清算时使用的外汇。一般是在两国签订相应经济金融协议后，两国在双方中央银行或指定银行设立双边清算账户，并以协定中规定的货币作为记账货币，两国之间发生的外汇收支均以记账货币为单位对应记入清算账户。最后，以相互抵消的方式清算在协定范围内所发生的债权债务。

记账外汇所使用的货币既可以是协定国中任何一方的货币，又可以是第三国货币或一篮子货币。但记账外汇不能自由兑换成其他国家货币，也不能对第三国进行支付，只能在协定国之间使用。

2.按外汇买卖的交割期限，外汇可以分为即期外汇和远期外汇

即期外汇（Spot Exchange）即现汇，是指在外汇交易成交后必须在两个营业日内办理交割的外汇。

远期外汇（Forward Exchange）即期汇，是指交易双方按商定的汇率订立合约，在约定日期办理交割的外汇。一般期限为1—6个月，其中3个月期限较为普遍。交割是指买卖双方履行交易合约，转让相应买卖物权，进行实际收付的行为。

3.根据其来源和用途，外汇可以分为贸易外汇和非贸易外汇

贸易外汇是指来源于或用于国际商品流通的外汇，即贸易收支所使用的外汇。非贸易外汇是指除了来源于或用于贸易收支所使用之外的外汇。

4.按外币形态，外汇可以分为外币现钞和外币现汇

外币现钞是指外国钞票、铸币。外币现钞主要从国外携入，是实物性的外汇。当交易者需要进行外汇汇入汇出时，需要将现钞转化为账面上的现汇，即将现钞卖给银行，买入现汇。外币现汇则是指在货币发行国本土银行的存款账户中的自由外汇。现汇是由境外携入或寄入的外汇票据，经银行清算体系存入本国银行账户。外币现汇是账务性的外汇，它的汇入汇出只需要账面转化，不需要实物转化。

二、汇率的定义和类别

外汇作为一种金融资产，必然存在着资产的交易和买卖行为，而汇率反映其交易价格，影响着不同货币的相对价值波动。

（一）汇率定义

汇率是一国货币所表示的另一国货币的相对价格，反映不同货币之间的兑换比率。外汇作为一种金融资产，可以像股票、债券一样在金融市场上进行交易，而汇率则是外汇的价格。因此，在交易中也会把汇率叫做外汇牌价或者外汇价格。

为了反映货币之间的兑换比率，需要确定用哪一种货币来作为价值尺度表示汇率。因此，产生了不同的汇率表示方法。按作为价值尺度的货币不同，可以将汇率的表示方法分为直接标价法和间接标价法。

1.直接标价法

直接标价法是指一单位的外国货币可以兑换多少本国货币的标价方法。这种标价法本质上是以本国货币为外国货币标注价格。例如对于中国居民来说，1美元=6.788元人民币①。这种以人民币（本国货币）表示单位美元（外国货币）的价格，对于中国居民来说就是直接标价法。在这种表示方法下，外国货币数额固定不变，

---

① 作者写作时美元对人民币汇率。

本国货币数额随外国货币的价值变化而变化。大部分国家或地区的外汇市场采用这种直接标价法。

在直接标价法下，汇率越高，外国货币兑换到的本国货币越多，本币币值越低；汇率越低，外国货币兑换到的本国货币越少，本币币值越高。因而在直接标价法下，汇率上升，本币贬值；汇率下降，本币升值。

2.间接标价法

间接标价法是指一单位的本国货币可以兑换为多少外国货币的标价方法。这种标价法本质上是以外国货币为本国货币标注价格。例如对于美国居民来说，1美元价值为6.788元人民币。这种以人民币（外国货币）表示单位美元（本国货币）的价格，对于美国居民来说就是间接标价法。世界上主要采用间接标价法的国家有美国、英国、部分英联邦国家及欧洲国家。其中美元对其他货币使用间接标价法，但对于英镑等币值绝对值高于美元的货币则使用直接标价法。

在间接标价法下，汇率越高，本国货币兑换到的外国货币越多，本币币值越高；汇率越低，本国货币兑换到的外国货币越少，本币币值越低。因而在间接标价法下，汇率上升，本币升值；汇率下降，本币贬值。

不同标价法下的汇率有一定的关系，便于互相换算。对于同一个国家来说，直接标价法和间接标价法下的汇率互为倒数。例如对于中国来说，直接标价法下1美元价值为6.788元人民币；间接标价法下1元人民币价值为0.147美元。对于汇率所涉及的两国来说，若两国货币之间的汇率对一国是直接标价法，对另一个国家就是间接标价法。

此外，国际外汇市场上还有一种以美元为其他货币标价的标价法，称为美元标价法。欧洲美元市场为国际金融体系提供大量的美元流动性，因此跨国银行为了出售或获得美元，在欧洲美元市场上买卖各种外汇。基于美元在外汇市场中的重要性，大部分外汇都以美元作为基准，汇率标价以一单位货币兑换多少美元为标准。其他货币的汇率按照各自货币对美元的汇率套算得出。

在国际金融交易中，有效汇率是一个较为重要的概念。有效汇率是以一国对其他国家的贸易交易额作为权重，对一国与其他国家的双边汇率加权平均得到的汇率。两国之间的汇率可以反映两国货币之间的相对币值和购买力的强弱，但无法完整地反映一国货币在国际贸易和金融领域的总体竞争力。因为一国货币对不同国家货币的汇率变化情况不同，有可能对一国货币升值，同时又对另一国货币贬值，所以很难完全反映一国货币汇率的强弱。而有效汇率则可以衡量一国货币价值的总体波动幅度，因此可以相对可靠地反映一国货币的对外价值。

有效汇率的计算方法是，首先，根据一国的多边对外经济交往状况选择一篮子外国货币作为权重计算的依据，选择的外国货币必然是与该国对外经济交往较为密切的国家的货币；其次，根据本国与选择货币国之间的贸易额计算权重；最后，根据计算出的权重对该国对不同国家的汇率进行加权求和，得到有效汇率。

$$\frac{A国货币的}{有效汇率} = \sum \frac{A国对i国货币的汇率}{指数（以基期为100）} \times \frac{A国同i国的贸易额}{A国的全部对外贸易额}$$

人民币对部分主要货币的汇率中间价见表2-1。

表2-1   人民币对部分主要货币的汇率中间价[①]

外币名称（100单位）	价格（元）
美元	680.65
欧元	686.63
日元	5.0102
港元	86.766
英镑	812.15
马来西亚林吉特	65.746
俄罗斯卢布	882.64
澳大利亚元	470.58
加拿大元	525.65
新西兰元	425.14
新加坡元	491.15
瑞士法郎	711.38

（二）汇率的类别

根据不同的分类条件，可以将汇率进行分类。

1.按汇率波动程度分类

按照汇率波动程度，可以将汇率分为固定汇率和浮动汇率。这种分类法具有很强的政策意义。汇率是一国国际经济中重要的经济变量，汇率的波动对一国国际贸易交易和资本流动有显著影响。一国可通过规定或干预汇率的波动幅度，来减少其对一国经济增长和国际收支平衡的影响。

---

① 来源于中国银行外汇牌价（作者写作时的汇率中间价）。

固定汇率是指一国的货币与其他国家货币之间的汇率基本保持稳定，其波动幅度被严格限定在一个较小的幅度内。一国为了保持固定汇率，可以通过政策操作或特殊汇率安排来影响外汇市场。

浮动汇率是指一国的货币与其他国家货币之间的汇率随市场的外汇供求关系波动，其波动幅度不受任何限制。如果不干预外汇市场，汇率就会自由地随市场浮动，往往会形成浮动汇率。

2.按汇率确定的方式分类

按照汇率确定的方式，往往可以将汇率分为基本汇率和套算汇率。这种分类法应用于汇率的日常计算和套汇操作。

基本汇率是指本国货币与主要外国货币的基本汇率。由于国际贸易、国际储备状况和对外经济依存度的需要，某些国家在对外经济交易中会使用一种主要外国货币，并通过确定本国货币与主要外国货币的汇率作为基本汇率。主要的外国货币往往是一国在对外贸易中较多使用或在该国国际储备中比重较高，并且在国际经贸关系中具有较高接受度的货币。

套算汇率是指无法直接确定本国货币与其他非主要外国货币的汇率时，利用基本汇率套算出的汇率。比如，某日外汇市场汇率显示，1美元=6.79元人民币，1美元=40.05乌拉圭比索。若外汇市场上没有人民币和乌拉圭比索的对应关系，那么如何得出两者之间的汇率？这就需要根据前两个汇率来进行套算。1美元=6.79元人民币=40.05乌拉圭比索，所以1乌拉圭比索=6.79/40.05元人民币，即1乌拉圭比索=0.17元人民币。

除了在外汇市场上没有对应的汇率的情境下，会应用套算汇率，也可在汇率套利操作时应用套算汇率。世界经济体系中存在着不同的外汇市场，同一汇率可能会在不同外汇市场上有不同的牌价，因而可能出现投资者利用不同市场的外汇牌价低买高卖，进行汇率套利行为。大量的汇率套利行为会使不同外汇市场上的汇率趋于统一，消除差异。如果是在两个不同市场上进行汇率套利行为，则此行为可称为直接套汇或者空间套汇。

例2-1：假设投资者初始持有100美元，在A外汇交易市场，1美元=8.1元人民币；在B外汇交易市场，1美元=6.1元人民币。因而投资者可以在A市场卖出美元，买入人民币；然后在B市场用A市场交易所得人民币买入美元，获得无风险收益。按照这一策略，投资者在A市场将100美元兑换成810元人民币；在B市场将810元人民币兑换为132.78美元。投资者获得无风险收益32.78美元。

此外，还有利用三个或三个以上不同市场、不同汇率进行的外汇套利行为，其原理和直接套汇类似，被称为三角套汇。

例2-2：假设A外汇市场汇率显示，1美元=8.1元人民币；B外汇市场汇率显示1美元=40乌拉圭比索；C外汇市场汇率显示，1乌拉圭比索=0.17元人民币。投资者初始持有100美元。投资者观察到三角套利机会，可以在A市场将美元兑换为人民币，在C市场将人民币兑换为乌拉圭比索，在B市场将乌拉圭比索兑换为美元，进而获得无风险收益。按照这一策略，投资者在A市场将100美元兑换为810元人民币，在C市场将810元人民币兑换得到4 764.70乌拉圭比索，在B市场将4 764.70乌拉圭比索兑换为119.12美元，获得的无风险收益为19.12美元。

如何判断是否有套汇机会？可以通过将不同货币汇率按照同一种标价法标注，也就是分别以不同货币作为价值尺度为其他货币进行标价，然后将得到的所有汇率进行相乘；若不等于1，则说明具有套汇机会。如上文的例子，三种汇率（见表2-2）相乘等于0.816，说明具有套利机会。

表2-2 　　　　　　　　　　　三个外汇市场的三种汇率

市场	汇率
A	1元人民币=0.12美元
B	1美元=40乌拉圭比索
C	1乌拉圭比索=0.17元人民币

3.按银行买卖外汇角度分类

日常生活中，居民、企业等外汇需求方往往不直接参与外汇市场，而是通过银行进行外汇买卖以满足自身外汇需求。银行买卖外汇的标价对居民、企业等外汇需求方有重要影响。因此，可以从银行买卖外汇角度对汇率进行划分，将汇率分为买入汇率、卖出汇率和中间汇率。

买入汇率也称买入价，指银行从同业市场或客户手中买入外汇适用的汇率。卖出汇率也称卖出价，指银行向同业市场或客户卖出外汇适用的汇率。中间汇率也称中间价，是买入汇率和卖出汇率的算术平均数。

这里的买入汇率和卖出汇率都是以银行为主体进行的行为，因而买入和卖出都是基于银行角度而定的。银行买卖外汇、办理外汇结算的目的是盈利，需要低买高卖，因而买入价一般低于卖出价。而中间汇率通常是银行为了外汇统计和对外公布汇率的需要，而非实际的成交价。

此外，根据银行买卖的外汇形式可以分为现汇汇率和现钞汇率。现汇汇率也称现汇价，是银行买卖外币现汇的价格。现钞汇率也称现钞价，是银行买卖外币现钞的价格。一般来说，现钞买入价格低于现汇买入价格，现钞卖出价格高于现汇卖出价格。这是因为银行在买卖、储存现钞时需要承担钞票的运输费、保险费、利息等。而银行可将买卖得到的现汇通过外汇清算系统快速调拨使用，避免了以上成本。因而与买卖现汇相比，买卖现钞的成本较高。需要买卖现钞的客户须付出更大的经济利益，以弥补银行的成本。

实际交易中银行公布的外汇汇率是以上两种划分方式的综合，具体可见表2-3。

表2-3　　　　　　　　　　　中国银行外汇牌价（部分）①

货币名称	现汇买入价	现钞买入价	现汇卖出价	现钞卖出价
澳大利亚元	469.75	455.16	473.21	475.31
加拿大元	524.25	507.7	528.12	530.45
瑞士法郎	709.91	688	714.89	717.96
丹麦克朗	92.48	89.62	93.22	93.67
欧元	688.41	667.02	693.49	695.72
英镑	815.76	790.41	821.76	825.4
港币	86.41	85.72	86.75	86.75
日元	5.0061	4.8506	5.0429	5.0507
韩国元	0.5112	0.4933	0.5154	0.5342
澳门元	83.99	81.18	84.33	87.14
新西兰元	424.1	411.01	427.08	432.95
菲律宾比索	12.09	11.67	12.23	12.78
俄罗斯卢布	10.91	10.41	11.35	11.85
瑞典克朗	64.91	62.91	65.43	65.74
新加坡元	489.6	474.49	493.04	495.5
泰国铢	18.97	18.39	19.13	19.73
土耳其里拉	37.65	35.8	37.95	43.58
美元	677.92	672.41	680.8	680.8

① 作者写作时的中国银行外汇牌价。

4.按汇率期限分类

按照外汇交易结算的期限划分，可以将汇率分为即期汇率和远期汇率。

即期汇率是指进行即期外汇交易时所采用的汇率。即期外汇交易指外汇交易双方达成交易协议后，可在两个工作日内办理交割外汇交易。

远期汇率是指进行远期外汇交易时所采用的汇率。远期外汇交易指外汇交易双方达成交易协议后，并不马上进行外汇交割，而是约定在未来某一时间进行实际交割的外汇交易。

即期汇率和远期汇率是市场交易的常用指标。通过观测即期汇率和远期汇率及两者之间的关系可以判断市场外汇交易走势。远期汇率与即期汇率之间的差额称为远期差价。远期差价一般以基点（Basis Point）形式报价，变动一个基点即为价格变动0.01%。但美元兑日元和欧元兑日元的一个基点为0.01，这是因为日元币值较低。

根据即期汇率和远期汇率的大小，可以将远期差价分为升水和贴水。如果远期汇率高于即期汇率，则称为汇率升水；如果远期汇率低于即期汇率，则称为汇率贴水。如果远期汇率和即期汇率相等，则称为平价。但是根据不同的标价方法，三者之间的关系不同（见表2-4）。

表2-4　　　两种标价法下即期汇率、远期汇率和远期差价三者之间的关系

直接标价法	远期汇率=即期汇率+升水
	远期汇率=即期汇率−贴水
间接标价法	远期汇率=即期汇率−升水
	远期汇率=即期汇率+贴水

因而，根据上述关系式，可以通过相应的即期汇率报价得到远期汇率报价。市场一般会对即期汇率和远期差价进行报价。投资者可以通过两者计算得出远期汇率。由于远期汇率买卖差价比即期汇率买卖差价大，所以可以在保证这一条件的基础上，根据远期差价来判断远期汇率。口诀为"左大右小往下减，左小右大往上加"，即观察远期差价，若左边的数值大于右边数值，则用即期汇率的买入价和卖出价减去远期差价；若左边的数值小于右边数值，则将远期差价分别加到即期汇率的买入价和卖出价上，进而获得远期汇率。

例2-3：根据即期汇率得到远期汇率。某日，英镑兑美元的即期汇率为1.1909/1.1913（买入价/卖出价），一个月远期差价为20/24，那么英镑兑美元的一个月远期汇率为多少？

从数值上来看，远期差价为20/24，为左小右大。因此，把远期差价直接加到即期汇率上。

远期汇率：（1.1909+0.0020）/（1.1913+0.0024）=1.1929/1.1937。

所以，远期汇率的买入价为1.1929，卖出价为1.1937。

5.按到账时间分类

汇率按照外汇交易到账时间可分为电汇汇率、票汇汇率和信汇汇率。

电汇汇率是指外汇交易时，通过电报、传真或计算机网络等电子工具通知支付结算时所使用的汇率。在电汇交易时，银行接到交易指令后，立刻通过电报、传真和计算机网络通知其国外分支行或代理行向收款人办理。

票汇汇率是指外汇交易时，通过本票、汇票、支票等票据工具进行支付结算时所使用的汇率。在票汇交易时，银行接受交易指令后，开立以国外分支机构或代理行为付款人的票据交给汇款人，由汇款人传递给收款人，收款人凭票据要求银行的国外分支机构或代理行向其支付相应数额的货币。

信汇汇率是指外汇交易时，通过信函通知支付结算时所使用的汇率。在信汇交易时，银行接到交易指令后，会开具付款委托书，以信函方式通过邮局寄到分支机构或者代理行通知其向收款人付款。

不同的交易到账时间不同，因而银行占用客户资金和客户承担风险的状况不同，相关汇率价格也就存在差异。电汇交易时间短，银行占用客户资金较短，客户承受的汇率波动风险较小。因而，电汇汇率较高，客户汇兑时需要付出更多资金。票汇方式不能在短期内完成交易，可以占用客户资金一段时间，客户需要承受一定的汇率波动风险。因而，票汇汇率较电汇汇率低。此外，票汇汇率的高低也与票据期限有关，期限越长，汇率越低。信汇方式通知完成交易的时间较长。银行可以占用客户资金，客户承担较长时间的汇率波动风险。因而，信汇汇率较电汇汇率低。

6.按外汇管理方式分类

各国法律和汇率制度不同，因此各国对外汇的管理方式也不同。按照不同的外汇管理方式，可以分为法定汇率和市场汇率。

法定汇率是指一国货币当局所规定的汇率。市场汇率是指在外汇市场上，通过市场机制自动调节，由外汇供求状况决定的汇率。一国面临的国内外经济状况不同，所采取的外汇管理制度和外汇管理政策也不同。在外汇管制严格的国家，外汇交易管理较为严格，政府通过行政手段对外汇市场进行干预或者直接不允许开展外汇自由交易行为，外汇交易要以法定汇率为基准进行。法定汇率一般比较稳定，但不能真实反映市场的外汇供求状况，缺乏弹性。

而在外汇管制较少的国家，外汇汇率受市场外汇供求状况影响而形成市场汇率。市场汇率能真实反映市场中有关外汇的供求状况。但是市场汇率有可能随外汇供求状况变化出现大幅波动，从而对国际贸易和资本流动形成冲击。因而，政府一般会以经济手段对外汇市场进行调整，使汇率保持在相对稳定的水平上。

7.按是否考虑价格水平因素分类

汇率是两国货币购买力的比较，而两国的价格水平或通货膨胀情况可作用于货币购买力，对两国之间的汇率产生影响。按是否考虑价格水平因素，可以把汇率分为名义汇率和实际汇率。

名义汇率是指未剔除价格水平因素的汇率。外汇市场公布的汇率一般均为名义汇率，它反映的是有关外汇的供求状况，但没有考虑本国和外国价格水平对汇率的影响，不能反映两国货币之间的相对购买力。

实际汇率是指在名义汇率基础上用两国价格水平进行调整后得到的汇率。实际汇率和名义汇率的关系如下，

$$e = \frac{EP^*}{P} \tag{2.1}$$

式中，e为实际汇率，E为名义汇率，P^*为外国价格水平，P为本国价格水平。

实际汇率考虑到两国的价格水平，能真实反映两国商品相对价格竞争力的强弱。

8.按汇率用途是否统一分类

按照汇率用途是否统一，可以将一国的汇率分为单一汇率和复汇率。

单一汇率是指一个国家的货币对某一种外币只有一种汇率。各种不同类别的国际经济金融交易均按此汇率进行支付清算。复汇率是指一个国家的货币对某一种外币有两种或两种以上的汇率。在不同类别的交易中分别采用不同汇率进行支付清算。复汇率一般是汇率管制的结果。一国政府采用复汇率可能出于管制资本流动、扩大出口、限制进口、改善国际收支不平衡等目的。

三、汇率变动的影响因素

汇率是一国宏观经济状况的反映，也是对外经济关系的表现，汇率的变动潜在反映该国贸易状况和资本流动等国际经济特征发生的变动。因而，一国的多种国内外经济因素影响着该国汇率的变动。按期限划分，可以将这些因素划分为长期因素和短期因素。

（一）长期因素

长期因素主要有国际收支、经济增长和价格水平等。

1.国际收支

在浮动汇率条件下，一国汇率变动受外汇市场上外汇供求状况影响。而国际收支是影响一国外汇供求状况的重要因素。一国的国际收支顺差往往会形成外汇流入，本国市场上的外汇供给量增加。一旦供过于求，外汇汇率就会下降，本币升值，外币贬值。一国的国际收支逆差往往会形成外汇流出，本国市场上的外汇供给量减少。一旦供不应求，外汇汇率就会上升，本币贬值，外汇升值。

在固定汇率条件下，由于一国的中央银行干预汇率，所以使汇率波动限定在一个较小的范围内。国际收支并不能直接影响汇率波动，但是它能带来汇率变动的长期压力，最终有可能迫使中央银行改变汇率政策，变动汇率。

2.经济增长

经济增长影响着一国经济的社会总需求和总供给，进而影响该国国际贸易和资本流动，并综合影响汇率。从贸易进口角度来看，若一国经济快速增长，则该国国民收入增加，社会总需求提高，进口支出增加，外汇需求增加，外汇汇率上升，本币贬值，外汇趋于升值；从贸易出口角度来看，若一国经济快速增长，则往往伴随着该国产品出口竞争力相对增强，本国出口和贸易收入增加，外汇汇率下降，本币趋于升值；从资本流动角度来看，若一国经济快速增长，则经济发展对资本要素的需求量大，会吸引资本流入本国，对本币的需求提高，本币趋于升值。

3.价格水平

一国的价格水平上升，会削弱该国商品在市场上的国际竞争力，给该国出口带来负面影响；同时，一国价格水平上升会相对增加本国对外国商品的进口需求，增加进口。这样就会造成一国的出口减少，进口增加，外汇市场上对外汇的需求增加，外汇汇率上升，本币贬值，外币升值。

国际收支、经济增长和价格水平等因素往往是一国的经济体系特征，它们通过影响一国的国际收支来影响汇率，因而对汇率具有长期趋势的影响，是影响汇率的长期因素。

（二）短期因素

短期因素主要有利率、中央银行干预和市场预期等因素。

1.利率

利率是影响一国金融资产定价的基础变量。汇率作为外汇资产的价格，也会受到利率的影响。一国提高其基准利率水平，该国的债权类金融资产，如国债、商业票据、企业债券和货币市场基金等收益率也相应提高，容易吸引国外投资者的投资，形成外汇流入，使外汇市场上的外汇供给量增加，外汇汇率下降，本币升值，外币贬值；反之，一国降低利率，该国的债权类金融资产收益率下降，国外投资者投资减少，外汇流出，使外汇市场上的外汇供给量减少，外汇汇率上升，本币贬值，外币升值。

2.中央银行干预

汇率波动往往影响一国的进出口贸易竞争力和资本流动，转而影响该国的生产、投资、价格和就业等，给该国的经济增长和金融稳定带来潜在风险。为了防止汇率过度波动，中央银行往往会在外汇市场上进行外汇交易，干预汇率市场，保持本币汇率稳定。当外汇汇率过高时，中央银行往往会卖出外汇，买入本币，防止本币过度贬值造成资本快速流出，影响金融稳定；当本币汇率过高时，中央银行往往会买入外汇，卖出本币，防止本币过度升值影响本国贸易品的价格竞争力。

中央银行对汇率的干预出于三种目的：第一，熨平汇率波动，即不改变汇率的长期走势，而是降低汇率波动频率，防止汇率频繁波动对经济和金融稳定造成影响；第二，稳定汇率水平，把汇率稳定在一个基本水平上，不让其发生较大幅度波动，以保障本国贸易和金融交易顺利进行；第三，出于国际收支平衡等政策目的，使当前的汇率上浮或下降到一个比较合适的水平。

3.市场预期

外汇汇率往往受市场上外汇交易的供给和需求变动的影响，而市场预期也是影响外汇供给和需求的重要因素。市场参与者根据自身对市场的认知和态度决定买入或卖出某种外汇。而大量市场参与者的认知态度会形成市场预期。市场预期通过影响交易者的行动，影响外汇交易的供求和汇率变动。市场预期对汇率的影响具有自我实现的特点，即先形成预期，预期导致市场行动，市场行动加速预期结果发生。这也被称为预期的自我实现机制。如果市场预期某种货币的币值由于各种随机因素的影响会趋于上升，投资者就会大量买入该种货币，这种货币的币值就会真的上升；如果市场预期某种货币的币值由于各种随机因素的影响会趋于下降，投资者就会大量卖出该种货币，这种货币的币值就会真的下降。

【参考资料2-1】　　地缘冲突、政府干预和卢布汇率

2022年4月10日，俄罗斯联邦中央银行公布卢布的最新汇率。其中，美元兑卢布汇率为1美元兑74.85卢布，几乎回到了俄乌冲突爆发前的水平。

俄乌冲突爆发后，西方对俄罗斯实施金融制裁，卢布迅速贬值。美元兑卢布汇率一度达到1美元兑120.38卢布。自3月中旬起，卢布开始走强。截至4月21日，卢布兑美元汇率达到7年来的峰值，成为2022年全世界表现最好的货币。对此，美媒直呼"不同寻常"。哈佛大学肯尼迪政府学院教授弗兰克尔表示："卢布的弹性意味着俄罗斯部分免受西方国家在俄乌冲突后施加的经济制裁的影响。"

继续阅读请扫码

第二节　汇率决定理论

汇率是一种货币现象，决定汇率的内在影响因素有很多。在不同情境下，往往有多种因素同时对汇率产生影响。因而，需要对汇率决定过程形成理论性、系统性认知，以便分析和预测不同的国际经济和金融环境下汇率的运行路径。

一、购买力平价说

货币的基本功能为充当价值尺度和人与人之间的交易手段，而货币的购买力决定了其基本功能。外汇也是如此，人们之所以需要外汇，是因为外汇可以提供在国外的商品购买力。因此，瑞典经济学家卡塞尔（Cassel，1922）在其著作《1914年以后的货币与外汇》中提出，两种货币的双边汇率主要是由两种货币各自在本国的购买力之比所决定的。这一购买力之比被称为购买力平价。该理论的核心是一价定律。

（一）一价定律

一价定律是指在自由贸易条件下，任意一种商品在不同国家的价格换算成同种货币之后其价格相等。具体来说，如果商品 i 在本国的本币价格为 P，在外国的本币价格为 P^*，汇率为 S，则有以下关系，

$$P = SP^*$$

(2.2)

因而，汇率 $S = \dfrac{P}{P^*}$，即如果在两个国家范围内的一价定律成立，那么汇率是单个商品在两个国家的价格之比。注意，这里的汇率为直接标价法所反映的汇率，即单位外币/本币数量的标价形式。

一价定律的成立需要满足一些条件。首先，一价定律所涉及的商品在不同国家是同质的，就是说在不同国家内，该商品的功能和带给消费者的效用相同；其次，国家之间不存在交易成本摩擦，即商品交易过程中不存在相应的关税和非关税壁垒、运输成本等，国家之间的资本可以自由流动；最后，商品市场是完全竞争市场，单一买家或卖家都不存在垄断行为。

在这些假设条件下，一价定律成立。例如，假设不存在交易成本摩擦，在完全竞争市场条件下，在中国市场上，一支钢笔价格为25元，汇率为6.3元人民币/美元。按照一价定律，在美国市场上，同样的钢笔价格应该为3.97美元。如果当前美国市场上同样的钢笔价格为5美元，那么供货商可以选择在中国市场买入钢笔，运到美国市场上出售，从而获得利润。这样就会使美国市场上钢笔的价格下跌，直到两国钢笔价格的相对比值符合一价定律。

（二）绝对购买力平价

一价定律所反映的是单个产品在两个国家的相对价格与汇率之间的关系，而两国之间的汇率并不完全由单一种类的商品价格决定。从宏观角度将一价定律推广，就得到了绝对购买力平价。绝对购买力平价是两国的总体价格水平的相对关系与汇率之间的关系。

具体来说，在统计一国的价格水平时，往往选取有标志性的多种商品价格进行测定，这些商品的组合被称为一篮子商品。一国的价格水平由该国的一篮子商品价格加权得出，即为下列关系，

$$P = \sum_{i=1}^{n} a_i p_i \tag{2.3}$$

式中，P为本国的总体价格水平；a_i为商品i在一篮子商品中的权重，并且$\sum_{i=1}^{n} a_i = 1$；p_i为本国商品i的价格。

假设外国一篮子商品种类和权重构成与该国的完全一致。同理可知，

$$P^* = \sum_{i=1}^{n} a_i p_i^* \tag{2.4}$$

式中，p^*为外国的总体价格水平；a_i为商品i在一篮子商品中的权重，并且$\sum_{i=1}^{n} a_i = 1$；p_i^*为本国商品i的价格。

一国货币的购买力，即单位货币购买或换取商品或服务的能力，主要取决于该国的总体商品价格水平。该国总体价格水平越高，货币购买力越低。货币购买力与价格成反比，即为，

$$\frac{外国货币购买力}{本国货币购买力} = \frac{P}{P^*} \tag{2.5}$$

因此，可以用两国之间的价格比率表示货币购买力平价。如果所有一篮子商品组合中的所有商品都满足一价定律，即$S = p_i/p_i^*$，则可得到，

$$S = \frac{\sum_{i=1}^{n} a_i p_i}{\sum_{i=1}^{n} a_i p_i^*} = \frac{P}{P^*} \tag{2.6}$$

这就是汇率的绝对购买力平价关系。

（三）相对购买力平价

绝对购买力平价建立了汇率与商品价格之间的关系，通过价格平价搭建了国际经济中金融与实体经济的联系渠道。但是在现实生活中，绝对购买力平价往往很难成立。绝对购买力平价所依赖的假设与实际情况存在偏差。比如，市场往往存在着运输成本、消费偏好、市场垄断等交易成本，很难通过国际贸易套利行为使绝对购买力平价达到均衡；各国的价格统计制度不同，很难保证选取的一篮子商品种类和权重相同。比如，中国大部分地区通常以大米为主食，大米价格在中国的一篮子商品中占有相当比重。而在一些较少食用大米，以面粉为主食的国家，大米价格的比重则相对较低。

因此，为了更加妥帖地反映汇率和商品价格之间的关系。卡塞尔对绝对购买力平价进行了拓展，在考虑交易成本、一篮子商品的组成和价格权重有差异的前提下，提出了相对购买力平价，其关系式如下，

$$S_t = \delta \left(\frac{P_t}{P_t^*} \right) \tag{2.7}$$

式中，S_t 为 t 期的两国双边汇率，P_t 为 t 期本国的总体价格水平，P_t^* 为 t 期外国的总体价格水平。δ 为相对系数，它包含了两国之间的一篮子商品价格权重偏差、交易成本等因素。因而，当相对系数等于1时，绝对购买力平价和相对购买力平价相等，当系数不等于1时，以上的因素导致两国的绝对购买力出现偏差。

相对购买力平价侧重从相对变化率方面监测关系，强调一段时间内汇率的变化与价格水平的变化存在稳定关系，即汇率的变化率等于两国通货膨胀率之差。

可以从数学关系上推导出其经济意义，将上式两边取对数，可得，

$$\log S_t = \log \delta + \log P_t - \log P_t^* \tag{2.8}$$

将其推广到 t−1 期，则表示为，

$$\log S_{t-1} = \log \delta + \log P_{t-1} - \log P_{t-1}^* \tag{2.9}$$

可以通过一个变量的对数差分表示其变化率。因此，从 t−1 期到 t 期的变化率可以表示为，

$$\Delta S = \log S_t - \log S_{t-1}$$
$$= \left(\log \delta + \log P_t - \log P_t^* \right) - \left(\log \delta + \log P_{t-1} - \log P_{t-1}^* \right) \tag{2.10}$$

进而得到，

$$\Delta S = \left(\log P_t - \log P_{t-1} \right) - \left(\log P_t^* - \log P_{t-1}^* \right) = \Delta P - \Delta P^* \tag{2.11}$$

式中，ΔS 为当期的汇率变化率，ΔP、ΔP^* 分别为本国、外国的当期价格变化率，即通货膨胀率，所以汇率的变化率等于两国通货膨胀率之差。若本国通货膨胀率高

于外国通货膨胀率，那么汇率会上升，本币相对于外币贬值。

相对购买力平价与绝对购买力平价有一些差异。首先，绝对购买力平价考察的是时点的汇率状况，而相对购买力平价考察的是一段时期内汇率的变化率。其次，若绝对购买力平价成立，则相对购买力平价一定成立。而若相对购买力平价成立，绝对购买力平价则不一定成立。绝对购买力平价依赖于一价定律，但一价定律的假设很难在客观生活中成立，比如，假设市场不存在交易成本，假设不同国家一篮子商品的种类和权重相同。而相对购买力平价不依赖于一价定律，允许交易成本存在，允许一篮子商品的种类和权重不同，只要这些条件在考察期限内相同，相对购买力平价就成立。最后，绝对购买力平价衡量的是价格水平和汇率之间的关系，是一种静态关系；而相对购买力平价衡量的是价格水平的变化率和汇率变化率之间的关系，是一种动态关系。

（四）对购买力平价说的评价

购买力平价说是汇率决定理论中一种比较有影响力的学说。首先，它从货币基本功能的角度分析货币汇兑及汇率问题，逻辑直观，形式简洁，便于理解。其次，购买力平价说继承了货币数量论的研究视角，从货币数量角度对汇率进行分析。最后，相对于其他汇率理论，购买力平价说是一种长期视角下的汇率学说。不少经济学家认为，虽然购买力平价说在实证检验中存在一定困难，但是在长期内仍具有指导意义。

但购买力平价说具有一定的缺陷。首先，购买力平价说的假设过于严格。购买力平价说源于一价定律，但一价定律要求市场中不存在交易成本和交易壁垒，要求各国市场一篮子商品的种类和权重一致。这些要求在现实生活中很难实现。其次，在开放经济条件下，影响汇率的因素有很多，包括产业结构、贸易结构和资本流动等。但购买力平价说只侧重于贸易方面对汇率的影响。最后，购买力平价说在实证检验中存在一定困难。短期内，经济体系内各种因素会使汇率偏离购买力平价；长期内，实际经济因素的变动会使名义汇率与购买力平价产生永久性的偏差。而且在验证购买力平价时，由于各国之间的物价指数选择不同和分类的主观性，很难确定价格权重，进而很难获得反映市场实际的一篮子价格。

【参考资料2-2】 汉堡经济学和iPhone经济学

阅读请扫码

二、利率平价说

随着国际资本流动规模逐渐增大，资本流动对汇率的影响日益显著。需要从资本流动视角探索较为稳健的汇率决定理论。因而，学术界从资本流动和外汇交易视角出发，提出了利率平价说。利率平价说出现于 19 世纪后期，在第二次工业革命后，国际资本流动日益频繁，资本流动规模日益增大，资本流动和随之而来的外汇交易行为对汇率的影响日益显著。德国经济学家沃尔瑟·罗茨（Lotzw，1889）在研究德国马克汇率问题时，提出马克的远期汇率与德国经济特有的低利率是分不开的。而之后，凯恩斯（Keynes，1923）在《货币改革论》中在罗茨的研究基础上提出了系统的利率平价说。

利率平价说认为，两国之间的远期汇率是由于两国之间的利率差引起的。两国之间利率水平相对发生变动，必然导致汇率发生变化。这是由于资本在自由流动条件下，一旦两国之间的利率差发生变动，投资者可以相应改变两国的资产在投资组合中的配置比重，进行套利。而资本自由流动下，大量套利行为会导致投资者在不同国家的市场收益趋于一致，汇率也会相应达到均衡水平。利率平价说将外汇视为一种金融资产，认为外汇的价格——汇率会受外汇市场的交易行为的影响。

根据套利交易是否进行抵补，利率平价说可以分为抵补利率平价说和非抵补利率平价说。

（一）抵补利率平价说

抵补利率平价是指汇率的远期变动率正好抵消两个国家的利率差异，从而达到不同种类货币的金融资产以同一种货币表示的无风险收益率相等的均衡状态。而这种均衡状态是抵补套利的结果。

在抵补利率平价的情境下，有以下假设：

1.资本可以自由流入流出不同国家，资本流动不存在成本和限制。

2.国内外的各种金融资产存在完全的替代性，投资者对不同市场的金融资产没有偏好。

3.投资者是风险规避者，只投资于无风险收益产品。

4.套利资金规模无限大，套利行为不存在相应的交易成本。

在满足以上假设条件下，假设 A 国一投资者具有一单位 A 国货币资金，可以无成本、无障碍地投资于 A、B 两国金融市场，以获取更高的收益。若 A 国金融市场的一年期无风险收益利率为 r，B 国金融市场的一年期无风险收益利率为 r^*，直接标价法的即期汇率为 e，一年期的远期汇率为 f，则该投资者可以有两种投资方案。

1.投资于一年期 A 国无风险产品，一年后可获得收益本利和；

2.将货币资金兑换为 B 国货币，投资于一年期 B 国无风险产品，并为了规避一年后的汇率风险，购买远期汇率为 f 的一年期外汇远期，一年后按照该汇率把本利和兑换为 A 国货币。

在第一种方案下，投资者所获收益为：$1 \times (1 + r) = 1 + r$。

在第二种方案下，投资者先将一单位 A 国货币兑换为 B 国货币，然后投资于一年期 B 国无风险产品，并在到期时兑换为 A 国货币，所得收益为：$\frac{1}{e} \times (1 + r^*) \times f$。

在第一种方案下，投资者得到的是无风险收益。在第二种方案下，投资者需要将可能面临的汇率风险利用远期进行抵补，得到的也是无风险收益。因而，国内外金融市场达到均衡时，两种方案的无风险收益应当相等。否则，投资者将通过投资于高收益方案进行套利。当两种方案相等时，有下列关系，

$$\frac{f}{e} = \frac{1 + r}{(1 + r^*)} \tag{2.12}$$

两边同时减去 1，得，

$$\frac{f - e}{e} = \frac{r - r^*}{(1 + r^*)} \tag{2.13}$$

设等式左边为汇率远期变动率 $\delta = \frac{f - e}{e}$，可得，

$$\delta + \delta r^* = r - r^* \tag{2.14}$$

由于 δr^* 数值非常小，所以可忽略不计，可得到抵补利率平价的表达式，

$$\delta = r - r^* \tag{2.15}$$

从这一表达式可以说明其经济意义在于，汇率的远期变动率为本国与外国即期利率之差。如果本国利率高于外国，则汇率变动率为正，即为远期汇率升水；如果本国利率低于外国，则汇率变动率为负，即为远期利率贴水。

（二）非抵补利率平价说

在抵补利率平价条件下，投资者为风险厌恶者，通过外汇远期合约来规避外汇风险。但是在实际经济生活中，投资者的类型多种多样。相当部分的投资者并不采取远期来规避其外汇风险，只是在投资到期时将外汇兑换为本币。此时，利率平价中的远期汇率 f 不再是无风险远期汇率，而只是投资者预期的未来汇率。此时，利率平价即为非抵补利率平价。

非抵补利率平价说则认为，如果投资者是风险中性的，愿意承担汇率风险，那么投资者预期的汇率变动率等于两国利率的差异。此时，投资于外币资产的预期收益与投资于无风险本币资产的收益相等。因此，即使投资者不进行汇率风险的规避，其预期汇率变动也依然与利差形成均衡关系。

在非抵补利率平价情境下，有以下假设：

1.资本可以自由流入流出不同国家，资本流动不存在成本和限制。

2.国内外的各种金融资产存在完全的替代性，投资者对不同市场的金融资产没有偏好。

3.投资者是风险中性者。

4.套利资金规模无限大，套利行为不存在相应的交易成本。

在满足以上假设条件下，同样假设A国一投资者具有一单位A国货币资金，可以无成本、无障碍地投资于A、B两国金融市场，以获取更高的收益。若A国金融市场的一年期无风险收益利率为r_t，B国金融市场的一年期无风险收益利率为r_t^*，直接标价法的即期汇率为e_t，投资者在t期的时点上预期一年后的即期汇率为E_{t+1}，则该投资者可有两种投资方案。

1.投资于一年期A国无风险产品，一年后，可获得收益本利和；

2.将货币资金兑换为B国货币，投资于一年期B国无风险产品，并预期一年后可按照汇率E_{t+1}把本利和兑换为A国货币。

因此，与抵补利率平价类似，当两种投资方案的收益相等时，国内外金融市场达到均衡。此时有下列关系，

$$\frac{E_{t+1}}{e_t} = \frac{1 + r_t}{(1 + r_t^*)} \tag{2.16}$$

两边同时减去1为，

$$\frac{E_{t+1} - e_t}{e_t} = \frac{r_t - r_t^*}{(1 + r_t^*)} \tag{2.17}$$

设等式左边为预期汇率变动率$\delta_e = \dfrac{E_{t+1} - e_t}{e_t}$，可写成，

$$\delta_e + \delta_e r_t^* = r_t - r_t^* \tag{2.18}$$

由于$\delta_e r_t^*$数值非常小，所以可忽略不计，可得到抵补利率平价的表达式，

$$\delta_e = r_t - r_t^* \tag{2.19}$$

从这一表达式可以说明其经济意义。在非抵补利率平价情境下，预期汇率变动率为本国与外国即期利率之差。如果本国利率高于外国，则汇率变动率为正，预期汇率上升，预期本币相对贬值，外币相对升值。如果本国利率低于外国，则汇率变动率为负，预期汇率下降，预期本币相对升值，外币相对贬值。

非抵补利率平价与抵补利率平价相比有两点显著不同。第一，在两种利率平价情境下，投资者的风险偏好不同：在抵补利率平价情境下，投资者是风险厌恶者，只投资于无风险产品；在非抵补利率平价情境下，投资者是风险中性者，可

以承担一定风险。第二，非抵补利率平价说强调预期变化，抵补利率平价说强调期限变化。非抵补利率平价说以未来的预期汇率取代了抵补利率平价下的远期汇率，强调了即使不进行远期风险对冲，投资者依然依据未来预期汇率进行套利，使外汇市场达到均衡。而抵补利率平价说强调的则是两国利率差异对远期汇率变化的影响。

（三）对利率平价说的评价

1.利率平价说从资本流动角度对汇率决定理论进行了全新的阐述

它指出一国利率变化对汇率的影响。远期汇率的变动主要取决于两国间的利率差，因而将汇率决定理论从商品市场扩展到了资本市场。

2.利率平价说的假设过于苛刻

抵补利率平价假设金融资产具有完全替代特性，利率套购资金的供应弹性无穷大。但是实际生活中这两种假设都很难被满足。第一，不同国家的金融资产很难被完全替代。除了币种与利率不同，不同国家的金融市场具有的政治经济特征和市场预期不同。这些因素决定了不同国家的金融资产很难被完全替代。第二，利率平价假设用于套购资金的供应弹性无穷大。投资者对金融资产具有完全信息，并且能随时从金融市场进行融资。这些条件在客观的国际经济环境中是很难得到满足的。

3.利率平价说并不是基于一般均衡视角得出的理论

利率平价说着眼于资本市场，从外汇市场角度阐述汇率的决定因素。但在国际经济环境中，除资本流动外，影响和决定汇率的因素还有很多，比如一国的产品结构、产业结构、贸易结构、国际货币制度等。利率平价说仅着眼于资本市场的均衡，无法说明产品市场等其他市场的均衡情况，因此不是一个一般均衡模型。

三、货币说

20世纪70年代以来，国际资本流动日趋频繁，国际市场上大部分的交易为资本流动而非传统的贸易交易。汇率波动极为频繁，波幅很大，受市场预期因素影响显著。传统着眼于货币流量的汇率决定理论已经不能很好地解释汇率的频繁波动。因而这一时期对于汇率决定的研究逐渐由货币视角转向资产视角，更加注重从资产存量角度分析汇率。这类研究将货币作为资产进行分析，认为不同外汇资产的风险和收益决定了外汇的资产价格，即汇率。这一系列的理论观点统称为资产市场法，包括货币说和资产组合说。货币说和资产组合说的区别是，货币说假设不同国家的金融资产可以完全替代，而资产组合说假设不同国家的金融资产不能完全替代。

货币说的主要代表人物是货币主义学派的弗里德曼（Fredman，1971）。他将汇率看成是两种货币的资产存量之间的交换价格。而汇率的变动主要由于投资者对持有的货币资产存量进行调整，进而改变了资产供求关系，因而决定汇率的是资产的存量因素而不是流量因素。根据价格调整假设的不同，又可以将汇率决定的货币说细分为弹性价格货币模型和黏性价格货币模型。

（一）弹性价格货币模型

弹性价格货币模型认为货币供给的变动会导致价格水平的相应变化，进而在购买力平价作用下，汇率会发生变化。弹性价格货币模型需要满足以下假设：

1.国际资本市场一体化，资本在不同的金融市场之间可以自由流动。

2.本外币金融资产可以完全替代，投资者对不同国家的金融资产没有明显的偏好。

3.总供给曲线是垂直的，价格的调整比较迅速。

4.购买力平价成立。

5.货币需求稳定。货币供给是政府可以控制的外生变量，货币供给只能引起价格迅速调整，但不能降低利率，影响产出。

因此，当货币市场均衡时，货币需求 M_d 等于货币供给 $\dfrac{M_S}{P}$。可得下列关系式，

$$\frac{M_s}{P} = M_d \tag{2.20}$$

由于货币需求与当期实际收入成正比，与名义利率成反比，所以可知，

$$\frac{M_s}{P} = M_d = \frac{ky}{i} \tag{2.21}$$

式中，P为当期的价格水平，y为当期的实际收入，i为当期的名义利率，K为参数，可以看作货币流通速度的倒数。

所以价格水平P等于，

$$P = \frac{M_s i}{ky} \tag{2.22}$$

在购买力平价成立的前提下，汇率e为两国价格的比率，则汇率e为，

$$e = \frac{P}{P^*} = \frac{M_s i}{ky} \Big/ \frac{M_s^* i^*}{k^* y^*} \tag{2.23}$$

整理后可知，

$$e = \frac{M_s}{M_s^*} \frac{i}{i^*} \frac{y^*}{y} \frac{k^*}{k} \tag{2.24}$$

两边取对数和全微分，得汇率e的变化率为，

$$\frac{de}{e} = a\left(\frac{dy^*}{y^*} - \frac{dy}{y}\right) + b\left(\frac{di}{i} - \frac{di^*}{i^*}\right) + c\left(\frac{dM_s}{M_s} - \frac{dM_s^*}{M_s^*}\right) \tag{2.25}$$

$$\frac{M_s\uparrow}{P} = M_d = \frac{ky}{r\downarrow} \tag{2.26}$$

因而可知，我们可以分别从两国之间国民收入、货币供给和利率这三个因素的变化讨论汇率的变化，依据弹性价格货币模型的关系式说明国际货币政策协调应对汇率问题的重要性。

首先，从国民收入方面看，当其他因素不变时，本国国民收入的增加会导致货币需求增加，而相应的货币供给没有发生变化，因此持有货币的实际余额降低，支出减少，造成本国价格水平的下降，而本国价格水平的下降通过购买力平价关系导致汇率下降，本国货币升值。

其次，从货币供给方面看，当其他因素不变时，本国货币供给水平一次性增加，这就会造成超额的货币供给，公众将增加支出，以减少他们持有的货币余额，这会导致本国价格水平上升，而本国价格水平的上升又会通过购买力平价关系导致汇率上升，从而使本国货币贬值。但在这一过程中，本国的产出与利率不发生变动。

最后，从利率方面看，当其他因素不变时，本国利率上升，会降低本国的货币需求，而相应的货币供给没有发生变化，因此持有的货币实际余额增加，支出增加，价格水平上升，而本国价格水平的上升会通过购买力平价关系导致汇率上升，从而使本国汇率贬值。

弹性价格货币模型有以下特点：第一，它结合了现代货币数量论和购买力平价的有关思想，从20世纪70年代国际资本流动频繁的客观实际出发，很好地解释了当时外汇市场汇率频繁变动的深层原因；第二，它引入了货币供给量、收入和利率等诸多因素，并实际考虑了商品市场、货币市场和外汇市场的均衡，更符合一般均衡理论的理念。因而，弹性价格货币模型为各国采取货币政策协调应对汇率问题提供了理论依据。它表明，汇率问题取决于两国之间的货币供给量的相对变化。解决汇率问题需要各国的货币政策协调一致。如果一国力图通过增加货币供应量等货币政策应对本国的汇率问题，而另一国同时也增加货币供应量，就会令政策效果打折扣，同时容易引发各国经济金融关系的冲突。

但是，弹性价格货币模型的理论假设过于苛刻，使其理论的实践意义大大降低。弹性货币分析法假设购买力平价成立，总供给曲线垂直，金融资产可以被完全替代。这些假设并不符合金融市场的客观现实。此外，价格调整并非迅速、灵活，往往存在着价格黏性，商品市场的价格调整速度大大低于资产市场的价格调整速度。另外，经济体系内的货币需求也并非稳定。基于黏性价格事实，美国经济学家多恩·布什将弹性价格货币模型发展成为黏性价格货币模型。

（二）黏性价格货币模型

黏性价格货币模型认为，商品市场的价格具有黏性，不能根据经济变化及时作出充分调整。短期内商品市场无法达到均衡，购买力平价不成立。资本市场价格具有完全的灵活性，甚至由于预期等因素的作用会出现过度调整的情况，具有较大的波动性。因此，黏性价格货币模型又称货币超调模型。

在黏性价格货币模型框架下，需要满足以下假设：

1.货币需求是稳定的。

2.非套补利率平价是成立的。

3.资本市场价格调整是迅速的，但是商品市场价格存在黏性。

与弹性价格货币模型假设的不同之处在于，在黏性价格货币模型下，购买力平价在短期内不成立，总供给曲线在短期内不是垂直的。黏性价格货币模型认为，资产价格的调整是完全而迅速的。作为一种资产价格，汇率的调整也是如此。而在商品市场上价格调整存在黏性，不能在短期内进行完全调整。因而，在短期内购买力平价并不成立。而在长期内，商品价格水平可以完全调整，购买力平价在长期内成立。

同样，由于黏性价格调整的存在，短期内的总供给曲线相对平坦而非垂直。在长期内，由于价格完全调整，总供给曲线依然处于垂直状态。

因而，黏性价格货币模型认为，从短期和长期两个角度来看，决定汇率的某些因素是不同的。我们可以分别从短期和长期两个角度来分析汇率变化。

1.短期内的黏性价格货币模型

在短期内，商品市场价格存在黏性，而汇率和利率作为资产价格可以迅速而完全地被调整，购买力平价在短期内不成立。当货币供应量增加时，价格水平在短期内保持不变，实际货币供给 $\frac{M_s}{P}$ 增加，为追求货币市场均衡，利率 i 需要下降，以保证货币需求 M_d 等于货币供给 $\frac{M_s}{P}$。这是由于货币需求与当期实际收入成正比，与名义利率成反比，所以可知，

$$\frac{M_s \uparrow}{P} = M_d = \frac{ky}{i \downarrow} \tag{2.27}$$

此时根据利率平价理论，外汇市场汇率变化由两国利率差异决定。外国利率不变，本国利率降低，必然导致本国无风险收益率降低，外汇供给减少，汇率上升，本国货币贬值。而且本国货币供给的增加，将导致本国利率降低，从而刺激投资，使本国的国民收入增加。

如图2-1所示，货币供应量M_1增加到M_2时，产品市场价格调整出现黏性，调整速度较慢，而要保持货币市场均衡，则需要中央银行调整利率，使本国利率从r_1下降为r_2，进而导致即期汇率从e_1上升到e_2，本币贬值。

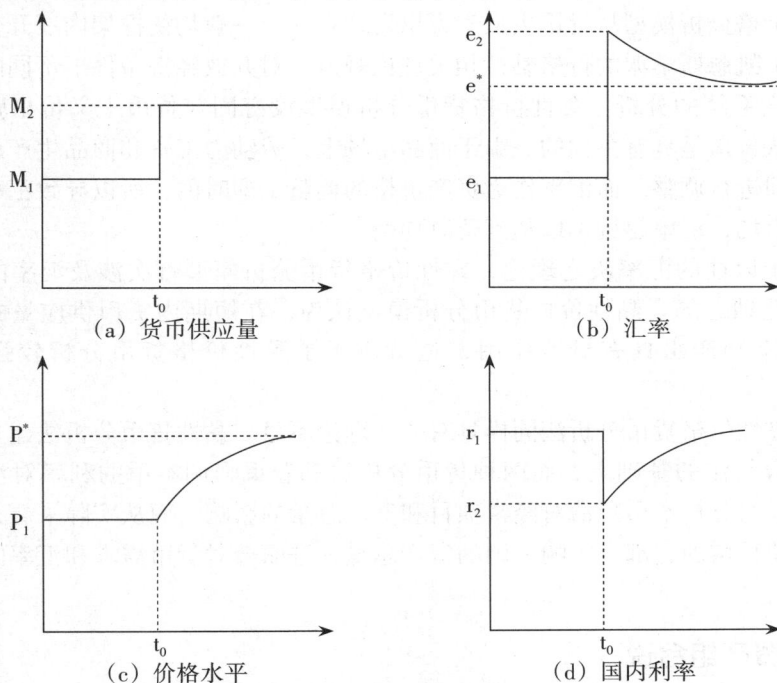

(a) 货币供应量　　(b) 汇率

(c) 价格水平　　(d) 国内利率

图2-1　黏性价格货币模型下汇率的决定

2.长期内的黏性价格货币模型

长期内，由于价格水平可以充分调整，总供给曲线转变为垂直状态，购买力平价成立。短期内的本国超额产出增加，导致本国价格水平缓慢提高。本国价格水平的上升造成实际货币余额减少，进而根据资金供求关系，本国利率需要上升。而本国利率上升又会造成汇率下降，本国货币升值，向汇率的长期均衡水平趋近。而随着本国货币的逐步升值，利率上升，本国投资和出口减少，总产出水平逐渐下降，逐步回到均衡产出水平。最终，货币供应量增加，这在长期内会导致价格水平与货币供应量同比例上升，利率与产出恢复均衡状态，本国货币汇率达到长期均衡水平。

如图2-1所示，货币供给量出现一次性的突然上升，增加到M_2。由于资产市场对货币供给量的增加较为敏感，使本国利率从r_1下降为r_2，进而导致即期汇率从e_1上升到e_2。但随着商品市场的价格逐渐提高到p^*，利率由短期的r_2逐渐上升到原

有水平 r_1，汇率逐渐下降，最终长期汇率水平会达到均衡水平 e^*。由于黏性价格货币模型中，存在汇率短期内过度调整的现象，所以黏性价格货币模型也被称为汇率的超调模型。

黏性价格分析模型从货币主义学说出发，在一个一般均衡框架内展开分析，但它又融合了凯恩斯学派的价格黏性相关理论观点，对开放经济条件下不同的市场做了较为全面系统的分析。黏性价格货币分析模型没有固守货币主义价格弹性的假设。它承认价格是具有黏性的。由于商品市场上，劳动力工资和商品生产成本都需要一定时间进行调整，而汇率作为资产价格的调整是即时的，所以导致汇率变化超前于商品市场，汇率超调可以达到暂时均衡。

不同于以往的汇率决定理论，黏性价格货币分析模型首次涉及汇率的动态调整问题，是动态的。黏性价格货币分析模型认为，在短期内货币供应量的变动对汇率、利率和产出具有显著作用，这就赋予了黏性价格货币分析较强的政策意义。

但是黏性价格货币分析法同样具有一些理论不足。黏性货币分析法建立在弹性价格货币分析法的基础上，而两种货币分析法都着重强调本币的利率对汇率的影响，而并没有分析本币贬值对经常项目和资产总量的影响。而从实际来看，本币贬值或经常项目增加，都会影响一国的资产总量，进而会对货币需求和汇率的变动产生影响。

四、资产组合说

货币分析法认为不同国家的金融资产可以完全替代，但这一假设并不符合实际情况。比如，美国的无风险资产和处于政治危机的某小国资产风险和收益率都不同，对于投资者来说，它们就不可能是完全替代的。不同国家的金融资产存在不完全替代性。基于此，美国经济学家布朗森系统、全面地提出了资产组合说来完善汇率决定理论。

与货币说相比，资产组合说有两个显著的不同。第一，不同于货币说认为本国资产和外国资产可以完全替代，资产组合说假定本国资产和外国资产是不完全替代的。不同国家市场面临的风险因素使非抵补的利率平价不成立，因此，要将本国市场与外国市场作为两个独立的市场，分别分析本国资产与外国资产的均衡。第二，将本国资产总量直接引入了模型分析。货币说将货币作为一种资产进行分析，分析其存量对汇率变化的影响。而资产组合说则将这种资产视角扩展到整个本国的资产存量，并且通过经常账户的变化将流量与存量结合起来。本国资产总量对各种资产的持有总量直接制约，而经常账户的变化会影响本国资产总量。因此，在资产组合说中，经常项目均衡与否会对汇率市场的波动产生显著影响。而货币分析法仅仅考虑货币市场对汇率的影响，并不考虑经常项目对汇率的影响。

（一）资产组合说的假设

资产组合说需要满足以下假设：

1.资产市场十分发达，资产价格可以对利率和汇率的变动作出及时响应。

2.资本自由流动，投资者可以无成本地进入任何一种资产市场。

3.货币可以自由兑换。

（二）资产组合说的相关框架

资产组合说认为一国汇率由两国货币表示的金融资产的相对价格决定，而决定相对价格关系的是两国资产的资产收益率及利率。因而从一国的总资产来看，该国投资者拥有的资产总量 W 主要包括本国货币 M、本币债券 B 和外币债券 F。S 为一单位外币兑换本币的汇率。因而有以下关系：

投资者的总体资产配置关系为，

$$W = M + B + SF \tag{2.28}$$

而为了资产分散化，投资者需要对资产组合中的每种资产都配置一定比重。因而，本国货币市场上，投资者对本国货币的需求为，

$$M = m(i, \ i^* + s^e)W \tag{2.29}$$

式中，m 为投资者配置本国货币在其总资产中的比重。它是关于本国资产收益率 i、外国资产收益率 i^* 和本国货币预期贬值率 s^e 的函数。

在本国债券市场上，投资者对本国债券的需求为，

$$B = b(i, \ i^* + s^e)W \tag{2.30}$$

式中，b 为投资者配置的本国债券在其总资产中的比重。它是关于本国资产收益率 i、外国资产收益率 i^* 和本国货币预期贬值率 s^e 的函数。

在外国债券市场上，投资者对外国债券的需求为，

$$SF = f(i, \ i^* + s^e)W \tag{2.31}$$

式中，f 为投资者配置的外国债券在其总资产中的比重。它是关于本国资产收益率 i、外国资产收益率 i^* 和本国货币预期贬值率 s^e 的函数。

由于本国投资者只配置以上三种资产，所以三种资产的比重之和等于1。

$$m + b + f = 1 \tag{2.32}$$

首先，在资产组合说中，无抵补利率平价并不成立。所以，本币利率 i 与以本币表示的外币资产收益率 $i^* + s^e$ 并不相等。其次，投资者一直有配置财富的需求。因此，当财富 W 增加时，投资者对各种资产的需求均相应增加。最后，由于投资者只配置以上三种资产，并且三种资产所占比重之和等于1，所以若其中两种资产

市场达到均衡，那么第三种资产市场必然也达到均衡。

因而从以上的关系式可以判断出，

$$SF = W(1 - m - b) \tag{2.33}$$

$$S = \frac{W}{F}(1 - m - b) \tag{2.34}$$

根据以上关系可得：

第一，本国利率相对上升，投资者对本币的需求减少，投资者配置本币的比重降低。

第二，本国利率相对上升，投资者对本国债券的需求增加，投资者配置本国债券的比重提高。

第三，本国利率相对上升，投资者对外国资产的需求减少，投资者配置外国债券的比重降低。

当预期本币贬值时，即汇率S上升时，根据以上关系可得：

第一，预期本币贬值时，投资者对本币的需求减少，投资者配置本币的比重减低。

第二，预期本币贬值时，投资者对本国债券的需求减少，投资者配置本国债券的比重降低。

第三，预期本币贬值时，投资者对外国资产的需求增加，投资者配置外国债券的比重提高。

基于以上三个资产市场均衡时的对应关系，可以构建类似的分析工具。

1.货币市场均衡时，本国利率和汇率组合可以用MM曲线表示

由于汇率上升，本币贬值，所以本币计价的外国债券价值上升，进而总资产增加；总资产增加导致本币的货币需求增加。在货币供给一定的条件下只有提高本国利率，才能抵消相应增多的货币需求，以维持货币市场均衡。因而，MM曲线是一条从左下到右上的、斜率为正的曲线。

在汇率不变的条件下，当货币供给增加时，为维持货币市场均衡，必须降低利率，增加货币需求，MM曲线向左上移动；当货币供给减少时，为维持货币市场均衡，必须提高利率减少货币需求，MM曲线向右下移动。

2.本国债券市场均衡时，本国利率和汇率的组合可以用BB曲线表示

由于汇率上升，本币贬值，所以本币计价的外国债券价值上升，总资产增加；总资产增加导致对本国债券的需求增加。为维持本国的债券市场均衡，必须降低利率以抵消本国的债券需求。因而，BB曲线是一条从左上到右下的、斜率为负的曲线。

在汇率不变的条件下，当本国债券供给增加时，为维持本国债券市场均衡，必须提高利率，增加本国债券需求，BB曲线向右上移动；当本国债券供给减少时，为维持本国债券市场均衡，必须降低利率，减少本国债券需求，BB曲线向左下移动。

3.外国债券市场均衡时，本国利率和汇率组合可以用FF曲线表示

由于汇率上升，外币相对升值，所以外国债券的价值上升，资产总量增加。但增加的资产总量只有一部分会用于配置外国债券，因此外国债券市场出现超额供给。为维持外国的债券市场均衡，需要降低本国利率，以增加外国债券相对收益，增加外国债券需求。因而，FF曲线是一条从左上到右下的、斜率为负的曲线。

在汇率不变条件下，当外国债券供给增加时，为维持外国的债券市场均衡，须降低本国利率，提高对外国的债券需求，FF曲线向左下移动；当外国债券供给减少时，为维持外国的债券市场均衡，须提高本国利率，降低对外国的债券需求，FF曲线向右上移动。

因此，当以上三条曲线相交时，本国货币市场、本国债券市场和外国债券市场同时达到均衡（如图2-2所示）。这是由于在投资者财富一定的情况下，任何两个市场的均衡必然意味着第三个市场也处于均衡。

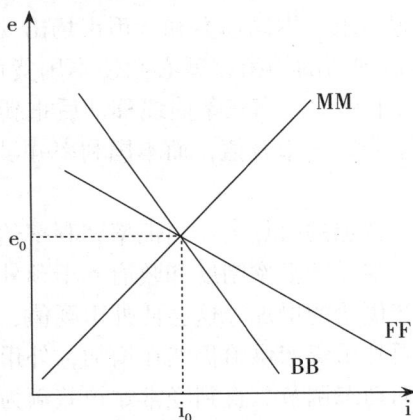

图2-2　资产组合说

（三）资产组合说的动态调整机制

1.短期调整

在资产组合框架下，中央银行可以分别在本国债券市场、外国债券市场和本国货币市场进行市场操作，对汇率进行调整。

当中央银行在本国债券市场出售本国债券时，会造成本国债券市场债券供给增加，BB曲线向右上移动。同时，本国货币供给减少，MM曲线向右下移动。短期

内，外国债券市场供给不发生变动，FF曲线不动。因此，当三条曲线移动后重新相交时，三个市场恢复均衡状态。此时，汇率e下降，本币升值，同时本国利率水平上升。

当中央银行在外国债券市场出售外国债券时，会造成外国债券供给增加，FF曲线向左下移动。同时，本国货币供给减少，MM曲线向右下移动。短期内，本国债券市场供给不发生变动，BB曲线不移动。因此，当三条曲线移动后重新相交时，三个市场恢复均衡状态。此时汇率e下降，本币升值，本国利率水平上升。

当中央银行直接增加货币供给时，MM曲线向左上移动，同时伴随总资产增加，投资者会增加配置本国债券和外国债券，出现对本国债券和外国债券的超额需求。为了达到均衡，本国利率下降，降低本国债券需求，BB曲线向左移动。同时，FF曲线向右移动。因此，当三条曲线移动后重新相交时，三个市场恢复均衡状态。此时本国利率下降，汇率上升，本币贬值。

此外，当贸易改善、经常账户余额增加时，本国持有的外国资产增加，本国投资者面临的外国债券量的增加，外国债券市场存在超额供给，FF曲线向左下移动。而伴随着外国债券供给的增加，一国的资产总量也会增加，投资者就会相应增加对本国债券和本国货币的配置需求，本国债券和货币市场出现超额需求。为了消除这一超额需求，使三个市场达到新的均衡，就必须使本国货币升值。此时，BB曲线向左下移动，MM曲线向右下移动。当三条曲线移动后重新相交时，三个市场恢复均衡状态。此时本国汇率下降，本币升值，而本国利率并没有明显变化。

2.长期调整

在长期条件下，在某一特定的时点上，当汇率和利率达到均衡时，经常账户可能为顺差，也可能为逆差。在浮动汇率制度和政府不干预外汇市场的情况下，经常账户的顺差意味着外币资产供给的增加，这会使外币贬值，本币升值，降低外币资产供给增加的速度。但只要外币资产供给仍然在增加，外币就会继续贬值。这种不断的反馈过程形成了汇率的动态调节，直到经常账户差额为零，外币资产供应不再增加，本币不再升值为止。在经常账户逆差的情况下，也会有类似的过程。这样，资产组合说就将汇率决定从短期视角延伸到了长期视角。

（四）对资产组合说的评价

不同于以往相关的汇率理论分析，资产组合说认为各国金融市场的制度环境和微观条件不同，不同国家的金融资产存在不完全替代性。国内金融资产较国外金融资产风险更小。它区分了本币资产与外币资产的不完全替代性，又将经常账户这一流量因素纳入了存量分析之中，从而提高了汇率模型对各种因素的包容程度，使原有的各种理论都能较好地融入这一模型之中。资产组合说把政府作为一个市场主体，着重分析政府的市场行为对汇率的影响，因而具有特殊的政策分析价值。由于较好地符合了现实中本币资产与外币资产的不完全替代性，所以资产组合说对政策效应的研究更为细致。因而，资产组合说的假设更符合市场的客观实际条件。同时，通过将经常账户等流量因素引入汇率分析中，扩大了资产组合对汇率分析结果的适用范围。而针对不同资产市场的政策调整，对中央银行的宏观调控具有更强的理论指导意义。

但是，资产组合说过于复杂，加大了其在实践运用中的难度。首先，为了切合客观实际，资产组合说考虑了多种金融市场的因素。但不同国家、不同种类的金融市场因素对汇率的冲击有很大的差异，在货币政策实践中，必须对不同的金融市场因素对汇率冲击的效果进行衡量，评估政策的总效应。这加大了采用资产组合说调整货币政策的把握难度。而且也由于这一原因，很难对资产组合说的效果进行实证评估和检验。

其次，资产组合说将经常账户等流量因素融入分析中，但是经常账户对汇率的影响往往取决于一国经济是否满足马歇尔–勒纳条件，而马歇尔–勒纳条件的实现又取决于一国的供给能力和生产结构，因而汇率的变动对经常账户的实际影响与理论分析可能存在较大差异，资产组合说对实践的指导有可能会存在偏差。

五、汇率的微观市场分析法

以上所介绍的汇率决定理论都是基于宏观层面的理论，均偏重于宏观经济因素对汇率决定的影响。而汇率本质上是一种资产价格，受外汇市场供求、市场微观结构等现实因素影响。而宏观汇率理论并没有关注这些因素。这也解释了为什么以往的宏观汇率理论对于现实发生的很多汇率现象无法作出合理解释。为了弥补宏观汇率理论的缺憾，不少经济学家把证券投资研究领域已经取得重大成功的市场微观结构分析方法引入汇率的研究，并取得了较好的成效。

（一）微观外汇市场的结构

在短期内，宏观经济理论对一些汇率变化的客观机制不能给出合理的解释。这体现在以下两点：

第一，宏观汇率分析无法解释公开信息变动对汇率的影响机制。宏观汇率分析以完全信息作为假设前提，外汇市场的参与者可以同时获得所有的公开信息，并能对信息作出正确的理解；进而所有参与者产生相对一致的市场预期，并反映在外汇汇率变化中。在这种假设条件下，宏观汇率分析将外汇市场视作一个"黑箱"，无法解释信息变化对汇率变化的影响机制。

第二，宏观汇率分析假设无抵补利率平价成立，汇率的远期差价等于相应两种货币的利率差。但是大量的实证检验发现汇率远期差价与相应的利率差并不相等。而宏观汇率分析却无法对这一现象作出合理的解释。

为了弥补宏观汇率决定理论的不足，一些经济学家从外汇市场的层次以及交易指令来入手研究汇率，并由此萌发了决定汇率的因素分析的新思路。

外汇市场可以分为两个层次：

第一层次的外汇市场为零售市场，即外汇做市商和客户之间的交易市场。外汇做市商由为客户提供外汇买卖服务的银行组成。银行作为做市商报出买入价和卖出价，并被动地接受客户提交的买卖指令。这个市场的透明度较低，市场所有参与者不易观察到有关交易过程的所有信息。因为受制度和市场约束限制，所以客户与做市商之间的外汇交易只有交易双方知道所有信息，而客户的决策指令是做市商的私人信息，并不向市场公开，不为其他人所知晓。

第二层次的外汇市场是银行间市场，又称做市商市场，即所谓的批发市场。批发市场的主要参与者是做市商和经纪商。该市场主要采取做市商报价驱动的交易方式，是一种点对点的场外市场。做市商市场的常用交易平台是电子经纪系统和路透社电脑交易系统。交易平台显示的信息有成交数量、买方还是卖方始发，但无法通过交易平台获知交易者身份。

既然在零售市场中，客户的买卖指令是做市商的私人信息，那么做市商如何分析和利用这些私人信息呢？微观汇率分析理论认为做市商可以根据指令流来对私人信息进行分析。指令流度量的是在某一时段内卖方或买方始发的交易量之和。当做市商接收到客户的指令为买入时，记该笔交易方向为正；当做市商接收到客户的指令为卖出时，记该笔交易方向为负。例如，当做市商接收"买入10单位的货币"这一客户指令时，记该笔交易为"+10"。简单的买卖数量并不容易改变外汇市场的汇率。只有当指令流达到一定程度，交易商认识到市场趋势并改变报价的时候，外汇市场上的汇率才会改变。

因此，宏观因素很难产生市场一致预期。宏观因素的变化，对市场参与者而言，其实际含义是不同的，至少对其影响汇率的力度会有不同理解。此外，除了市场参与者能同时获得的信息外还存在许多分散信息。指令流是向做市商传递有关基本面的分散信息的间接途径。分散信息通常是与经济基本面有关的微观层面的信息，如进出口商的结售汇情况、行业调查和分析报告等。这种分散信息最初通过指令到达做市商时不会立即对外汇市场的汇率产生影响，因为这种分散信息在这个时候还是这些做市商的私人信息。但这种信息会在做市商市场逐步传递，最后成为共识信息，从而使众多做市商都调整报价，进而导致汇率的变动。这个过程就称为信息聚合。

因此，从微观分析的基本思路来看，首先，外汇市场是一个低透明度市场，因为有关信息一般只有交易双方知道，而且随着外汇市场的层次不同，其透明度也不同。其次，交易机制对汇率具有影响作用。汇率的形成并非"黑箱"，而是一系列因素影响做市商的报价结果。但宏观信息只有通过改变做市商的报价，才会对汇率产生影响，而产生这个影响是需要信息聚合过程的。最后，外汇市场存在私人信息与非透明信息，市场参与者也存在异质性，这导致信息不能完全、迅速地在即期汇率中反映。

（二）微观市场分析模型

由以上思路，经济学家设计出不同的微观市场层面汇率决定模型，在此简要介绍两种：

1.存货模型

在存货模型中，做市商要随时满足任意数量的外汇买卖要求，并对买卖要求报出价格。由于在有限的时期内，买卖的委托不一定完全能够彼此抵消，所以做市商就会被迫持有一部分头寸以应付交易。为此，做市商就会承担一系列的风险和成本，包括存货数额无法满足委托的要求而破产的风险、持有的存货偏离其期望的资产组合的成本等，因此做市商会要求获得买卖差价以补偿持有存货的成本和风险。

2.信息模型

在信息模型中，市场中的交易者被分为知情交易者和不知情交易者，前者拥有不为人知的私人信息，知道资产（外汇）的真实价值，而后者不知道资产（外汇）的真实价值，只能在与知情交易者交易的过程中设法获得信息。在信息模型中，做市商处于不知情的地位，他通过研究买卖委托的订单流（Order Flow）来猜测和获知信息，并根据猜测和获知的信息来制定买卖差价。譬如，当做市商收到大量英镑买单时，他从中发掘的信息可能是：知情交易者认为当前英镑的价格低于真实价值，从而大量买入，据此，做市商会提高英镑的卖出价，于是英镑升值。

第三节　汇率制度

在全球经济一体化的当下，汇率作为开放经济下一国重要的资产价格，对一国经济内外平衡具有重要影响。而汇率制度对各国汇率的决定有着重大影响。在不同的汇率制度下，汇率变动对一国经济也有着不同程度的影响。各国都需要不同程度地对汇率进行干预，以改善国际收支状况，发展国内经济。一国应根据本国的经济规模、经济开放度、经济发展水平等因素选择适合自己的汇率制度。

一、汇率制度的定义和类别

汇率制度又称汇率安排（Exchange Rate Arrangement），是指一国中央银行对于汇率进行确定、维持、调整、管理的原则、方法、方式所构成的系统安排与规定。汇率制度的具体内容包括确定汇率的原则和依据，维持汇率的方法和策略，调整汇率的制度和政策，管理汇率的机构和组织。一国政府可以通过正式的法律规范确立，也可以通过政府的实际政策确定该国汇率制度。

按汇率变动的幅度，传统的汇率制度分为固定汇率制度、浮动汇率制度和介于两者之间的中间汇率制度。

（一）固定汇率制度的定义及其分类

固定汇率制度是一国货币当局将本国货币同他国货币的兑换比率基本固定的制度。货币当局一般会以某些相对稳定的标准或尺度，如本国货币的含金量，来确定货币的兑换比率，并且确定的汇率一般不轻易变动。

固定汇率制度下的汇率受汇率平价的制约，在法定幅度内进行波动。从历史上看，被各国普遍实施的固定汇率制度主要有两种类型：一是金本位制度下的固定汇率制度；二是第二次世界大战后建立的纸币流通制度下的固定汇率制度，即以美元为中心的固定汇率制度，即布雷顿森林体系下的固定汇率制度。

金本位制下的固定汇率是指一国货币汇率以铸币平价为中心基准，围绕铸币平价水平在有限的范围内波动，并保持相对稳定的汇率制度。其中，铸币平价指不同国家货币含金量之比。在金本位制下，每一国家货币单位（铸币）都有法定的含金量，两国货币间的比价就是两种货币含金量之比，这种比价被称为铸币平价（Gold Parity）或法定平价。

布雷顿森林体系下的固定汇率制度是通过国际协议建立的汇率制度，其本质是以美元为中心的固定汇率制度。其规定了美元与黄金挂钩、各国货币与美元挂钩的汇率制度。各国货币兑美元的汇率一般只允许在基准汇率上下1%的幅度内波动。超过这一波动幅度就需要通过汇率政策对汇率进行干预。虽然这一汇率制度的波动幅度已超过金本位下的固定汇率，但波动幅度仍然较小，仍属固定汇率制度。

（二）浮动汇率制度的定义及其分类

浮动汇率制度是指一国货币当局不限制本国货币同他国货币兑换比率的波动幅度，中央银行也不承担维持汇率波动界限的义务，而是由外汇市场供求状况决定汇率高低和波动的汇率制度。自1973年布雷顿森林体系崩溃之后，主要西方国家普遍实行浮动汇率制度。

按照政府干预或浮动方式等因素，浮动汇率制度也有很多分类。按照政府是否干预，浮动汇率制可分为自由浮动和管理浮动两种。

1.自由浮动（Free Floating）又称"清洁浮动"，指中央银行不对外汇市场加以任何方式的干预。完全根据外汇市场的供求状况，自发地决定本国货币的汇率。

2.管理浮动（Management Floating）又称"肮脏浮动"，指中央银行在外汇市场供求状况的基础上，根据政策需要，对外汇市场进行明确或者潜在的政策干预，以使市场汇率朝有利于自己的方向浮动。

按照汇率浮动方式，浮动汇率制包括单独浮动、钉住浮动和联合浮动了种类型。

1.单独浮动（Independently Floating），即一国货币币值不与其他国家货币币值挂钩，货币汇率根据外汇市场的供求状况变化而自动调整，如英镑、美元、日元等货币均属单独浮动。

2.钉住浮动（Pegged Floating），即一国货币汇率的变动往往钉住某一主要工业国货币或一篮子国家的货币，使本国货币与钉住目标之间的汇率保持稳定，而对其他国家的货币则随钉住目标的汇率浮动。这一钉住目标往往被称为货币锚或锚定目标。根据锚定目标的不同，钉住浮动又可以被分为锚定目标为单一货币的"钉住单一货币"和锚定目标为一篮子货币的"钉住一篮子货币"。

3.联合浮动（Joint Floating）又称"共同浮动"，即某些国家为了相互间发展对外经济，组成了某种形式的经济联合体。对联合体内成员国之间的货币汇率规定固定比率和上下波动幅度，同时对非成员国货币实行共升共降的浮动汇率。在欧元推出之前，欧洲货币体系成员国通常实行联合浮动。

（三）中间汇率制度的定义及其分类

中间汇率制度（Intermediate Exchange Rate Regime）是介于完全的固定汇率与完全的浮动汇率之间的汇率制度，如汇率目标区、爬行钉住等类型的汇率制度。

汇率目标区指政府设定本国货币对其他货币的中心汇率（central rate）并规定汇率的上下浮动幅度的汇率制度，同时，政府对中心汇率按照固定的、预先宣布的水平或对选取的定量指标的变化作定期调整。

汇率目标区具有以下两个特点：第一，汇率目标区下，中央银行要对外汇市场进行干预以使汇率在期望的范围内波动；第二，实行汇率目标区的国家没有通过市场干预以维持汇率稳定的义务，也不需要作出任何形式的市场干预的承诺，并且目标区本身范围也可以随着经济形势变化而随时作出调整。因而，不同于其他国家，采用汇率目标区的国家的货币汇率走势往往会出现"蜜月效应"（Honeymoon Effect）或"离婚效应"（Divorce Effect）。

汇率目标区下，如果外汇市场参与者对中央银行维持确定的、公开的汇率波动区间，以及边界有充分信心，相信中央银行对外汇市场的干预能力，外汇汇率就会形成所谓的"蜜月效应"。当本币汇率下跌且明显偏离中心汇率时，市场参与主体认为中央银行干预可能性会相应增大，市场就会形成本币汇率在干预下的上升预期，于是本币汇率会向中心汇率回归；反之则相反。这一情形宛如热恋中的情侣在短暂分离后便会尽可能地恢复原有的恩爱状态，所以称之为"蜜月效应"。

"蜜月效应"的出现需要满足一个前提，即市场参与者对汇率目标形成了稳定的预期，认为中央银行干预市场的能力足够强大，可以保证汇率在目标区内浮动，汇率投机无利可图。这使市场参与者的行为方式与中央银行的目标趋于一致，共同将汇率锁定在目标区内。否则，便会出现"离婚效应"。

当外汇市场参与者普遍预期汇率目标区的中心汇率将做重大调整并且他们怀疑中央银行的干预能力时，市场预期原来的汇率目标区将不再具有可信性。在该种情形下，市场参与者将实施投机冲击，市场汇率波动不再自发向中心汇率回归。市场参与者的投机和中央银行的干预政策对汇率产生不同方向的影响，导致市场汇率波动剧烈，波动幅度可能大于浮动汇率制度下汇率的正常波动幅度。这一情形犹如长期共同生活的情侣发现爱情已经不复存在，两个人便会剧烈争吵，最终必然会走向离婚，故称之为"离婚效应"。由"离婚效应"引发的汇率剧烈波动往往会冲击一国的金融稳定，甚至容易引发货币危机。

爬行钉住指本币钉住外币，同时政府按预先宣布的固定范围对汇率作较小的定期调整或对选取的经济指标的变化作定期的调整，使汇率逐步趋向于目标水平的汇率制度安排。

（四）国际货币基金组织对汇率制度的分类方法

在国际金融领域中，除了简单将汇率制度分为固定汇率、浮动汇率和中间汇率制度外。汇率制度的常用分类方法还有国际货币基金组织的分类方法。2009年，国际货币基金组织对汇率制度的分类标准进行了修订，在固定汇率、中间汇率和浮动汇率的基础上，将汇率制度共分为10类。

1.无独立法定货币的汇率安排

无独立法定货币的汇率安排是指一国没有本国货币，而相应使用他国货币作为本国唯一法定货币的汇率安排。这一汇率制度的典型代表就是美元化（Dollarization）。所谓美元化就是指一些国家直接使用美元作为本国法定货币。目前实行美元化的国家主要是一些拉丁美洲国家，比如巴拿马、厄瓜多尔等。

2.货币局制度

货币局制度是指在一国的汇率制度安排下，将本国货币明确承诺与某类外汇保持固定比率，同时在本币的发行和流通方面实行相应限制，以确保维持该固定货币比率。例如，我国香港目前按照1美元兑换7.8港元的固定比率将港元汇率与美元锚定。在货币局制度下，中央银行为了维持固定货币比率，必须频繁干预汇率市场。因此，中央银行需要充足的国际储备，以维持其货币供给及其固定比价。因而实行货币局制度的中央银行不存在独立的货币政策，其货币政策受锚定国中央银行的影响。

3. 传统钉住汇率制度

在此汇率制度下，一国货币以固定比价钉住另一种货币或该国中央银行选定的一篮子货币，该国中央银行要适时干预外汇市场来维持这一固定比价。实践中，在传统钉住汇率制度安排下，汇率一般在中心汇率上下1%的狭窄幅度内波动。

4. 稳定化安排

稳定化安排是指一国政府并没有对该国汇率变动进行官方承诺，但如果观测到该国将其货币汇率维持在2%的边际内波动达6个月或以上，则其汇率制度归属于稳定化安排汇率制度。

5. 水平带内钉住

水平带内钉住主要是指一国汇率的浮动范围在某一固定中心汇率上下至少1%的范围内浮动。

6. 爬行钉住

爬行钉住是指一国按照某一规则方案调整其汇率。一国中央银行会按照某一固定的、事先宣布的幅度或所选指标的变化对汇率不时进行小幅调整。所选指标可以是本国与主要贸易国的历史通货膨胀率之差、主要贸易国的通货膨胀率目标值与预期值之差。

7. 爬行式安排

与爬行钉住制度类似，爬行式安排是指在6个月或6个月以上的时间内，汇率的统计可识别的趋势必须维持在2%的波动范围内。但此类安排是指币值的年波动范围维持在中心汇率上下至少1%的幅度，根据固定的、事先宣布的汇率值或根据多指标，不时地调整中心汇率。

8. 浮动制度

浮动制度是指该国货币主要由市场决定其价格，中央银行对其汇率不设定明确路径。

9. 自由浮动

自由浮动即在浮动汇率制度的基础上，一国当局的干预只发生在市场汇率失序的特别情况下，而且干预的力度和时间都有一定的限制。一般来说，在自由浮动汇率制度下，一国中央银行对汇率的干预在6个月内最多只有3次。

10.其他管理浮动

其他管理浮动是指汇率安排不符合其他所有汇率分类，一国汇率若频繁波动，则往往会被归入此类。

二、汇率制度的选择

一国经济的发展和稳定有赖于稳定的汇率。因此，一国汇率制度对该国经济的内外均衡具有重要的影响。选择适宜的汇率制度是一国经济制度安排中的重要部分。

（一）汇率制度选择理论

1.成本-收益理论

成本-收益理论从成本收益的角度研究汇率制度的选择。该理论认为，一国选择何种汇率制度取决于实行这一制度对该国经济产生的成本-收益权衡。固定汇率制度下，一国经济的收益主要在于可以利用固定汇率能规避本国面临的汇率风险，降低一国国际贸易和国际投资的交易费用，促进贸易流动；而一国经济所面临的成本主要是部分或全部丧失汇率调整的灵活性和汇率系统的安全性。当外部经济环境发生变化时，一国汇率由于固定汇率安排而无法进行适时调整，从而造成汇率的高估或低估，对一国金融体系的稳定形成冲击。而在浮动汇率制度下，一国的收益主要是其独立的货币政策、汇率自动调整的稳定器功能，其成本则是浮动汇率给经济带来的不稳定因素。

2.政策搭配理论

政策搭配理论从政策配合角度来研究汇率制度的选择。该理论认为汇率制度的选择要注意与宏观经济政策以及与相关制度安排和资本管制状况的合理搭配。蒙代尔-弗莱明模型（该模型我们将在以后章节进行讨论）分析了不同汇率制度下财政政策和货币政策的效应，即在给定假定前提的情况下，固定汇率制度下的财政政策有效，货币政策无效；浮动汇率制度下的货币政策有效，财政政策无效。这就是克鲁格曼提出的"三元悖论"，即资本自由流动、汇率稳定、货币政策独立性三者之间存在着"不可能三角"，三个目标中只能实现其中的一个或者两个。

3.经济结构论

经济结构理论从经济结构特征角度来研究汇率制度的选择。不同国家的经济结构不同，其选择的汇率制度形式也不同。蒙代尔提出了"最佳货币区"理论来为一国根据自己的经济结构选择汇率制度提供指导。他指出如果一个区域内的各个国家经济一体化程度足够高、生产要素自由流动，在该区域内的国家之间就可以实行固定汇率制；如果经济一体化程度不够高、生产要素不能自由流动、经济发展不平衡，区域内的国家就不宜采用固定汇率制。在后一种情况下，需要以货币币值的变动去推动生产要素的流动、发展经济和解决就业问题，因此后一种情况下的国家更适合采取浮动汇率制度。

（二）不同汇率制度的利弊

1.固定汇率的利弊

固定汇率制度的优点在于：

（1）汇率波动性小，有利于一国的国际经济贸易发展。在固定汇率制度下，一国汇率波动不会超过官方规定的上下限。相较浮动汇率，汇率变动相对稳定，有利于本国与其他国家经济主体进行国际贸易、国际信贷与国际投资，减少因汇率波动而带来的风险损失，有利于国际经济贸易的发展。

（2）固定汇率制具有内在的稳定机制，可以抑制外汇投机。由于一国政府有稳定汇率的承诺，所以当汇率波动有可能超过上下限时，投资者预期政府将干预外汇市场，并能根据这一预期改变自身交易行为，所进行的外汇交易将有助于市场汇率的稳定。同时，稳定的汇率也在一定程度上抑制了外汇投机活动。

固定汇率制度的缺点在于：

（1）政策成本较高。在固定汇率制度下，要维持汇率不变，就必须保持国际收支平衡并控制总需求，使经济接近没有通货膨胀的充分就业的均衡状态。当一国的国际收支出现逆差时，该国中央银行会干预外汇市场，买入本国货币，防止汇率的进一步下跌，但会流失外汇储备，并形成紧缩性的经济影响；当一国国际收支出现顺差时，该国中央银行则会在外汇市场上卖出本国货币，防止汇率的进一步上涨，但这可能影响国内价格，使该国产生通货膨胀。

（2）在固定汇率制度下，本币币值容易出现高估，这会削弱本国出口商品的竞争力，引起长期经常项目收支失衡。

（3）容易对金融稳定形成冲击。在固定汇率制度下，汇率变动缺乏弹性，这样就会诱使短期资本投机性流入。而对外借债没有套期保值再加上国际游资的冲击，会极大地损害本国金融体系的健康。

（4）容易形成国际通货膨胀溢出效应。当一国发生通货膨胀时，其货币对内贬值。固定汇率制度的安排使汇率并不能及时调整。其他国家在因汇率不变而导致出口成本不变的情况下，会因该国国内物价的上涨而向该国大量出口，从而导致出口国出现贸易顺差。一方面出口国的货币供给量会因外汇收入的增加而增加，另一方面出口国商品的供给减少，极易引发通货膨胀。

2.浮动汇率制度的利弊

浮动汇率制度的优点在于：

（1）有利于国内经济政策保持独立性。浮动汇率制度可以使一国独立实行自己的国内货币政策、财政政策和汇率政策。只要国际收支失衡不是特别严重，就不必调整国内经济政策来保障国际收支平衡。

（2）存在国际收支均衡的自动实现机制。在浮动汇率制度下，汇率可以根据市场供求状况不断调整，从而使一国国际收支自动达到均衡。

（3）防止干预外汇市场造成外汇储备的流失。在浮动汇率制度下，各国货币当局没有义务维持货币的固定比价。汇率会随着外汇供求的涨落而自动达到平衡，不会出现因为被迫使用外汇储备干预汇率而造成的外汇储备流失。

（4）可以缓解对汇率的冲击。在浮动汇率制度下，汇率由外汇市场上的供求关系决定，正确反映了两国货币的实际购买力，使币值对内对外同时均衡，降低了汇率受到冲击的可能性。

浮动汇率制度的缺点则在于：

（1）浮动汇率制度不利于国际贸易和国际投资的发展。在浮动汇率制度下，汇率的波动会影响贸易品的价格波动，增加对外贸易和投资的不确定性。

（2）浮动汇率制度具有内在的通货膨胀倾向。一方面，因为汇率的下浮可以一定程度上自动调节国际收支，各国可以长期推行通货膨胀政策而不必考虑国际收支问题；另一方面，浮动汇率下通货膨胀的传递具有不对称性，汇率下浮的国家物价会上涨，汇率上浮的国家物价会下跌。另外，浮动汇率制度助长了国际金融市场上的投机活动，使国际金融局势更加动荡。汇率频繁、大幅的变动为外汇投机提供了可乘之机，同时由汇率变动而导致的资金的频繁移动使货币政策的执行变得复杂，使财政货币政策的国内目标受到干扰，使金融市场的稳定受到影响。

（3）浮动汇率制度不利于国际政策的协调，削弱了金融领域的国际合作，加剧了国际经济关系的矛盾。在浮动汇率制度下，各国通过干预外汇市场，使货币竞争性贬值或听任汇率朝有利于本国的方向变动，以他国经济利益为代价扩大本国就业和出口，形成以邻为壑的汇率政策，这对国内经济的稳定发展和国际经济的合作都造成了不良影响。

【参考资料2-3】　　新兴国家如何选择汇率制度

阅读请扫码　

三、中国的汇率政策改革

一国汇率制度对该国经济的内外均衡具有重要影响。中华人民共和国成立以来，党和国家一直在探索适宜中国发展的科学发展道路。汇率制度的选择也是发展道路中的重要一环。中国的汇率形成机制和汇率制度改革总体上朝着更加市场化的方向演变，都在困难中不断探索，但是最终成效显著。历次汇率改革都大幅提高了人民币汇率的市场化水平，有效缓解了内外经济失衡问题，提高了中国应对外部冲击和金融危机的经济韧性，有效推动了中国经济体制改革和对外开放的进程，为中国经济发展创造了稳定有力的外部环境[①]。

纵观中国汇率形成机制改革进程，三次重大的改革和政策调整决定了中国当前的汇率制度。这三次分别是1994年的汇率并轨、2005年的汇率形成机制改革和2015年的汇率政策调整。本部分以这三次改革为线索，介绍中国的汇率政策改革。

（一）1994年的汇率并轨改革

自从新中国建立人民币制度，自然也就有了用人民币表示的外汇价格，即人民币汇率。但是在计划经济体制下，国家通过指令性计划和行政办法保持外汇收支平衡。这时的人民币汇率逐步与物价脱节，对外明显高估，基本上属于有价无市，也谈不上对经济有什么调节作用。真正意义上的人民币汇率制度，是在20世纪80年代确立并逐渐发展起来的。根据1979年国务院颁发的《关于大力发展对外贸易增加外汇收入若干问题的规定》，自1981年1月1日起，国家根据全国平均的出口换汇成本1美元=2.53元人民币，再加上10%的利润，计算得到用于进出口贸易及从属费用结算的贸易内部结算价（1美元=2.80元人民币）；同时公布用于非贸易外汇兑换和结算人民币汇率牌价为1美元=2.53元人民币。这本质上是官方汇率和贸易内部结算汇率并存的双重汇率制度。其目的是促进出口，增加外汇收入。但这种双轨制的安排也造成了外贸企业的大规模亏损，汇率形成的市场机制并没有建立起来。因而，在1985年以后，中国金融体系确立了官方汇价和外汇调剂市场汇价并存的双重汇率制度，其目的是通过市场机制确立更加合理的汇率水平，提高外汇使用效率，弥补外贸企业亏损。首先，1988年3月起，各地普遍设立了外汇调剂中心，放开外汇调剂市场汇率，通过外汇调剂来调节外汇的供给与需求，同时也以此弥补外贸企业的亏损，外汇调剂首次引入公开竞价机制，允许外汇调剂价格在一定限度内按公开市场的供求浮动。其次，从1991年4月9日起采取有管理的浮动汇率制。在这一制度下，中国人民银行会根据出口换汇成本、国际收支状况以及国际外

---

① 《径山报告》课题组. 中国金融开放的下半场 [M]. 北京：中信出版社，2018.

汇市场主要货币间汇率变动等对人民币汇率进行适时、适度的微调。这样既促进官方汇率逐渐向调剂市场汇率靠拢，也避免一次性大幅度汇率调整对国民经济造成的冲击过大。一方面是人民币公布牌价不定时地逐步调高，试图向汇率的市场价值靠拢；另一方面是外汇调剂市场不断成长壮大，外汇调剂市场汇率发展成为事实上与官方汇率并行存在的第二重汇率。随着对外汇调剂的各种限制逐次放开，外汇调剂市场的交易主体范围从国营外贸企业扩大到外资企业再到居民个人，价格形成机制从内部调剂定价转变为公开竞价成交。相应地，全国外汇调剂交易规模也从1987年的42亿美元快速增加到1992年的251.05亿美元。1984年12月31日，公布牌价与贸易内部价水平实现一致（1美元=2.8人民币），于是取消了贸易内部价，计划内双重汇率并存的阶段宣告结束。这实际上也是人民币汇率历史上的第一次"并轨"[①]。

但是，当时的汇率制度依然是政策汇率和市场汇率并轨的双轨制。政策汇率无法真实反映币值的价格，而由于官方汇率过分高估，政府也很难积累外汇储备。第一，外汇调剂价与人民币官方汇率相差悬殊，同时外汇调剂市场规模越来越大，而官方市场日渐萎缩。由于官方汇率对外高估的问题始终存在，所以外贸企业基本上都不愿意将留成外汇卖给商业银行，而更倾向于通过外汇调剂市场出售外汇。为了突破国家在企业用汇方面的严格管制，不少企业也不惜代价地进入调剂市场购买外汇。外汇调剂市场上的供需两旺，一方面更加拉大了外汇调剂价与官方汇率之间的差距，另一方面则直接造成了外汇调剂规模的快速扩张。第二，私人部门的外汇存款多，官方的外汇储备不足。20世纪80年代，我国对外贸易余额多为逆差，外汇储备只有区区数十亿美元，官方的外汇短缺问题比较突出。与此形成鲜明对比的是，由于很早就允许居民和企业持有外汇现汇和现钞，所以私人部门的外汇余额不断增加，远远超出了官方的外汇储备规模。

因此，为了进一步通过市场机制形成汇率，确立更加合理的汇率制度，改革汇率双轨制中的一系列弊端，中国人民银行于1993年12月28日对外发布《关于进一步改革外汇管理体制的公告》，宣布自1994年1月1日起对我国外汇、外贸管理领域实施若干重大制度性改革措施。其中主要包括：第一，实行人民币汇率并轨，人民币官方汇率与外汇调剂市场汇率并轨，实行以市场供求为基础的、单一的、有管理的浮动汇率制度；第二，实行银行结售汇制，取消外汇留成、上缴和额度管理制度，实现人民币在经常项目下有条件可兑换；第三，取消强制性外汇计划，允许外汇使用者凭有效进口单据从指定银行购买外汇；第四，取消任何形式的境内外币计

---

① 吴敬琏，等. 中国经济50人看三十年：回顾与分析［M］. 北京：中国经济出版社，2008.

价结算，禁止境内外币流通和指定金融机构以外的外汇买卖，停止发行外汇券及其流通；第五，建立银行间外汇市场，形成全国统一的银行间外汇交易市场。

这一次汇率改革是相当成功的，基本实现了汇率改革的目标，即稳定汇率，增加储备，建立统一、规范的外汇市场。首先，并轨后市场没有出现大的波动，没有形成进一步的贬值预期。人民币官方汇率在1994年前长期过分高估，汇率并轨很容易影响经济的内外均衡，推升通货膨胀。但是汇率改革使人民币一次性贬值到位，不仅没有推升国内通货膨胀，没有形成进一步的贬值预期，反而在更加市场化的汇率形成机制下，人民币汇率呈现出基本稳定和双向浮动的特征。其次，并轨后资源优化配置，促进了经济增长。对外贸易和外资流入大幅度增长，国际收支连年顺差，外汇储备成倍增加。最后，建立起统一、规范的外汇市场，逐步实现人民币经常项目可兑换，进一步提高了我国的对外开放水平，使我国企业可以更加深入地参与国际产业链的发展。乃至后来，中国经济在1997年亚洲金融危机的强烈冲击下能够基本保全，也在很大程度上受益于汇率并轨对完善我国外汇管理体制以及提高政府宏观调控水平所产生的长远影响。

但是这一次汇率改革后，中国的汇率机制还有一定的完善空间。贬值压力下设计的改革方案低估了升值的影响，并没有认识到官方外汇储备会出现激增问题。以强制银行结售汇取代外汇留成、上缴和额度管理，同时配套以全国统一的银行间外汇市场取代分散的外汇调剂市场，目的是迅速地将分散在广大私人部门的外汇集中到中央银行，迅速积累外汇储备。在中国外贸快速发展、银行强制结售汇和在一定时期单一钉住美元的人民币汇率形成机制的背景下，就会造成外汇储备激增的后果。外汇储备规模的积累，一方面是中国经济发展的成果和经济实力的彰显，另一方面则带来了难以解决的内外均衡问题。第一，外汇储备规模较大，给人民币造成更大的升值压力，使得外部均衡的目标难以实现；第二，在强制结售汇制度下，外汇储备规模较大对应着巨额的基础货币投放，使中央银行货币冲销的难度不断加大，提升了国内通货膨胀的压力，影响内部均衡的目标。因而，需要进一步进行汇率制度改革。

（二）2005年的"7.21"汇改

1997年亚洲发生金融危机，东亚各国纷纷将本国货币贬值。而为了稳定金融危机中的市场预期，体现大国担当，中国政府并没有将人民币竞相贬值，而是采取了稳定人民币汇率的政策。人民币对美元汇率稳定在1美元兑8.27元人民币附近，而后为了减少汇率波动风险，维护宏观经济稳定，人民币汇率在事实上钉住美元，这种态势一直持续到2005年7月。

为了进一步确立市场化的汇率形成机制，2005年7月21日，中国人民银行发布了《关于完善人民币汇率形成机制改革的公告》，宣布自2005年7月21日起，中国开始实行以市场供求为基础、参考一篮子货币进行调节、有管理的浮动汇率制度。人民币汇率不再钉住单一美元，形成更富弹性的人民币汇率机制。中国人民银行于每个工作日闭市后公布当日银行间外汇市场美元等交易货币对人民币汇率的收盘价，作为下一个交易日该货币对人民币交易的中间价格。2005年7月21日19：00时，美元对人民币交易价格调整为1美元兑8.11元人民币，作为次日银行间外汇市场上外汇指定银行之间交易的中间价，外汇指定银行可自此时起调整对客户的挂牌汇价。现阶段，每日银行间外汇市场美元对人民币的交易价仍在人民银行公布的美元交易中间价上下千分之三的幅度内浮动，非美元货币对人民币的交易价在人民银行公布的该货币交易中间价上下一定幅度内浮动。中国人民银行将根据市场状况和经济金融形势，适时调整汇率浮动区间。同时，中国人民银行负责根据国内外经济金融形势，以市场供求为基础，参考一篮子货币汇率变动，对人民币汇率进行管理和调节，维护人民币汇率的正常浮动，保持人民币汇率在合理、均衡水平上的基本稳定，促进国际收支基本平衡，维护宏观经济和金融市场的稳定。

改革后，人民币兑美元汇率的波幅非常小且保持渐进升值趋势，在此期间的汇率形成机制也被视为人民币软钉住美元。这一时期采取了形式多样的有管理的浮动汇率形成机制。虽然受东亚金融危机的影响，金融危机期间，人民币对美元更多是实现了钉住，影响了汇率形成机制的弹性，但是这一阶段的汇改目标基本实现，取得阶段性成功。具体而言，第一，汇改目标基本实现。该阶段"完善人民币汇率形成机制，保持人民币汇率在合理、均衡水平上的基本稳定"的汇改目标基本实现。第二，汇率形成机制的透明度有所提高。这体现在两方面：一是外汇干预程度下降，人民币汇率弹性化取得显著进展，国内货币政策自主性有所增强；二是汇率形成机制获得国际认可。该时期，人民币汇率稳步升值，为人民币国际化提供了较好的环境。汇率机制改革后的结果也被国际货币基金组织等国际组织广泛承认，2015年，人民币被国际货币基金组织纳入特别提款权的货币篮子。第三，汇率弹性调整灵活性有所增强。这次汇改后，中国实行了以"汇率篮子、波动范围和爬行速度"为核心的汇率制度，可以兼顾汇率调整的灵活性与稳定性。虽然受全球金融危机的影响，人民币汇率变动弹性有所下降，但是金融危机后，汇率弹性浮动逐步扩大。2010年6月19日，中国人民银行新闻发言人表示，"进一步推进人民币汇率形成机制改革，增强人民币汇率弹性"。货币当局向市场发出重启人民币汇率改革的信号。2012年4月，外汇市场人民币兑美元交易价日浮动幅度由0.5%扩大至1%；2014年3月，日浮动幅度由1%再度扩大至2%。人民币汇率日波幅扩大之后，市场力量在人民币汇率形成中的作用逐步凸显。

（三）2015 年的"8.11"汇率制度改革

2005 年的人民银行汇率制度改革是成功的，但是仍然存在一些问题需要解决。外汇储备大量积累容易增加市场扭曲。在 2005—2015 年期间，人民银行主要通过外汇市场上的公开市场操作来干预市场，维持人民币汇率稳定，并通过银行的结售汇制度积累了大量的外汇储备。但是过多的外汇储备会带来外汇占款的增加与央行冲销压力，并增加市场扭曲。人民币汇率并不能完全根据市场供求的变动进行调整。

因而，虽然 2005 年的汇率制度改革目标基本实现，汇率形成机制透明度有所提高，名义汇率调整灵活性有所增强，经常账户失衡状况显著改善，但外汇市场对人民币汇率供求的影响仍不明显，在一篮子货币中，美元对人民币汇率的影响作用过于强烈。人民币汇率仍然需要继续深化改革，完善汇率的市场形成机制。

2015 年 8 月 11 日，人民银行启动人民币汇率形成机制改革。首先，改革汇率中间价报价机制。做市商参考上一个交易日银行间外汇市场收盘汇率，向中国外汇交易中心提供中间报价。这一调整使得人民币兑美元汇率中间价与上一个交易日的收盘价保持连续，而不再是每个交易日由人民银行根据其管理目标提供新的中间价。这项改革减少了人民银行对市场汇率的影响力，人民银行不再采用汇率中间价引导市场预期，而让位于市场供求决定汇率。引入这项改革以后，市场供求因素对人民币汇率有了更大的决定权，人民币连续两天贬值到 2% 的日波幅临界值。

2015 年 8 月 13 日，人民银行认为这一时期的汇率波动已经让人民币贴近了合理均衡汇率水平，即采取了以外汇市场干预为主的一系列措施稳定汇率，随后对汇率形成机制进行了一系列调整，包括重新引入中间价管理模式，采取透明的中间价公式，以及引入逆周期调节因子等。

人民币的逆周期调节因子是人民银行调整汇率定价的重要价格型调控工具。人民银行运用该工具通过汇率中间价调整过滤顺周期对汇率的影响。人民币汇率定价机制经历了从单因子到双因子、再到三因子的发展历程。

第一，单因子定价机制。2015 年 8 月 11 日，中国人民银行强调中间价报价要参考前一个交易日的收盘价，实施"中间价 ＝ 收盘价"的单因子定价机制，组织中间价报价行改进人民币兑美元汇率的中间价形成机制。"8.11 汇改"后，人民币兑美元汇率的贬值预期明显增强，一度形成了人民币贬值预期与短期资本外流相互交织、相互强化的不利局面。

第二，双因子定价机制。2015 年 12 月 11 日，中国外汇交易中心发布人民币对一篮子货币的汇率指数，即 CFETS 货币篮子汇率指数。自 2016 年年初，中国央行开始实施"中间价 ＝ 收盘价 ＋ 一篮子货币汇率变化"的双因子定价机制。双因子定价机制意味着人民币兑美元汇率的中间价制定要同时参考前一个交易日的收盘价，以及相对于一篮子货币的汇率变化。

第三，三因子定价机制。在引入双因子定价机制后，人民币汇率贬值预期有所缓解，但尚未根除。2017年5月，中国央行宣布实施"中间价＝收盘价＋一篮子货币汇率变化＋逆周期因子"的三因子定价机制，以遏制市场单边贬值预期。在逆周期因子引入之后，人民币兑美元汇率的单边贬值预期显著削弱并最终消失，人民币兑美元汇率进入双向波动时期。

这一机制建立后，人民银行在汇率调整方面形成了逆周期调节因子、远期售汇外汇风险准备金、离岸央行票据、远期外汇掉期和外汇存款准备金等工具。

2015年8月以来的人民币汇率形成机制有以下特点：

其一，人民银行主导人民币汇率价格

人民银行依然通过人民币汇率中间价、日波幅限制和外汇市场干预三个关键措施主导人民币汇率价格变化。人民币汇率中间价反映了货币当局的汇率变化意图并起着引导市场汇率变化预期的作用；日波幅限制则限制了每日人民币/美元的汇率波动幅度；外汇市场干预（主要是在市场上买卖外汇，以及实施其他影响外汇供求的措施）则吸收了给定人民币汇率中间价和波幅限制所对应的外汇市场超额供给或超额需求部分。举个例子，如果人民币/美元汇率中间价是6.5000，那么加上2%的日波幅是6.500±0.1300，如果市场供求出清对应的价格超出这个价格范围以外，则需要外汇市场干预买入/卖出超额部分。

其二，市场供求、一篮子货币汇率和逆周期调节因子决定汇率走势

早在2005年7月21日的人民币汇率形成机制改革方案中，就宣布了实行以市场供求为基础、参考一篮子货币进行调节、有管理的浮动汇率制度。2016年货币当局进一步明确了以市场供求为基础和参考一篮子货币对汇率中间价形成的具体作用。《2016年第一季度中国货币政策执行报告》对此有清晰的解释：

"假设上一个交易日人民币兑美元汇率中间价为6.5000元，收盘汇率为6.4950元，当日一篮子货币汇率变化指示人民币对美元双边汇率需升值100个基点，则做市商的中间价报价为6.4850元，较上一个交易日中间价升值150个基点，其中50个基点反映市场供求变化，100个基点反映一篮子货币汇率变化。这样，人民币兑美元汇率中间价变化就既反映了一篮子货币汇率变化，又反映了市场供求状况，以市场供求为基础、参考一篮子货币进行调节的特征更加清晰。"

2017年5月以来，货币当局在人民币对美元汇率中间价报价模型中引入"逆周期调节因子"。新公式为：中间价变化=（上一个交易日收盘价-上一个交易日中间价）+（保持人民币对一篮子货币汇率稳定所需的汇率变化）+（逆周期调节因

子）。《2017年第二季度中国货币政策执行报告》对逆周期因子作出了如下说明：

"在计算逆周期因子时，可以先从上一个交易日收盘价较中间价的波幅中剔除一篮子货币变动的影响，由此得到主要反映市场供求的汇率变化，再通过逆周期系数调整得到逆周期因子。逆周期系数由各报价行根据经济基本面变化、外汇市场顺周期程度等自行设定。"

其三，借助资本管制措施缓解外汇市场供求压力

在难以通过汇率变化自发调节外汇市场供求的背景下，如果外汇市场供求压力大，那么维持人民币汇率在目标范围以内的外汇市场干预的压力也大。无论是买入还是卖出外汇，大规模的外汇市场干预都会导致人民币基础货币投放的相应变化，给国内宏观经济稳定带来压力。货币当局面临着稳定汇率还是保持货币政策独立性的两难冲突，缓解这种冲突的关键手段是资本管制措施。

2014年中期以后，中国面临着持续的资本流出和人民币贬值压力，资本管制措施有所加强。加强资本管制的主要内容并非对资本流动增加新的限制措施，而更多是严格实施此前规定的资本管制措施，加强资本流动的真实性审核。在具体操作当中，有较多企业反映外汇的可获得性和便利程度较以前有所下降。

【思政谈】　习近平主席有关汇率的观点

中国不搞以邻为壑的汇率贬值，将不断完善人民币汇率形成机制，使市场在资源配置中起决定性作用，保持人民币汇率在合理均衡水平上的基本稳定，促进世界经济稳定。规则和信用是国际治理体系有效运转的基石，也是国际经贸关系发展的前提。中国积极支持和参与世贸组织改革，共同构建更高水平的国际经贸规则。

——2019年4月习近平主席在第二届"一带一路"国际合作高峰论坛开幕式上的主旨演讲

本章小结

外汇是国际汇兑的简称，是以外国货币作为流通和支付手段的交易行为。一般可以从动态和静态两个角度来认识外汇的含义。

外汇的作用主要是促进国际贸易发展，推动国际支付和结算，促进国际金融资源配置并充当国际储备资产。外汇具有三个基本特征：以外币表示，是普遍接受的金融资产，以及可兑换。

汇率是以一国货币所表示的另一国货币的相对价格，反映不同货币之间的兑换比率。外汇可以在金融市场上进行交易，而汇率就是外汇的价格。汇率的标价法有直接标价法和间接标价法。直接标价法本质上是以本国货币为外国货币标注价格，

间接标价法本质上是以外国货币为本国货币标注价格。

按照汇率波动幅度，可以将汇率分为固定汇率和浮动汇率。固定汇率是指一国的货币与其他国家货币之间的汇率基本保持稳定，其波动幅度被严格限定在一个较小的幅度内。如果不干预外汇市场，使汇率自由地随市场浮动，就会形成浮动汇率。

按照外汇交易结算的期限划分，可以将汇率分为即期汇率和远期汇率。即期汇率是指进行即期外汇交易时所采用的汇率。远期汇率是指进行远期外汇交易时所采用的汇率。

按是否考虑价格水平因素，可以把汇率分为名义汇率和实际汇率。名义汇率是指未剔除价格水平因素的汇率。一般外汇市场公布的均为名义汇率。实际汇率是在名义汇率基础上，用两国价格水平进行调整后得到的汇率。

国内外多种经济因素影响着一国汇率的变动。这些因素按期限划分可以分为短期因素和长期因素。长期因素主要有国际收支状况、经济增长和价格水平等。短期因素主要有利率、中央银行干预和市场预期等因素。

经济学家提出了多种汇率决定理论以解释决定汇率变动的因素，包括购买力平价理论、利率平价说、货币说和资产组合说等。

汇率制度是指一国的中央银行对汇率进行确定、维持、调整、管理的原则、方法、方式这一系列的系统安排与规定。汇率制度分为固定汇率制度、浮动汇率制度和介于两者之间的中间汇率制度。

关键概念

外汇　汇率　固定汇率　浮动汇率　即期汇率　远期汇率　名义汇率　实际汇率　购买力平价　利率平价　货币说　资产组合说　汇率制度　固定汇率制度　浮动汇率制度

思考与应用

1.什么是外汇？

2.直接标价法和间接标价法有什么区别？

3.汇率决定理论有哪些？它们的特点是什么？

4.固定汇率制度和浮动汇率制度有什么区别？

5.如何选择一国的汇率制度？

开放经济条件下的经济政策

理解开放经济下的内外均衡冲突。

掌握米德冲突、丁伯根原则、斯旺模型等相关概念。

掌握蒙代尔-弗莱明模型的分析框架。

理解开放经济不同假设条件下宏观经济政策效应。

第一节　开放经济条件下的政策目标与工具

在开放经济假设下，生产要素、商品与服务可以在一定条件下较自由地跨国界流动。这一假设更符合当前经济全球化的实际情况。在封闭经济条件下，一国的主要政策目标是追求充分就业、价格稳定和经济增长。而在开放经济条件下，一国的主要政策目标除了以上三个目标之外，还要追求国际收支平衡。而在开放经济条件下，一国的经济政策更容易受其他国家政策的影响。

一、开放经济条件下的政策目标

（一）内部均衡和外部均衡

在开放经济条件下，一国的经济政策目标趋于多元化，除了内部经济均衡增长，还需注意外部的国际经济金融情况。可将一国经济政策目标概括分为内部均衡目标和外部均衡目标。一国经济的内部均衡要求促进国内经济良性增长、物价水平稳定，实现充分就业；一国经济的外部均衡要求保证国际收支平衡，维持本币稳定，为本国经济发展创造一个稳定的国际环境。

英国经济学家米德（Meade，1951）认为，在开放经济条件下，可以将一国经济划分为生产贸易品的贸易部门与生产非贸易品的非贸易部门。内部均衡是指对国内商品和劳务的需求足以保证非通货膨胀下的充分就业，即非贸易品市场处于供求均衡状态；外部均衡是指经常项目收支平衡，即贸易品市场处于供求均衡状态。澳大利亚经济学家斯旺则提出，一个国家的经济均衡有内外两个目标：第一，低失业率条件下，稳定通货膨胀；第二，保持可接受的贸易平衡。因此，内部均衡目标实现意味着低失业率下国内经济增长，即同时实现充分就业、物价稳定和适度经济增长。外部均衡目标则意味着实现国际收支的平衡。

在封闭经济条件下，宏观经济政策追求内部均衡目标，但随着经济体的日益开放，外部均衡目标逐渐显现其重要性。但是外部均衡目标的出现，会使一国采取政策实现经济均衡的难度加大。内部均衡和外部均衡的目标并不完全是一致的，有时两种目标相互协调，有时两种目标相互冲突。

1.相互协调

政府在同时实现不同的内外均衡目标时，其政策在实现内外均衡目标过程中是协调的，即当政府采取政策努力实现某一均衡目标时，这一政策可能会同时造成开放经济中另一均衡问题的改善。例如，当一国同时存在国际收支顺差和失业时，政府在采取扩张性的财政货币政策扩大总需求、实现国内充分就业的同时，可能会增加贸易进口，减小国际收支顺差，实现国际收支的平衡。

2.相互冲突

政府在同时实现不同的内外均衡目标时，其政策在追求内外均衡目标时会遇到两难，即当政府采取政策努力实现某一均衡目标时，这一政策可能会同时影响开放经济中另一均衡目标，造成对该目标的干扰和破坏。例如，当一国存在国际收支顺差和通货膨胀时，政府采取紧缩型的财政货币政策，紧缩国内总需求以抑制通货膨胀，在国内总需求降低的同时，国际收支会进一步扩大。在这种情况下，政府在实现经济内外均衡目标时存在着行动上的冲突。

此外，国与国之间的经济和政策溢出效应也加大了经济政策追求内外均衡目标的难度。第一，从宏观经济的溢出效应角度看，经济的开放性决定了不同国家的宏观经济特征变化可以相互影响。当一国经济面临外部冲击时，这一冲击在开放经济中将通过收入机制、利率机制和相对价格机制在国与国之间进行传递。第二，从政策的溢出效应角度看，财政和货币政策国际传递机制的存在会导致不同国家之间的财政政策和货币政策产生溢出效应，进而使得一个国家的国内外均衡目标的实现会受到来自其他国家政策的影响。因此，各国必须进行国际经济政策协调来实现本国经济均衡，以避免由于各国竞相采取以邻为壑的经济政策而给全球经济带来政策成本和损失。

（二）米德冲突

1951年，米德在其重要著作《国际经济政策理论》的第一卷"国际收支"中最早提出了固定汇率制度下的内外均衡目标冲突问题。米德通过对一国不同经济状况的组合分析得出结论：在固定汇率制度下，政府无法运用汇率政策，只有依靠单一影响社会总需求的政策来寻求内外均衡的同时出现。然而，任何一种单一的政策工具都不能同时实现两个目标，有可能会出现内外均衡目标的冲突，即所谓的"米德冲突"。

米德认为，在固定汇率条件下，政府由于制度限制，需要保持固定的汇率水平，因而无法通过汇率调整来实现宏观经济均衡，只能通过调节社会总需求来实现宏观经济均衡。具体而言，从政策工具上，政府可以根据面临的经济形势，选择采取增加社会总需求的扩张性政策，或选择采取减少社会总需求的紧缩性政策。从政策目标来看，政府应当消除内部失衡和外部失衡。而内部失衡可以细化为经济衰退、失业增加和通货膨胀；外部失衡也可以进一步被细化为经常项目的顺差或逆差。因此，依据经济内外失衡的具体情况，可以将一国面临的内部均衡目标和外部均衡目标分为四个组合，每个组合对应一种情境，进而可以得到四种内外失衡的组合（见表3-1）。

表3-1　　　　　　　　　　　　内部失衡与外部失衡的四种组合

情境	内部失衡	外部失衡	政策实施状况
情境1	经济衰退或失业增加	经常项目逆差	冲突
情境2	经济衰退或失业增加	经常项目顺差	协调
情境3	通货膨胀	经常项目逆差	协调
情境4	通货膨胀	经常项目顺差	冲突

因而，政策目标实施有可能会存在协调和冲突两种情境：

第一种是内外政策目标的协调，如情境2和情境3。当经济处于情境2时，经济衰退、失业与经常项目顺差并存，政府可以采取扩张性政策增加社会总需求，拉动经济增长，而这一机制又会使社会总收入增加，提高进口，降低经常项目顺差，改善外部失衡。当经济处于情境3时，通货膨胀与经常项目逆差并存，政府可以采取紧缩性的财政与货币政策，一方面抑制国内需求水平，稳定物价；另一方面扩大出口、抑制进口，吸引资本流入，解决国际收支逆差问题。

第二种是内外政策目标的冲突，如情境1和情境4。如果固定汇率制度下的开放经济处于对内失业与对外逆差并存状态，或是对内通胀与对外顺差并存的状态，则单一的支出增减型政策就无法促进内外均衡目标同时实现，如情境1和情境4。当经济处于情境1时，为了解决衰退问题，政府需要采取扩张性的财政和货币政策，但这样的政策会加剧经常项目逆差，使外部失衡趋于恶化，无法得到外部均衡。因而，为了追求内外均衡两类目标，就会存在政策冲突。当经济处于情境4时，虽然政府可以利用紧缩政策抑制通货膨胀，但经常项目顺差会进一步扩大，无法得到外部均衡，同样会存在政策冲突。因而，米德冲突对应的是固定汇率制下的两类情境：衰退与经常项目逆差并存，以及通胀与经常项目顺差并存。

米德冲突首次完整、系统地研究了政府政策面临的内外均衡问题，并对各国实现内外均衡目标的相互影响进行了分析，在国际金融学说史上具有十分重要的意义。但是米德冲突主要针对的是固定汇率制度下内外均衡目标的冲突，并没有详细分析浮动汇率制度及资本流动对内外均衡目标的影响。但无论是在固定汇率制度还是在浮动汇率制度下，内外均衡冲突的问题是始终存在的。在国际资本自由流动的条件下，内外均衡冲突的问题也很明显。

二、开放经济下的政策工具

为了实现内部均衡和外部均衡等政策目标，需要在开放条件下采用政策工具来对经济运行进行调节。一般来说，政府通过政策工具调节社会经济供给和需求达到均衡状况，以实现经济增长、充分就业、物价稳定以及国际收支平衡等目标。此外，也可以通过临时性的融资政策来实现国际收支平衡。因而，根据政策工具的作用机制分类，开放经济下的宏观经济政策工具可以分为调节社会总需求的工具、调节社会总供给的工具和提供融资的工具等。

（一）调节社会总需求的工具

调节社会总需求的政策工具可以分为支出增减型政策和支出转换型政策两类。

1.支出增减型政策，即影响社会总需求规模的政策，也称为支出变更政策，主要包括财政政策与货币政策

财政政策是政府通过财政收入、财政支出和公债对经济进行宏观调控的经济政策。其政策工具包括财政收入政策、财政支出政策、公债政策等。货币政策是中央银行通过调节货币供应量与利率以影响宏观经济活动水平的经济政策。其政策工具包括公开市场业务、再贴现以及法定准备金率等。财政政策与货币政策都可以直接影响社会总需求，使经济达到内部均衡；同时，社会总需求的变动又可以通过边际进口倾向影响进口，并通过利率变化影响资本流动，由此调节经济，使其达到外部均衡。

2.支出转换型政策，即调节社会总需求结构的政策

也就是说，在开放经济中，通过政策调整本国商品、劳务供给与外国商品、劳务供给的结构比例，进而调整社会总需求。支出转换型政策主要包括汇率政策与直接管制政策。

汇率政策主要指政府通过变动汇率水平或汇率制度来调整社会总需求结构，进而调整经济的内外均衡。变动汇率水平主要是指汇率政策对社会总需求的转换机制在于通过贬值改变本国产品和外国产品的相对价格，来调整本国居民的需求结构，将本国居民对外国产品的需求转向本国产品，减少本国的进口需求，同时增加本国产品的竞争力，刺激外国居民对本国产品的需求。汇率政策通过改变汇率水平，作用于净出口，进而作用于社会总需求，对社会总需求的结构与数量都有影响。此外，汇率水平的调节方式与汇率制度密切相关。在固定汇率制下，需要不同国家进行政策协调来调节汇率水平。而在浮动汇率制度下，则要通过干预外汇市场才能主动调节汇率水平。汇率水平的变动能否实现预期效果也必须取决于进出口商品的供求弹性、进出口结构和边际吸收倾向等诸多因素。

直接管制政策是指政府直接控制经济交易，调整社会总需求的结构，即政府对某一或某些经济部门予以限制或优待，调整社会总需求结构，进而调整经济的内外均衡。直接管制可分为三种：第一种是财政性管制（如关税、津贴或补贴、出口信贷等）；第二种是货币性管制（如外汇管制、进口预交保证金等）；第三种是商业性管制（如进口许可证、限额与配额等）。直接管制政策通过改变各种商品的相对可获得性来达到支出转换的目的，因而属于支出转换型政策。直接管制政策利弊分明：一方面，政策效果迅速、明显；另一方面，它会扭曲市场机制，降低资源配置效率，扭曲生产要素分配，还有可能引起其他国家的报复性政策。

（二）调节社会总供给的政策

调节社会总供给的工具包括产业政策和科技政策等，主要目的是通过改善一国的经济结构和产业结构，提高产品质量，降低生产成本，增强社会产品供给能力。相对于社会总需求调节而言，社会总供给具有长期性的特点。产业政策、科技政策等虽然可以从根本上提高一国的经济实力与科技水平，从而为实现内外均衡奠定坚实的基础，但在短期内很难有显著效果。

（三）融资政策

融资政策是在短期内利用资金融通的方式，弥补国际收支逆差以稳定经济的一种政策，其政策工具包括官方储备和国际信贷。如果外部失衡是由临时性的、短期的冲击引起的，就可以通过融资工具实现国际收支平衡，弥补外部失衡。但如果失衡是由国内经济原因等中长期因素导致的，就必须要运用其他政策工具来进行

调整。

第二节　开放经济条件下的政策协调机制

一、针对内外均衡的政策原则

鉴于内外均衡目标之间的冲突，经济学家进行了大量的研究，以期提出解决内外均衡目标冲突政策的调节原则和政策搭配建议，通过确立有效的政策原则，能提升解决内外均衡政策的效率。1952年，诺贝尔经济学奖获得者、荷兰经济学家丁伯根（Tinbergen，1952），提出了根据政策目标数量确立政策工具的原则，即"丁伯根原则"。他指出，要实现N个独立的政策目标，至少需要相互独立的N个有效的政策工具。

假设存在两个目标T1、T2与两种工具I1、I2，政策调控追求的T1和T2的最佳水平为T1*和T2*。工具可以影响目标，目标是工具的线性函数。即T1=a1I1+a2I2，T2=b1I1+b2I2。a1、a2、b1、b2均为影响系数。因而追求最优目标时的工具水平，就是在T1、T2的最优解达成时的I1、I2水平。

$$I1 = \frac{b2T1^* - a2T2^*}{a1b2 - a2b1} \tag{3.1}$$

$$I2 = \frac{a1T2^* - b1T1^*}{a1b2 - a2b1} \tag{3.2}$$

但如果这组解有意义，则需要a1/b1≠a2/b2，即两个政策工具之间不存在线性关系，线性工具是彼此独立的。因为当a1/b1=a2/b2时，两种工具对这两个政策目标有相同的影响，甚至可以说两种工具是相同的。因而，当决策者只有一个独立的工具而试图实现两个目标时，决策者就无法顺利开展调控。将这一结论推广，如果一个经济决策的政策目标和政策工具之间的关系是线性的，那么决策者有N个目标，就要有至少N个与线性无关的政策工具，才可以实现这N个目标，即丁伯根原则。

因而，在处理内外均衡问题时，当需要同时保持内部均衡和外部均衡目标时，就必须需要至少两个独立的政策工具。若是只运用一个政策工具调节，就无法同时实现内外均衡两个目标，必须寻找新的政策工具并进行合理的政策协调。

丁伯根原则率先指出了政策目标和政策工具之间的数目关系，运用N种独立的工具进行配合来实现N个独立的政策目标。它假定各种政策工具可以供决策当局集中控制，揭示了经济政策工具协调的意义。但是丁伯根原则只是指出了政策目标和政策手段之间的数目关系，并没有说明具体政策工具及指派原则，是一种比较笼统的政策协调思想。

二、针对内外均衡的政策组合

丁伯根原则指出了单一政策无法同时实现内部和外部均衡，因而需要选择不同的独立政策工具协调解决内外均衡问题。但它仅是在开放经济下政府选择政策的一个原则，没有指出具体的政策搭配方法。如何在不同情况下选择相应的政策进行合理搭配以达到最优的经济效率和政策效果，仍是当时亟待解决的问题。因此，在丁伯根原则的基础上，经济学家开始提出一系列的政策搭配理论，试图回答开放经济下如何通过有效的政策协调来实现经济的内外均衡。

（一）斯旺模型

1963年，澳大利亚经济学家斯旺（Swan，1963）提出了有关调节开放经济的政策协调模型。他从凯恩斯主义理论出发，将国际收支纳入宏观经济管理的整体框架中，通过分析社会总支出和外汇汇率之间的对应关系以及经济失衡的各种不同表现，总结出一国经济内部平衡与外部平衡同时实现所需要的条件，并通过图形进行描述，即为斯旺模型。

斯旺模型假设：在经济达到充分就业前，价格保持不变；不考虑国际资本流动，国际收支即为贸易收支。在斯旺模型下，本国的总供应水平是一定的，总需求由国内支出和净出口两部分组成，内部均衡意味着本国的总需求等于总供给；外部均衡意味着本国的出口等于进口，净出口为零。

在图3-1中，横轴表示国内实际支出；纵轴表示实际汇率（采用直接标价法，向上表示本币贬值）。IB线为实现内部均衡时的实际汇率与实际支出的各种组合，即内部均衡。IB线向右下方倾斜，这是因为当本币升值时，本国出口减少、进口增加，形成国际收支逆差。此时失业率将上升，产出下降。为实现内部均衡，避免经济衰退，就需要扩大国内的实际支出。为了实现内部均衡，需要在不同的汇率水平下达到适宜的支出水平。汇率高、本币币值低时要达到内部均衡，就需要较低的支出水平；汇率低、本币币值高时要达到内部均衡，就需要较高的支出水平。

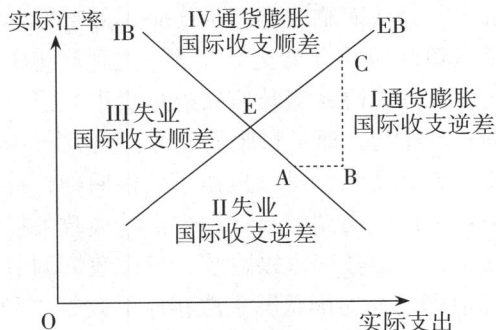

图3-1　斯旺模型的政策搭配

EB线代表实现外部均衡时实际汇率与实际支出的各种组合，即外部均衡。EB向右上方倾斜，这是因为当本币贬值时，出口增加、进口减少，形成国际收支顺差。为了实现外部均衡，必须扩大国内支出，增加进口。为了实现外部均衡，需要在不同汇率水平下达到适宜的支出水平。在汇率高、本币币值低的条件下要达到外部均衡，就需要较高的支出水平；在汇率低、本币币值高的条件下要达到外部均衡，就需要较低的支出水平。

其中，IB线上的每一点意味着内部均衡，而线外的每一点意味着内部失衡。IB线的右边区域表示既定汇率水平下，国内支出高于维持内部均衡所需水平，即有效需求超过有效供给，经济处于过热和通货膨胀状态；左边则代表国内支出小于维持内部均衡所需水平，即有效供给超过有效需求，经济处于失业和通货紧缩的状态。EB线上的每一点意味着经济处于外部均衡，而线外的每一点意味着外部失衡，右边区域代表国际收支逆差，左边则代表国际收支顺差。当且仅当IB线和EB线相交于E点时，内外均衡同时实现。这也是政府宏观经济管理的最终目标。

IB线和EB线将整个区域划分为四部分，分别代表国民经济的不同情况。图3-1中的区域Ⅰ表示内部通货膨胀和外部国际收支逆差；区域Ⅱ表示内部失业和外部国际收支逆差；区域Ⅲ表示内部失业和外部国际收支顺差；区域Ⅳ表示内部通货膨胀和外部国际收支顺差。

那么如何利用斯旺模型进行政策搭配，达到内外经济均衡的目标呢？从图3-1来看，四个区域中大部分情况是无法通过单一政策使一国经济运行到均衡点E，同时达到内部均衡和外部均衡的。只有一国经济刚好位于通过E点的水平线或垂直线时，才能以单一政策进行调节，以达到内部均衡和外部均衡。

在斯旺模型中的其他大多数情况下，只运用一种政策进行调节，就会出现"米德冲突"。无论怎样选择，一个均衡目标的实现总是以牺牲另一个均衡目标为代价的。如一国经济处于B点，经济面临内部通货膨胀、外部国际收支逆差的情况。当政府只通过国内的紧缩政策削减社会总支出来试图达到改善国际收支时，经济状况会向A点移动，有扩大失业的风险；当政府只通过货币贬值、扩大出口来改善国际收支时，经济状况会向C点移动，通货膨胀的压力会更大。

为了避免米德冲突，斯旺认为，可以根据丁伯根原则，针对经济失衡的性质和情况及不同政策的效力，采取支出调整政策和支出转换政策搭配的办法，对各种失衡情况进行调节。实践中，大多数国家以财政、货币政策调节内部均衡，以汇率政策调节外部均衡，或者根据内外均衡状况采取相应的政策搭配。表3-2简要说明了支出调整政策与支出转换政策的搭配情况。

表3-2 支出调整政策与支出转换政策的搭配

区域	经济状况	支出增减政策	支出转移政策
区域 I	内部通货膨胀和外部逆差	紧缩	本币贬值
区域 II	内部失业和外部逆差	扩张	本币贬值
区域 III	内部失业和外部顺差	扩张	本币升值
区域 IV	内部通货膨胀和外部顺差	紧缩	本币升值

斯旺模型从理论上阐明了政策搭配的基本原则及其优越性，具有较高的理论价值。不过，斯旺对于内外均衡的研究还是存在明显的不足：首先，斯旺模型对第二次世界大战后越来越重要的国际资本流动对各国经济和外部均衡的冲击没有进行深入分析；其次，斯旺模型仍然无法解决固定汇率制度下或者可调整固定汇率制度下因汇率政策失效或效力较弱而出现的米德冲突；最后，通常情况下，中央银行很难准确认知内部均衡线与外部均衡线的相对位置。因而，斯旺模型提出的确定政策搭配的方法只能作为一种不太精确的经验法则。

（二）蒙代尔有效市场分配原则

沿着斯旺模型的分析思路，20世纪60年代，加拿大经济学家罗伯特·蒙代尔（Mundell R，1960）进一步将支出增减政策细分为财政政策和货币政策两大政策工具，针对政策协调问题，提出蒙代尔有效市场分配法则。

在固定汇率制度下，一国汇率固定不变，无法采取支出转移政策，只能采取支出增减政策调整经济均衡。根据斯旺模型，该国很有可能陷入政策冲突。而蒙代尔的有效市场分配法则认为可以通过支出增减政策中的财政政策和货币政策的有效指派，弥补固定汇率制下不能调整汇率的缺陷，使该国达到内部均衡和外部均衡。

具体来说，蒙代尔认为，财政政策由财政部门掌握，通过调整财政收支影响总需求；货币政策权限隶属中央银行，通过调整信贷收支来影响总需求。不同的政策工具掌握在不同的决策者手中。如果要达到内外均衡的最优效果，就需要决策者紧密协调；若决策者之间不能紧密协调而是独立决策的话，就难以实现最佳的政策目标。但是，如果每一个政策工具被合理地指派给一个政策目标，并在该目标偏离其最佳水平时按照规则进行调控，那么即使不同的政策工具掌握在不同的决策者手中，也能够达到最佳调控目标。

蒙代尔认为，每个政策目标应该指派给对该目标有相对最大影响力、在影响这一目标上具有相对优势的工具。如果指派上发生失误，经济就会产生不稳定性，进而距均衡点越来越远。这也就是"蒙代尔有效市场分配法则"。进而，蒙代尔在

1962年向国际货币基金组织提交的题为《恰当运用财政货币政策以实现内外稳定》的报告中正式提出：分配给财政政策以稳定国内经济的任务，而分配给货币政策以稳定国际收支的任务。蒙代尔认为，财政政策通常对国内经济的作用大于对国际收支的作用，而货币政策对国际收支的作用较大，它倾向于扩大本国与外国之间的利差，促使大量资本在国际上移动，进而影响国际收支。

蒙代尔基于有效市场分配原则，提出的财政政策和货币政策搭配方案如图3-2所示。其中，IB线代表在一定货币政策与财政政策搭配下的内部经济均衡状态，且该线左边表示内部经济衰退（失业、通货紧缩），右边则表示国内经济高涨（通货膨胀）；EB线则表示外部经济均衡，且该线左边表示贸易收支顺差，右边则表示贸易收支逆差；两者的交点E为内外均衡点。

在图3-2中，横轴表示财政政策，箭头的方向表示扩张的财政政策（较高的政府支出或较低的税收）；纵轴表示货币政策，箭头的方向表示扩张的货币政策（如增加货币供给或降低利率）。IB线为内部均衡线，IB线上的每一点表示实现内部均衡的财政政策和货币政策的组合。IB线向下倾斜是因为扩张性的财政政策必须与紧缩性的货币政策配合使用来实现内部均衡。IB线上方表示通货膨胀，下方表示失业。EB线为外部均衡线，EB线上的每一点表示实现外部均衡的财政政策和货币政策的组合。EB线向下倾斜是因为扩张性的财政政策需要搭配紧缩性的货币政策才能保持外部平衡。EB线上方表示国际收支逆差，下方表示国际收支顺差，IB线和EB线的交点E为内外均衡点。

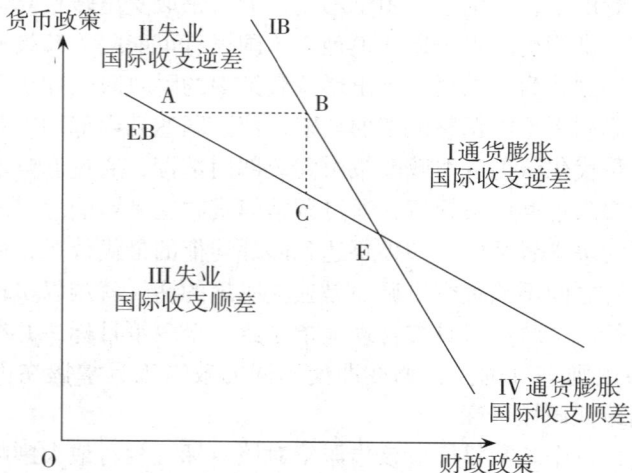

图3-2 蒙代尔有效市场分配原则

此外，由于蒙代尔假定财政政策对国内经济增长、就业等内部经济变量影响更大，而货币政策对国际收支影响更大，所以IB线比EB线更陡峭。

当经济处于A点，经济处于内部失业、外部国际收支逆差的状态时，需要采用扩张性的财政政策解决失业问题，使经济状况移至B点，同时采用紧缩性的货币政策平衡国际收支逆差，使经济状况移至C点。反复配合使用扩张性财政政策和紧缩性货币政策，最终使经济收敛于内外均衡点E。可见，在政策指派上，应当用财政政策实现内部均衡，用货币政策实现外部均衡，如果使用相反的政策指派，则经济是不稳定的。如果经济处于A点时，使用扩张性的货币政策解决失业问题，使用紧缩性的财政政策解决国际收支逆差问题，则会使经济越来越偏离内外均衡点。

根据政策工具的指派原则，每一目标应当指派给对该目标具有相对最大影响力的工具。财政政策主要通过支出带动收入水平调整，进而影响经常项目收支和国际收支；而货币政策除了类似功能之外，还通过利率水平影响资本项目和国际收支，所以货币政策调节国际收支的效力超过财政政策。以财政政策实现内部均衡、以货币政策实现外部均衡的做法，符合有效市场原则。由此，蒙代尔给出了不同的内外经济组合（即IB线和EB线将经济划分的四部分）应采取的政策搭配（见表3-3）。

表3-3 **蒙代尔有效市场分配原则下的政策搭配**

区域	经济状况	财政政策	货币政策
区域 I	内部通货膨胀和外部国际收支逆差	紧缩	紧缩
区域 II	内部失业和外部国际收支逆差	扩张	紧缩
区域 III	内部失业和外部国际收支顺差	扩张	扩张
区域 IV	内部通货膨胀和外部国际收支顺差	紧缩	扩张

第三节 开放经济条件下的一般均衡政策框架
——蒙代尔-弗莱明模型

一、蒙代尔-弗莱明模型概述

在开放经济条件下，加入外部均衡目标后，政府对宏观经济的调控难度加大。为了解决开放条件下宏观经济政策如何能够使一国达到内外均衡，加拿大经济学家蒙代尔（Mundell，1962；1963）与英国经济学家弗莱明（Flemins，1962）对开放经济条件下不同政策的效应进行了分析，深入研究了不同汇率制度下的内外均衡问题。针对不同的汇率制度、不同的资本流动状况下，财政和货币政策调节内外经济均衡的效力不同，他们以标准的IS-LM模型为基础构建了蒙代尔-弗莱明模型。他们在IS-LM的分析框架中加入了国际收支均衡分析，即BP线分析，形成了综合的内外均衡模型，讨论了在固定汇率制度和浮动汇率制度下，针对国际资本流动的自由程度不同，一国为实现经济的内外均衡应采取的政策搭配。

（一）模型分析

蒙代尔-弗莱明模型假设其分析对象是一个开放的小国，其假设前提包括：第一，价格固定不变，因此购买力平价不成立；第二，投资者对汇率变动不产生预期；第三，总供给曲线是水平的，即总需求水平决定总产出；第四，本币贬值，产出增加；第五，资本流动由两国利率差异决定。蒙代尔-弗莱明模型在这些假设下讨论了国内的产品市场、货币市场和国外市场的内外均衡。

在国内的产品市场均衡下，总供给等于总需求。因此，开放经济条件下产品市场实现均衡的条件是：

$$Y = (A - bi) + (cE - tY)$$
$$(b > 0, \ c > 0, \ 0 < t < 1) \tag{3.3}$$

式中，Y为产出，i为利率，（A-bi）为国内吸收，A是自发吸收余额，b是边际吸收倾向，由于利率与投资成反比，所以b>0；（cE-tY）代表净出口，即出口与进口的差额，其中c是汇率对需求的影响系数，t是边际进口倾向，出口需求随着汇率E的上升而上升，进口需求随着产出的增加而增加。

因此，可以将（3.3）式改写为：

$$i = \frac{A + cE - (1 + t)Y}{b} \tag{3.4}$$

由此，随着产出增加，利率下降，则IS线向右下倾斜。IS线上任一点都代表产品市场供求均衡，IS线右侧表示国内产品市场的供给大于需求；左侧代表国内产品市场的需求大于供给。如果汇率上升，本币贬值，产出增加，IS线就会向右移动。

在国内的货币市场均衡下，货币供给等于货币需求。因此，开放经济条件下货币市场实现均衡的条件是：

$$\frac{M_s}{P} = M_d \tag{3.5}$$

式中，M_s代表货币供给，P代表价格水平，M_d为货币需求。货币市场均衡时，实际的货币供给$\frac{M_s}{P}$和货币需求M_d均等于m。

根据凯恩斯的货币需求理论，可以将货币需求分为交易性需求、预防性需求和投机性需求。其中，交易性需求、预防性需求和收入成正比，投机性需求和利率成反比。因此，可设定货币需求 M_d 为：

$$M_d = kY - hi \tag{3.6}$$

式中，Y 代表产出，r 代表利率。将（3.6）代入（3.5）中，得到（3.7）。

$$i = \frac{k}{h}Y - \frac{m}{h} \tag{3.7}$$

因此，随着产出增加，利率上升，则 LM 线向右上方倾斜。LM 线上任一点都代表货币市场供求均衡，LM 线左侧表示国内货币市场的供给大于需求；LM 线右侧代表国内货币市场的需求大于供给。

在国际收支平衡下，经常账户和资本账户之和为零，经常账户由上述的净出口（cE-tY）表示，资本账户由国内外利率差异 $w(i-i^*)$ 决定。其中，w 是资本流动系数，i 为本国利率，i^* 为国外利率。由此，

$$(cE - tY) + w(i - i^*) = 0 \tag{3.8}$$

该式改写为：

$$Y = \frac{c}{t}E + \frac{w}{t}(i - i^*) \tag{3.9}$$

因此，在国际收支平衡条件下，随着产出增加，利率上升，则 BP 线向右上方倾斜。BP 线上任一点都代表在国际收支平衡下不同水平的产出和利率，BP 线左侧表示贸易盈余大于资本流出净额，外汇市场供过于求，国际收支顺差；BP 线右侧表示贸易盈余小于资本流出净额，外汇市场供小于求，国际收支逆差。

另外，BP 线的斜率受资本流动系数 w 的影响。若资本完全流动，则国内外利率差异会引起资本完全流出，则 w 趋于无穷大，BP 线是水平的。若资本流动受到完全隔绝，则国内外利率差异不会引起资本流动，则 w 趋于 0。BP 线为一条垂直线。因而如果资本流动的情况是介于上述两者之间的不完全流动，则 w>0，BP 曲线向右上方倾斜。如果汇率变动，BP 线就会出现移动，本币贬值将使 BP 线下移，本币贬值改善了经常项目，此时要降低利率，以减少资本流入使国际收支平衡；本币升值将使 BP 线上移，本币升值恶化了经常项目，此时须提高利率，以增大资本流入使国际收支平衡。LM 线与 BP 线的相对位置将由国内外资金对利率的敏感程度决定。若资本流动的利率弹性大于货币需求的利率弹性，则 BP 线较 LM 线更加平坦；反之，则 BP 线较 LM 线更加陡峭。

因此，可以得到图 3-3 的模型均衡。IS 线代表国内产品市场均衡，LM 线代表国内货币市场均衡，BP 线代表国际收支平衡。因此，三者的交点 E 代表国内产品市场、货币市场、国际收支均达到均衡状态，也实现了内外均衡。

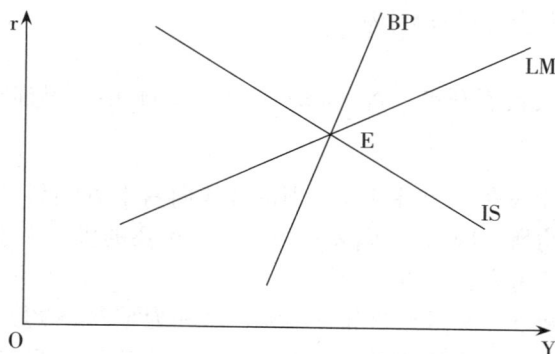

图3-3 蒙代尔-弗莱明模型

蒙代尔-弗莱明模型可以作为政策工具，为政府调节内外均衡提供分析框架。政府为了达到经济的内外均衡，往往会采用相应的政策工具，导致相应的曲线移动至三者的交点，实现其政策目标。

若政府实行扩张性财政政策如增加政府开支、减少税收，则会使IS线向右移动，均衡利率和收入增加，反之则会使IS线向左移动，使利率和收入下降。

若政府实行扩张性货币政策如增加货币供应量，则会使LM线向右移动，均衡利率下降、收入增加，反之，则会使LM线向左移动，使利率上升、收入减少。

若政府干预外汇市场，本币贬值，则可以促进出口、抑制进口，从而改善国际收支，推动BP线向右移动，反之则会使BP线向左移动。

（二）模型评价

蒙代尔-弗莱明模型的一个重要贡献是把资产市场和资本流动融入开放经济条件下的宏观经济学，蒙代尔-弗莱明模型在国际收支的均衡、商品市场的均衡和货币市场的均衡条件下，确定了汇率、内生变量的均衡状态，并且对财政政策和货币政策的效果进行了分析。分析简洁明了，政策含义明显，强调了经济政策的重要性。但蒙代尔-弗莱明模型完全从流量的角度来考虑国际收支，特别是认为经常账户不均衡可以通过资本流动来抵消，并没有考虑外国净资产的存量均衡。

另外，蒙代尔-弗莱明模型假设价格水平不变，没有从长期角度来考虑价格水平的调整；假设在静态预期下考虑政策分析，并没有涉及政策时滞效果对政策目标的影响。此外，该模型还包括如下一些局限性：第一，该模型是一个小国模型，意味着外国价格水平和利率水平是不变的，忽略了国际经济变化和外国对本国政策的可能政策响应；第二，实际收入完全由需求决定，即实际收入是货币政策和财政政策的函数，忽略了实际因素的影响；第三，该模型没有考虑微观经济基础，即国内经济中私人部门和公共部门的行为。

尽管如此,蒙代尔-弗莱明模型仍然是开放经济下宏观经济学的优秀模型,它对理论界的贡献是巨大的。模型中的一些缺陷成为后来汇率经济学理论进一步发展的起点。即使在今天,蒙代尔-弗莱明模型仍然具有重要的理论价值和实际意义,是政府调整宏观经济均衡的一个重要分析方法。下面,我们将分别在固定汇率、浮动汇率制度下,分资本完全流动、资本完全不流动和资本不完全流动三种情况来讨论问题。

二、固定汇率制下的经济政策

固定汇率制下,政府的财政或货币政策往往会影响汇率,而政府又有维持汇率稳定的义务。因此,当本币升值时,政府应干预外汇市场,抛出本币购买外币,此时本币货币供应量上升,外汇储备增加;当本币贬值时,政府应干预外汇市场,抛出外币购买本币,此时本币供应量下降,外汇储备减少。

(一)固定汇率制下的财政政策

在资本完全不流动的情况下,BP线垂直于横轴,国内外的利率差异变动不会影响国际资本流动。当政府实行扩张性财政政策,IS线向右移动至IS′线,新均衡点 A_1 点对应的国民收入上升、本国利率提高。国民收入的提高使进口增加,经常项目出现逆差;由于资本完全不流动,本国利率的上升无法吸引国际资本流入,无法通过国际资本流入改善资本账户,所以国际收支呈现逆差。国际收支逆差将导致本币贬值,政府为维持固定汇率制度,需要在国外市场上抛出外币购买本币,这会导致国内市场的货币供应量减少,LM线向左移动至LM′线,与IS′线交于BP线上的 A_2 点,使得国民收入恢复原有水平,但利率进一步提高。此时,扩张性的财政政策仅仅提高了国内利率,产出没有增加,财政政策是无效的(如图3-4所示)。

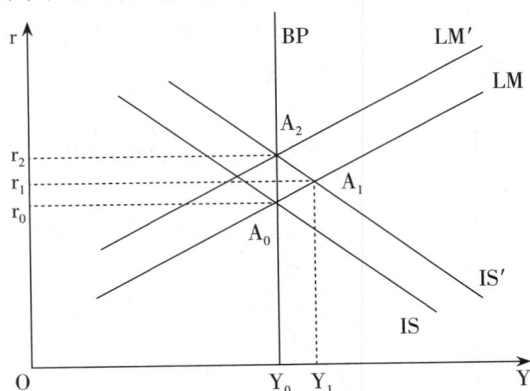

图3-4 在固定汇率制、资本完全不流动情况下的财政政策

在资本不完全流动的情况下,如果资本流动的利率弹性小于货币需求的利率弹

性，则BP线的斜率大于LM线的斜率。政府采用扩张性财政政策使IS线向右移动至IS′线。新均衡点A_1位于BP线的下方，这意味着利率上升带来的资本账户的改善效应不足以弥补国民收入上升带来的经常账户的恶化效应，国际收支处于逆差。此时，为维持固定汇率水平，中央银行将进入外汇市场抛售外币购买本币，导致国内货币供给收缩，从而使LM线向左移动至LM′线，直至三条线重新相交。如图3-5所示，在新的均衡状态A_2，利率进一步增加，产出虽然较期初有所提高，但并没有完全发挥财政政策效力。

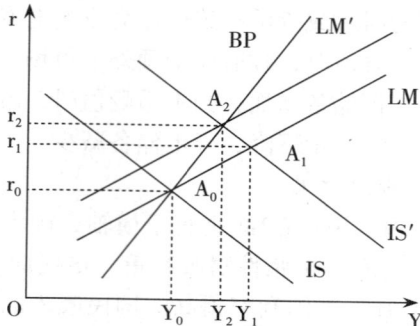

图3-5 在固定汇率制、资本不完全流动情况下的财政政策1

在资本不完全流动的情况下，如果资本流动的利率弹性大于货币需求的利率弹性，则BP线的斜率小于LM线的斜率。政府采用扩张性财政政策使IS线向右移动至IS′线，新均衡点A_1位于BP线的上方，这意味着资本流动使得利率上升带来的资本账户的改善效应超过收入上升带来的经常账户恶化的效应，国际收支处于顺差，本币出现升值压力。为维持固定汇率制度，中央银行在外汇市场上购买外汇、投放本币，使货币供应量扩张，LM线向右移动至LM′线，在新的均衡状态A_2，国内产出在Y_1的基础上进一步增加，有可能导致通货膨胀。

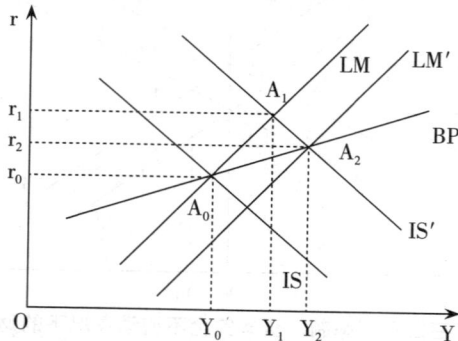

图3-6 在固定汇率制、资本不完全流动情况下的财政政策2

当资本完全流动时，BP线平行于横轴，这意味着只有在本国利率水平等于国外利率水平时，即r_0=r*时才能实现国际收支平衡。由图3-7可知，扩张性财政政策使得IS线向右移动到IS'线，在A_1达到充分就业下的产出。由于此时国内利率水平r_1高于国外利率水平，导致大量的资本流入，国际收支顺差、本币升值。为了保持固定汇率，中央银行实行外汇干预，使得本国货币供应量上升，LM线向右移动到LM'线，达到新的均衡点A_2，使得国内利率重新回到原有利率水平，产出进一步提高到Y_2。可见，此时财政政策最有效率。

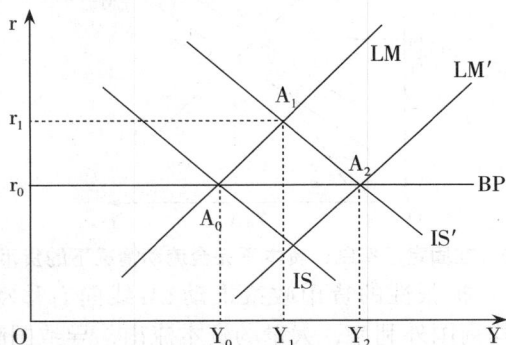

图3-7 在固定汇率制、资本完全流动情况下的财政政策

（二）固定汇率制下的货币政策

资本完全不流动时，BP线垂直于横轴。如图3-8所示，扩张性的货币政策使LM线向右移动至LM'线，形成了新的均衡点A_1，位于BP线的右侧。此时，国际收支处于逆差状态，本币贬值。为了维持固定汇率，中央银行在外汇市场上进行干预，抛出外币买入本币，结果造成货币供应量减少。这一过程会持续，直至国际收支平衡，LM线恢复至原有位置A_0。最后，经济中其他变量均与货币扩张前状况相同，但中央银行的外汇储备减少。此时，货币政策对国民收入的影响是无效的。

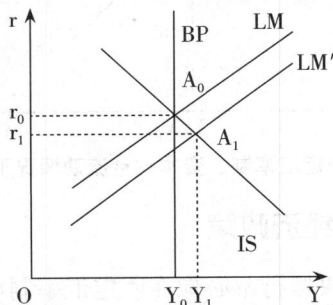

图3-8 在固定汇率制、资本完全不流动情况下的货币政策

资本不完全流动时，扩张性货币政策使LM线向右移动至LM'线，此时在新的

均衡点 A_1 处，同时出现国际收支逆差，本币贬值。与前面分析相同，中央银行为了维持固定汇率制度所进行的外汇干预使得本币供应量下降。这一调整过程直到国民收入恢复原状时才结束，此时货币供应量恢复到期初水平，经济中其他变量均与货币扩张前状况相同，但中央银行的外汇储备降低。因此，货币政策对国民收入等实际变量在长期影响上也是无效的（如图3-9所示）。

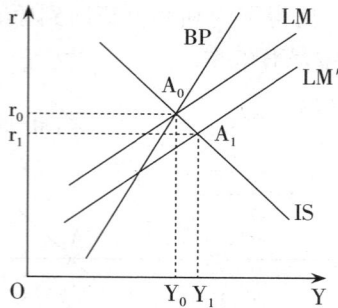

图3-9　在固定汇率制、资本不完全流动情况下的货币政策

资本完全流动时，扩张性的货币政策推动LM线向右移动，到达新的均衡点 A_1。国内利率 r_1 小于均衡国外利率，大量的资本流出，导致国际收支逆差，中央银行将出售大量外汇储备。LM′线终将恢复到LM线，此时国内利率重新回到原有利率水平，并实现外部均衡，但国内产出低于充分就业状态，货币政策无效（如图3-10所示）。

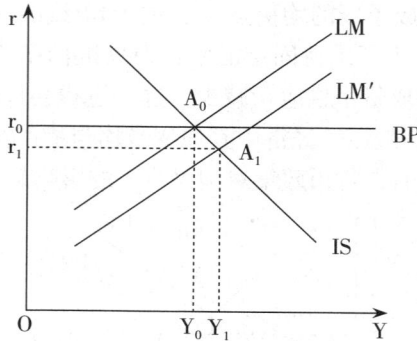

图3-10　在固定汇率制、资本完全流动情况下的货币政策

三、浮动汇率制下的经济政策

在浮动汇率制度下，中央银行不必像在固定汇率制度下那样进行外汇干预，经济的主要调节机制是由国际收支不平衡引起的汇率调整。

（一）浮动汇率制下的财政政策

资本完全不流动情况下，扩张性的财政政策使IS线向右移动至IS′线，从而提高了收入和利率，此时国际收支处于逆差状态。与固定汇率不同的是，国际收支逆差不会造成货币供应量的下降，而是造成本币贬值。本币贬值会刺激出口，从而推动BP线和IS′线向右移动，直至三条线到达新的均衡点A₂。此时利率上升，产出增加。因此，扩张性的财政政策导致本币贬值，财政政策比较有效（如图3-11所示）。

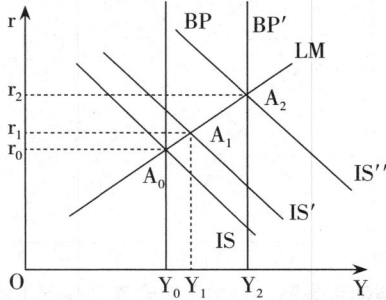

图3-11　在浮动汇率制、资本完全不流动情况下的财政政策

资本不完全流动情况下，政府扩张性的财政政策使IS线向右移动，新的IS线与LM线的交点所对应的国民收入提高、利率上升。但是，BP线斜率的不同会导致国际收支状况的不同结果。

BP线斜率大于LM线的斜率。扩张性的财政政策推动IS线向右移动，与LM线交于点A₁，均衡利率和均衡收入增加；但由于BP线斜率大于LM线的斜率，利率上升带来资本账户的改善弥补不了收入上升带来的经常账户的恶化效应，国际收支处于逆差状态。此时本币贬值，导致IS线、BP线同时向右移动，直到三条线重新交于点A₂。因此，财政政策有效（如图3-12所示）。

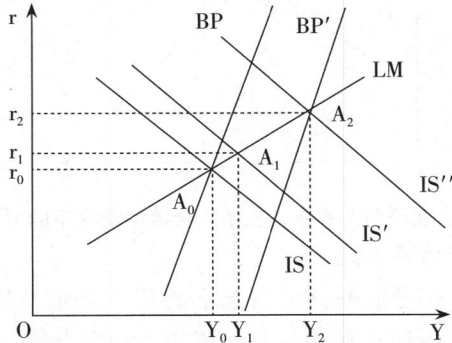

图3-12　在浮动汇率制、资本不完全流动情况下的财政政策1

BP线斜率小于LM线的斜率。如图3-13所示，点A_1位于BP线的上方，这意味着较高的资金流动性使得利率上升带来的资本账户的改善效应超过收入上升带来的经常账户的恶化效应，国际收支处于顺差。国际收支顺差促进本币升值，IS线和BP线向左移动，直至三条线重合到点A_2。此时，收入、利率都高于期初水平，但是财政政策的产出效应缩水。

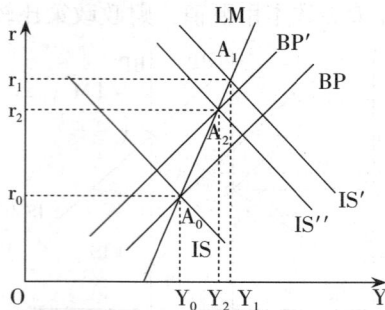

图3-13 在浮动汇率制、资本不完全流动情况下的财政政策2

资本完全流动时，BP线平行于横轴。财政扩张推动IS线向右移动到IS′线，利率上升，收入增加。本国利率高于外国利率r^*，导致大量的资本流入，国际收支顺差。在这种情况下，本币升值，抑制出口，使得IS线向左回移，恢复到初始位置A_0。可见，在浮动利率制度下，当资金完全流动时，扩张性财政政策会造成本币升值，对收入、利率均不影响，财政政策无效（如图3-14所示）。

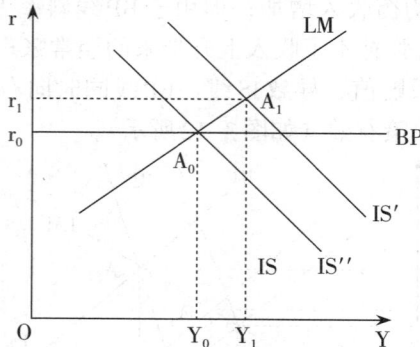

图3-14 在浮动汇率制、资本完全流动情况下的财政政策

（二）浮动汇率制下的货币政策

在浮动汇率制、资本完全不流动情况下的货币政策情境下，如图3-15所示，扩张性货币政策推动LM线向右移动，收入增加、利率下降，均衡点位于BP线的右侧，导致国际收支逆差，本币贬值。本币贬值刺激出口，并拉动国民收入，因此

BP线和IS线向右移动，直至三条线交于点A_2。可见，在浮动汇率制度下，当资本完全不流动时，扩张性的货币政策将引起本币贬值、收入上升、利率下降，因此货币政策是比较有效的。

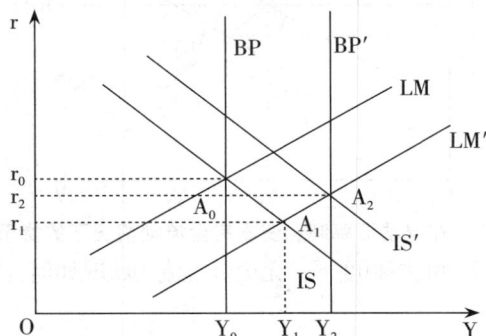

图 3-15　在浮动汇率制、资本完全不流动情况下的货币政策

在资本不完全流动情况下的货币政策情境下，如图3-16所示，扩张性货币政策会使LM线向右移动至LM′线，收入提高、利率降低。收入上升导致经常账户的恶化，利率下降导致了资本账户的恶化。国际收支的逆差将造成本币贬值，推动BP线和IS线向右移动，直至三条曲线交于点A_2，利率水平回升、国内收入进一步提高，实现新的内外均衡。

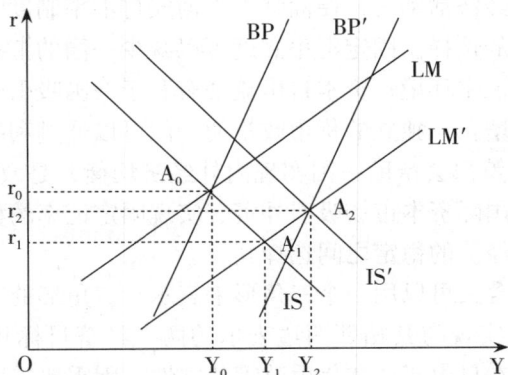

图 3-16　在浮动汇率制、资本不完全流动情况下的货币政策

在资本完全流动时的货币政策情境下，如图3-17所示，扩张性的货币政策推动LM线向右移动，本国利率低于外国利率，导致大量资本流出，国际收支逆差。国际收支逆差造成本币贬值，IS线向右移动，直至本国利率再次恢复到外国利率水平，最终在点A_2达到国际收支平衡。可见，在这种情况下，扩张性货币政策会使收入上升，本币贬值，对利率无影响，货币政策非常有效。

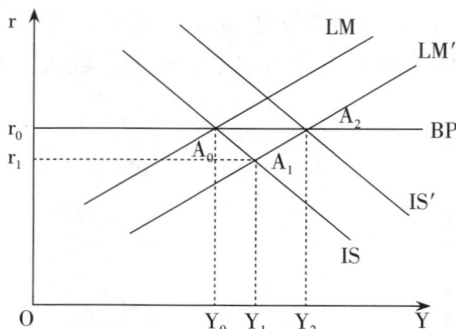

图3-17 在浮动汇率制、资本完全流动情况下的货币政策

上述分析表明，在浮动汇率制度下，无论资本流动状况如何，货币政策都是有效的。

四、三元悖论

蒙代尔-弗莱明模型引入货币政策之后，米德冲突所涉及的二元冲突演化为一种三元悖论。从蒙代尔-弗莱明模型来看，即在给定假定前提的情况下，固定汇率制度下的财政政策有效、货币政策无效；浮动汇率制度下的货币政策有效、财政政策无效。因而一国在资本自由流动、汇率稳定、货币政策独立性三者之间存在着"不可能三角"，三个目标中只能实现其中的一个或者两个，不可能同时实现这三个目标。这就是三元悖论。

当一国参与国际经济活动时，便面临着如何安排汇率制度、管理资本流动和实现国内宏观经济目标的选择。固定汇率制度可以减少一国的汇率波动，为该国贸易金融发展提供稳定的汇率环境；资本自由流动有利于一国吸引外国资本，拉动该国投资，促进该国经济增长；独立的货币政策使一国可以通过利率、货币供应量等工具拉动经济。三种政策都会帮助一国实现内外经济均衡，是政府的重要经济工具。但是政府只能在利用国际资本市场吸引外资、实现固定汇率的稳定效益和利用独立的货币政策实现内部经济的稳定之间选择其二。

三元悖论的具体含义可以用一个三角形来表示。三角形的三边表示三个宏观经济目标，三个顶点是实现与其相邻两边表示的两个经济目标相应的制度安排。例如，若要同时实现资本自由流动和货币政策独立性，则需要采取汇率自由浮动的形式，但需放弃稳定汇率的政策目标；若要同时实现资本自由流动和汇率稳定，则需采取货币联盟或货币局制度安排，因此可能丧失货币政策独立性的目标；同样，若要同时实现汇率稳定和货币政策独立性，则要进行严格的资本流动管制。

【思政谈】 **习近平主席有关国际经济政策协调的观点**

加强宏观经济政策沟通和协调，形成政策和行动合力。"孤举者难起，众行者易趋"。近年来世界经济增长的历程一再表明，在经济全球化时代，没有哪一个国家可以独善其身，协调合作是我们的必然选择。二十国集团成员块头大，占全球经济总量80%以上，对世界经济增长的责任也就更大，理应也能够有所作为。

我们应该根据各自国情采取必要的财政和货币政策，促进全球经济增长，维护国际市场稳定。主要发达经济体要努力巩固和扩大复苏势头。新兴市场国家和发展中国家则要努力克服下行风险和压力，保持和恢复增长。在这一过程中，各方应该特别注意加强彼此政策的沟通和协调，防止负面外溢效应。在世界经济中举足轻重的大国，则更需要在制定宏观经济政策时充分考虑对他国的影响，提高透明度。中国将继续作出自己的努力。

——2015年11月习近平主席在二十国集团领导人第十次峰会第一阶段会议上关于世界经济形势的发言

【参考资料3—1】　　　　稳步推进资本项目高水平开放

党的十八大以来，在党中央、国务院的领导下，国家外汇管理局（以下简称"外汇局"）统筹发展和安全，围绕服务实体经济不断深化资本项目外汇管理改革，促进跨境投融资便利化，积极探索出了一条具有中国特色的渐进式资本项目开放道路，人民币资本项目可兑换取得显著成效。目前，直接投资项下已实现基本可兑换，全口径跨境融资宏观审慎管理框架基本建立并不断完善，跨境证券投资已形成多渠道、多层次的开放格局，积极服务新发展格局。与此同时，不断建立健全"宏观审慎+微观监管"两位一体管理框架，牢牢守住不发生系统性金融风险的底线，切实维护我国经济金融安全。

继续阅读请扫码

━━━━━━━━━━ 本章小结 ━━━━━━━━━━

在开放经济条件下，一国经济的内部均衡要求促进国内经济良性增长、物价水平稳定、实现充分就业，而外部均衡则要求保证国际收支平衡。可将一国经济政策目标概括分为内部均衡目标和外部均衡目标。米德最早提出了固定汇率制度下的内外均衡冲突问题。他认为，在固定汇率制度下，政府无法运用汇率政策，只有依靠单一的影响社会总需求的政策来寻求内外均衡的同时出现。但任何一种单一的政策工具都不能同时实现两个目标，有可能出现"米德冲突"。

为了维持内部均衡和外部均衡，需要在开放条件下采用有效的政策工具来调节经济运行。根据政策工具的作用机制分类，开放经济下的宏观经济政策工具可以分为调节社会总需求的工具、调节社会总供给的工具和提供融资的工具等。

鉴于内外均衡目标之间的冲突，经济学家进行了大量的研究，以期提出解决内外均衡目标冲突的政策调节原则和政策搭配建议。通过确立有效的政策原则，能提升解决内外均衡政策的效率。诺贝尔奖得主、荷兰经济学家丁伯根提出了根据政策目标数量确立政策工具的"丁伯根原则"，但丁伯根原则仅是一种在开放经济下政府选择政策的原则，没有指出具体的采取政策的搭配方法。

澳大利亚经济学家斯旺通过分析社会总支出和外汇汇率之间的对应关系以及经济失衡的各种不同表现，总结出一国经济内部平衡与外部平衡同时实现所需要的条件，并通过"斯旺模型"进行了描述。他认为，可以根据丁伯根原则，针对经济失衡的性质和情况及不同政策的效力，采取支出调整政策和支出转换政策搭配的办法，对各种失衡情况进行调节。基于此，加拿大经济学家罗伯特·蒙代尔进一步将支出增减政策细分为财政政策和货币政策两大政策工具，从而修正了斯旺模型，并提出"蒙代尔有效市场分配法则"。

在开放经济条件下，政府对宏观经济的调控难度加大。尤其是加入外部均衡目标后，在开放经济条件下，蒙代尔与英国经济学家弗莱明针对不同的汇率制度、不同的资本流动状况下，财政和货币政策调节内外经济均衡的效力不同这一情况，他们以标准的 IS-LM 模型为基础构建了蒙代尔-弗莱明模型，该模型的分析简洁明了，政策含义明显，强调了经济政策的重要性。

三元悖论是指一国在资本自由流动、汇率稳定、货币政策独立性三者之间存在着"不可能三角"，三个目标中只能实现其中的一个或者两个，不可能同时实现这三个目标。

关键概念

米德冲突　　斯旺模型　　有效市场分配原则　　蒙代尔-弗莱明模型　　三元悖论

思考与应用

1. 开放经济条件下的政策目标是什么？可利用的政策工具有哪些？

2. 米德冲突在何种条件下可能发生？

3. 开放经济条件下进行政策协调遵循的原则是什么？

4. 如何采用蒙代尔-弗莱明模型分析不同汇率制度条件下的经济政策？

外汇市场与外汇交易

掌握外汇市场的概念、分类、特点、市场结构和市场参与者。

掌握远期汇率的计算，理解运用外汇远期进行套期保值和投机的方法。

理解外汇期货的概念及其与外汇远期的区别，理解运用外汇期货进行套期保值和投机的方法。

掌握外汇期权的概念、特征和类型，理解外汇期权的应用和盈亏分析方法。

掌握货币互换和利率互换的概念和应用。

理解外汇风险的分类及管理原则。

第一节　外汇市场概述

外汇市场是国际金融市场的核心组成部分，它为国际贸易、国际投融资以及其他国际经济活动进行相应货币兑换和投融资。外汇市场也是金融创新的重要场所，许多金融衍生品交易都发生在外汇市场。因而，对外汇市场与外汇交易的学习，有助于理解当前外汇市场的实际状况。

一、外汇市场定义及分类

（一）定义

外汇市场是外汇供求双方兑换、买卖不同货币的交易网络、交易设施及其组织结构和制度规则的总和。国际货币市场的借贷业务、国际资本市场的投资活动，以及国际黄金市场和国际商品市场的交易都需要用到外币，需要通过外汇市场对外币进行兑换和买卖。

（二）外汇市场的分类

从不同视角可以将外汇市场划分成不同种类。

1.按交割时间不同，可以将外汇市场划分为即期外汇市场和远期外汇市场

即期外汇市场是指交易双方在完成外汇买卖后在两个交易日内办理交割的外汇市场。即期外汇市场内进行的交易相应为即期交易，产生即期汇率。

远期外汇市场是指交易双方签订交易合同后，并不马上进行交割，而是约定在未来的某一时间按合同规定的汇率和金额进行交割的市场。远期外汇市场内进行的交易相应为远期交易。交易双方事先就外汇交易的种类、金额、交割的时间等条件签订合约。交割时间一般为一个月、三个月和六个月。一旦达到交割日期，无论当时的即期市场汇率如何，双方就必须按合约约定的汇率进行交割，这个约定的汇率叫远期汇率。外汇投资者往往根据需要，在远期外汇市场利用相应的远期工具进行套期保值、投机等行为。

2.按交易主体不同，可以将外汇市场划分为外汇批发市场和外汇零售市场

外汇批发市场是银行与银行之间进行外汇交易的市场。其市场主体是银行由于这一层次的市场交易额度高，交易成交量大、起点高，因而被称为外汇批发市场。

外汇零售市场主要是银行同客户之间买卖外汇的市场。由于贸易和投资的需求，银行的客户需要进行外汇买卖，所以银行需要在外汇零售交易供需双方之间发挥中介作用，以便利客户的外汇交易。一方面，银行从客户手中买入外汇，另一方面又把外汇卖给需要的客户，从中赚取买卖差价。这一层次的外汇市场中的每笔交易的金额相对较小，因而被称为外汇零售市场。

外汇批发市场和外汇零售市场构成了我们通常意义上所称的广义外汇市场，而外汇批发市场则是狭义的外汇市场。外汇批发市场汇集了巨额的供求流量，所以外汇批发市场决定着外汇市场的即时汇率，而零售市场的汇率就是在批发市场的即时汇率基础上加减一定点数形成的。

3.按组织形态不同，可以分为有形外汇市场和无形外汇市场

有形外汇市场主要指具有固定交易场所和设施、交易各方在规定的营业时间里进行交易的外汇市场。比较著名的有形外汇市场有瑞士的苏黎世、法国的巴黎、德国的法兰克福、荷兰的阿姆斯特丹、意大利的米兰等。无形外汇市场主要指由电话、电传、传真或计算机网络等通信工具沟通交易信息、撮合外汇交易而形成的无形外汇交易系统，交易的任何一方不需要进入固定场所，只要通过电话、电信等方式就可以参与市场交易。伦敦和纽约的外汇市场就采取了这一形式，故又称"英美式外汇市场"。此外，东京、中国香港和新加坡等地的外汇市场也是无形外汇市场。

在电信技术进步和无形外汇市场的迅速发展下，各国的局部外汇市场汇集成地理全球性、时间不间断的统一大市场。在有固定交易时间的不同市场，人们可以24小时不间断地进行外汇交易。外汇市场这种时间不间断、地理全球性的特点使外汇交易更加便利，交易效率明显提高。

4.按政府的管制程度，可以把外汇市场分为自由市场和平行市场

自由市场即政府对外汇交易不加以限制的市场，平行市场即在官方设定的外汇市场之外存在的外汇市场。

（三）外汇市场的功能

外汇市场在便利国际贸易金融交易清算、提供信贷和流动性、消除汇率风险等方面发挥了重要作用。具体而言，包括如下几个方面：

1.为国际经济贸易往来提供货币兑换和结算便利

交易者通过外汇市场兑换和汇付货币，结算国际债权和债务关系。外汇市场可以帮助交易者实现不同国家间购买力的转移。这是外汇市场存在的最基本理由。

2.生成汇率

汇率是一国政策的重要变量，银行在接受客户买卖外汇指令后，或者银行本身对外汇交易产生了供给和需求，就需要在银行间市场进行交易，在市场上通过竞价过程，便会产生汇率。而市场汇率对一国的经济贸易关系及一国的对外经济政策有重要作用。

3.提供国际贸易信用

在国际贸易中，存在许多交易由于各种原因无法或无须立即结清，交易者需要中介机构提供相应的信用保证和信贷流动性，而外汇市场可以向交易者提供各种形式的信贷和资金融通来便利这些交易实施。

4.为投机活动或套期保值提供便利

一方面，由于各种货币汇率频繁波动，所以进出口商或外汇银行需要运用外汇市场的各种交易工具，转移或避免汇率变动风险，使外汇风险最小化，以保证国际贸易和国际投资的顺利进行；另一方面，外汇投机者可以利用各种交易工具在外汇市场上进行投机活动。

5.推动经济金融全球化

欧洲货币市场的蓬勃发展大大地扩展了国际外汇市场的活动范围，一个国家的所有国际收支项目的外汇收支活动，都可以直接或间接通过国际外汇市场来进行。国际外汇市场的交易活动和汇率的变化，直接反映了货币资本在国际范围内的运动，同时综合反映了一国在一定时期的国际收支盈亏、政治经济变化和经济实力消长的基本情况。

二、外汇市场的组织

（一）外汇市场的参与者

外汇市场的参与者主要有商业银行、外汇经纪人、外汇交易客户和中央银行。

1.商业银行

商业银行是外汇市场的主体，包括经中央银行批准的国内商业银行、国外商业银行的国内分行以及其他金融机构。大多数外汇交易都是客户通过委托银行交易的方式进行的。商业银行一方面为客户撮合外汇买卖，是外汇交易的中介人，另一方面自己也与客户进行外汇买卖交易，是外汇交易的买方或卖方。商业银行从事的主要外汇业务有：外汇买卖、汇兑、外汇存贷、外汇担保、咨询及信托等。

商业银行在批发和零售两个层次的外汇市场经营外汇买卖业务。在外汇零售市场，商业银行通过与客户的外汇交易，赚取买卖差价。商业银行往往在国外分行或者其代理行开设外汇账户，卖出外汇时，就从该行的外汇账户上划出外汇资金，买进外汇时，即将外汇资金存入这个账户。在外汇批发市场，商业银行与其他银行进行交易，来轧平零售市场上交易带来的外汇敞口头寸。大型商业银行也往往在外汇市场中承担做市商职责，以便利外汇交易的进行。做市商往往给出外汇报价，应客户要求以客户规定的价格购买或卖出外汇。银行有时候也在外汇市场的投机交易中获得相应利润。

2.外汇经纪人

外汇经纪人是在外汇买卖双方之间介绍、撮合外汇买卖业务，促成买卖双方成交的中间人。外汇交易人通过获取和促进交易的有关信息，便利其交易实施。由于绝大部分外汇交易商之间不是面对面进行交易，所以很难获得外汇的有关信息，而外汇经纪人可以撮合外汇交易供需双方的交易，根据交易状况收取佣金作为报酬。外汇经纪人是中间商，本身并不直接持有外汇，不需要承担外汇风险。经纪人的佣金收益一般是浮动收益。

外汇经纪人一般分为两类。一类是一般经纪人，他们几乎垄断了介绍外汇买卖的业务，能获得巨额利润，有时也用自有资金参与外汇中介买卖，赚取利润，自担风险。一般经纪人通常都是公司或者合伙企业。另一类是跑街经纪人，他们利用通信设备和交通工具，促进银行、进出口商、贴现商等机构之间的外汇交易，并不利用自身资金买卖外汇，不承担风险，专门代顾客买卖外汇。

一方面，外汇经纪人掌握更多的外汇市场信息，客户可以通过外汇经纪人获得市场信息，便利交易；另一方面外汇经纪人在交易中恪守匿名和保密原则，在交易达成之前，他们并不透露委托银行名称，也不表明买卖方向意图，这有助于客户获取最好的交易对象和条件。但是随着外汇电子化的逐渐发展，外汇经纪人在外汇交易中的作用在逐渐减弱。

3.外汇交易客户

外汇交易客户包括企业和个人，根据其交易目的不同可以分为三类：第一类是交易性外汇买卖者，其主要目的是通过持有的外汇进行商品或服务的贸易，如进出口企业、国际旅游者、留学生、汇出或汇入外汇的侨汇者；第二类是套期保值者，其主要目的是规避汇率波动的风险而利用外汇远期进行交易，以保证以外币计算的资产和负债在约定期限内的本币价值不变；第三类是套汇者和投机者，其主要目的是通过外汇市场波动赚取价差利润。套汇者意图通过同一时刻不同市场的汇率价差获得无风险收益，而投机者试图从汇率波动中获取单边风险收益。

4.中央银行

中央银行也是外汇市场的主要参与者之一。中央银行参与外汇交易通常有两个目的。第一，稳定汇率。中央银行具有稳定汇率的职能。中央银行会利用外汇政策或动用外汇储备对外汇市场予以干预，以保证本国汇率的相对稳定，减轻由于国际短期资本的流动对本国汇率造成的剧烈波动。第二，满足日常需求。中央银行作为外汇储备管理者，需要对外汇储备进行保值和投资管理。与外汇市场上的其他交易者相同，中央银行也参与一些日常交易，以满足政府对外汇的交易和投资需求。

（二）外汇市场的交易类型

从交割期限划分，可以将外汇交易划分为外汇即期交易和外汇远期交易。外汇即期交易是指交易双方成交后，在两个营业日内按照协定价格完成交割的外汇交易。外汇远期交易是指交易双方成交后，按照事先约定的汇率在未来确定日期交割的外汇交易。

从交易品种划分，可以将外汇交易划分为外汇普通交易和外汇衍生品交易。外汇普通交易的品种是各国货币。而外汇衍生品交易的主要品种并不是各国货币，而是与各国货币及汇率相挂钩的金融衍生品，主要有外汇远期、外汇期货、外汇期权和外汇互换等。

三、外汇市场的交易模式

外汇市场主要有两种交易模式，竞价驱动模式和报价驱动模式。

（一）竞价驱动模式

竞价驱动模式又称指令驱动模式。在竞价驱动模式下，交易双方根据自身需求设定价格，向交易所提交买入指令和卖出指令。外汇交易所通过价格撮合系统按照价格优先、时间优先的原则为买卖双方集中进行撮合，使其成交。竞价驱动模式是一种集中交易、场内交易行为。首先，交易供需双方通过交易所的价格撮合系统进行集中匹配，外汇的交割也通过交易所集中清算完成，因而是一种集中交易。其次，外汇交易在交易所的固定场所内完成，具有场内交易的特征。

（二）报价驱动模式

与竞价驱动模式相比，外汇市场更常见的交易模式是报价驱动模式。

在报价驱动模式中，商业银行等金融机构充当做市商。客户根据做市商向其报出的买卖价格，向做市商提出交易要求，做市商接受客户交易要求，以相应报出的价格以其自有资金和外汇与客户进行交易，从而为市场提供外汇流动性，并通过相关货币汇率差获取利润。

在报价驱动模式中，做市商具有提供流动性、减缓市场波动的作用。首先，做市商向市场供给和需求方双向持续报价，不断通过报价缩小双方认可价格的价差，加速撮合双方的外汇成交速度，提高外汇市场效率。其次，做市商的报价缩小了双方报价价差，稳定了价格幅度，起到降低价格波动、减少市场风险的作用。在报价驱动模式中，客户有时会主动向做市商询价，要求做市商报价，甚至要求做市商调整报价，使报价对客户更有利。因此，从客户角度，报价驱动模式又可以叫做询价驱动模式。

报价驱动模式是一种双边交易、场外交易行为。采取报价驱动模式时，交易的清算通常是在做市商和其客户之间直接进行的清算，而非外汇供需双方直接进行清算。报价驱动模式已经成为外汇市场上最主要的交易模式。我国银行之间的外汇市场起初实行竞价驱动模式，现在实行竞价驱动模式和做市商报价驱动模式两种机制并行的交易模式，但以报价驱动模式为主。

四、外汇市场的交易程序

外汇交易一般有5个基本的交易程序：询价、报价、成交、确认和交割。

（一）询价

询价就是发起外汇交易的一方询问对方有关货币的买入价和卖出价，但并不一定需要表明自己希望买入还是卖出。除了买卖价格，询价的内容还应包括交易的币种、数量、交易方式、交割时间以及其他可能影响交易价格的因素。

（二）报价

接到询价的银行交易员会及时向询价者报出相关货币现汇或期汇的买卖价格。因为交易双方对汇价的大致水平都非常清楚，所以报价时一般只报出最后两位数字。例如，英镑兑美元的即期汇率是1.0642/1.0648，交易员只需报42/48即可。

（三）成交

询价者接到报价后需要在数秒钟内作出成交或放弃交易的表示。如果询价者表示愿意以报价成交，报价者则必须以报出价格买卖外汇，不能反悔。如果询价者不满意该报价或者超过时间没有作出反应，则报价者可以撤销报价。

（四）确认

因为询价、报价和成交都是通过电话、电传或计算机网络在非常短的时间内完成的，所以需要交易双方当事人事后通过书面形式确认交易细节，以便利交易顺利地进行。

（五）交割

交割是指买卖双方在合同规定的日期对外汇物权进行转移的过程，即将卖出的外汇划入买方账户并收取相应款项的过程。交易双方可以采用即期交割，也可以采用远期交割，采用远期交割的双方可以选择指定交割日期交割或在一定期限内随时进行交割。

五、外汇市场一体化和主要的外汇市场

外汇市场一体化是指随着通信网络的发展，世界上不同的外汇中心相互之间通过电子化信息网络联系紧密，形成一体化的全球大市场。在不同时区的时差及便利的通信网络条件下，外汇交易突破了时间和空间的限制，可以在全球的任何一个有通信网络覆盖的地方全天24小时不间断地进行外汇交易。

但在不同的交易市场条件下，各外汇产品的流动性因场所和时间差异有所不同。伦敦市场和纽约市场的流动性较亚洲市场强。这是由于主要的国际外汇品种欧元-美元的大部分交易都在这两个市场进行。因而，从欧洲市场开市到美国市场收市的这段时间内是外汇市场流动性最强的时段。如果需要确保一些大宗外汇交易能够顺利实现，就应该选择在这段时间内交易。当一天的交易在美国结束，亚洲的东京、新加坡或中国香港开始进行外汇交易时，市场的流动性就较差。在这个时段里，一些中央银行和实力强大的投机商有时会通过大额交易来干预外汇市场，从而改变外汇价格。

不同的外汇市场由于其所在国的历史背景、经营惯例等有差异，也具有自身的一些特点。

伦敦外汇市场是世界外汇市场中规模最大的交易市场。根据国际清算银行2022年的全球外汇市场调查报告显示，伦敦市场在全球外汇交易总量中占比高达38%，是世界外汇市场中占比最大的市场。伦敦市场的地位与它悠久的世界金融中心的历史是分不开的。从19世纪初到第一次世界大战结束为止，英国一直是世界上经济最强的国家，英镑是世界主要的通用货币，广泛为各国所使用。自1979年英国取消外汇管制以来，伦敦市场逐渐成为外汇交易的中心。此外，伦敦交易市场

有其地理上的优势，正好介于东京市场和纽约市场之间，亚洲市场交易结束时，伦敦开盘，下午其又与纽约市场的交易时间重合。

纽约外汇市场是全球第二大外汇市场。根据国际清算银行2022年的全球外汇市场交易报告显示，纽约在全球外汇交易总量中占比高达19%。纽约外汇市场是第二次世界大战以后发展起来的外汇市场。它是一个无形市场。在纽约市场内的外汇交易通过通信网络和电子计算机进行。其货币结算通过纽约地区银行同业清算系统和联邦储备银行支付系统进行。由于美国没有外汇管制，对经营外汇业务没有限制，政府也不指定专门的外汇银行，所以几乎所有的美国银行和金融机构都可以经营外汇业务。纽约外汇市场的参与者以商业银行为主，包括美国银行和外国银行在纽约的分支机构、代理行及代表处，银行间的外汇交易市场的交易量约占整个外汇市场交易量的90%。汇率报价既采用直接标价法，又采用间接标价法，交易货币主要是欧元、英镑、瑞士法郎、加拿大元和日元。纽约外汇市场的特点是信息反馈对外汇市场价格的影响较快，由于美国经济对世界经济影响很大，所以相应的美国贸易统计、就业统计等经济指标也会影响世界经济。率先因这些事实作出反应的自然是纽约外汇市场，而纽约的汇率走势又将影响其他市场的汇率。此外，亚洲外汇市场发展较为迅猛，按照2022年外汇交易量排名，新加坡、中国香港和东京分别排名第三、第四、第五名。

新加坡外汇市场是在20世纪70年代初在亚洲美元市场形成、带动下蓬勃发展的。新加坡地处欧亚非三洲交通要道，时区位置优越，上午可与中国香港、东京、悉尼进行交易，下午可与伦敦、苏黎世、法兰克福等欧洲市场进行交易，中午可同中东的巴林、晚上可同美国的纽约进行交易。根据交易需要，一天24小时都可以与世界各地区进行外汇买卖。新加坡外汇市场除依据现代化通信网络外，还与纽约的CHIPS纽约清算所银行同业支付系统（CHIPS）和国际资金清算系统（SWIFT）连接，货币结算十分方便。新加坡外汇市场的参与者包括经营外汇业务的本国银行、经批准可经营外汇业务的外国银行和外汇经纪商。其中外资银行的资产、存贷业务和净收益都远远超过本国银行。新加坡外汇市场上的交易以美元为主。

从交易币种的交易额来看，美元是世界外汇市场的第一大币种，其次是欧元、日元和英镑。根据国际清算银行2022年的全球外汇市场交易报告显示，美元的交易额在所有外汇的交易额中占88%，欧元的交易额占比为30.5%，日元交易额占比为17.8%，英镑交易额占比为12.8%。人民币的交易额在所有外汇的交易额中排名为第五，占比为7%。从交易品种的交易额来看，美元/欧元是世界外汇市场的第一大品种，交易额占比为22.7%；其次是美元/日元，交易额占比为13.5%；第三位为美元/英镑，交易额占比为9.5%。

【参考资料4-1】　历史上的美第奇家族、阿姆斯特丹银行及其他

阅读请扫码

第二节　外汇市场交易

由于各国的货币制度相互独立，所以一国货币不能在别国的经济体系内流通。因此，外汇市场交易是国际结算、国际投资、外汇融资和外汇保值等业务的必要环节。需要通过外汇交易保证国际市场资金流动和业务清算顺利完成。

外汇交易方式主要有即期外汇交易、远期外汇交易、外汇期权交易、外汇期货交易、外汇掉期交易、外汇互换交易等。即期外汇交易和远期外汇交易属于基础性交易方式，除此之外，外汇市场还有许多衍生交易和衍生产品，如外汇掉期、外汇互换、外汇期货和外汇期权等。衍生交易和衍生产品以普通外汇交易为基础，在期限或汇率角度上进行组合，形成新的交易或产品。

一、即期外汇交易

（一）即期外汇交易概述

即期外汇交易又称现汇交易，是指交易双方以当时的外汇市场的价格成交，成交后在当天或者两个营业日内进行交割的外汇交易方式。即期外汇交易是外汇市场上最常见的交易方式，它能够满足机构和个人临时性的货币需求，实现货币购买力的转移、调拨货币头寸、进行外汇投机等。

在即期外汇交易中成交的汇率被称为即期汇率。在即期外汇交易中，买卖双方互相交换货币的日期为交割日期。一般是在成交当天，或者两个营业日内的某天。在成交当天进行交割的交易方式叫做当日交割，成交后第一个营业日进行交割的交易方式叫做明日交割，成交后第二个营业日进行交割的交易方式叫做标准日交割。大多数外汇市场都采用标准日交割方式。外汇交易交割需要在当月完成，如果因节假日顺延，有些交易的交割日跨月的，则交割往前推到当月最后一个工作日进行交割。

（二）即期外汇交易的报价方法

即期汇率的报价是指商业银行在外汇交易中报出的买入汇率或卖出汇率。

即期外汇交易采取双向报价法。双向报价法是指作为做市商的商业银行，对客户的报价同时报出买入价和卖出价。所谓的"买入价"和"卖出价"都是从银行的角度来说的。银行进行外汇交易时通常是低买高卖,买入价与卖出价之间的差额一般是0.1%~0.5%,买卖价格的差额就是银行经营外汇业务的利润。

即期外汇汇率的标价采用点数标价法。银行的报价斜线左边是买入价,斜线右边是卖出价,报价排列顺序为"买入价/卖出价",遵循"前小后大"的顺序。如某日欧元兑美元的汇率报价为EUR/USD=0.9815/0.9872,即汇率买入价为0.9815,汇率卖出价为0.9872,这表示该行愿用0.9815美元买进1欧元,而以0.9872美元卖出1欧元。无论在直接标价法下还是在间接标价法下,买入价和卖出价的位置都是相同的。汇率报价中的最小单位为基点。一般情况下,一个基点为万分之一货币单位,相当于小数点后的第四位,即0.0001。例如,欧元兑美元的汇率从0.9815/0.9872上升到0.9835/0.9892,则称汇率上升了20个基点。

(三)即期外汇交易的分类

即期外汇交易有两种类型:顺汇和逆汇。

顺汇是指外汇资金从付款一方转移到收款一方,由付款人通过银行主动向收款人付汇,进行资金转移的一种方式。其过程是付款人将资金交付给当地银行,由当地银行通过与其在收款方当地的分支行、代理行或有业务关系的国外银行将资金付给收款人。由于在这一流程中外汇信用工具传递方向和资金流向一致,所以被称为顺汇。顺汇可以分为电汇、信汇和票汇三种形式。

电汇是付款人(汇款人)向自己的开户银行(汇出行)交付本币,汇出行应付款人的申请,通过通信网络或电传通知本行在国外的分行或代理行(汇入行)立即向收款人支付相应数量外币的一种汇款方式。

信汇是付款人向自己的开户行交付本币,由该行开具付款委托书,用邮寄方式寄交国外分行或代理行,国外的分行或代理行(汇入行)依据付款委托书,立即向收款人支付相应数量外币的一种汇款方式。

票汇是汇出行应汇款人的申请,代汇款人开立以其分行或代理行为汇入行的银行即期汇票,写明收款人姓名、汇款金额等要项,交由汇款人自行寄往国外收款人或者自行携带出国,国外的分行或代理行(汇入行)依据银行即期汇票,立即向持票人支付相应数量外币的一种汇款方式。

从三种交易方式的交易速度来看,电汇速度最快,银行不能长时间占用客户资金,汇率报价最高,信汇和票汇较电汇速度慢,银行可以在一定时间内占用客户资金,相应汇率报价较低。

逆汇,即托收方式,是指由收款人出票,通过银行委托其国外分行或代理行向付款人收取汇票上所列款项的一种支付方式。由于这种方式的资金流向与信用工具的传递方向相反,故称为逆汇。在逆汇方式下,客户向银行卖出汇票,等于银行付出本币，买进外汇，银行接收收款人的托收委托后，就通知其国外分行或代理行，按照当日汇率向通过付款人开在国外银行的外汇账户收取一定金额的外币。其结果是，该银行国内的本币存款账户余额减少，而在其外币存款账户上却增加了相应金额的外币。

二、远期外汇交易

（一）远期外汇交易概述

远期外汇交易指交易双方在外汇交易成交后，并不马上完成外汇交割，而是按照事先约定的汇率，在未来某一确定的日期交割一定数量的某种货币的外汇交易。

远期外汇交易与即期外汇交易有三点区别。第一，交割期限不同。即期外汇交易的交割期限是两个工作日之内。而远期外汇交易的交割期限则由签约双方协商确定，一般为一个月、三个月和六个月不等。第二，交割汇率不同。即期外汇交易按照当前汇率报价进行交割，而远期外汇交易则按照双方约定的汇率进行交割。第三，交易场所不同，即期外汇交易可以采取场内或场外的交易方式。而远期外汇交易一般采用场外交易方式。这是因为远期外汇交易具有非标准化的特点。远期外汇交易的期限、汇率均由双方商定，流动性较差，合约无法中止，在市场上难以转手。

（二）远期外汇交易的报价方法

远期外汇交易的报价有两种方法，一种称为完全报价，另一种是远期差价。

完全报价这种报价形式是基于双向报价法直接报出远期汇价。例如，英镑兑美元3个月的远期汇率为GBP/USD=1.2039/1.2042。这种报价形式能使客户直观地获知实际的远期汇率信息，但是不能充分反映远期汇率的即时变动情况。

远期差价这种报价形式并不直接报出远期汇价，而是基于即期汇率，报出即期汇率与远期汇率的差价。由于能充分反映远期汇率与即期汇率之间的差异，所以远期差价法一般被银行同业间的远期汇率交易采用。远期差价由两部分组成。第一部分是差异方向，用"升水""贴水""平价"表示。远期汇率比即期汇率高，为升水；远期汇率比即期汇率低，为贴水；远期汇率等于即期汇率，为平价。第二部分是差异大小，同样是基于点数报价法进行报价。比如，远期汇率升水100点，表示远期汇率比即期汇率高0.01。客户可以根据报价和即期汇率，自行计算远期汇率。

（三）远期外汇交易的分类

根据交割日的不同，可以把远期外汇交易分为固定交割日的远期外汇交易和择期交割的远期外汇交易。

1.固定交割日的远期外汇交易

固定交割日的远期外汇交易是指交易双方约定在将来某一固定日期进行外汇交割的外汇交易。这种交易通常是为了规避固定时点的汇率风险。在进行这种远期交易之前，交易方一般已经签订了有关交易合同，需要按照合同约定的时间收取外汇或者支付外汇。但由于合同约定时间的汇率可能发生变化，所以交易方有可能会承受汇率波动带来的风险，有发生相应损失的可能。为了避免风险，交易方可以通过固定交割日的远期外汇交易，提前锁定交割日当天的汇率，规避未来的外汇风险。

2.择期交割的远期外汇交易

择期交割的远期外汇交易是指客户可以在某一段时间内任意选择交割日的远期外汇交易。它可以分为部分择期交易和完全择期交易两种。部分择期交易是指买卖双方约定客户可以在将来的某一时间开始，在合同到期日结束之前的任意时间选择交割日进行交割，完成外汇交易。例如，某客户与银行在6月15日签订一笔6个月期以英镑买入100万美元的择期外汇合同，约定客户可以在3个月后至合同到期日的任意时间内进行交割，也就是说，客户可以在9月15日到12月15日的任意一天办理交割。完全择期交易是指客户可以选择在成交后的第三个交易日至到期日的任何一天作为交割日进行交割，完成外汇交易。若上例为完全择期交易，那么客户可以选择在6月18日到12月15日的任何一天进行交割。

择期交割的远期外汇交易在交割期限条件上赋予客户较大的便利。银行只能根据客户的需求被动调整自身的外汇头寸。为了弥补交易成本，银行会向客户设定对自身较为有利的汇率作为择期交割的远期外汇汇率。

（四）远期外汇交易的功能

远期外汇交易主要有两大功能：一是套期保值，二是外汇投机。

套期保值主要是为了避免未来时点的汇率波动带来的不确定风险。在国际贸易中，进口商和出口商都面临合同执行的未来时点的汇率波动风险，为了避免这种风险，人们往往会通过远期外汇交易来对自己的外汇收支进行保值。

我们以下列的例题说明如何利用远期外汇交易进行套期保值。

例4-1：一个中国出口商向美国出口一批货物，价值1 000万美元，合同约定美国进口商3个月后以美元付款。而中国出口商出于财务需要，会将货款兑换为人民币。当时的即期汇率为：1USD =RMB6.5370/80，3个月远期汇率为：1USD= RMB6.5320/30。

第一种情况：3个月后汇率不变，中国出口商能够获得的收入为6 537万元人民币（1 000万美元×6.5370）。

第二种情况：若3个月后，美元贬值，美元汇率下跌至1美元＝6.5250元人民币，则中国出口商的收入为6 525万元人民币（1 000万美元×6.5250）。此时，中国出口商比即期交割情况下少获得12万元人民币。美元贬值给中国出口商带来了汇兑损失。

第三种情况：若中国出口商购买3个月美元远期，约定3个月后按照汇率为1USD=RMB6.5320/30兑换1 000万美元，则其可获得的收入为6 532万元人民币（1 000万美元×6.5320），比即期交割时少获得5万元人民币，但是比接受浮动汇率的损失少很多。

因此，利用远期外汇套期保值可以帮助交易者锁定未来汇率，避免因合同期内汇率波动带来的损失。套期保值可以有不同的情况：如果在外汇市场上通过买进外汇、持有多头的方式进行套期保值，则为多头套期保值；如果在外汇市场上通过卖出外汇、持有空头的方式进行套期保值，则为空头套期保值；如果买卖外汇的数量与已有的头寸在数量上完全相等，则为完全套期保值；如果买卖外汇的数量与已有的头寸在数量上并不完全匹配，则为不完全套期保值。

套期保值操作一般应该遵循以下4项基本原则：

1.币种相同或相近的投资者在进行套期保值交易时，所选择的币种要与原交易的外币头寸保持基本一致

要使所有的外汇头寸与新构建的外汇头寸在面临汇率变动时在币种上形成匹配，否则就失去了套期保值的意义。

2.套期保值交易和原交易的外汇到期期限相同或相近

当事人在进行套期保值操作时，所持有的合约的交割时间与已有头寸的到期时间基本一致，从而避免因期限错配期间的汇率变动使得风险无法得到充分覆盖。

3.套期保值交易和原交易的方向要相反

当事人在实施套期保值操作时，已有的外币头寸和新持有的头寸在方向上必须相反，亦即无论汇率涨跌，其中必有一个头寸亏损，另一个头寸盈利，从而实现盈亏相抵的目标。

4.套期保值交易所涉及的外汇数额与原交易的外汇数额应当尽可能相等

当事人在进行套期保值操作时，两个头寸之间在数量上要尽可能相等，即实现完全套期保值。如果数量不等，其差额部分就会成为敞口头寸，从而面临风险。

除套期保值外，远期交易还有外汇投机的功能。外汇投机者如果发现远期汇率的报价与所预测的汇率有很大的差异，就会根据汇率方向买卖远期合约，等待汇率转向投机者所预测方向，获得投机利润。一旦合约到期，到期日的即期汇率和所预测的汇率一致，投机者就可以获得收益。反之，若到期日的即期汇率和所预测的汇率出现很大差异，投机者就需要承担损失。

【参考资料4-2】　　　　　　**资本大鳄索罗斯叫板英镑**

阅读请扫码

三、外汇掉期交易

（一）外汇掉期概述

外汇掉期是指交易双方约定在进行一笔外汇交易的同时，进行另一笔金额相同而买卖方向相反、交割期限和交割汇率不同的外汇交易，以达到轧平外汇头寸、规避外汇风险的目的。外汇掉期本质上也是一种套期保值行为，但与一般的套期保值不同的是，从时间上看，掉期交易是两笔外汇交易同时进行，而一般套期保值在同一时点只发生一笔外汇交易，即使有两笔交易，也未必在同一时点发生。外汇掉期报价一般为做市商报价。

（二）外汇掉期交易的分类

根据外汇交易第一笔交易发生的时点，可以将外汇掉期分为即期对远期交易、远期对远期交易和隔日掉期交易。

即期对远期交易是指交易者在即期买入或卖出一笔现汇的同时，卖出或买进一笔远期外汇的交易方式。两笔交易的方向相反，以锁定远期汇率，规避现在到远期到期日的汇率风险。

在实践中，即期对远期的掉期交易主要有以下几种：

即期对一周掉期，是指第一个交割日在即期，后一个交割日是一星期的远期。即期对整数月掉期，如第一个交割日在即期，后一个交割日是1个月或2个月等整数月远期。月份范围主要包括1个月、2个月、3个月和6个月等。

远期对远期交易是指交易者在远期买入或卖出一笔远期外汇的同时，卖出或买进另一笔交割时间不同的远期外汇的交易方式。在远期对远期的掉期交易中，时间相对较近的远期又可称作近端，较远的则称作远端。交易者通过两笔到期时间不同、方向相反的交易，形成近端对远端的掉期，锁定两个远期时点之内的汇率，规避这一时期的汇率风险。

隔日掉期交易的构成类似于以上两种交易，不同的是隔日掉期交易中，两笔交易的时间仅仅只相隔一夜，因此在金融市场中的交易比较频繁，具有特殊的市场流动性意义。隔夜掉期交易的主要品种有今天对明天掉期（O/N）、明天对后天掉期

（T/N）等形式。

今天对明天掉期的形式是买进当天外汇，卖出下一交易日到期的外汇；或者卖出当天外汇，买进下一交易日到期的外汇。

明天对后天掉期的形式是买进下一交易日到期的外汇，卖出第二个交易日到期的外汇；或者卖出下一交易日到期的外汇，买进第二个交易日到期的外汇。

（三）外汇掉期的功能

外汇掉期具有套期保值、调整资金期限结构等功能。

第一，套期保值可以规避汇率风险。像远期外汇交易一样，外汇掉期的交易者可能面临汇率波动的风险。为了避免未来时点的汇率波动带来的不确定风险，交易者可以通过外汇掉期交易进行套期保值，锁定未来某一时点的汇率，以避免汇率波动。

例4-2：美国高盛公司准备在欧洲证券市场进行固定收益投资100万欧元，预计6个月后收回，已知欧元与美元的即期汇率为EUR/USD=1.0072/1.0074，6个月的掉期点为20/24，若你是公司财务人员，那么你如何运用掉期业务规避公司面临的汇率风险？

答：高盛公司可以通过外汇掉期锁定该笔证券投资的预期收益，防止汇率波动对企业投资决策形成冲击。

首先，计算远期汇率。根据当前对即期汇率的报价和远期点数，把远期差价加到即期汇率上，得到的远期汇率为EUR/USD=1.0092/1.0098。

其次，计算高盛公司买入即期欧元所需要的美元为：100×1.0074=100.74（万美元）（第一笔交易）。

接下来，计算高盛公司进行套期保值，卖出远期欧元得到的美元为：100×1.0092=100.92（万美元）（第二笔交易）。

这样，不管6个月后的即期汇率如何变化，高盛公司都可以锁定6个月后的汇率及现金流。

第二，套期保值可以调整资金期限结构。往往出于管理资产负债结构的目的，交易者需要对收入带来的外汇资金和支出所需的外汇资金的期限结构进行匹配，否则容易面临财务成本和风险敞口。比如交易者可能在短期内有需要以外汇支付的负债，而持有的外汇资产均为长期资产，缺少短期流动性，这样就需要承担额外的财务成本，甚至有短期外汇流动性枯竭的风险。资金期限结构是指交易者支付外汇和收到外汇的期限分布。如果当收入和支出的资金期限结构出现不匹配，交易者就可以通过外汇掉期将所持有的即期外汇变为远期外汇或将远期外汇变为即期外汇，使外汇资金的收付时间一致。

例4-3：某银行客户为出口加工型企业，在2021年6月1日需支付5 000万美元购买机器设备，同时预计其在2022年5月31日有一笔约5 000万美元的出口收入。该客户当时人民币资金较充裕而美元资金紧张，为解决自身美元收入、支出的时间匹配问题，该客户于2021年6月1日与某银行做了一笔人民币外汇掉期交易。交易方向为客户按照即期汇率以人民币换入5 000万美元，同时在到期日2022年5月31日换出5 000万美元。假设发生交易时美元兑人民币的即期汇率为6.8900，12个月掉期报价为1 100bp，该产品到期日美元兑入人民币的汇率为6.5100。在到期日，此交易会为客户弥补多少损失？

答：根据即期汇率美元兑人民币汇率为6.8900，客户在近端为换入美元需支付人民币34 450万元；另外，根据当时12个月掉期报价1 100bp，客户可以在到期日换回人民币为：（6.8900+0.1100）×5 000万=35 000（万元）。

假设客户未与某银行做此掉期交易，而采用交易日即期购汇、到期日即期结汇的方式实现其管理美元头寸的需求，若到期日当天的美元兑人民币汇率为6.5100，则客户的5 000万美元结汇时只能得到人民币32 550万元。因此，该笔掉期交易在满足了客户自身本外币头寸调剂需求的基础上，为其弥补了2 450万元（35 000万−32 550万）的汇兑损失。

四、外汇期货交易

（一）外汇期货概述

期货是指期货交易所统一制定的、规定在未来指定的日期和地点办理交割的某种商品或金融产品的标准化合约。而外汇期货就是以外汇汇率为标的物的期货合约。外汇期货是由期货交易所统一制定的、规定在将来某一特定的时间和地点交割一定数量的某种货币的标准化合约。合约标准化是外汇期货合约及其他所有期货合约的最主要特征。外汇期货合约标准化是指期货交易所会对外汇期货合约的交易币种、合约金额、交易方式、交割时间等产品要素进行统一规定，不同交易者在交易所内的交易合约都遵照其规定执行。外汇期货合约标准化明确了期货所包含的产品要素，使合约更加透明，降低了交易双方的信息不对称，也更便于形成统一价格，从而提高了期货的流动性。投资者可以随时以市价在交易所买卖不同数量的外汇期货，买卖和转手十分方便。

期货是一种历史悠久的衍生品。1571年，英国成立了实际上的第一家商品期货交易市场——伦敦皇家交易所。但早期的期货主要集中于农产品和大宗商品，如谷物、棉花、小麦、油菜籽、燕麦、黄豆、玉米、糖、咖啡、可可、猪、猪肚、活牛、木材等农产品期货，如黄金、白银、铂、铜、铝等金属期货，如原油、汽油等能源期货。而金融期货尤其是外汇期货的繁荣则发生在20世纪70年代。随着第二次世界大战后布雷顿森林体系的解体和20世纪70年代初石油危机下国际经济形势发生急剧变化，固定汇率制被浮动汇率制所取代，利率管制等金融管制政策逐渐取消，汇率、利率频繁剧烈波动，通货膨胀迅速上升，金融风险随之大大增加。人们通过衍生品分散和管理金融风险的需求在增强。1972年5月，芝加哥商业交易所（CME）设立了国际货币市场分部（IMM），首次推出包括英镑、加拿大元、西德马克、法国法郎、日元和瑞士法郎等在内的外汇期货合约。外汇期货应运而生，并很快成为占据期货市场的主要品种。

目前，外汇期货交易的主要品种有：美元、英镑、欧元、瑞士法郎、加拿大元、澳大利亚元等。从世界范围看，目前外汇期货交易的主要交易场所有：芝加哥商业交易所、伦敦国际金融期货交易所、新加坡国际货币交易所和东京国际金融期货交易所等，每个交易所基本都有本国货币与其他主要货币的期货合约。

外汇期货和远期外汇交易类似，都在即期进行外汇交易，在未来时点交割相应数额的货币。但是外汇期货和远期外汇交易又存在一系列差异。

第一，标准化程度不同。外汇期货合约是一种高度标准化合约，合约严格规定了交易币种、合约金额、交易时间、交割时间等标准化细则，不能自由更改；而远期外汇合约是由交易双方自行商定的，交易数额、期限、交割日期、价格都是由双方自定的，比较自由灵活。

第二，交易场所不同。外汇期货交易通常是场内交易，即交易是在有组织的期货交易所内通过公开竞价来实现的，交易时间由期货交易所统一规定。而远期外汇交易则一般是场外交易，由银行和其他金融机构通过电话、电汇网络等现代化通信手段达成交易。远期外汇交易一般没有固定的交易所和清算所，交易价格由交易双方各自报出，交易时间不受限制。

第三，对冲风险程度不同。由于合约标准化，外汇期货的每份期货合约数额和到期时间都是固定的。而需要套期保值的客户的交易数额和到期时间往往是多种多样的。这就导致利用外汇期货进行套期保值时，很大可能会存在套期保值数额和到期时间的偏差，容易出现风险敞口。而在套期保值时，远期外汇交易的交易数额和到期时间可以由交易双方商定，比外汇期货交易针对性更强，往往可以将汇率风险全部对冲掉。

第四，流动性不同。外汇期货合约未到交割期可以转让，流动性较强。而远期外汇合约则不能转让，流动性远低于期货交易。

第五，缴纳保证金与否。外汇期货交易中，买方只需要缴纳一定数额的保证金，不必按合约全部付清所需金额。而远期外汇交易是以客户的信用为履约的保证，不需要缴纳保证金。

第六，违约风险不同。在外汇期货交易中，所有的合约清算都是在期货交易所系统内完成的，客户无须担心对手方违约带来损失。同时，由于实行的是每日清算和最低保证金制度，期货清算机构可以将客户的违约风险降到最低。而远期合约交易双方的风险相对较大，客户面临着对手方不能履约而带来的违约风险。

第七，交割方式不同。在外汇期货交易中，交易者可选择实物交割或平仓交割的方式。实物交割指交易双方在交割日通过交易系统进行外汇的实际资金物权转移，完成交易。而平仓交割指交易者在交割期前通过交易所进行一个头寸数量相等、交易方向相反的交易来抵消先前的头寸。在大多数情况下，期货交易者都会采取平仓交割。例如，一个交易者在购买了一份期货合约后，如果不想进行实物外汇交割，则他可以通过出售一份数额相同、到期日相同的期货合约来轧平头寸。而在远期外汇交易中，交易双方一般采用实物交割，即在交割日通过交易系统进行外汇的实际资金物权转移。

（二）外汇期货的交易机制

1.市场构成

（1）交易所

外汇期货交易必须在规定的交易场所内进行，外汇期货交易所就是为期货交易提供的交易场所。外汇期货交易所本身不参与交易活动，但它制定和执行外汇期货交易的规章制度，为交易者提供开展交易所需的各种设施。外汇期货交易所实行会员制，会员有两种类型：一是自营商，即以营利为目的、利用自有资金进行外汇期货交易、自负盈亏的机构或个人；二是经纪人，即代理客户进行期货交易、从代理业务中获取佣金的机构或个人。为了维持交易所的正常运转，实现合理的经济利益，期货交易所要向会员收取会费、交易手续费、信息服务费等费用来弥补运营成本。会员在交易大厅里通过通信工具与客户和总部保持联系，接收和传递指令，报告执行情况，经纪人通过在场内报价、以固定的手势和通信工具传递交易信息。

（2）参与者

外汇期货交易的参与者主要是企业、银行和个人。按照参与外汇期货交易目的的不同，可以将参与者分为套期保值者、投机者和套利者三类。为了规避外汇风险，套期保值者会采用套期保值方法参与外汇期货交易，保证其经营活动的正常进行。他们是外汇期货市场的主要参与者。投机者参与外汇期货交易的主要目的是赚取差价，获得利润。套利者和单纯的投机者不同，他们往往利用同种外汇期货合约在不同交割月份之间、不同市场之间，或者在同一交割月份、相同市场上的不同外汇期货合约之间存在的无风险套利机会，进行交易，以赚取价差利润。

按照参与外汇期货身份的不同，可以将参与者分为投资者和经纪人。投资者是直接参与外汇期货经营的企业、银行或个人。投资者会直接通过自有交易所会员席位或通过经纪人的交易所会员席位参与交易。经纪人可以借助自身的会员席位帮助没有交易所会员席位的客户下达交易指令，征收客户履约保证金，提供有关客户交易的会计记录，对有需求的客户提供投资咨询。

（3）清算机构

清算机构也是外汇期货市场的重要组成部分。为了控制外汇期货风险，保证每日清算制度顺利进行，需要专门的清算机构负责对期货交易所的外汇期货合约交易进行登记和清算工作。清算机构可以是外汇期货交易所的附属机构，也可以是独立的组织。清算机构负责实施保证金制度，要求期货交易所的会员必须在清算机构开立保证金账户，并缴纳一定的保证金；若会员出现亏损，则要随时补齐保证金。而且即使是非会员进行期货交易，也须缴纳保证金。

2.产品构成

外汇期货合约通常以"手"作单位，每一手合约就是一个标准化的产品。这一标准化的合约主要包括以下内容：

（1）币种

外汇期货的币种通常是在世界范围内接受度高、流通性较强、可自由兑换的主要货币。例如，芝加哥商业交易所期货合约的主要标价货币有：英镑、日元、加拿大元、瑞士法郎、欧元等。外汇期货市场上的外汇报价均以美元为计价货币，报价时一般报出小数点的后四位。

（2）合约金额

每份外汇期货合约中的金额都是固定的，即外汇合约用以标价外国货币的金额是固定的，但每份合约的价格则会根据汇率的变化而变化。交易双方只能按照自己的数量需求和合约的固定金额决定自己买卖几份合约或者几手合约。

（3）合约的交割月份和交割日期

期货交易所规定，期货交易只能在规定的交割月份交割，其他时间只能进行对冲，不能进行实物交割。外汇期货合约的交割月份和具体交割时间都是标准化的。例如，芝加哥商业交易所外汇期货合约的交割月份分别是3月、6月、9月和12月。到期时间是每个合约到期月份的第三个星期三。从交割日前推两个交易日为合约的交易终止日。如果交易者没有在交易终止日前对冲外汇期货，则外汇期货合约的买方需根据交易终止日结算的汇率，支付外汇期货合约的美元数额，卖方则需支付相应价值的外汇金额。但由于实际交割时会进行法律程序处理，会产生相应的交割成本和管理费用，所以绝大部分投资者都会在终止日之前选择对冲交易平仓而非进行交割从而终止外汇期货交易。

（4）最小价格变动金额和每日最高限价

每份外汇期货合约中都规定了最小价格变动金额和每日最高限价。最小价格波动数值是指在公开竞价过程中，允许外汇期货合约标的价格发生的最小变动数值。设定最小价格波动数值是为了缩小期货价格波动，提高期货流动性。

最高限价是指外汇期货合约的每日价格最大波动幅度。设定外汇期货合约的最高限价主要是为了减少期货价格的波动幅度，控制期货交易风险，限制过度的投机行为。

3.交易制度

（1）保证金制度

为了防止外汇期货合约亏损的一方违约，期货交易所都规定交易者必须缴纳一定的保证金才能买卖期货。保证金金额一般为合约价值的1%～10%。保证金制度一方面对期货交易形成了最低限度的风险抵补，另一方面放大了期货交易的风险和收益，使期货交易成为一种杠杆交易，一定程度上助长了投机行为。

保证金一般分为初始保证金和维持保证金。初始保证金是指在签订期货合约开始时须缴纳的保证金。例如，芝加哥交易所规定每份英镑期货合约的初始保证金为1 620美元。维持保证金是指客户保证金账户内的保证金所应维持的最低水平。由于汇率的每日变动，交易者的账户余额都会有一定的波动，每天会有一定的亏损或盈利，其对应的保证金则会减少或增多。当保证金增加至超过初始保证金水平时，投资者可以提取超出部分。当保证金减少至低于维持保证金水平时，交易所就会要求交易者增加保证金到维持保证金水平，以保证期货合约的持有者不会到期违约，从而降低交易风险。

（2）逐日盯市制度

逐日盯市制度是指期货交易所每天在收市时，以外汇期货合约在收盘前30秒或60秒的平均价作为结算价，计算交易所会员账户的盈亏情况，并将损益记入其保证金账户的过程。逐日盯市制度一定程度上避免了信用风险。通过每日收市后清算，结算机构可以及时计算投资者的盈亏，增加或减少投资者保证金账户的余额，防止投资者出现违约。

（三）外汇期货的功能

外汇期货是外汇交易者用来规避风险、赚取利润的金融工具之一。根据进行外汇期货交易的不同目的，外汇期货主要具有套期保值、投机和套利三大功能。

1.套期保值

外汇期货同远期外汇交易类似，同样具有在未来时期交割相关货币的功能。因此，外汇期货也可用于套期保值。

套期保值分为多头套期保值和空头套期保值。

多头套期保值是一种投资者买入外汇期货，或持有外汇期货多头的套期保值方式。它一般被应用于投资者将来有外汇现金流流出的情况，投资者为了防止外汇升值加大自己的资金成本，会在外汇期货市场上买入将来需要支付的外汇品种的期货合约。如果合约到期时外汇汇率上升，就可以通过对冲平仓获得的收益来抵补现货市场上因多支付本币购买外汇而遭受的损失。

空头套期保值是一种投资者卖出外汇期货，或持有外汇期货空头的套期保值方式。它一般被应用于投资者将来有外汇现金流流入的情况。投资者为了防止外汇贬值遭受损失，会在外汇期货市场上卖出将来会收到的外汇品种的期货合约。如果合约到期时外汇汇率下降，投资者就可以通过对冲平仓获得的收益来抵补现货市场上因兑换的本币减少而遭受的损失。

但外汇期货合约一般为标准化合约，因此不像远期外汇交易，外汇期货交易很难对风险进行完全套期保值，一般会在数额或时间上存在风险敞口。这就需要投资者在利用外汇期货进行套期保值前，预测和估算风险敞口和相关套期保值的成本收益，以达到风险最小化、利润最大化的目标。

2.投机

外汇期货交易实际上是一种保证金交易，具有杠杆效应。投机者用少量保证金就可以进行大额外汇期货买卖。而外汇期货的流动性非常强，价格波动剧烈，可以在高风险条件下以杠杆放大收益，获得较高回报，因而具有投机功能。在实际操作中，投机者在预测汇率波动的基础上，通过低价买进、高价卖出来赚取收益。外汇投机行为虽然在极端情况下放大了外汇市场波动，但外汇投机者是外汇期货市场必不可少的参与者。投机行为与套期保值行为在市场趋势上是相反的。投机者承担了套期保值转移的风险，为外汇期货市场增加了流动性。

3.套利

投资者如果为了获取利润而参与外汇期货市场，除了选择投机行为之外，还可以采用套利行为。套利行为一般是套利者通过进行双向操作，利用外汇期货之间价格差的变化来获取收益。套利者通常要对外汇汇率合理的基差进行测定，当市场的基差偏离合理范围时，就买进其认为价格低估的品种，卖出其认为价格高估的品种，然后等待基差恢复至合理范围时，就可以进行平仓，获取收益。

套利与投机不同，投机通常是基于外汇期货价格变动趋势预期进行的单向操作，一旦预期和市场实际走势出现偏差，就会出现很大的风险。而套利则通常是基于外汇期货价格变动趋势预期进行的双向操作，其买卖的两种期货合约的价格一般同方向变动，因而可以抵消风险。

外汇市场上的套利一般有以下三种形式：

（1）跨期套利，即套利者同时买进和卖出币种相同但交割月份不同的外汇期货合约，利用交割月份不同的期货价格的变动差异来获利。

（2）跨市套利，即套利者利用同一外汇期货合约在不同交易所的价格差异，买进价格偏低的合约，卖出价格偏高的外汇期货合约来进行套利。

（3）跨品种套利，即套利者利用两种相关联的外汇期货合约之间的价格差进行套利。相关联的两种外汇期货的价格一般同方向变动，但波动幅度可能不同，套利者利用这一特点买进价格偏低的品种、卖出价格偏高的品种来获利。

五、外汇期权交易

（一）外汇期权概述

期权是一种基于选择权的金融衍生品。期权的买方可以按照期权合约规定的期限和价格向卖方买进或卖出一定资产的权利，而卖方必须承担按合约规定卖出或买进一定资产的义务。而为了弥补卖方承担义务的成本，买方需要向卖方支付一定金额的期权费。

外汇期权则是基于外汇资产选择权产生的。因而，外汇期权就是在向卖方支付期权费的条件下，买方拥有可以按照合约规定的期限和价格向卖方买进或卖出一定外汇资产的权利，而卖方只承担按合约规定卖出或买进的义务。

随着经济全球化下的汇率波动不断加大，国际投资者力图寻求能更有效避免外汇风险的途径，能在锁定汇率风险下稳定盈利。而投资者在利用远期和期货进行套期保值回避风险的同时，也丧失了市场汇率向有利方向波动时获得无限大盈利的可能。鉴于远期和期货交易在这一点上的不足，期权应运而生。期权的买方在支付期权费之后，拥有了买进或卖出金融资产的权利，但不承担卖出或买进的义务。这样利用期权在锁定风险的同时，投资者也获得了盈利的可能性。

外汇期权由执行价格、到期时间、交易数量、期权费和保证金组成。第一，执行价格。执行价格是期权合约中规定的买卖双方未来行使权权利、进行外汇交易的相关外汇汇价。第二，到期月份。到期月份是期权合约的执行月份，一般是固定的，通常是每年的3月、6月、9月和12月。第三，到期日。到期日是期权合约终结的日期，即期权买方有权利履约的最后一天，通常定于到期月份的第三个星期三。第四，交易数量。与外汇期货类似，在交易所内交易的每一份期权合约的外汇交易数量都是固定的。第五，期权费和保证金。外汇期权作为一种有关外汇买卖和承担风险的权利，不会免费转让。因此，双方为了保障履约，都会缴纳一定的费用，即为期权费和保证金。期权费是期权购买方为了获取相关权利，需要支付给期权卖方的费用。而保证金是为防止期权卖方不按合同履约而必须在签订合同时缴纳的金额。

外汇期权交易主要有以下特征：

1.风险不对称

外汇期权合约的风险是不对称的。期权买方所面临的风险小于期权卖方。对于外汇期权的买者，只需支付一定金额的期权费用，就可以获得相应权利，能够在外汇汇率发生变动时选择是否执行来达到保值的目的。当汇率波动对自己有利时，期权买方可选择执行合约；而对自己不利时，期权买方可选择放弃执行合约。买方可能的最大损失仅为期权费。而外汇期权的卖方则必须承担履约义务，无论汇率变动对他是否有利，只要买方要求执行权利，卖方就必须履约。若买方不执行期权，那么他能获得的最大收益就是期权费，但是若买方一旦执行期权，无论卖方要承受多大损失，都有义务履约。因此，卖方可能的最大损失是没有限度的。外汇期权的买卖双方的风险不对称。

2.灵活性大

外汇期权的购买方无须缴纳保证金，并且能自由决定是否执行合约权利。外汇期权不必每日清算盈亏，在各种金融保值工具中灵活性是较大的。

（二）外汇期权的分类（见表4-1）

1.按买入者的权利不同，可分为外汇看涨期权和外汇看跌期权

外汇看涨期权（Call Option）是指期权买方支付期权费后，从卖方取得的在特定时间以执行价格买入一定数量外汇的权利。预期外汇汇率上升的套期保值者或投机者可以通过买入看涨期权来进行套期保值或投机。

外汇看跌期权（Put Option）是指期权买方在支付期权费后，从卖方取得的在特定时间以执行价格卖出一定数量外汇的权利。预期外汇汇率下跌的套期保值者或投机者可以通过买入看跌期权来进行套期保值或投机。

表4-1　　　　　　　　　　　　　**外汇期权的分类**

	外汇看涨期权	外汇看跌期权
买方	特定时间以执行价格买入一定数量外汇的权利	在特定时间以执行价格卖出一定数量的外汇的权利
卖方	特定时间以执行价格卖出一定数量外汇的义务	在特定时间以执行价格买入一定数量的外汇的义务
买入目的	预期相应外汇价格会上升	预期相应外汇价格会下降
卖出目的	预期相应外汇价格不会上升	预期相应外汇价格不会下降

2.按照执行时间可划分为美式期权和欧式期权

美式期权是指期权的购买方可在期权合约到期日之前的任何一个工作日,执行权利或者放弃权利。欧式期权是指期权购买方只能在到期日当天执行权利或者放弃权利。

当到期日相同时,美式期权比欧式期权具有更大的灵活性,所以一般情况下美式期权的期权费要高于欧式期权的期权费。

3.按期权交易环境和方式的不同,可分为场内期权和场外期权

场内期权又称交易所期权,和期货一样是一种标准化的期权,即期权的到期日期、执行价格、合约金额、交割地点等都是由交易所规定的,买卖双方能够决定的只有期权费和合约数量。其交易程序和外汇期货的交易程序大体相同。只有交易所的会员才能直接进行交易,非会员需要通过会员进行交易。场内期权交易由专门的期权交易所进行清算,信用风险由清算所承担。

场外期权与外汇远期一样,是通过电子通信网络或者交易双方协商进行交易的期权。场外期权与场内期权最大的区别就是非标准化。场外期权不是标准化合约。其条件都是买卖双方一起商定的,合约金额、执行价格、合约到期日、期权费等都可以由买卖双方协商制定,所以它的标准化不高。场外交易没有专门的管理机构和清算机构,期权卖方的违约风险完全由期权买方承担。

(三)外汇期权价格的形成和成本收益分析

外汇期权价格的影响因素包括期权的执行价格、市场即期汇率、到期期限、预期汇率波动率和国内外利率水平。

1.期权的执行价格

对于看涨期权而言,执行价格越高,买方的盈利可能性越小,期权价格越低。对于看跌期权而言,执行价格越高,买方的盈利可能性越大,期权价格越高。

2.市场即期汇率

若即期汇率上升,则看涨期权的内在价值上升,期权价格升高;若即期汇率上升,则看跌期权的内在价值下跌,期权价格降低。

3.到期期限

到期期限越长,汇率变化的不确定性越大,期权的时间价值增加,期权的价格也随之增加。

4.预期汇率波动率

汇率波动性越大,期权持有人获利的可能性越大,期权出售者承担的风险就越大,期权价格越高;汇率波动性越小,期权持有人获利的可能性越小,期权出售者承担的风险越小,期权价格越低。

5.国内外利率水平

外汇期权合约中规定买入的货币,其利率越高,期权持有者在执行期权合约前放弃该货币的利息收入就越高,期权价格越低。外汇期权合约中规定卖出的货币及利率越高,期权持有者在执行期权合约前因持有该货币可以获得更多的利息收入,期权价格就越高。

因而,根据以上因素,可以分析外汇期权的盈亏。对外汇期权交易的买方来说,期权交易带来的收益可能是无限的,可能的亏损最多只有期权费;而对于卖方来说,期权交易带来的可能损失是无限的,可能的收益只有期权费。

（四）外汇期权的功能

1.规避外汇风险

外汇期权赋予购买期权的交易者执行交易的权利。因而在不确定的外部环境下,外汇期权规避外汇风险的功能很强。保值者可以利用看涨期权规避外币汇率上升的风险,也可以利用看跌期权规避外币汇率下降的风险。相比其他避险工具,期权可以在外汇收付不确定的条件下有效发挥避险功能。

2.进行投机

投机者也可以利用期权进行投机,但利用期权进行纯粹的投机的情况比较少,因为期权费一般非常高,会侵蚀投机者很大一部分利润甚至导致投机者亏损。

【小专栏】　　　　　　运用外汇期权管理风险

（一）买入外汇看涨期权

某企业需要在1个月后用美元支付进口货款。为规避美元升值风险,该客户向银行购买1个人民币对美元、期限为1个月、本金为100万美元的美元看涨期权。假设约定的汇率为6.6元人民币兑换1美元,那么该公司则有权在将来期权到期时,以6.6元人民币兑换1美元的汇率向银行购买约定数额的美元。如果在期权到期时,市场即期汇率为6.5元人民币兑换1美元,则该公司可以不执行期权,因为此时按市场上即期汇率购买美元更为有利。相反,如果在期权到期时,即期汇率为6.7元人民币兑换1美元,该公司则可以决定行使期权,要求银行以6.6元人民币兑换1美元的汇率将美元卖给他们,这样客户每1美元可少支出0.1元人民币,从而降低了购汇成本。

（二）买入外汇看跌期权

某企业将在1个月后收到1笔美元出口货款。为规避美元贬值风险,该客户向银行购买1个人民币对美元、期限为1个月、本金为100万美元的美元看跌期权。假设约定的汇率为6.6元人民币兑换1美元,那么该公司则有权在将来期权到期时,以6.6元人民币兑换1美元的汇率向银行出售约定数额的美元。如果在期权到期时，市场即期汇率为6.75元人民币兑换1美元，则该公司可以不执行期权，因为此时按市场上即期汇率出售美元更为有利。相反，如果在期权到期时，即期汇率为6.5元人民币兑换1美元，那么该公司可以决定行使期权，要求银行以6.6元人民币兑换1美元的汇率买入100万美元，这样，客户每1美元可以多获得0.1元人民币，从而获得更高收益。

——中国工商银行．人民币外汇期权［EB/OL］．（2016-04-15）［2023-02-26］．https：//www.icbc.com.cn/page/721852454911377412.html.

第三节 外汇风险及其管理

随着全球范围内浮动汇率制的推动和经济全球化的发展，汇率波动对国际贸易和国际投融资交易的影响越来越强烈。从事贸易、投融资等经济活动的国家、组织、企业和个人，不可避免地会面临大批外汇现金流的流入和流出，形成外汇股权、债权关系。当汇率发生波动时，就会给这些经济主体带来了风险。因此，外汇市场风险的防范和管理就成为从事国际经济交易的个体所关注的重要内容。

一、外汇风险概述

外汇风险是指在国际经济、贸易、金融等活动中，以外币定价或衡量的资产、负债、收入与支出以及未来经营活动中可能产生的净现金流量，因汇率波动而面临的损失或收益的不确定性。

从外汇交易角度来看，交易买入和卖出的盈亏未能抵消为零的账面外汇，如企业在经营中外币资产和外币负债在数额和期限上不匹配的部分，或者外汇交易过程中外汇持有中买入额与卖出额在数额和期限上不相匹配的部分，通常就面临着汇率波动的风险。可以将这部分承受外汇风险的外币金额称为"受险部分"或"外汇敞口"。外汇敞口包括直接受险部分和间接受险部分。直接受险部分，是指经济实体和个人参与以外币计价结算的国际经济交易而产生的外汇风险，其金额是确定的；间接受险部分，是指因汇率变动、经济状况变化及经济结构变化的间接影响，那些不使用外汇的部门及个人也要承担风险，且承担风险的金额是不确定的。

外汇风险涉及的范围非常广泛。一般的风险承担者主要包括政府、企业、银行、个人及其他部门。涉及的经济要素主要包括由于汇率变动引起的交易者未来收益、净现金流、资产或负债的价值变化。因而，相关风险承担者要对自身的外汇风险进行度量和管理，使自身收益、净现金流和市场价值保持稳定。

二、外汇风险分类

从来源分类，外汇风险一般可分为三种：交易风险、会计风险和经济风险。

（一）交易风险

交易风险是指经济主体在以外币标价的合同签立到合同执行之间的这段时间内，由于现时汇率与将来结算时的汇率存在差异，导致相同金额的外币合约按现时汇率和未来汇率折算为本币金额时不同而产生风险。交易风险主要表现为汇率波动下经济主体应收收入、资产或应付负债价值的变化。交易风险一般是由汇率的短期波动引起的。因此，交易风险对企业价值的影响是短期的。

导致交易风险的可能情况主要有：

1.进出口业务中，从合同签订到实际支付或收到货款为止这段时间里，因汇率变动而产生的现金流价值下降，进而产生交易结算风险。

2.在国际借贷关系中，因汇率的变动引发债务增加或债权价值缩水的风险。

3.在国际股权投资中，因汇率的变动引发股权价值缩水的风险。

4.在外汇买卖时，投资者持有外汇头寸多头或空头，因不利于自身的汇率变动而引发蒙受损失的风险。

根据承担风险主体的不同，交易风险又可以分为外汇买卖风险和外汇结算风险。

外汇买卖风险产生于本币和外币之间的兑换。这种风险是因银行买进或卖出外汇而存在的。外汇银行承担的外汇风险主要就是这种外汇买卖风险。

外汇结算风险是指以外币计价进行贸易及非贸易业务的一般企业所承担的外汇风险，是伴随商品及劳务的买卖的外汇交易而发生的，主要由进出口商承担。外汇结算风险是基于将来进行外汇交易而将本国货币与外国货币进行兑换所产生的风险（由于将来进行交易时所适用的汇率没有确定，所以存在风险）。进出口商从签订合同到债权债务的清偿，通常需要经历一段时间，而这段时间内汇率可能会发生变动。于是，未结算的金额就成为承担风险的受险部分。

（二）会计风险

会计风险是指经济主体在对各种外币资产或负债进行会计处理，转换成经济主体所在国的货币时，因汇率变动而出现账面损益的可能性。企业在进行会计核算和财务信息披露时通常需要将以外币计算的各种资产和负债按一定汇率换算成本国货币，以方便财务管理和资金运转。如跨国公司在编制合并会计报表时，需要将海外分公司的财务报表按照一定的会计折算方法转换为本国货币来表示。在这一时点上，若汇率出现不利于企业的波动，则会降低企业净资产价值，企业因而蒙受损失。会计风险的大小主要受企业对外经营活动的程度、企业子公司的地理位置和经济主体采用的会计折算方法等因素的影响。

不同于其他外汇风险，会计风险不是交易环节带来的直接风险，而是结算环节带来的风险。它并不直接影响、涉及企业现金流动或者资产负债转移，但它对企业资产负债的评估、企业效益管理和税收等方面的价值形成间接影响，可能会招致股价和利润率的下跌，从而给企业投融资带来障碍。

（三）经济风险

经济风险，也称运营风险，是指由于无法预料的汇率变化而引起企业未来预计收益变化，进而导致企业价值发生变化的风险。第一，经济风险所针对的是意料之外的汇率变动，意料之中的汇率变动不会给企业带来经济风险。第二，经济风险所针对的是企业预计收益，因为意料之中的汇率变动对企业收益的影响已经在计算计划收益的过程中加以考虑。

企业价值变化的程度取决于汇率变动对其未来销售额、销售价格和生产成本的影响程度。汇率的变动通过影响企业未来的生产成本、产品销售价格和销售数量，使企业的最终收益发生变化。经济风险会直接影响企业的成本和相应的国际经营成果，影响企业的长期收益和长期现金流量，因而对企业价值有长期影响。

虽然交易风险、会计风险与经济风险都是由于未预期的汇率变动引起的企业或个人的外汇资产或负债在价值上的变动，但侧重点各有不同。

1. 从损益结果的计量上看，交易风险、会计风险更侧重于微观方面、更容易量化，可以从会计报表中识别和体现

可以从外汇交易角度，也可以从企业经营角度来测量这两种风险影响下的损益结果，因而这两种风险具有静态性和客观性的特点。而经济风险更侧重于企业的全局。它并不是从会计报表中被识别出来，而是从经济分析中被识别出来的。它涉及企业财务、生产、价格、市场等各方面，因而具有动态性和主观性的特点。

2. 从测量时间来看，交易风险与会计风险是一种历史结果的反映

这两种风险只突出了企业过去已经发生的交易在某一时点的外汇风险程度，而经济风险则是一种未来结果的反映。它突出将来某一时间段出现的外汇风险。不同时间段的汇率波动，对各期的现金流量、经济风险受险程度以及企业资产价值的变动将产生不同的影响。

三、外汇风险管理

外汇风险管理是指通过对外汇风险进行识别和评估、设计和选择防止或降低外汇风险损失发生的解决方法，以最低的成本达到最大限度防范风险目的的一种管理

活动。

（一）外汇风险管理原则

为了以最低成本消除汇率风险，外汇风险管理需要遵循三个原则：收益最大化原则、全面重视原则和管理多样化原则。

1.收益最大化原则

收益最大化原则要求涉外企业或跨国公司要在确保实现企业外汇风险管理预期目标的前提下，精确核算外汇风险管理的成本和收益，以最低的成本，追求最大化的收益。这是企业进行外汇风险管理的基石和出发点，也是企业确定具体的风险管理战略、选择外汇风险管理方法的准绳。外汇风险管理本质上是一种风险的转移或分摊，例如采用远期外汇交易、期权、互换、期货等金融工具进行套期保值，要支付一定的成本。因此企业在进行外汇风险管理时，要力求做到避险效果相同时成本最小，成本相同时风险规避效果最好、收益最大。一般来说，外汇风险管理支付的成本越小，进行风险管理后得到的收益越大，企业对其外汇风险进行管理的积极性就越高，反之亦然。

2.全面重视原则

全面重视原则要求涉外的政府部门、企业或个人对自身经济活动中的外汇风险高度重视。外汇风险有不同的种类，有的企业只有交易风险，有的还有经济风险和会计风险，不同的风险对企业的影响有差异，有的是有利的影响，有的是不利的影响，因此涉外企业和跨国公司需要对外汇买卖、国际结算、会计折算、企业未来资金运营、国际筹资成本及跨国投资收益等项目下的外汇风险保持清醒的头脑，做到胸有成竹，避免顾此失彼、造成重大的损失。

3.管理多样化原则

管理多样化原则要求涉外企业或跨国公司灵活多样地进行外汇风险管理。企业的经营范围、经营特点、管理风格各不相同，涉及的外币的波动性、外币净头寸、外币之间的相关性、外汇风险的大小都不一样，因此每个企业都应该对具体情况具体分析，寻找最适合于自身风险状况和管理需要的外汇风险战略及具体的管理方法。在选择风险管理办法时，需要考虑企业发展战略、风险头寸的规模和结构、涉外业务范围和性质、相关国家的外汇管理政策、金融市场发达程度等约束因素。随着时间的推移，外部约束因素会不断变化，因此企业的外汇风险管理战略也需要相应地更改，企业不能抱残守缺，不能长期只采用一种外汇风险管理方法。

（二）外汇风险管理策略

1.完全规避型策略

完全规避型策略是指经济主体在进行外汇风险管理时尽可能阻止外汇风险的产

生，采取各种措施消除一切外汇敞口，以避免汇率波动可能带来的损失。

采取风险管理策略的企业需要具备以下两个条件：一是有关的风险管理措施对企业的生产和经营只有很小的消极影响。例如，采用本币计价法使企业免受汇率波动的影响，但会使交易对手处于风险暴露状态。如果交易对手也是风险厌恶者，就很可能丧失贸易机会或导致在交易中让步。二是风险管理中的交易成本较低。如果有关的交易成本较高，那么采用这种管理策略的企业将在国际竞争中处于不利地位。

2.部分规避型策略

部分规避型策略也称为积极的外汇风险管理策略，是指经济主体积极客观地预测未来汇率的变动趋势，并根据不同的预测结果对不同的涉险项目分别采取不同的风险管理措施。在预期未来汇率变动对其不利时，采取保值措施规避风险，而当预期未来汇率变动对其有利时，则通过外汇交易承担外汇风险来获取风险收益。

采取这种风险管理策略的企业需要具备以下两个条件：一是经济主体有对未来汇率变动趋势的分析能力，能在大多数情况下准确预测汇率走势。这就要求该经济主体拥有高素质的专业人才和完善的信息网络，并且经济环境要相对稳定。二是经济主体具有较强的抵御汇率波动风险冲击的能力，能够很好地控制外汇敞口头寸的规模。

3.消极应对型策略

消极应对型策略是指经济主体对面临的外汇风险持听之任之的态度，既不排斥风险，也不管理风险。如果未来汇率变动对其有利，则获取风险收益；若不利，则承担风险。

采取这种战略的企业一般是风险偏好者，它们的依据是：第一，认为自己获得的信息多，对外汇市场行情的判断比较准确，能够有把握地识别外汇风险对自己是有利还是不利，保留外汇风险，尽可能获得额外的风险收益。第二，相信市场机制。第三，外汇风险不大，给企业造成的不利影响只伤皮毛，不触及筋骨。如果外汇风险管理花费的成本很大，套期保值的成本超过了不进行风险管理的损失，企业就不如不进行风险管理。

但在现实中，这种战略受到很大的挑战，因为企业经营不可能与汇率波动无关，特别是从短期看，汇率波动很少符合利率平价和购买力平价，它不仅带来企业资产名义上的价值波动，还影响营运资产和真实资产的实际价值。因此，除特殊情况外，涉外企业一般较少采取这种消极保值战略。

（三）外汇风险管理流程

企业在识别自身业务信息基础上，确立外汇风险管理原则，制定外汇风险管理策略。而后就要进入对外汇风险管理实务的操作流程。企业外汇风险管理流程主要由风险识别、风险计量、风险管理方法的选择、风险管理战略的实施、后续监督与调整等五个环节组成。

1. 风险识别

风险识别即识别各种引发企业资产负债价值波动、减少企业净资产价值的外汇风险。外汇风险包括交易风险、经济风险和会计风险，在不同的交易环境下，不同的企业面临着不同种类的风险，企业必须根据自己的业务活动，准确识别自身的业务信息，判断可能面临的风险状况。这是外汇风险管理的前提和流程的起点。

2. 风险计量

风险计量即衡量外汇风险给企业净资产带来潜在损失的概率，对企业可能面临的风险损失程度进行量化评价。识别出公司可能面临的各类外汇风险种类后，需要对特定时点上所涉及的不同外币汇率的波动进行预测，对不同种类的外汇风险进行计算和评价。通过外汇风险计量，企业可以相对准确地识别外汇风险带来损失的概率和损失程度，从而在既定风险管理原则下为选择风险管理方法奠定基础。

3. 风险管理方法的选择

风险管理方法的选择即针对企业的风险类型和规模，选择适当的风险管理方法，以达到最有效地实现企业预定的外汇风险管理目标。

4. 风险管理战略的实施

风险管理战略的实施即通过具体的安排，执行和落实所选定的外汇风险管理方法。企业需要进行内部的业务调整、资金调整、币种调整，以及在外部寻找合作伙伴、交易对手，签订外汇交易合同等，具体实施风险转移和控制。

5. 后续监督与调整

监督与调整即对外汇风险管理方法实施后的效果进行监督与评估。如根据成本收益准则作出判断，选择收益最大化的方法。另外，由于市场的持续变化，企业必须持续地对公司风险管理方法和风险管理战略的实施情况和适用性进行监督，分析市场和企业自身的情况，对企业的风险管理方法和风险管理战略适时进行调整。

其中，企业风险管理方法的选择是外汇风险管理流程的核心。按照企业的不同风险类型，可以选择不同的企业风险管理方法。

1. 交易风险的管理

1）风险转移

风险转移是企业通过减少涉及外汇交易的次数来抑制企业交易风险发生的概率，是一种被动的风险管理方法。风险转移的办法主要有两个。（1）尽可能以本币收付。用本币收付不涉及外汇汇兑，就可以避免汇率风险，因为不论将来汇率如何变化，企业都可以收到（或付出）确定金额的本币。然而合同采用本币标价并不能消除交易风险，只不过是把风险从本国企业转移到了外国企业。（2）收取硬货币，付出软货币。这种做法需要预测交易所涉及的汇率变动，要对硬货币和软货币进行认定，如果企业判断错误，则反而会承担更大风险。

2）风险对冲

风险对冲即在交易过程中，企业以同种货币收付外汇进行交易，以达到外汇风险相互抵消的外汇管理方式。若企业在一段时间内，频繁发生一定数额的应收和应付业务，那么可以采用同种货币进行应收和应付业务，以使风险对冲。这样只需对应收账款减去应付账款部分的净风险头寸进行管理，大大减少了需要进行风险管理的外汇数额。

3）风险分担

风险分担是指交易双方在交易过程中，可以采取特定交易安排或在合同中进行约定来共担外汇风险。外汇风险分担的方式主要有3种。（1）自留。自留往往被称为自我保险，是指企业自己承担部分或全部的外汇风险损失。（2）购买保险合同。企业可以通过购买保险，将外汇风险损失转嫁给保险公司，从而与保险公司分担外汇风险。国际上有许多保险公司提供与外汇风险有关的保险险种，例如国有化险、种类繁多的汇率波动险和利率波动险等。购买相关的保险，对涉外企业而言是一种省时省力的好办法。（3）套期保值。企业可以通过套期保值来分担风险。远期合约、期货合约、期权合约以及互换合约等衍生金融工具，能够事先以确定的价格锁定未来的汇率，企业只承担约定的远期价格与目前即期价格之间的价差风险，而交易的对方则要承担约定的远期价格与未来即期价格之间的价差风险，这就意味着外汇风险在企业与套期保值对手之间进行了分担。

4）提前错后

提前错后是企业通过提前收取以软货币计价的应收账款、推迟收取以硬货币计价的应收账款，或推迟支付以软货币计价的应付账款、提前支付以硬货币计价的应付账款等方法来规避交易风险。

2.经济风险管理

经济风险的管理方法主要有财务多元化、营销管理和生产管理方法。

1）财务多元化

财务多元化是指企业应该在多个国家资本市场上以多种货币筹集资金，以规避汇率带来的经济风险。由于一种货币汇率的上升往往伴随着其他货币的汇率下跌，所以理论上企业可以采取特定安排，使不同货币币值的变动对企业价值的影响相互抵消，以达到规避经济风险的目的。企业的经营活动充满各种风险。企业通过财务多元化，在业务中注意使用多种彼此汇率波动相关性较低的货币，可以使企业的整体风险头寸减少，使外汇风险明显降低。企业还可以通过持有各种外汇头寸的方式从内部来降低风险。

2）营销管理

如果汇率波动频繁，企业就可以重新设计营销策略以降低经济风险。企业可以通过市场分散化、调整定价策略和调整产品策略来进行营销管理，从而管理经济风险。

（1）市场分散化

企业可以采用产品销售市场分散化方法来管理营运风险。企业可以开辟不同的国家作为销售市场，将主营业务和相应利润分散到不同国家的市场。市场分散化较单一市场可以稳定企业现金流量，防止单一汇率波动对企业现金流的过度影响。

（2）调整定价策略

企业可以通过调整产品定价策略以应对汇率变动的风险。企业在调整定价策略时必须考虑以下因素：首先是买方对价格变化的敏感程度，本币贬值时，本国产品的需求价格弹性越大，出口的销量增加越多，也就越能驱使本国企业降低产品价格，进一步增加销售收入；其次是规模效应，如果企业存在显著的规模效应，那么可以通过降低产品价格扩大需求和产品产量，利用规模经济降低生产成本，从而得益；最后是调整价格的频率，有些企业将价格稳定视为其维持客户基础的重要因素，所以即使在汇率变动时也不经常调整价格，而有些企业则频繁调整价格，采取更为灵活的定价策略。

（3）调整产品策略

企业还可以通过推出新产品、进行产品更新以及推出系列产品等调整产品策略方法来应对经济风险。即使本币升值，这些策略还是能吸引消费者。消费者对新产品的价格敏感程度一般低于对旧产品的敏感程度，这使企业市场占有率不至于下降，减少了经济风险。

3）生产管理

如果汇率变动幅度较大，并且持续时间较长，企业采用财务多元化或营销管理策略就仍有可能面临经济风险。企业只有通过生产管理，淘汰缺乏竞争力的产品或削减成本，才能降低经济风险。在生产管理方面，企业一般可以通过调整原料来源、分散生产等来管理经济风险。首先是调整原料来源。若本国货币预期升值，企业就可以通过在海外实现更多的原料和零部件购买而改变其投入组合；若本国货币预期贬值，企业就可以通过将原料和零部件产地调整回国内，改变其投入组合，从而减少会计风险对企业的影响。其次是分散生产策略。拥有跨国生产体系的跨国企业能够通过在不同国家的工厂分配产量，来适应汇率变动，即在货币贬值的国家提高产量，而在货币升值的国家减少产量。因此，跨国公司通过在全球范围内调整产量和营销运作，使其在汇率变动时与一般企业相比，抵御风险冲击的能力更强。

【参考资料4-3】　　　　　　　企业套期保值

阅读请扫码

四、外汇市场干预

一国的经济发展有赖于相对稳定的汇率。在固定汇率制下，一国中央银行有义务维持该国汇率稳定，保持国际收支平衡。在浮动汇率制下，中央银行也意图追求相对稳定的汇率，以防止对本国经济增长造成不利影响。从微观经济来看，汇率随机波动会对参与国际贸易的企业的经营活动形成冲击。因此，为了减少外汇市场的汇率波动和市场失灵，中央银行有必要对汇率进行干预。

（一）外汇市场干预的定义

外汇市场干预是指一国中央银行基于本国宏观经济目标和外汇政策的要求，为控制本币与外币的汇率变动，而采用政策工具对外汇市场加以直接或间接干预的活动，以使汇率的变动符合本国的政策目标。外汇市场干预实际上是在解决外汇市场的市场失灵行为。市场外汇供求状况自发决定的汇率，有时并不能正确引导市场资源的合理配置，不能推动一国内外均衡目标同时实现。在尊重市场在资源配置中的决定性作用前提下，中央银行对外汇市场的适度干预，是消除市场失灵、达到资源的合理配置状态的有益行为。

（二）外汇市场干预的目的

总体来说，中央银行干预外汇市场是为了维持汇率稳定、实现国际收支平衡等目的。

1.短期内防止汇率过度波动

汇率在外汇市场上的短期大幅波动会对经济金融的运行带来不同程度的冲击，影响宏观经济目标的实现。在这种情况下，就需要中央银行出面进行干预，以稳定外汇市场汇率。如果中央银行认为外汇市场的汇率短期波动已超出了均衡汇率的波动范围，则一般会通过逆向操作干预外汇市场汇率。中央银行会买入具有下跌趋势的货币，卖出具有上涨趋势的货币，以防止其进一步下跌或上涨，将其汇率维持在稳定的水平上。在这一过程中，中央银行的交易方向同外汇市场的汇率波动呈相反方向。

中央银行对外汇市场进行干预需要一定的条件。第一，足够的外汇储备。中央银行对外汇市场进行逆向操作，往往需要储备一定数量的外汇进行相关种类货币的买卖，才能确保逆向操作的顺利进行，达到稳定汇率的目的。足够的外汇储备决定了中央银行对外汇市场的干预能力。第二，需要中央银行对外汇市场上汇率的波动趋势进行准确判断。若中央银行对汇率波动趋势判断错误，则干预外汇市场无法达到稳定汇率的作用。

2.长期内避免汇率水平失调

短期波动的汇率在中长期内进行调整时，存在着汇率的平均水平以及变动的趋势。如果这一平均水平或变动的趋势比较明显反映出汇率存在高估或低估状态时，就可以称之为汇率失调。汇率的中长期失调会对一国的国内外投资、储蓄、资本流动和对外贸易等产生明显不利的影响。从长期看，影响汇率的一系列基本性因素（如经济结构、经济总量因素、国际竞争力等）在不断发生变化，这种变化累积到一定程度，汇率就会相应发生失调。在这个过程中，中央银行必须采取措施，实行反向干预，调整汇率的发展趋势，减缓汇率的中长期变动。确定汇率水平是否失调可以通过估算均衡汇率得出。国际上有几种计算均衡汇率的方法，如购买力平价法。由于多种因素都会导致汇率偏离购买力平价，所以一般认为在汇率与购买力平价的偏离超过20%时，中央银行有必要进行干预。

3.满足政策搭配的需要

中央银行在外汇市场上的干预可以看作一国货币政策的重要组成部分，因为中央银行在市场上买入外汇，意味着它的基础货币投放增加了，具有同国债市场上的公开业务操作相类似的效果。中央银行在外汇市场上与国债市场上的相等数量与方向的操作，对利率与汇率相对影响的强弱常常是存在差异的，这就提供了货币政策内部的不同工具搭配的可能性。同时，对外汇市场的干预还可以与财政政策以及其他政策进行多种形式的搭配。

4.其他目的

政府对外汇市场的干预可能还有其他目的。第一，中央银行为维持低汇率以刺激本国出口，可能会干预外汇市场，人为地造成本币低估。第二，中央银行可能为了增加持有外汇储备的规模，入市对相应币种的货币小批量地持续买进。中央银行也可能在外汇市场上买进、卖出不同品种的外汇，以调整外汇储备结构。第三，为了防止发生大规模的资产转换或资本流入流出所导致的不良影响，中央银行入市干预汇率，使汇率维持在一定的水平。

（三）外汇市场干预的分类

1.按干预手段分类

按照中央银行不同的干预手段，可以将外汇市场干预分为直接干预和间接干预。

直接干预是指中央银行直接参与外汇市场交易，影响外汇市场的外汇供求关系以引起汇率的变化，进而达到稳定汇率的目的。中央银行一般通过即期外汇交易、远期外汇交易、回购交易等方式参与外汇市场，对汇率波动进行干预。中央银行可以选择直接进入外汇市场进行买卖，也可以间接通过委托商业银行进行较大金额的外汇买卖。

直接干预的方式依干预的方向分为单边干预和双边干预。单边干预是指中央银行进行单一方向的买进或卖出交易，以影响汇率变化，实现汇率趋势的反转。比如当对某种货币的需求非常强劲时，中央银行在直接干预方式下就会卖出这种货币。如果中央银行干预力度大，汇率的走势就可能发生反转。双边干预是指中央银行同时进行两个方向的买进或卖出交易，以求放慢汇率变化速度。如果中央银行希望本国货币的汇率以稳定的方式贬值，就可能需要同时进行买卖双边干预。为了缓和本币贬值的速度，中央银行就需要买进本币；如果汇率的反弹幅度过大，中央银行就可以再卖出本币。

间接干预是指中央银行不直接进入外汇市场进行干预，而是通过调整货币政策或其他方式，影响短期资本的流入与流出，从而间接影响外汇市场的供求状况和汇率水平。中央银行对外汇市场的间接干预一般有两种类型：（1）中央银行通过货币政策工具影响国内金融变量，进而影响汇率的走势，如中央银行可以通过公开市场操作、变动利率或再贴现率影响国内货币供应量，进而影响本币汇率；（2）中央银行通过预期管理或窗口指导，管理市场对外汇的预期，进而间接影响汇率水平。中央银行可以通过公开表达对汇率走势的看法，或发表有利于中央银行政策意图的经济指标，以增加货币政策透明度，影响市场参与者对汇率走势的预期，从而影响其市场行为。

2.按是否引起货币供应量的变化分类

按是否引起货币供应量的变化分类，可分为冲销式干预和非冲销式干预。

中央银行干预外汇市场所使用的本币往往是中央银行自有的基础货币。中央银行对外汇市场进行干预时往往会通过基础货币数量变动影响经济体系内的货币供应量。当中央银行买入外汇时，向市场投放本币，本身持有的基础货币数量减少；卖出外汇时从市场回收本币，本身持有的基础货币增加。而基础货币数量的变化通过货币乘数效应，能够产生数倍于基础货币的货币供应量的扩张和紧缩效应，对经济增长产生影响。因而中央银行在干预外汇市场时，是否通过其他途径收回投向外汇市场的本币，进而是否引起对货币供应量的影响，将直接影响干预政策的效果。

冲销式干预是指中央银行在对外汇市场进行干预时，往往会影响货币供应量，因而中央银行会通过其他货币政策工具来抵消干预政策对货币供应量的影响，从而维持货币供应量不变。这种外汇市场干预行为称为冲销式干预。为抵消外汇市场交易对货币供应量的影响而采取的政策措施被称为冲销措施。冲销式干预由于基本上不改变货币供应量，不会引起利率的变化，也不会影响国内的其他金融政策目标的实现，不会影响宏观经济的稳定性。

非冲销式干预是指中央银行在干预外汇市场时不通过其他货币政策工具与之配合，干预过程中货币供应量会发生改变的外汇市场干预行为。非冲销式干预直接改变了货币供应量，从而有可能改变利率以及其他经济变量，干扰国内其他金融政策目标的实现。

3.按干预策略分类

按干预策略进行分类，可分为熨平每日波动型干预、中流砥柱型干预和非官方钉住型干预三种类型。

熨平每日波动型干预是指中央银行为了降低汇率波动的幅度，在汇率日常变动时在市场高价位卖出，低价位买进，以使汇率变动波幅缩小的干预策略。

中流砥柱型干预又称为逆向型干预，是指中央银行在面临突发原因造成的汇率单方向大幅度波动时，采取反向干预的形式以维护外汇市场稳定的干预策略。

非官方钉住型干预则是指政府单方向非公开地确定所要实现的汇率水平及波动范围在市场汇率变动与之不符时就入市干预的策略。一般在实际情况中，政府在外汇市场中常交替使用以上三种干预策略。

4.按参与干预的国家分类

按参与干预的国家，外汇市场干预可分为单边干预与联合干预。

单边干预是指一国对本国货币与某外国货币之间的汇率变动，在没有相关的其他国家的配合下独自进行的干预。单边干预通常出现在小国与大国货币之间的汇率进行调节的情况，此外，缺乏国际协调时的各国对外汇市场的干预也多采取单边干预的形式。

联合干预是指两国乃至多国联合协调行动，对汇率进行干预。随着外汇市场投机性资金规模的加大、国际政策协调的加强和市场消息传播的加速，各国对外汇市场的干预开始越来越多地采用联合干预的形式。

（四）外汇市场干预的传导机制

从规模和结构上来划分，中央银行对外汇市场干预的传导机制可以分为三种：

一是直接机制。中央银行运用外汇储备，可以通过在外汇市场上的外汇买卖，直接影响本币的货币供应量，进而影响相应的货币汇率。

二是资产调整机制。中央银行通过外汇市场及相关的交易来改变其持有外汇资产的资产结构，从而引导市场汇率形成，对市场汇率产生影响。

三是预期效应。中央银行对外汇市场的干预会形成市场预期。中央银行在外汇干预活动中发出明确信号，使外汇市场参与者在新的市场条件下改变其市场预期，进而对外汇市场上的汇率变动产生影响。

【思政谈】　　　推进高水平对外开放

推动共建"一带一路"高质量发展。优化区域开放布局，巩固东部沿海地区开放先导地位，提高中西部和东北地区开放水平。加快建设西部陆海新通道。加快建设海南自由贸易港，实施自由贸易试验区提升战略，扩大面向全球的高标准自由贸易区网络。有序推进人民币国际化。深度参与全球产业分工和合作，维护多元稳定的国际经济格局和经贸关系。

——2022年10月习近平总书记在中国共产党第二十次全国代表大会上的报告

———— 本章小结 ————

外汇市场是外汇供求双方兑换、买卖不同货币的交易网络、交易设施及其组织结构和制度规则的总和。按交割时间不同，可以将外汇市场划分为即期市场和远期市场。外汇市场的参与者主要有外汇银行、外汇经纪人、客户和中央银行。

外汇交易一般有5个基本的交易程序：询价、报价、成交、确认和交割。从交割期限划分，可以将外汇交易划分为即期交易和远期交易。从交易品种划分，可以将外汇交易划分为普通外汇交易和外汇衍生品交易。

外汇市场主要有两种交易模式，即竞价驱动和报价驱动。

即期外汇交易又称现汇交易，是指交易双方以当时的外汇市场的价格成交，成交后在当天或者两个营业日内进行交割的外汇交易方式。在即期外汇交易中成交的汇率被称为即期汇率。在即期外汇交易中，买卖双方互相交换货币的日期为交割日期。

远期外汇交易是指交易双方在外汇交易成交后，并不马上完成外汇交割，而是按照事先约定的汇率，在未来某一确定的日期交割的外汇交易方式。

外汇掉期是指交易双方约定在进行一笔外汇交易的同时，进行另一笔币种相同、金额相同，而买卖方向相反、交割期限不同的交易，以达到轧平外汇头寸、规避外汇风险的外汇交易方式。

外汇期货就是以汇率为标的物的期货合约，是由期货交易所统一制定的、规定在将来某一特定的时间和地点交割一定数量的某种货币的标准化合约。外汇期货具有套期保值、套利和投机等三大功能。

外汇期权是指在买方向卖方支付期权费的条件下赋予买方的一项权利，即买方拥有可以按照合约规定的期限和价格向卖方买进或卖出一定外汇资产的权利，而卖方只承担按合约规定卖出或买进的义务，不享有权利。

外汇风险是指在国际经济、贸易、金融等活动中，以外币定价或衡量的资产、负债、收入与支出以及未来经营活动中可能产生的净现金流量，因汇率波动而面临的损失或收益的不确定性。一般可分为三种：交易风险、会计风险和经济风险。外汇风险管理的目的是以最低的成本达到最大限度防范风险的目的。外汇风险管理需要遵循三个原则：收益最大化原则、全面重视原则和管理多样化原则。

外汇市场干预是一国中央银行基于本国宏观经济目标和外汇政策的要求，为控制本币与外币的汇率变动，而对外汇市场加以直接或间接干预的活动，以使汇率的变动符合本国的政策目标。总体来说，中央银行干预外汇市场是为了维持汇率稳定、保持国际收支平衡和政策搭配等。按照中央银行不同的干预手段，可以将外汇市场干预分为直接干预和间接干预。

───────── **关键概念** ─────────

外汇市场　即期外汇交易　远期外汇交易　外汇掉期　外汇期货　外汇期权
外汇风险　外汇市场干预

───────── **思考与应用** ─────────

1.什么是外汇市场？外汇市场的功能有哪些？

2.即期外汇交易和远期外汇交易的区别有哪些？

3.主要外汇交易衍生产品有哪些？它们有哪些功能？

4.有哪些主要的外汇风险？

5.为什么要进行外汇市场干预？外汇市场干预的分类有哪些？

国际金融市场

掌握国际金融市场的概念、分类。

理解国际金融市场的历史演变。

掌握国际资本市场的概念、分类。

掌握欧洲货币市场的特点、经营活动和作用。

第一节　国际金融市场概述

国际金融市场是国际经济金融体系的重要组成部分。第二次世界大战后，随着世界市场的形成以及国际经贸关系的扩展，经济主体对资本的需求逐渐增加。商品输出扩大，资本流动也迅速增长，这使国际金融市场快速形成并发展起来。

一、国际金融市场的定义和类别

国际金融市场是不同国家居民之间进行金融交易和资金融通的交易场所、组织结构和制度规则的总和。不同于国内金融市场，国际金融市场存在着一些差异。

首先，市场运作范围不同。国内金融市场的运作范围局限于一国领土内，市场的参与者限于本国境内的居民。而国际金融市场的运作范围则超越一国国界，其参与者涉及境外的居民。

其次，市场业务活动不同。国内金融市场的业务活动一般不使用外汇，也不必通过外汇市场进行。而国际金融市场的业务活动必然涉及外汇交易活动，许多金融产品交易要通过外汇市场进行汇兑结算，外汇市场也是国际金融市场的组成之一。

最后，市场规制程度不同。国内金融市场很多时候会受到所在国政府的干预和规制，市场运行在很大程度上受到行政力量的影响；而发达的国际金融市场则基本不受所在国政府的规制，市场运行一般很少受到干预。

根据国际金融市场的不同属性，可以将其分为不同的种类。

（一）根据资金期限划分

按资金期限不同，国际金融市场可分为国际货币市场和国际资本市场。

国际货币市场是指经济主体的融资期限在1年或1年以下的资金交易市场，国际资本市场是指融资期限在1年以上的资金交易市场。

国际货币市场上的主要品种往往是短期资金产品，主要包括商业票据、银行存单、国库券等。投资者在国际货币市场上进行资金融通的目的是平衡其持有的货币头寸。根据不同的资金产品，可以将国际货币市场分为银行同业拆借市场、短期信贷市场、短期证券市场和贴现市场。

1. 银行同业拆借市场

银行同业拆借市场是银行等金融机构之间为了实现短期资金融通而进行交易的场所。银行等金融机构由于交易或合规的需要，往往需要在每个营业日结束后保持一定的头寸。在同一时点上，有些机构面临资金头寸短缺，而有些机构往往保有资金头寸盈余。这样各金融机构之间可以进行拆借以平衡其资金头寸，进而形成银行同业拆借市场。银行同业拆借市场可以为各金融机构实现短期资金的合理配置。这一市场中的拆借少则几十万美元，多则几百万美元，不需担保或抵押，完全凭自身信用，交易简便。

2. 短期信贷市场

短期信贷市场是银行对客户提供一年或一年以内短期贷款的市场。参与短期信贷市场的目的是解决临时性的资金需要和头寸的调剂。贷款期限最短一天，最长一年，也有三天、一周、一个月、三个月和半年等。

3. 短期证券市场

短期证券市场是交易主体对期限不到一年的短期证券进行交易的场所。其交易对象是期限不到一年的短期证券，包括短期国债市场、商业票据市场和银行定期存单市场。其中，短期国债是最主要的交易品种。短期国债是一国中央政府为筹集短期资金或进行短期经济金融调控而发放的短期债券。

4. 贴现市场

贴现就是交易主体为了取得流动资金，以自身未到期的票据向银行或有关金融机构转让票据权利获取短期资金的行为。以贴现为主要业务活动内容的金融市场就是贴现市场。贴现市场一般无固定场所，是由从事贴现业务的银行或相关金融机构组成的。银行或有关金融机构会按照一定的贴现率，将票据价值扣除自贴现日至到期日的贴现利息，而后将余额支付给持票人；待票据到期时，银行或有关金融机构凭票向发票人或承兑人兑取资金。贴现是一种银行针对交易主体的短期融资行为。

国际资本市场由长期信贷市场和国际证券市场组成。

1.长期信贷市场

长期信贷市场是由各国政府、国际机构和国际银行业向客户提供长期信贷的场所。一般的品种有政府贷款、国际金融机构贷款和国际商业银行贷款等。

政府贷款是一国出于发展对外经济、外交关系等目的需要向另一国政府提供的优惠贷款。政府贷款发展期限长、利率低。但贷款人在提供贷款时通常都会有附加条件，如所提供的贷款必须用于特定的用途，或借款国必须作出某些经济政策或外交政策的承诺。国际机构贷款一般是国际机构出于援助目的，向符合条件的成员国提供有限数量的贷款。国际商业银行贷款则大多是无附加条件约束的贷款，但贷款利率视信贷市场价格和借款人的信用而定。

2.国际证券市场

国际证券市场是指交易者从事有价证券发行和交易的市场。国际证券市场包括一级市场和二级市场。一级市场即发行市场。该市场的主要参与者是投资银行、经纪人或证券交易商。它们承担政府、公司证券的发行工作，承购或分销股票。二级市场是已发行证券的交易市场。该市场是国际投资者对已发行的证券进行交易和买卖的场所，主要参与者是证券的投资者和买卖证券的中介机构。

（二）按功能划分

按功能划分，可以将国际金融市场划分为国际信贷市场、国际证券市场、外汇市场和国际黄金市场。

关于国际信贷市场、国际证券市场和外汇市场的定义和范围，前文已经介绍，这里不再赘述。

国际黄金市场是指国际投资者专门进行黄金买卖的交易市场。黄金虽然是实物资产，但在历史上曾经长期发挥货币职能，而且现在也是官方储备的重要组成部分，具有一定金融属性。黄金市场上的参与者主要包括进行黄金交易的企业或个人、各国的外汇银行、中央银行及部分国际金融机构。

国际黄金市场上的交易可以分为现货交易和期货交易。黄金现货交易主要是针对黄金进行的即时交易。交易双方在交易达成后，对黄金和价款进行即时交割。

根据交易形式不同，现货交易又可以分为定价交易和报价交易。定价交易的特点是金商提供给客户单一交易定价，没有相应买卖差价，客户依照金商的定价进行自由买卖，金商只收取少量佣金。但是这单一交易定价只在规定时间内有效。报价交易则是在定价交易以外的时间内进行，买卖价格由交易双方自行达成，但其价格水平在一定程度上受定价交易的价格影响。从黄金交易规模来看，报价交易规模要大于定价交易规模。

在国际黄金市场上进行的期货交易，又分避险交易和投机交易两种。避险交易是指交易者为了避免宏观经济政治风险，出于资产价值保值的意图而购买黄金的交易。因而，交易者有可能持有合约到期并办理实物交割。投机交易则是交易者为了赚取黄金买卖价差盈利而进行的交易。因此在投机交易中，交易者通常在合约到期前实施平仓，并不办理实物交割。

（三）按受管制程度划分

按受管制的程度划分，可以将国际金融市场划分为在岸国际金融市场和离岸国际金融市场。

在岸国际金融市场又称传统国际金融市场，它的发展基础是一国原有的国内金融市场。当一国的非居民有相关金融需求需要通过该国金融市场满足时，非居民开始进入该金融市场进行交易，国内金融市场就转化为国际金融市场。该市场的交易既可以在本地居民之间进行，也可以在本地居民和非居民之间进行。这种金融市场因为与本国国内金融市场区分得不明显，往往受到所在地政府的管制，因此称为在岸市场。

离岸国际金融市场是市场所在地区的非居民之间相互融通资金的市场。在该市场内，国际金融交易的双方均为市场所在地区的非居民，市场交易往往不受所在地政府的管制，因而被称为离岸国际金融市场。

（四）按参与者范围划分

按参与者范围划分，可以将国际金融市场划分为全球性的金融市场和区域性的金融市场。全球性金融市场是世界各国居民广泛参与的市场，对世界范围内主要金融产品价格和资金流动具有重要影响。区域性金融市场则主要是所在地的周边国家或地区的居民参与的国际金融市场。

（五）按交易品种划分

按照交易工具的不同，国际金融市场可划分为普通金融市场和金融衍生品市场。

普通金融市场是以货币、外汇和有价证券等金融基础资产为交易对象的市场。而金融衍生品市场则是以相对应的基础资产为基础衍生出的各种产品为直接交易对象的市场。例如，股票市场本身是金融原生工具市场，但股票价格指数的期货交易与期权交易就是以股票为基础的金融衍生品市场。

按照交易类型的不同，金融衍生工具市场可分为金融期货市场、金融期权市场和其他金融衍生工具市场。

1.金融期货市场，包括外汇期货、利率期货以及股票价格指数期货等。

2.金融期权市场，包括现货期权和期货期权。现货期权如外汇期权、利率期权和股票价格指数期权；期货期权如利率期货期权、外汇期货期权和股票价格指数期货期权等。

3.其他金融衍生工具市场，包括远期利率协议和互换交易。

二、国际金融市场的功能

随着经济全球化的发展，国际金融市场为全球范围内金融资源的配置发挥了重要功能，具体来说，国际金融市场的功能有以下五点。

（一）促进全球资源的有效配置

国际金融市场促进了世界各国的银行和非银行金融机构对资金进行有效全球配置。通过国际金融市场，各金融机构可以广泛地组织和吸收世界各国以及国际组织的各种资金，把大量的闲散资金集聚起来进行有效投资，使金融资源能够在全球范围内得到相对有效的配置。资金总是流向经济效益最好、资金收益最高的国家或地区。这就使国际金融市场上的资金利用效率大大提高。国际金融市场上的各种金融资产的价格，如利率、汇率等的形成，是基于众多的交易者对未来市场走势的预期，这些价格信息不仅充分反映了金融资产的供求关系，而且也对全球真实资源的最优配置发挥着重要的调节作用。

（二）有利于调节国际收支的不平衡

追求国际收支平衡是一国的重要经济目标，当一国发生国际收支不平衡时，国际金融市场为其提供调节国际收支的有效融资渠道和政策干预场所。首先，国际金融市场是调节国际收支不平衡的有效融资渠道。第二次世界大战后，国际金融市场日益成为各国外汇资金的重要来源。国际收支出现逆差的国家可以到国际金融市场上筹集资金来弥补赤字。其次，国际金融市场是一国中央银行调节政策的干预场所。一国中央银行可以在国际金融市场进行政策干预，以实现本国的国际收支平衡目标。

（三）为各国的经济发展提供资金支持

作为各国闲置资本的集聚地，国际金融市场发挥金融资源配置作用，为各国尤其是发展中国家的经济发展提供了资金支持。

（四）促进了国际贸易和国际投资的进一步发展

在生产和资本的国际化背景下，国际贸易和国际投资活动更加活跃，相应产生了贸易和投资的资金需求。国际金融市场为投资者提供了相关的进出口信贷和投融资支持，促进了国际贸易和国际投资的发展。

（五）为投资者提供有效的风险管理工具

随着国际金融市场自由化趋势的发展，利率、汇率和股票价格的波动越来越剧烈，给国际投资者及其交易带来显著的风险。而国际金融市场中的期货、期权等衍生产品为国际投资者管理风险提供了有效的工具，为投资者进行风险管理和风险规避提供了可能。

三、国际金融市场的地理依托——国际金融中心

国际金融市场的实体场所在地理上多集中于几个主要的中心城市，一般将这些中心城市称为国际金融中心。国际金融中心是指地理上汇集了最活跃的国际金融市场交易场所，能为国际投资者提供最便捷的国际融资服务、最有效的国际支付清算系统的城市。

国际金融中心起源于13世纪意大利的佛罗伦萨。19世纪，英国成为世界上最重要的国际贸易和经济大国，伦敦作为世界上最主要的国际金融中心的地位逐步确立。随着英国遍布世界各国主要地区的贸易和银行代理关系的建立，伦敦的银行结算和信贷制度逐步完善。再加上英国从海外殖民地掠夺和积累了巨额利润，形成强大的资本规模，为在伦敦的银行信贷和金融交易提供了有效的资金保障。伦敦在国际金融市场的地位逐渐凸显。但随着第一次世界大战爆发后，英国被迫放弃了金本位制度，经济实力受到很大削弱，加上第二次世界大战的爆发和国际政治经济局势的影响，伦敦在国际金融市场中的地位下降。

第二次世界大战后，纽约在国际金融活动中的地位越来越突出，加上布雷顿森林体系确立之后，美元成为各国的储备货币和重要的国际结算工具。美国作为战后世界经济复苏的最大资金供应方，主导着政治经济格局。纽约成为新的重要的国际金融中心。此外，受益于瑞士永久中立国的地位，瑞士苏黎世受世界大战的影响较小，其金融中心的地位也逐渐上升。20世纪60年代之后，受当时世界经济形势和能源危机的影响，美国的国际收支持续出现逆差，美国的黄金储备急剧流失，大量美元流向境外。美国政府采取了一系列限制资本外流的措施。而跨国银行为了规避上述限制，纷纷把美元资金转移到美国以外的其他国家，从而形成了很多离岸金融市场。伦敦受惠于离岸美元市场业务的发展，恢复了其主要国际金融中心的地位。而随着离岸金融市场的飞速发展，在离岸金融业务的集中地也形成了一些新的国际金融中心，例如，新加坡、卢森堡等。离岸金融业务的发展，为国际金融中心的分散化创造了有利且重要的前提条件。国际金融业务不再局限于伦敦、纽约等少数的传统金融中心，而是迅速并广泛地分散到巴黎、法兰克福、布鲁塞尔、新加坡、中国香港、东京等多个区域性金融中心。

从国际金融中心的产生和发展历史来看，并不是所有的城市都可以成为国际金融中心，为国际投资者提供全面的国际金融业务。成为国际金融中心需要具备以下条件：

（一）稳定的政局

一地金融市场稳定的前提是所在国的政治经济局势稳定。动荡的政局会影响金融交易的顺利开展。

（二）开放宽松的经济环境

金融中心所在国开放宽松的经济环境有利于该国加强与世界各国的经济金融往来，并进行各种形式的经济金融合作。其中，外汇管制条件的自由宽松，充分保证了国际资金能自由出入该国，形成国际资金的集散地，进而形成国际金融市场。

（三）健全的金融制度

金融制度是一国金融市场正常运行的保障。如果一国金融制度不健全，就无法保障该国金融交易高效、顺利地进行，也就不具备成为国际金融中心的条件。

（四）现代化的通信设施

通信设施的便利性往往决定着金融交易速度，而金融交易速度决定着金融价格的形成速度。要成为国际金融中心，该地必须有完善的通信设施，能迅速、准确地保证国际信息的通畅，确保金融市场能便利、快捷地反映信息变化。

（五）良好的地理位置

金融中心往往是国际贸易、金融交易的重要集散地，需要具有良好的地理位置，才能更容易吸引国际投资者开展国际金融交易。

（六）高质量的国际金融人才

这是指一国或地区要拥有既具备现代国际金融专业知识，又具备丰富实际经验的国际金融专门人才。高质量的国际金融市场提供高质量、高效率的各种服务。

可以从不同属性对国际金融中心进行分类。

（一）根据业务特点，国际金融中心可以分为国际资本输出中心、国际金融服务中心和离岸金融中心

国际资本输出中心是指以提供资本输出为主要功能的国际金融中心。这些国际金融中心的经济实力比较雄厚。金融中心城市有大量资本集聚，有能力向资金的融资方或购买方输出资本。

国际金融服务中心是指国内金融市场达到一定的深度和广度，金融机构比较完善，可以供本国和外国投资者在国内金融市场进行交易的金融中心。

离岸金融中心是指只为外国投资者提供低税率、宽松的政策环境、较完善的机构组织和配套的金融服务的金融中心。

（二）根据功能特点，国际金融中心可以分为功能型金融中心和名义型金融中心

功能型金融中心是指为国际投资者提供具体金融中介服务的金融中心，相关的金融交易和金融中介服务都真正地在这些金融中心进行，如伦敦、纽约、新加坡、中国香港、东京等主要金融城市。

名义型金融中心指不为国际投资者提供实质性的金融服务，只是为投资者提供金融交易记账服务的金融中心。投资者的实质金融交易往往不在该金融中心进行。金融中心所在国为了吸引投资者资本流入和为本国带来与金融相关的就业和发展机会而设定金融中心，以方便投资者避税和规避母国的金融监管。

【参考资料5-1】　　开曼群岛是如何成为金融中心的

阅读请扫码

【思政谈】　　习近平总书记有关国际金融市场建设的观点

浦东要努力成为国内大循环的中心节点和国内国际双循环的战略链接，在长三角一体化发展中更好地发挥龙头辐射作用。要完善金融市场体系、产品体系、机构体系、基础设施体系，支持浦东发展人民币离岸交易、跨境贸易结算和海外融资服务，建设国际金融资产交易平台，提升重要大宗商品的价格影响力，更好服务和引领实体经济发展。要发展更高能级的总部经济，统筹发展在岸业务和离岸业务，成为全球产业链、供应链、价值链的重要枢纽。

——2020年11月习近平总书记在浦东开发开放30周年庆祝大会上的讲话

第二节　国际货币市场和国际资本市场

一、国际货币市场

国际货币市场是指经济主体的融资期限在1年或1年以下的资金交易市场。国际货币市场主要为投资者提供短期资金融通服务，满足投资者对短期货币头寸的需要。根据不同的资金产品，可以将国际货币市场分为国际银行间拆借市场、短期信贷市场、短期证券市场和贴现市场。

（一）国际银行间同业拆借市场

国际银行间同业拆借市场是国际银行间进行短期资金融通的场所。其功能主要是解决银行临时性短期流动资金的短缺。国际银行间同业拆借市场将银行等金融机构的暂时闲散的短期资金集聚起来，贷放给有资金需求的银行，为其提供短期融资。这些资金主要来源于银行体系内暂时闲置的流动资金。国际银行间同业拆借的最短期限为日拆，一般还有1周、1个月、3个月及6个月等的期限，最长期限不超过1年。

国际银行同业拆借市场有以下特点：

1.交易金额较大

国际银行间的同业拆借交易的每笔短期借贷的起点为25万美元或50万美元，但一般为100万美元。以英国伦敦同业拆借市场为例，每笔交易数量以25万英镑为最低限额，但超过百万英镑和百万美元的交易是常见的。

2.期限较短

国际银行间同业拆借市场资金最短的融资期限仅仅是隔夜，最长的也不超过1年。

3.方式灵活

国际银行间同业拆借市场交易的借款期限、币种、金额和利率可由借贷双方协商确定，灵活便捷。

4.交易手续简便

国际银行间的同业拆借交易不需担保和抵押，完全凭信誉确定交易。国际银行间同业拆借市场的参与者通常是银行等大型金融机构，具有良好的信用。因此，一般不需签订协议或缴纳担保品，可以直接通过电话或电传完成。

国际银行间同业拆借市场的基准利率原为伦敦银行同业拆借利率。为了反映伦敦银行同业拆借利率的水平及变动情况，英国银行家协会每天计算并公布其选定的几家有代表性的国际大银行上午11时的同业拆借利率的算术平均数。该平均数就称为"伦敦银行同业拆借利率"（London Interbank Offered Rate，Libor）。但是出于信息不对称和道德风险问题，多家大银行通过操纵Libor报价从中牟利。因而伦敦银行同业拆借利率自2022年1月1日起逐步被停用。当前国际基准利率的转换改革仍在进行中。根据币种不同，各国纷纷推出了基于本国货币的基准利率。国际金融市场进入了基准利率多元化的时期。

【小专栏】　　　　　　　　　**各国家及地区的基准利率介绍**

1.美元基准利率——SOFR（Secured Overnight Financing Rate）

SOFR是有美国国债担保的美元隔夜利率。纽约联储于每个美国政府债券营业日美国东部时间上午8点左右公布上一营业日对应的SOFR。

2. 欧元基准利率——ESTR（Euro Short Term Rate）

ESTR是欧元无担保隔夜利率。欧洲央行于每个欧元区大额清算系统（第二代泛欧实时全额自动清算系统）营业日欧洲中部时间（CET）上午8点左右公布上一欧元区大额清算系统营业日对应的ESTR。

3. 英镑基准利率——SONIA（Sterling Overnight Index Average）

SONIA是英镑无担保隔夜利率。英格兰央行于每个营业日伦敦时间上午9点左右公布上一营业日对应的SONIA。

4. 澳大利亚元基准利率——BBSW（Australian Bank Bill Swap Rate）

BBSW是澳大利亚元银行票据互换利率，目前包括6个期限：1月、2月、3月、4月、5月和6月。澳大利亚证券交易所于每个营业日悉尼时间上午10点30分左右公布当日各期限BBSW。

5. 港币基准利率——HIBOR（Hong Kong Interbank Offered Rate）

HIBOR是中国香港银行间市场的港币拆借利率，目前包括8个期限：隔夜、1周、2周、1月、2月、3月、6月和12月。中国香港银行公会于每个营业日中国香港时间上午11点左右公布当日各期限HIBOR。

6. 瑞士法郎基准利率——SARON（Swiss Average Rate Overnight）

SARON是瑞士法郎有担保隔夜利率。瑞士证券交易所于每个营业日欧洲中部时间（CET）中午12点、下午4点和交易日终（最早下午6点）发布3次当日SARON的定盘价。

7. 日元基准利率——TONAR（Tokyo Overnight Average Rate）

TONAR是日元无担保隔夜利率。日本央行于每个营业日东京时间上午10点左右公布上一营业日对应的TONAR。

8. 加拿大元基准利率——CORRA（Canadian Overnight Repo Rate Average）

CORRA是加拿大元有担保隔夜利率，加拿大央行于每个营业日美国东部时间上午9点至11点之间公布上一营业日对应的CORRA。

9. 新西兰元基准利率——BKBM（New Zealand Dollar Bank Bill Benchmark Rate）

BKBM是新西兰元银行票据利率，目前包括6个期限：1月、2月、3月、4月、5月和6月。新西兰金融市场协会于每个营业日新西兰时间上午10点45分左右公布当日各期限BKBM。

10. 新加坡元基准利率——SORA（Singapore Overnight Rate Average）

SORA是新加坡元无担保隔夜利率。新加坡金融管理局于每个营业日新加坡时间上午9点左右公布上一营业日对应的SORA。

（二）短期信贷市场

短期信贷市场是银行对工商企业提供一年或一年以内短期贷款的市场，目的是解决临时性的资金需要和头寸的调剂。

短期信贷市场主要解决企业季节性、临时性的短期流动资金需要。因此，银行在提供短期信贷时，比较注意资金的安全性以减小风险。银行在发放贷款前特别注重了解客户的资信、财务状况和资金用途，根据这些情况确定发放贷款的期限和数量，以便保证贷款能按时收回。

（三）短期证券市场

短期证券市场是交易主体对期限不到一年的短期证券进行交易的场所。其交易对象是期限不到一年的短期证券，包括短期国债市场、短期票据市场和可转让银行定期存单市场。

1.短期国债市场

短期国债是各国财政部门发行的短期债券。短期国债以国家信用作为保证，其信用评级高于银行和商业企业发行的同类同期限债券，其流动性和安全性很强。短期国债也成为国际短期投资的最好目标品种。

短期国债的期限主要有3个月和6个月。一般短期国债的发行是以票面金额折扣方式定价，在市场上以竞价方式进行交易，到期按票面金额偿还。

短期国债市场的参与者有商业银行、中央银行、证券交易商、企业和个人投资者。短期国债价格的变动，要受宏观经济形势、国债供求关系和市场利率水平等诸多因素的影响。

2.短期票据市场

短期票据市场是以短期票据流通为主的短期资金市场。短期票据一般是信用良好的工商企业或者银行为筹集短期资金而开出的票据。

按处理方式不同，短期票据又分为商业票据和银行承兑票据。商业票据一般是工商企业为筹集短期资金而开出的票据，票面金额不限，期限为一年以内，采取按票面金额折扣的方式进行交易。银行承兑票据是经银行承兑过的商业票据，银行作为承兑人在商业票据持票人不能履行票据义务的时候负有付款义务。银行承兑票据是银行一项不可撤销的付款义务，具有银行信用，相比于商业票据安全性和流动性更强，更易于流通转让。持票人可随时在到期前到承兑银行贴现或者在二级市场上公开买卖，转售时的价格按面值打一定折扣，买价与面额之间的差额是持票人的收益。

3.可转让银行定期存单市场

可转让银行定期存单是银行发行的大额定期存单，一般面值在100万元以上，期限在一个月到一年不等。可转让定期存单不记名，可以随时转让。到期时银行按票面金额和利率向存单持有人还本付息，利息率一般高于活期存款，也高于同等期限的国库券。

可转让定期存单市场的主要参与者是货币市场基金、商业银行、政府和其他非金融机构投资者。

第一张可转让定期存单是由美国花旗银行于1961年创造的，其目的是稳定存款、扩大资金来源。由于当时市场利率上涨，活期存款无利或利率极低，定期储蓄存款亦受美国法律制约，利率上限受限制，所以存款纷纷从银行流出，转入收益高的金融工具。大额可转让定期存单利率较高，又可在二级市场转让，对于吸收存款大有好处，因而花旗银行设计了可转让定期存单这种金融工具并大受欢迎。

（四）贴现市场

贴现市场是指以贴现方式使用未到期的票据进行融资的交易场所。贴现方式是指将未到期的短期票据，按照提现利率扣除贴现日到到期日利息后，向贴现行或其他办理贴现业务的金融机构融资的方式。对持票人来说，贴现是将未到期的票据卖给银行获得流动性资金的行为，这样可提前收回垫付于商业信用活动中的资本；而对银行来说，贴现是与商业信用结合的放贷业务。

贴现业务包括贴现和再贴现两种形式。贴现是指票据持有人和商业银行之间发生的贴现交易。贴现市场上的贴现交易占交易规模的大多数。而再贴现是指商业银行将已贴现但未到期的票据到中央银行再次进行贴现换取现金的交易。

二、国际资本市场

国际资本市场主要指进行国际中长期资金融通的市场，即资金期限在1年以上的中长期国际资金的市场。国际资本市场的参与者主要是各国政府、大型跨国企业和国际金融机构等。各国政府为开发本国重点建设项目而筹措中长期资金，跨国企业筹措中长期资金用于长期投资，国际金融机构则在资本市场上筹资补充资金不足。

按照融资方式不同，可以将国际资本市场分为国际长期信贷市场和国际证券市场。

（一）国际长期信贷市场

国际长期信贷市场是各国政府、国际金融机构和国际商业银行为投资者提供长期国际信贷资金的市场。在国际长期信贷市场中，信贷资金期限一般在1年以上。

长期信贷的借款方大多是世界各国企业、社会团体、政府机构或国际组织，贷款方主要是商业银行。

国际长期信贷市场的主要特点有以下三点：

1.长期信贷必须签订贷款协议

协议的主要内容包括确定贷款货币种类、贷款数量、利息率、费用增加的补偿，以及货币选择条款、提前偿还条款、违约条款、保证条款、司法权条款、交款地点、资金用途条款、税收条款和分阶段提取资金条款等。

2.利率确定灵活

由于贷款期限较长，在此期间利率变动趋势较难预测，借款人和贷款人都不愿承担利率变化的风险，所以国际长期信贷通常采用浮动利率，每3个月或6个月根据市场利率的变化进行利率调整。借贷双方确定利率时，大多以相应的基准利率为基础，再根据借款人信用、风险、期限等因素上浮一定水平计算出利率。

3.通常采用银团贷款形式

银团贷款是指几家甚至十几家银行共同向某一客户提供贷款，由一家银行做牵头行，若干家银行做管理行，其余银行做参与行。牵头行通常也是管理行，收取牵头费和管理费，并与其他管理行一起承担贷款的管理工作。银团贷款的数额较大、期限较长，一般需要有可靠的担保品和保证，甚至有时由政府进行担保。

银团贷款的贷款条件较为优惠，既能保障项目资金的及时到位，又能降低建设单位的融资成本，是重大基础设施或大型工业项目建设融资的主要方式。

（二）国际证券市场

国际证券市场是从事有价证券发行和交易的国际金融市场，是国际资本市场的重要组成部分。根据证券种类不同，可以将国际证券市场分为国际股票市场和国际债券市场。

1.国际股票市场

国际股票市场是指投资者发行、流通股票的国际金融市场。股票是指企业发行的、以本币或境外货币为面值的、由股东所持有的股权凭证。

从国际股票市场的发展历程来看，股票市场最初都是服务于本国的国内金融市场的组成部分，并不属于国际金融市场。但随着越来越多的国家允许股票市场对非居民开放，允许外国居民发行和购买股票，外国企业也被允许在本国股票市场发行股票，股票市场的国际化特征也日益明显，国际股票市场因此形成。

按照功能，可以将国际股票市场划分为股票发行市场和股票流通市场。股票发行市场又称为一级市场，是国际股票发行人发行新股、投资者购买新股的主要场所。国际股票一级市场为股份公司的发展提供了巨额资金，扩大了国际社会的投资总额与投资规模，对全球的经济发展起到推动作用。股票流通市场又称二级市场，是转让、买卖已发行股票的场所。新股发行结束后，股票持有者可以将购买到的新股进行转让，以获取流动性或者获利离场。股票的发行市场和流通市场相辅相成。发行市场是流通市场存在的前提，为流通市场的运行奠定了基础；流通市场是发行市场发展的条件，推动了发行市场的繁荣。二者互为补充，缺一不可。

按照股票种类，可以把国际股票划分为以下种类：

（1）在外国发行和上市交易、以当地货币为面值的股票。我国在香港地区发行上市的 H 股、在新加坡发行上市的 S 股、在纽约发行上市的 N 股就属于这类股票，H、S、N 分别是发行地的英文名的首字母。

（2）以外国货币为面值发行、在国内上市流通的股票。这类股票主要供国内的外国投资者以外币进行交易。我国上市公司发行上市的 B 股就是这类股票。

（3）存托凭证。存托凭证是以被金融机构托管的某种境外证券为基础发行、代表境外证券权益的有价证券。存托凭证实际上是一种托管凭证，也可以上市交易。以股票作为基础资产发行和流通存托凭证是国际股票市场常用的做法。它的优势在于可规避投资者所在市场对股票上市和交易的限制，手续简单易行。如中国人寿曾以自身在中国香港市场的 H 股作为基础资产，在美国纽交所发行存托凭证，以方便美国投资者对其股票进行投资。

2.国际债券市场

国际债券市场是指期限在一年以上的国际债券发行和交易的国际金融市场。国际债券是一国政府、金融机构、工商企业或国家组织为筹措和融通资金，在国外金融市场上发行的债券。国际债券的发行人和投资者一般来源于不同的国家，国际债券筹集的资金来源于国外金融市场。从功能来看，国际债券的发行和交易不但为发行国政府或企业的开发和生产募集了大量国际资金，而且将融资范围扩大到海外，也是发行国平衡国际收支的可能融资方式。

根据利率的确定方式，可以将国际债券分为固定利率债券、浮动利率债券和零息债券三种。其中，固定利率债券是指债券的票面利率是固定的，并且在债券偿还期内不再变化的债券。浮动利率债券是指债券的票面利率随基准利率的浮动而浮动的债券。浮动利率债券的利率设定一般是在某一基准利率基础上增加或减少若干基点得到的。因而，每隔一段时间，债券的利率会随着基本利率的变化而进行调整。零息债券没有票面利率，但该债券以低于债券面值的价格折价发行，以面值兑付，以发行价和兑付价之间的差额来补偿投资者。

同国内债券相比，国际债券具有一定特殊性，主要表现在：

（1）资金来源广泛。由于国际债券的发行对象是面向国际市场上众多国家的投资者，所以其资金来源比国内债券要广泛得多。

（2）发行规模较大。国际债券的发行者往往具有较高的信用和较大的资金需求。而国际债券市场有充裕的资金来源，可以为发行者提供充足的资金供给，因而国际债券发行规模一般都较大。

（3）潜在的汇率风险。不同于国内债券，国际债券募集到的资金是外国货币，一般需要兑换成本币在本国内进行投资运作，并以外币进行还本付息。而这一期间如果汇率发生波动，那么发行人和投资者都有可能蒙受汇兑损失。因而，国际债券具有潜在的汇率风险。

（4）可能放大信用风险。对于债券投资者来说，由于债券发行者来自别国，投资者对发行者的生产经营活动、资金运用、财务状况等信息的了解相比投资国内债券更加困难，所以放大了无法还本付息的信用风险。

按照计量货币与发行地是否一致，可以将国际债券市场划分为外国债券市场和欧洲债券市场。

外国债券是指发行人在国外发行的、以发行地所在国的货币计量的债券。许多主要的外国债券都以发行地所在国的代表物命名，例如外国投资者在美国发行的以美元为面值的扬基债券，在日本发行的以日元为面值的武士债券，在英国发行的以英镑为面值的猛犬债券等。在我国发行的以人民币为面值的债券被称为熊猫债券。熊猫债券的首次获准发行是在 2005 年 9 月 28 日，由国际金融公司和亚洲开发银行在中国银行间债券市场发行。对于外国债券市场来说，规模最大的市场为美元市场，其次为欧元、日元和瑞士法郎市场。

欧洲债券是指一国发行人在国外发行的、以非发行地所在国的货币计量的债券。欧洲债券和其他国际债券相比，主要有以下特点：

（1）安全可靠。在欧洲债券市场上，主要发行者一般为大公司、各国政府和国际组织，具有较高的国际信用度。此外，欧洲债券的发行一般有各国政府或者较高信誉的金融机构作为担保，增加了发行者的信用。对投资者来说，欧洲债券的信用风险较小，是安全可靠的投资方式。在收益率上，欧洲债券也往往会比国内债券有一定的优势。

（2）灵活的币种选择。不同于其他债券币种固定，在欧洲债券市场上，债券发行者可以根据各种货币的汇率、利率，结合自身对融资的需要，选择发行合适币种的欧洲债券，以规避汇率风险，达到最优的综合财务成本。投资者也可以根据各种债券的币种、汇率波动及自身投资需要来综合选择某一种或某几种欧洲债券。

（3）较强的流动性。活跃度高、高效运转的欧洲债券二级市场可以使债券持有人比较容易地转让债券以取得现金，因此对于对投资期限有着高度灵活性要求的投资者而言，欧洲债券是一个较好的选择。

（4）免所得税待遇。欧洲债券的利息通常免除所得税。另外，由于其不记名且流通在国外的特点，欧洲债券使投资者容易规避国内所得税。

（5）市场自由灵活。欧洲债券市场的发行费用和利息成本都较低，也很少受到政府规制，如此少的限制使得它的吸引力非常大，可以更好地满足各国政府、跨国公司和国际组织的不同筹资要求。

【参考资料5-2】　　　　　**熊猫债券的发行**

阅读请扫码

第三节　欧洲货币市场

一、欧洲货币市场概述

若某种货币或者与其有关的金融产品的国际交易是在货币发行国境外进行的，那么这种货币就被称为欧洲货币，这种货币或者与其有关的金融产品的国际交易所形成的市场就叫做欧洲货币市场。欧洲货币市场又被称为离岸金融市场。其中"离岸"指的就是交易不在货币发行国完成。离岸金融市场的交易对象为除该离岸金融市场所在国货币以外的其他可兑换货币；借贷关系涉及非居民与非居民之间的借贷；业务活动不受金融监管，交易成本较小。

关于欧洲货币市场需要说明的有三点。首先，"欧洲"并非地理上的欧洲定义，而是泛指"境外"的意思。"欧洲货币"是指在货币发行国境外流通的货币。它并非指一种专门的地理上的欧洲货币，而是泛指所有在发行国之外进行借贷的境外货币。如在美国境外进行国际交易的美元即为欧洲美元，在日本境外进行国际交易的日元即为欧洲日元等。其次，欧洲货币市场并不仅限于货币市场业务。欧洲货币市场尽管是一个以短期资金借贷为主的市场，但其业务范围并不限于短期资金借贷，它还经营中长期信贷业务和欧洲债券业务。最后，欧洲货币市场并不仅限于位于欧洲的各大离岸金融中心。它包括一切在货币发行国境外进行国际交易的金融中心。欧洲货币市场是当代国际金融市场的核心，因其最早在欧洲出现，最早经营的是境外美元业务，而被称为欧洲货币市场。但当今世界上主要的欧洲货币交易中心有30多个，主要分布在欧洲、亚洲、中东、美洲等地区，其中最为重要的交易中心是伦敦,其他重要的中心还有纽约、东京、中国香港和法兰克福等。

二、欧洲货币市场的形成和发展

涉及欧洲货币的国际交易最早出现在1957年。20世纪60年代至70年代欧洲货币市场迅速发展起来。它最初发源于欧洲,但随着欧洲货币市场的形成和发展,其业务不断增加,范围不断扩大,其分布地区也早已不仅仅限于欧洲,还包括亚洲、北美洲、拉丁美洲及中东等地区,目前已扩展到全球。欧洲货币市场的形成与20世纪50年代至70年代国际政治经济形势的变化及其背后的经济内在逻辑分不开。

20世纪50年代后期,在冷战背景下,美国与当时苏联的对立情绪越来越激烈。冷战局势使得苏联和其他东欧国家担心它们在美国的资产遭受风险,因而纷纷将存放在美国的财产转移至英国伦敦的莫斯科国民银行和法国巴黎的北欧商业银行的账户上。这些存放在欧洲银行的美元便成为最早的欧洲美元存款。而1957年后为了限制英镑外流,英国货币当局一方面提高了英镑利率,另一方面禁止英国银行对非英镑区的居民提供英镑贷款。因此,英国商业银行转而向非居民经营美元存贷款业务,进而促进了欧洲美元市场的发展。

20世纪60年代以后,美元危机频频发生。美国政府为限制美元外流,也实行了金融管制。这促使美国企业和金融机构将资金调往海外营运,使海外分行的经营活动加强,推动了欧洲货币市场的发展。同时,由于美国坚持执行1933年银行法中的"Q条例",即对活期存款不付息、定期存款规定利率最高上限的政策,所以利息偏低,限制了银行吸收存款的能力,也导致国内美元资金外流到利率较高的国际金融市场,从而加速了欧洲货币市场的发展。

到20世纪70年代,随着1973年和1979年的两次石油价格上涨,石油输出国组织积累了大量石油美元。为了资产保值,这些国家将大批的石油美元投入到欧洲货币市场,为欧洲货币市场带来了资金来源。一方面,石油输出国的石油美元投入欧洲货币市场,使市场上的美元存款增加,欧洲货币市场交易规模进一步扩大。另一方面,由于油价的上涨,许多石油进口国家面临国际收支逆差,需要进行融资以维持国际收支平衡。因而,这些国家纷纷在欧洲货币市场进行融资,从而形成了资金在石油出口国和进口国之间的循环,带来了欧洲货币市场的繁荣。

欧洲货币市场形成的根本原因是生产和资本国际化的结果。第二次世界大战后,第三次科技革命的科技创新带动了生产力的进一步发展,随之而来的是世界范围内生产组织和资本的国际化,以及技术、市场和经济的全面国际化,以跨国公司的海外投资和全球扩张及国际贸易的空前发展为主要表现。跨国公司的出现，要求金融机构为其提供的配套金融服务更加国际化、全面化。这就必然导致国际金融市场的进一步国际化和全球化。尤其是从20世纪50年代末开始，西欧主要资本主义国家放松或取消了外汇管制，许多国家允许货币自由兑换，允许资本自由流动。在货币可以自由兑换的情况下，经营欧洲货币业务的金融机构和欧洲货币市场均得到了长足的发展。因此，欧洲货币市场是适应跨国公司全球扩张的经营活动及国际贸易的空前发展的要求而产生的。生产和资本国际化是欧洲货币市场发展的根本原因。

三、欧洲货币市场的特点

欧洲货币市场是一种完全国际化的金融市场，它经营的主要对象是境外货币。因此相对于在岸金融市场，具有以下几个特点：

1.市场范围广阔，不受地理限制

欧洲货币市场是由现代化通信网络联系而成的全球性统一市场。通过通信网络将各个国际金融中心的经营活动结成统一不可分割的整体。经营欧洲货币的银行通常是大型的跨国银行，除了经营欧洲货币借贷业务，也经营国内银行业务，在一定程度上可以与本国金融市场联通。欧洲货币市场的最大特点是其经营活动可以不受任何国家金融法规条例的制约。

2.市场币种多、规模大

欧洲货币市场中货币种类很多，主要发达国家的可兑换货币均可在欧洲货币市场进行交易。多币种为欧洲货币市场交易提供很大便利，交易者可以任意选择投资和借款的币种。欧洲货币市场的资金规模较大，资金来源于各国政府、中央银行和国际清算银行、世界各国的商业银行、跨国公司、石油输出国和国际银团等，资金规模少则几十万美元，多则数亿甚至数十亿美元。

3.市场利率体系比较独特

欧洲货币市场的利率与各发行国国内利率有密切联系，但是不受各发行国的利率政策限制。欧洲货币市场的利率以相应币种基准利率为基础，存款利率略高于货币发行国国内的存款利率，贷款利率略低于货币发行国国内的贷款利率。一般而言，欧洲货币市场的存贷款的利差仅在0.25%～0.5%，这比各国国内市场存贷的利差要小。欧洲货币市场独特的利率体系增加了对国际投资者的吸引力。

4.市场所受金融管制和约束较小

欧洲货币市场是一种完全国际化的金融市场，不受货币发行国金融、外汇政策的限制，也不受市场所在国的限制，所以经营非常自由，投资者和筹资者可以自由进出，而且贷款条件灵活、贷款期限多样、贷款用途不限。由于欧洲货币市场很少受到管制，可以迅速出现各种各样的金融创新。

5.资金调度灵活、手续简便

欧洲货币市场是一个无形的、连续的、不受时间限制的市场，由遍布于世界各地的参与者构成。在欧洲货币市场上存在大量的跨国银行，且境外货币的调拨不受市场所在国外汇管制的约束。因而，欧洲货币市场资金周转极快，调度十分灵活。

四、欧洲货币市场的作用

欧洲货币市场作为国际金融市场的重要组成部分，对世界经济运行产生了显著作用。

从积极作用来看，欧洲货币市场有以下作用：

1.推动生产、市场和资本的国际化，使国际金融市场联系更紧密

随着生产国际化的发展、跨国公司的产生，国际经济关系不断扩大，这就要求加强各国之间的金融联系，加快资本配置的国际化。欧洲货币市场在很大程度上打破了国与国之间金融市场和资本流动的隔绝状态，将全球主要的金融中心和金融市场联系得更为紧密，促进了国际资本流动。

2.促进各国的经济发展

欧洲货币市场作为最大的国际资金市场，对各国的经济发展特别是发展中国家的经济发展提供了重要的资金支持。通过欧洲货币市场进行融资，很多国家解决了发展过程中国内生产建设资金不足和外汇短缺的难题，使经济得到迅速恢复和发展，而且外资流入往往伴随着一些先进技术和生产设备的引入，对各国经济发展尤其是发展中国家的经济发展有良好的推动作用。

3.促进了国际贸易和国际投资活动的开展

从世界各国经济发展的历史看，对外贸易是刺激经济增长的重要途径。第二次世界大战后，工业国家国民生产总值（DNP）与对外贸易额都有较大幅度的增长。而欧洲货币市场发挥融资作用，为国际贸易和国际投资提供支持，便利对外贸易融通资金，是国际贸易迅速发展的重要推动力。

4.调节部分国家国际收支不平衡的问题

随着贸易国际化的推动，主要国际收支顺差国的国际收支盈余越来越大；与之相对的是一些国家的国际收支逆差越来越严重。欧洲货币市场方便了短期资金的国际流动，特别是促进了顺差国盈余资金的再循环，也为逆差国通过融资调节国际收支提供了帮助。

但是欧洲货币市场的发展，容易增加国际金融体系的脆弱性，诱导国际金融市场的动荡。欧洲货币市场的借贷业务容易出现期限结构错配，即"借短贷长"，欧洲货币存款绝大部分是一年以下的短期资金。但欧洲货币信贷期限却趋于长期，跨国公司和其他国际客户对中长期资金的需求增加很快，欧洲货币市场的信贷产品多是中长期的。这种借贷业务的期限结构不匹配，容易导致金融市场动荡，增加金融体系的脆弱性。当存在外部冲击时，就有可能会造成金融市场负面预期、主要金融机构资金周转不灵的问题，而且欧洲货币市场高度联通各国金融市场，会有可能形成全球性的连锁式信用违约。加上欧洲货币市场是高度自由的市场，缺乏最终贷款人，一旦客户挤兑存款，就会造成许多银行出现流动性危机，很可能会引发金融动荡。

五、欧洲信贷市场

顾名思义，欧洲信贷市场就是经营欧洲货币信贷业务的市场。按照经营期限不同，可以将欧洲信贷市场划分为欧洲短期信贷市场和欧洲中长期信贷市场。

（一）欧洲短期信贷市场

欧洲短期信贷市场的主要功能是接受存款人的短期存款，向借款人发放一年以内的信贷。欧洲短期信贷市场资金主要来源于各银行、非银行金融机构的同业存款、跨国公司、工商企业的闲余资金存款，各国中央银行的存款，国际清算银行等国际组织的存款。资金的需求方主要是各银行、工商企业和一些国家政府。其中，商业银行是市场供给规模的主体，而跨国公司和工商企业是重要的资金需求者。一些国家政府为弥补财政收入的暂时短缺，调节国际收支平衡，公用事业和国有企业为筹集短期资金的需要，也从这个市场取得贷款。

欧洲短期信贷市场有以下几个特点：

1. 期限短

欧洲短期信贷市场的产品存贷期限最长不超过1年。其中，较为常见的期限为1天、7天、30天和90天。

2. 交易限额较高

欧洲短期信贷市场上每笔短期借贷金额的起点限额为25万美元，一般为100万美元。由于交易限额较高，所以参与者多为大银行和企业机构。

3. 条件灵活，不需要签订协议

相应的举债借款期限、币种、金额和交割地点可由借贷双方协商确定，不拘一格。该市场的参加者多为大银行和企业机构，一般不需要签订协议，也无须担保，通过电话或电传就可以完成。

4.利率浮动

欧洲短期信贷的利率一般以浮动的基准利率为基础，通过加减相应的基点获得。

5.存贷利差小

欧洲短期信贷不受货币所在国金融法律监管。经营该项业务的金融机构免税，不需缴纳存款准备金。因此在低廉的成本条件下，可以保持较小的存贷利率差，通过扩大规模实现盈利。欧洲短期信贷市场上的存款利率相对高，贷款利率相对低，两者差距一般为0.25%～0.5%。存贷利差小也吸引了更多的资金需求方和供给方，为欧洲短期信贷市场发展提供了良好的条件。

（二）欧洲中长期信贷市场

类似于欧洲短期信贷市场，欧洲中长期信贷市场同样具有接受存款、发放信贷的功能。但欧洲中长期信贷市场所发放的信贷期限在1年以上。欧洲中长期信贷的资金供给主要来源于吸收欧洲货币短期和长期存款，发放欧洲银行票据，发行银行大额存单。资金需求方主要是各银行、工商企业和一些国家政府。

相对于欧洲短期信贷市场，欧洲中长期信贷市场具有以下一些显著特点：

1.期限较长

欧洲中长期信贷市场发放的贷款期限均在1年以上，一般以1—10年居多。

2.一般需要签订贷款协议

欧洲中长期信贷期限较长、金额较大，具有较强的信用风险。因此，需要签订贷款协议，甚至需要寻求金融机构进行担保。贷款协议一般包括币种、期限、数量、利率、货币选择权条款、违约和保证条款等。

3.采用银团贷款形式

由于中长期贷款金额较大，所以一家银行无法单独向借款人提供资金。因此，常由数家甚至数十家银行联合向借款人提供贷款，贷款银行共担风险，共同享有利润。

4.采用浮动利率计息

中长期信贷期限较长，风险较大，一般采用浮动利率计息。在贷款期内根据市场利率的实际情况，随行就市，调整利率。

5.贷款资金的使用比较自由

借款人可自由安排贷款资金的用途，不受贷款银行的限制，也不附带任何经济或政治条件。

六、欧洲债券市场

（一）欧洲债券市场概述

欧洲债券是指一国发行人在国外发行的、以非发行地所在国的货币计量的债券。而欧洲债券市场是指发行欧洲债券进行筹资而形成的长期资金市场。

欧洲债券最初产生于20世纪60年代初，首批欧洲债券由意大利国家公路管理局于1963年7月发行。当前纽约、伦敦、卢森堡和新加坡等国家和地区为欧洲债券市场的主要市场。

从债券种类来看，欧洲债券市场上的债券种类主要有以下5种：

1.普通固定利率债券

普通固定利率债券就是发行时利率和到期日已作明确规定，在偿还期内不发生调整的欧洲债券。这种债券常为无担保债券。

2.浮动利率债券

浮动利率债券就是在偿还期内利率可以调整的债券，多为半年调整一次，以相应期限的市场基准利率为基础，加上一定的附加基点。

3.零息债券

零息债券没有票面利率，但该债券以低于债券面值的价格折价发行，以面值兑付。

4.可转换债券

购买者可按欧洲债券发行时规定的兑换价格，把债券转换成相应数量的股票。

5.欧洲权证债券

这种债券的特点是购买者在获得债券的同时也相应获得一种权利，并可以根据此项权利按协定条件购买某些其他资产，类似对有关资产的买入期权。

按发行期限长短可将欧洲债券分为短期、中期和长期债券。短期债券的期限一般在2年以内，中期为2—5年，5年或5年以上的为长期债券。

按发行方式可将欧洲债券分为公募债券和私募债券。前者是指公开发行、在证券交易所挂牌出售并可上市自由买卖或转让的债券；后者是指不公开发行、不在市场上自由买卖或转让的债券。

欧洲债券市场具有以下特点：

1.债券的发行者、债券币种和债券发行地点分属于不同的国家

2.债券发行方式以国际银团为主

债券的发行方式，一般由一家专业的大银行或投资银行牵头作为主承销商，联

合十几家或数十家不同国家的大银行代为发行，大部分债券是由这些银行买进，然后转到销售证券的二级市场或本国市场卖出。若债券的需求量不足，主承销人就会通过包销买入剩余债券。

3.债券发行条件高度自由

欧洲债券发行一般无须经过有关国家政府的批准，不受各国金融法规的约束，所以比较自由灵活。

4.不影响发行地的货币供应量和流动性

发行债券所筹措的是欧洲货币资金（在货币发行国境外而非发行地国家的货币资金），对货币发行国的货币资金流动影响不太大。

5.币种选择性强

发行欧洲债券，既可在世界范围内筹资，也可安排在许多国家出售，还可以任意选择发行市场和债券面值货币，筹资潜力很大。

6.债券的发行条件比较优惠

债券利息通常免除所得税或者不预先扣除借款国家的税款。因此，该债券对投资者极具吸引力，也使筹资者得以以较低的利息成本筹到资金。

7.安全性较高，流动性强

欧洲债券市场的主要借款人是跨国公司、各国政府和国际组织。这些借款机构的资信较高，故对投资者来说比较安全。同时，该市场是一个有效的和极富活力的二级市场，持券人可转让债券取得现金。

8.市场反应灵敏，交易成本低

欧洲债券市场的清算系统方便快捷，能使该市场准确、迅速、及时地提供国际资本市场现时的资金供求和利率、汇率的动向，缩小债券交割时间，减少交割手续。世界各地的交易者可据此快速进行交易，极大地降低了交易成本。

9.金融创新持续不断

欧洲债券市场是最具活力的市场之一，它可以根据供求情况，不断推出新的或组合的产品，并把国际股票市场、票据市场、外汇市场和黄金市场紧密地联系在一起，有力地推动了国际金融一体化与世界经济一体化。

（二）欧洲债券市场的市场结构

根据欧洲债券市场的功能不同，可以将欧洲债券市场分为发行市场和流通市场。

发行市场又称一级市场。欧洲债券的发行在该市场完成。一级市场的参与者主要有发行人、承销人和投资人等。其中，发行人主要是一般企业、跨国公司、各国政府或金融机构等。发行人一般应具有良好的信用等级，接受过国际信用评级机构的评级。

　　承销人是为发行人管理债券发行事项、确保债券发行顺利进行并收取承销费用的金融机构。承销人一般为规模较大的商业银行或投资银行。承销人分为主承销人和次要承销人。主承销人负责为发行人设计详细的债券发行融资方案，分析债券的市场接受程度，牵头成立发行银团，帮助发行人制作招股说明书，制作与发行相关的文件材料，成立债券发行价格稳定基金，包销未发行成功债券等。次要承销人的主要职责是帮助主承销人在特定区域内顺利完成发行。欧洲债券往往在世界不同区域内同时发行，其中主承销人在有些区域内可能没有足够的销售能力，需要与在该区域内有客户基础的银行协作进行债券发行，这些银行往往作为次要承销人而存在。

　　投资人往往指购买欧洲债券的企业、组织和个人。这包括商业银行、保险公司、养老基金、信托公司、政府和个人。

　　欧洲债券发行的流程如下：

　　1.选择主承销商

　　想要发行债券的发行人会邀请商业银行、投资银行等金融机构进行主承销商竞标。受邀机构会给出报价及收费标准。发行人会根据竞标结果选择主承销商。

　　2.主承销商会组建相应银团进行承销工作

　　主承销商会与银团组成成员商定，同意以特定价格、特定佣金发行债券，并就银团内各银行负责的债券数量达成一致。

　　3.主要发行条件确定后、债券发行之前，债券会在"灰色市场"进行发行之前的交易

　　所谓"灰色市场"是指在债券正式上市之前可以交易债券的市场。"灰色市场"的价格一定程度上反映了债券的市场需求情况，为正式发行时的债券确定的价格和数量提供了有力信息，便于主承销人自正式发行时对债券票面利息进行调整。

　　4.债券的正式发行

　　根据认购情况和灰色市场交易情况，发行人和银团会就债券的最终期限及发行条件达成最终一致。此时他们往往通过改变债券票面价值调整债券价格。随后，发行人和银团签订包含最终发行条件的认购或承销协议，推动债券正式发行上市，并在发行日后的28天内交割债券。

　　流通市场又称二级市场，是发行后的欧洲债券进行转让交易的主要场所。尽管欧洲债券具有不记名性，可通过场外交易和实物交割完成转让。但大部分欧洲债券转让还是通过欧洲银行票据交换所和明讯银行的国际交割系统完成。

欧洲债券的转让价格通常以与相关政府债券收益曲线的收益率差价为基础，并随债券的信用评级、在市场上的流动性及债券供求状况而变化。转让的欧洲债券的交割时间为交易日后第三个工作日。

通过欧洲银行票据交换所和明讯银行的国际交割系统的无纸化交易来完成交割。具体来说，在清算系统内，投资人拥有两个账户，一个是债券的清算账户，一个是现金账户，可以接受或支出现金。清算系统给每种债券一个国际债券识别码（ISIN），当交割债券时，客户可输入识别码来通过清算系统划拨债券。债券利息支付也是通过这两个系统完成。

【参考资料5-3】　　LIBOR退出与国际金融市场基准利率改革

阅读请扫码

本章小结

国际金融市场是参与国际市场的经济主体之间进行金融交易和进行资金融通的交易场所、组织结构和制度规则的总和。按不同划分标准，可以分为不同类型，具体有：国际货币市场、国际资本市场、国际信贷市场、国际证券市场、外汇市场和国际黄金市场。

国际金融市场的实体交易场所在地理上多集中于几个主要的中心城市，一般将这些中心城市称为国际金融中心。国际金融中心能为国际投资者提供最便捷的国际融资服务和最有效的国际支付清算系统。

若某种货币的国际交易是在货币发行国境外进行的，这种货币就被称为欧洲货币，这种货币的国际交易所形成的市场就称为欧洲货币市场，又被称作离岸金融市场。欧洲货币市场分为欧洲信贷市场和欧洲债券市场。欧洲货币市场是一种完全国际化的金融市场，它经营的主要对象是境外货币，因此相对于在岸金融市场，其市场范围广阔，不受地理限制；市场币种多、规模大；市场利率体系比较独特；市场所受金融管制和约束较小；资金调度灵活、手续简便。

欧洲信贷市场就是经营欧洲货币信贷业务的市场，分为欧洲短期信贷市场和欧洲中长期信贷市场。欧洲债券是指一国发行人在国外发行的、以非发行地所在国的货币计量的债券。而欧洲债券市场是指发行欧洲债券进行筹资而形成的长期资金市场。

─────────────── **关键概念** ───────────────

国际金融市场　国际金融中心　国际货币市场　国际银行同业拆借市场　短期信贷市场　可转让定期存单　贴现市场国际资本市场　外国债券　欧洲货币市场　欧洲信贷市场　欧洲货币　欧洲货币市场　欧洲信贷市场　欧洲债券市场

─────────────── **思考与应用** ───────────────

1.什么是国际金融市场？国际金融市场与国内金融市场有什么差异？

2.国际金融市场的功能有哪些？

3.什么是国际货币市场？国际货币市场包括哪些市场？

4.什么是欧洲货币市场？欧洲货币市场包括哪些市场？

第六章

国际储备

掌握国际储备的定义和特征，理解国际储备和国际清偿力的区别。

掌握国际储备的构成及特点。

理解国际储备规模管理和结构管理的内容。

掌握多元化国际储备体系的成因和特征。

第一节　国际储备概述

一、国际储备的定义

国际储备是一国国际收支中的重要项目，它对调节一国国际收支平衡，促进一国经济发展有重要作用。国际储备是指一国货币当局可以控制和利用的、在国际上可以被普遍接受的可自由兑换资产。国际储备一般用来平衡该国国际收支、维持本国货币汇率稳定以及弥补国际收支差额。国际储备的多少决定着一国应对国际清偿能力的强弱，标志着一国对外经济金融能力的强弱。

按照最终所有权，一国的国际储备可以分为自有储备和借入储备。自有储备是指该项国际储备的最终所有权属于本国货币当局，一般来源为本国向其他地区居民提供货物和服务出口取得的经常项目顺差。而借入储备指该项国际储备的所有权属于非本国居民，本国货币当局只能通过融资等手段持有和使用储备。借入储备的主要来源为资本流入。

狭义的国际储备只包括自有储备，广义的国际储备则包括自有储备和借入储备，这两者之和一般也可以被认为是国际清偿力。国际清偿力又称国际流动性，是指一国直接掌握或在必要时可以动用的综合支付能力，可以用来调节国际收支、满足对外支付及支持本币汇率稳定。国际清偿力具体包括一国货币当局所实际持有的、可以计量的国际储备，主权财富基金持有的外汇资产，以及通过国际金融机构、金融市场和其他国家政府进行的融资等。

国际清偿力与国际储备的存在一些区别。

1.国际清偿力比国际储备的外延更广

国际清偿力不仅包括货币当局持有的国际储备，还包括一切货币当局能够使用和动员的对外支付手段。

2.国际清偿力具有可能性和条件性，国际储备具有现实性和无条件性

国际清偿力强调在一定条件下的支付可能，并不要求货币当局持有其归属权，具有可能性和条件性。而国际储备则强调资产必须由货币当局无条件持有，具有现实性和无条件性。

国际储备一般具有以下特征：

1.官方持有

国际储备必须是一国货币当局直接掌握并予以使用的资产。非官方金融机构、企业和私人持有的黄金、外汇等资产，不能算作国际储备。

2.可兑换性

作为国际储备的资产必须具有广泛的可兑换性，可以自由地与其他金融资产相交换，才能发挥国际储备的支付属性。若缺乏可兑换性，储备资产的价值就无法实现，无法用于弥补国际收支逆差及发挥其他作用。

3.充分流动性

作为国际储备的资产必须具有较好的流动性，是随时都能够动用的资产。国际储备具有不损失其价值还能迅速变现的能力，如存放在银行里的活期外汇存款、有价证券等。当一国国际收支失衡或汇率波动过大时，就可以动用这些资产来平衡国际收支或干预外汇市场来维持本国货币汇率的稳定。

4.普遍接受性

国际储备必须能够在国际范围内被普遍认同与接受、使用，才能在政府间作为支付手段结算国际收支差额。如果一种金融资产仅在小范围或区域内被接受、使用，那么尽管它也具备可兑换性和充分流动性，仍不能称为国际储备。

二、国际储备的功能

国际储备的功能主要体现在应对国际支付和干预政策方面，具体来说有以下功能：

（一）弥补国际收支逆差，充当政策缓冲

当一个国家面临偶发性因素或季节性因素出现临时性国际收支逆差，而该国又无法依靠举借外债来实现国际收支平衡时，该国可以选择动用国际储备来弥补此逆差。这样可以避免因采用财政货币政策调整宏观经济，对国内经济运行产生不必要的影响，也维护了本国的国际信用。如果一个国家出现的国际收支逆差是长期性、结构性的，政府就必须通过财政货币政策进行调整，才能彻底解决问题，此时该国的国际储备也可以起到临时性缓冲作用，为政策制定和实施争取时间。

（二）干预外汇市场，维护汇率稳定

国际储备是一国汇率稳定的重要保证。一国国际储备的数量一定程度上反映该国货币当局对外汇市场的干预能力。当本币汇率波动时，货币当局往往动用国际储备干预外汇市场，使本币汇率稳定在所希望的水平上，使汇率水平与本国的经济运行状况相适应。若本国货币币值下跌到货币当局认为需要干预时，货币当局就可以选择出售国际储备，买入本币；若本国货币币值上涨到货币当局认为需要干预时，货币当局就可以选择积累国际储备，卖出本币。而且若一国具有雄厚的国际储备，国际金融市场就对该国货币币值稳定具有一定的预期，投机者不会轻易对该国汇率发起投机行为。因此，国际储备对一国对外汇市场的干预能力和汇率稳定具有重要意义。

（三）充当一国经济实力的象征，提高向外借款的信用保证

国际储备是衡量一国对外偿债能力大小的重要指标。而一国对外信用的高低，除了由一国经济发展状况决定外，国际收支状况、偿债能力的大小也是重要的决定因素，所以国际储备的多寡是衡量一国信用等级高低的重要指标。如果一国国际储备实力雄厚，信用等级就高，在国际金融市场上借债就较容易，贷款条件也较优惠；否则，就不容易在国际金融市场上筹措到资金，借款条件也较苛刻。

（四）扩大本国货币的影响力，推动本国货币国际化

国际储备是一国所持有的资产，也是一国货币影响力的象征。若一国持有强大的国际储备，意味着该国有能力干预其货币汇率，自主调整汇率升高或下降，由此增强其他国家对该国货币汇率的信心，获取国际竞争优势。而且一国拥有较强大的国际储备，会提高该国货币在其他国家的信用度和接受度。这对支持该国货币的国际地位，推动该国货币国际化，乃至成为主要的国际货币至关重要。

三、国际储备的构成

国际货币基金组织认为，一国国际储备的构成，是一国政府和中央银行所持有的黄金、外汇储备、特别提款权以及储备头寸的总和。

（一）黄金

国际储备中的黄金是一国货币当局为保证国际支付和维持货币信用而储存的金块和金币的总额，同时还是在金本位制度下各国发行纸币的准备金。但国际储备中的黄金不包括为了满足工业用金和民间藏金需求而作为商品储备的黄金。

黄金是历史较为悠久的国际储备来源。在金本位制度下，黄金是最重要的国际储备形式和货币发行保证。然而金本位制崩溃以后，各国不再需要将黄金作为本国纸币发行保证，但黄金依然是重要的国际储备来源。

与其他国际储备资产相比，黄金具有价格稳定、可靠的特点。货币当局的黄金储备来源有两个途径。首先，货币当局可以在国内收购黄金。其次，货币当局在国际黄金市场购买黄金。但一旦本国不是国际货币发行国，若想在国际市场上购买黄金，就需要动用本国的其他国际储备。

黄金作为国际储备有一些特点。

1.价值比较稳定，抵御通货膨胀

黄金作为天然的贵金属，在通货膨胀时期，价格会随着其他资产一起上升，是比较可靠的抗通胀、可保值的资产。一国如果保持一定的黄金储备，可以减缓其他国际储备因通货膨胀贬值所受到的损失。尤其在通货膨胀高涨时期，黄金可以较其他国际储备资产发挥更好的作用。

2.黄金储备可以帮助本国维护经济主权，不受任何国家权力的干预

黄金可以充分发挥支付手段的作用，各国货币当局可以方便地通过收付黄金来平衡国际收支，而外汇收付有时会受到货币发行国的限制和约束。

3.黄金具有突出的安全性

黄金具有广泛的接受性，而外汇在对外支付过程中则不容易被各国投资者接受。在一国政治经济动荡时期，该国货币的支付能力会受到限制，人们采用该国货币应对对外支付有可能不会被接受。

但是黄金作为国际储备也有一定缺陷。首先，黄金供应增长限制使它很难满足国际储备需求。受世界黄金开采量的制约，黄金储备的总量是有限的。而随着世界各国的经济增长和发展，世界各国对国际储备的需求在一直增长，因而黄金无法单独满足国际储备需求。这也是国际金本位制解体的原因之一。其次，黄金储备流动性较差。一般情况下，各国使用黄金进行支付时，往往需要将黄金转换为外汇后再支付。这种特性使得一国在调节国际收支时，除非迫不得已，否则不会轻易动用黄金储备。最后，持有黄金的机会成本很高。黄金本身不会增值，并且黄金的保管和储藏还需要支付一定费用，各国将黄金作为国际储备需要承担相应的机会成本。

因此，虽然黄金作为储备资产的重要组成部分，对各国的国际收支具有一定影

响，但受限于其缺陷，当前黄金在世界各国的国际储备中所占比例不断下降。

（二）外汇储备

外汇储备是指一国货币当局所持有的可兑换货币和用它们表示的流动性资产。外汇储备的主要形式为现钞、国外银行存款和外国政府债券、货币市场工具、外汇衍生品合约等。其中，现钞为具有国际储备货币功能的主要国家货币。一国货币能否成为国际储备货币，有三个因素。第一，可兑换性和接受性。一国货币在国际货币体系中占有重要地位，能自由兑换成其他货币（或黄金）或偿付国际债务，并为世界各国所普遍接受。第二，货币价值稳定。一国货币价值稳定，会增加该国货币的支付能力，增强投资者对货币购买力的信心。第二次世界大战前，英镑曾长期是世界各国主要的储备货币，第二次世界大战后，美元取代英镑成为主要的储备货币。20世纪70年代以来，欧元、日元、瑞士法郎等也成为重要的外汇储备组成部分。第三，该货币所在国具有发达的金融体系支持。为了实现便捷流通，这种货币需要发行国发达的金融体系将货币推行到国际经济贸易体系中。同时也需要发行国的金融市场运行良好。储备货币是一种金融资产，只有发行国拥有发达的金融市场，才能保证储备货币在金融市场中相对稳定的流通和兑现。

外汇储备的特点在于：

1.外汇储备的增加受货币发行国中央银行货币政策的影响，没有客观因素制约其数量，因而外汇储备容易满足各国经济增长和国际收支对国际储备的需要。

2.外汇储备一般具有较强的流动性。

3.外汇储备作为货币性资本，可以投入货币市场进行增值，持有外汇储备的机会成本较低。

4.外汇储备价值受到外汇市场汇率波动影响，会面临一定的汇率风险。

5.使用外汇储备进行国际支付可能会受到货币发行国的经济政策干预的影响。

（三）特别提款权

特别提款权（Special Drawing Rights，SDRs）是国际货币基金组织创设的一种记账单位和储备资产。特别提款权诞生的初衷是为了解决各国的国际储备短缺问题。特别提款权被国际货币基金组织设计并分配给会员国用以补充国际储备，弥补国际收支逆差。特别提款权从1970年开始第一次分配给会员国，作为原有普通提款权以外的一种使用资金的特别权利。特别提款权可用于会员国政府或中央银行与国际货币基金组织特别提款权账户之间的结算，以及会员国对国际货币基金组织的某些支付；也可以用来作为政府对外承担金融债务和缔结互惠协定的保证金，或向其他会员国换取外汇。但特别提款权不能直接用于国际贸易和非贸易支付，因而私人企业和商业银行不能持有和使用特别提款权。

特别提款权的持有者主要是国际货币基金组织的会员国和指定的某些经济实体。只有国际货币基金组织的会员国才能参与特别提款权的分配。另外，国际货币基金组织指定的某些经济实体，如世界银行、国际清算银行等，也可以持有和使用特别提款权，但它们不参加特别提款权的分配。

与其他储备资产相比，特别提款权的特征在于以下四点：

1.特别提款权是人为设立的储备资产

不同于其他货币性或实物性储备资产，特别提款权是一种人为设计的、没有任何物质基础的记账单位。最开始设计特别提款权是为了弥补美元作为储备资产的数量不足，降低世界各国对美元的依赖。因此特别提款权虽然在设计初期也与黄金挂钩，但并不具有相应的物质基础。与储备头寸相比，特别提款权是以所缴份额为基础的账面资产，属于记账外汇，而储备头寸是以所缴份额为基础的实际外汇资产，属于自由外汇。

2.特别提款权是无偿获得的

国际货币基金组织会按照各成员国份额比例，无偿将特别提款权分配给成员国。而黄金、外汇等储备资产往往是通过国际贸易、投资和借贷等国际收支活动取得的。

3.特别提款权的使用范围有限

从使用主体范围来看，特别提款权只能在国际货币基金组织成员国和国际货币基金组织指定的经济实体之间使用。从适用范围来看，特别提款权主要有以下用途：一是用以向国际货币基金组织指定的其他成员国换取外汇，偿付国际收支赤字；二是成员国之间通过协议用特别提款权换回对方持有的本国货币；三是用以归还国际货币基金组织的债务，支付应付利息；四是用于成员国之间的互惠信贷协议；五是向国际货币基金组织捐款；六是充当本国的储备资产，用以稳定汇率。除此之外，非官方金融机构和个人、企业不得持有和使用特别提款权，特别提款权也不能直接用于贸易或非贸易支付。

4.特别提款权价值比较稳定

特别提款权的价值主要是根据一篮子货币中主要货币的加权平均值确定的，而主要货币的权重则主要由一篮子货币中主要货币所在国的贸易结算量和国际储备量决定。当一篮子货币中的某一种货币升值时，可能有另一种货币贬值，进而两相抵消。而且一篮子货币的设定，会使特别提款权的货币价值波动低于任何一种主要货币。因此，特别提款权的价值一般比较稳定。

（四）储备头寸

国际储备的最后一种形式是成员国在国际货币基金组织的储备头寸。储备头寸指基金组织成员国在国际货币基金组织的普通账户中可以随时自由提取和使用的资产。它主要包括持有国以黄金、外汇或特别提款权认缴的份额，国际货币基金组织向持有国借款所形成的净额，国际货币基金组织为了满足其他成员国借款而使用的该国货币。其中后两部分是储备头寸持有国对国际货币基金组织的债权。

根据国际货币基金组织的规定，每个成员必须缴纳相应的股金，所缴纳的股金被称为国际货币基金组织份额。国际货币基金组织份额的认缴办法是：一国可以用可兑换货币缴纳股金的25%，剩余的75%以本国货币缴纳。当成员国遇到国际收支不平衡时，有权以本国货币作为抵押，向国际货币基金组织申请提用可兑换货币。国际货币基金组织提供的提用条件分为5档，每档占其认缴份额的25%，提用条件随着档级的提高变得逐渐严格。一国（地区）从国际货币基金组织最多可融通的短期资金是缴纳份额的125%，其中第一档是以外汇资产形式缴纳的储备提款权，条件最为宽松，只要提出申请，即可使用。其余四档称为信用提款权，提用条件随着档级的提高逐渐严格，成员国必须提供全面、详细的财政稳定计划，并接受国际货币基金组织的监督。

【参考资料6-1】　数字货币、人民币与国际储备去美元化

阅读请扫码

第二节　国际储备管理

国际储备管理是指一国货币当局根据本国在一定时期内的经济增长情况和国际收支要求，对国际储备的规模、结构及储备资产的运用等进行计划、调整和控制，以实现储备资产规模和结构的最优化的过程。国际储备管理直接影响本币汇率和本国经济增长，间接影响本国进出口和价格水平等。因此，各国货币当局都十分重视国际储备管理。

就国际储备管理内容而言，一国的国际储备管理主要有国际储备规模管理和国际储备结构管理两部分。国际储备规模管理主要解决国际储备规模的选择和调整问题，以确定和保持国际储备的适度规模。通过国际储备规模管理，一国可以维持本国国际收支平衡和汇率稳定；国际储备的结构管理主要解决储备资产结构的确定和调整问题，即在国际储备总额一定的条件下，如何调整储备资产的币种、期限和持有形式等，以实现储备资产结构的最优化，提高一国国际储备的使用效率。

一、国际储备规模管理

国际储备规模，即国际储备水平，是指一国在特定时点上持有的国际储备与某些经济指标的对比关系。国际储备规模管理是指一国为了保持足够、适量的国际储备水平对国际储备规模的确定和调整。

一国有必要持有一定数量的国际储备。持有一定数量的国际储备具有如下收益：第一，国际储备的主要作用是用于弥补国际收支逆差的政策需要，避免紧缩性政策带来的经济增长放慢、国民收入下降、失业增加等不良后果。第二，国际储备规模在一定程度上是一国经济实力的象征，对一国开展大规模的国际贸易和国际投资具有重要意义。第三，一定数量的国际储备规模是一国干预金融市场、稳定本币汇率的能力体现，对稳定本币汇率、防范针对本币的投机行为具有重要意义。

（一）影响国际储备规模的因素

一国持有最优的国际储备规模主要受以下因素影响：

1.持有国际储备的机会成本

持有国际储备存在一定的机会成本。一国如果持有一定数量的国际储备，就需要放弃将这部分国际储备转换为实际资源投入生产以获取收益的权利。持有国际储备的数量越多，闲置的实际资源就越多。国际储备的机会成本可以用实际资源在本国的投资收益率来表示。一国的国际储备可以在本国进行投资获取收益，也可以投资国外银行存款或购买外国政府的债券获得利息收益，因此一国持有国际储备的净成本就等于本国投资的边际投资收益率（或国民经济增长率）与国际储备资产在国外的利息收益率之差。两者之间的差额越大，则表明持有国际储备的机会成本越高；差额越小，则表明持有国际储备的机会成本越低。一国持有国际储备的规模与该国持有国际储备的机会成本成反比。一般来说，持有国际储备的机会成本占GDP的1%～3%不等。

2.国际收支状况

一国持有国际储备的一个目的是弥补国际收支逆差。国际收支是决定最优国际储备的重要因素。国际收支方向、规模不同的国家所需要保持的国际储备水平是不一样的。一般而言，若一国国际储备需求与该国国际收支逆差呈正方向变化，则国际收支逆差数额越高，出现次数越多，一国需要持有的国际储备数量也就越大。同时，若一国国际储备需求与其国际收支顺差呈反方向变化，则国际收支顺差数额越高，出现次数越多，一国需要持有的国际储备数量也就越小。多数发展中国家因受经济结构不平衡、经济政策失当以及不合理的国际经济秩序的影响，国际收支出现逆差，迫使它们必须提高国际储备需求的水平。

3.一国汇率制度的选择

一国持有的国际储备往往也是调整汇率、维持汇率稳定的政策工具。调节本国货币的汇率需要保有一定的国际储备。如果一国实行的是固定汇率制度，政府经常性改变汇率水平就需要付出很大的政策成本。一旦汇率出现大幅波动，就必须依靠货币当局动用国际储备，稳定本国汇率，该国相应需要保有较高的国际储备水平。如果一国实行的是浮动汇率制度，汇率可以在一定程度上随市场浮动，该国所需要的国际储备就可以相对较低。因而，汇率制度越灵活、政府对外汇市场的干预程度越低，汇率的变动就越自由，货币当局对国际储备的需求也就越少。从理论上讲，在完全自由浮动的汇率制度下，一国国际收支的调节由汇率波动进行自发调整，国际收支自动趋于平衡，该国可以不持有任何国际储备。而实际上汇率频繁波动，各国对市场的干预也经常发生。因而，各国为干预汇率往往也保有一定的国际储备。

4.外汇管制程度

当一国发生国际收支逆差时，可以既不靠外汇资金来融通，也不靠经济政策实施，而是通过对外汇的直接管制来扩大外汇收入和限制外汇支出，从而实现国际收支平衡。因此，如果一国经济开放度低，对外实行严格的外汇管制，一切外汇收支都按计划或须经批准，则外汇结算必然受到限制，在这种情况下，对外汇储备的需求一般会小些；反之，对外汇储备的需求会大些。

5.该国货币在国际储备体系中的地位

如果一国货币是可以作为国际储备资产的可兑换货币，那么该国可以以本国货币弥补国际收支逆差，对国际储备的需求就可以少一些；相反，则需要较多的国际储备。因而，该国货币在国际储备体系中的地位较高，本国货币输出规模较大，就可以保有较小的国际储备规模。

6.本国信用等级和融资能力

如果一国具有较高的信用等级，保有国际储备水平就可以低一些。相反，如果一国具有较低的信用等级，则需要较高水平的国际储备。与此相关，一国在国际金融市场上的融资能力的高低与国际储备需求也存在密切关系。如果一国有能力进行融资，获得所需的资金，补充其国际清偿力，抵消可能出现的资金缺口，则可以保有较小的国际储备规模；反之，则需要保有较大的国际储备规模。

7.金融市场的发达程度

金融市场是国际储备的重要来源渠道，发达的金融市场使得货币当局可以通过市场操作融资来应对国际收支逆差，也可以通过金融机构快速进行融资以应对储备不足。因此，金融市场越发达，货币当局融资越便利，货币当局对国际储备的需求就越少；反之，对持有国际储备的需求就越多。

8.对外汇储备的经营与管理水平

一国如果具有系统化和专业化的国际储备经营与管理机构，可以根据市场变化的要求，对本国需要的主要储备货币种类进行快速决策和反应，或在币种、期限、资产形式上对国际储备进行优化，并确保国际储备保值增值，则该国可以相应减少持有的国际储备。反之，则须相应地增加国际储备。

（二）衡量国际储备规模的指标

在考虑了影响一国国际储备规模的基本因素的基础上，若寻求最优的国际储备规模，则需要首先衡量国际储备规模的大小。目前，经常用以衡量国际储备规模的指标有以下指标：

1.一国的国际储备数额同该国的国民生产总值之比

在经济全球化背景下，一国的国民生产总值规模越大，则相应进出口需求也越大，对国外市场的依赖程度也相应增大，因而需要持有较多的国际储备。反之，则需要较少的国际储备。

2.一国的国际储备数额同该国的贸易总额之比

一国对外开放程度越高，外贸规模越大，对外贸易依存度越高，则需要有越多的国际储备。这也是反映一国对外清偿能力和资信的一个重要指标。

3.一国的国际储备数额同该国的进口数额之比

国际收支中最重要的项目是贸易收支。如果一国进口大于出口，而非贸易账户或资本账户又没有足够的顺差来抵补，就需要动用国际储备来弥补。所以，一国的进口额越高，该国需要持有的国际储备越高。

（三）最优国际储备规模的确定方法

一国持有的最优国际储备规模，即国际储备规模的最优水平应该综合考虑以上多种因素来进行衡量。具体来看，确定国际储备最优规模的主要方法有以下几种：

1.比率分析法

美国耶鲁大学教授罗伯特·特里芬（Triffin R，1960）开创了研究国际储备规模管理的先河。特里芬在1947年就撰文提出了国际储备需求会随世界贸易增长的观点，并在此基础上建议以一国国际储备与进口的比率作为衡量国际储备充裕程度的指标。由此，形成了比率分析法。

1960年，特里芬在《黄金和美元危机》中系统地阐述了如何利用比率分析法分析一国的国际储备规模。在该书中，他根据对1950—1957年12个主要国家的国际储备和进口状况的长期观察，发现当一国的国际储备与进口数额的比率在40%

以上时，该国的国际储备比较充裕，该国具有充分的能力维持其货币的可兑换性。而当这一比率低于30%时，该国政府往往因为国际储备不足而不得不采取外汇管制措施。而后研究者针对一国进出口和国际储备规模的经验数据，提出了迄今仍有广泛影响的特里芬法则。特里芬法则表明，一国储备量应以满足3—4个月的进口为宜，即当一国国际储备与进口数额比率范围在25%~30%时，该国的国际储备处于最优水平。

特里芬法则的特点是把国际储备与进口数额挂钩。但以国际储备与进口数额的比率来衡量国际储备是否充裕，并不具有充分的理论依据。第一，国际储备的功能重在弥补国际收支逆差而不是为进口贸易提供融资。如果一国能持续维持国际收支平衡，则其进口数额增加并不会使该国出现国际收支逆差，因而也并不需要一国动用国际储备平衡国际收支，该国就不一定会保有较高的国际储备水平。第二，国际储备为不确定的国际经济支付结算需求提供安全保障，以应对未来的国际收支差额或汇率干预，而一国货币当局很难用已经发生的进口额推断一国未来的、未发生的对外经济状况。即使进口额能够反映一国的国际储备持有量，这也只有长期的意义，属于趋势性变化，以进口数额确定国际储备最优水平无法体现一国对国际储备的实际需要的即时性变化。第三，历史数据表明，整个世界的国际储备数量与进口数额之间并不存在稳定的联系。第四，以国际储备与进口数额的比率衡量一国的国际储备最优水平，忽视了国际资本流动的影响。在现代世界经济一体化条件下，国际资本流动正以惊人的速度急剧增长，在这种情况下，各国为防止资本流动对本国的冲击，必须持有一定数量的国际储备，以满足外汇市场干预的需要。而只将国际储备与进口数额绑定，难以反映国际资本对国际储备的影响。

因此，除了典型的国际储备与进口数额比率指标外，一般也会采取其他指标来衡量国际储备的最优规模。比如国际储备与货币供应量的比率、国际储备与对外短期负债的比率、国际储备与国际收支差额的比率、国际储备与GDP的比率、国际储备与外债总额的比率等。这些比率虽然在一定程度上补充了储备-进口比率指标的不足，但因选择的变量有限、准确性不足，因此，比率分析法可以作为一种参考，但不能作为唯一的衡量最优国际储备的标准。

2.机会成本分析法

机会成本分析法是以比较持有国际储备规模的成本和收益的方法来确定最优国际储备的规模为基础的。英国经济学家海勒（Heller，1966）在《适度国际储备》一文中最先采用了成本收益分析法探讨国际储备的适度需求。他认为，一国持有国际储备的成本等于该国放弃持有其他资产的机会成本，设为r；一国持有国际储备的收益是指当该国采用国际储备而非不必要的政策调节国际收支逆差时节省的国内总支出。以边际进口倾向的倒数1/m来表示持有储备的单位成本，因为边际进口倾向的倒数1/m反映了减少进口对国民收入造成的损失，即实行政策调节国际收支逆差的单位成本，也就是持有国际储备的单位收益。假定国际收支差额的发生是一个对称的随机过程，每一过程的概率为h；国际收支顺差发生和逆差发生的概率相等，都是1/2。那么，连续发生国际收支逆差，并用储备恰好完全弥补逆差的概率为 $\pi = \left(\dfrac{1}{2}\right)^{\frac{r}{h}}$，因此增加单位国际储备持有而增加的边际收益为 $MR = \left(\dfrac{1}{m}\right)\left(\dfrac{1}{2}\right)^{\frac{r}{h}}$，由于MC=MR=r，得出适度储备量R=hlg（rm）/lg0.5。

但这一方法有一些缺陷。首先，海勒的成本收益分析方法虽然反映了国际储备需求量与国际收支预期之间的关系，但该分析方法没有考虑发达国家与发展中国家之间的差异。这可以体现在以下两点：第一，实证分析表明，发展中国家对国际储备变化的政策反应不如发达国家敏感；第二，该方法认为两类国家的国际储备持有成本相同。但受经济实力、金融稳定等因素的影响，发展中国家常常面临着比发达国家更高的国际储备持有成本。其次，海勒的成本收益分析方法的一个重要假设就是认为国际收支差额的发生是一个随机过程，且连续发生，收支顺差与逆差的概率都是0.5。但是对于一些国家来说，连续发生国际收支逆差或顺差都是存在的。

因而，阿格沃尔（Agarwal，1981）在海勒的基础上，从收益最大化和成本最小化两方面考虑，为发展中国家构建了一个国际储备规模分析方法。阿格沃尔认为，发展中国家的国际储备需求数量，必须能保证在既定的固定汇率条件下，该国能应对预料之外的国际收支逆差，同时又能使该国持有国际储备的成本和收益相等。因而，阿格沃尔假定存在这样一个国家，第一，由于进出口弹性较小，该国容易出现外汇短缺；第二，该国国内存在大量闲置资源；第三，该国会运用直接管制的方法缓解国际收支逆差；第四，该国在国际市场的融资能力有限。

因此，基于以上假定，最优储备规模决定模型为：

$$R = \frac{D}{\lg \pi}\left(\lg m + \lg q_2 - \lg q_1\right) \tag{6.1}$$

式中，R代表国际储备规模，D表示国际收支逆差额；π表示逆差出现的概率；m表示该国单位资本的产出效率，即资本产出比率的倒数；q_1表示该国追加资本中的进口比重；q_2表示进口资本品占该国总产出的比重。

基于阿格沃尔模型，国际收支逆差越大，资本产出效率越高，进口资本品占该国总产出的比重越大，该国所持有的国际储备规模越大；国际收支逆差出现的概率越高，该国追加资本中的进口比重越高，该国所持有的国际储备规模越小。

3.回归分析法

回归分析法产生于20世纪60年代末期，经济学家使用计量模型对影响一国国际储备的因素进行回归与相关分析，构成储备需求函数。回归分析法对国际储备规模的衡量较为精确，考虑了国民收入、货币供应量、国际收支、进口水平和边际进口倾向等很多影响国际储备量的因素，使分析更加全面化和精确化。如弗兰克尔建立了国际储备的双对数回归模型

$$\ln R = a_0 + a_1 \ln m + a_2 \ln \delta + a_3 \ln M + \mu \tag{6.2}$$

式中，R代表外汇储备，m代表平均进口倾向，δ代表国际收支变动率，M代表进口量，μ是随机扰动项。

回归分析法引入了国民收入、货币供应量、国际收支变化、进口水平、边际进口倾向和持有储备的机会成本如长期利率等诸多经济变量，采用回归方式，使最优国际储备规模的衡量方法趋于数量化和精确化。但是回归分析法是在过去的经验数据上建立的，但是过去数据的变动趋势很难完全适用于将来。因此，采用回归分析法预测未来储备量还要和其他理论结合起来，进行综合分析。

4.定性分析法

20世纪70年代中期，卡鲍尔和范（Carbaugh and Fan, 1976）在《国际货币体系》中针对国际储备规模最优水平的确定问题提出定性分析法。他们认为，确定国际储备需求量要进行定性分析，要考虑国际收支调节的机制及政府的相关政策。国际储备的短缺或过剩会直接影响到一国的很多经济变量。而通过政府政策变量及经济变量的变动情况，可以推断储备水平是否适度的结论。该理论认为，影响一国国际储备水平的因素有以下几点：储备资产的质量、各国经济政策、国际收支调节机制的效力、政府是否谨慎地采取国际收支调节措施、清偿债务的资金来源及稳定程度和国际收支的动向及经济状况。通常情况下，若一国政府实施紧缩性需求管理、外汇管制等政策，则说明其国际储备不足；若一国政府实施扩张性需求管理、出口退税、资本输入管制等政策，则反映出其国际储备较为充足。

定性分析法较为全面地考察了影响一国国际储备水平的因素，虽然没有构建更加精确的定量模型，但为合理界定一国国际储备水平提供了思路和途径。

二、国际储备结构管理

国际储备结构管理就是在储备总量既定的水平下，合理安排各种储备资产的构成，确定这些资产之间的最佳构成比例，以实现储备资产结构的最优化。进行国际储备结构管理是为了应对各种国际支付需求，避免国际金融市场风险，保持国际储

备资产的实际价值不受损失，并在可能情况下使其增值。在各国货币汇率经常波动的情况下，多样化的储备结构可以使储备资产升值和贬值的部分相抵，从而减少汇率风险带来的损失，同时多样化的储备结构也可以通过一些有价证券的经营活动实现国际储备增值。

国际储备结构管理是基于储备资产组合理论发展起来的，储备资产组合法则是托宾-马科维茨框架下的资产组合理论在国际储备管理领域的运用。资产组合理论认为，各类金融资产的风险和收益存在差异，通过选择不同的资产风险、收益之间的权衡，就可以寻求最优的资产组合。国际储备作为金融资产，会面临汇率风险和利率风险，也会带来相应的投资收益。如果一国只按照国际储备规模理论确定国际储备水平，不考虑国际储备结构，那么一旦受到利率和汇率风险的不利影响，就会降低国际储备价值，不能保证应对对外支付。因此，一国货币当局应该对各种储备资产按照收益和风险进行权衡并选择相应的组合，得到风险程度较低、收益率较高的资产组合。从20世纪60年代起，凯南（1960）、梅金（1971）等均开始考虑货币当局在不同资产相对收益率下的储备资产选择问题。

国际储备的结构管理主要在于确定黄金、外汇、储备头寸和特别提款权等资产之间的最佳比例以及外汇储备的结构管理，包括确定外汇储备的币种结构和资产结构。其具体内容包括：（1）如何安排各类储备资产的结构；（2）如何确定外汇储备中不同的币种结构；（3）如何持有和运用这些储备资产防范风险和增值；（4）如何选择最优的资产组合和资金调度。在实际管理中，国际储备的结构管理主要指外汇储备的结构管理。

（一）国际储备结构管理目标

一般说来，国际储备结构管理中主要遵循安全性、流动性和盈利性目标。

1.安全性

安全性主要是指国际储备作为一国的价值储藏，必须保证其内在价值的稳定性。如果国际储备由于汇率波动而遭受贬值损失，那么不但会导致国家财富的直接损失，而且国际储备的作用也难以发挥。如果一种储备资产在用于对外支付时有可能受到约束和限制，无法实现货币功能，那么这种资产的安全性也会相应下降。若想实现国际储备的安全性管理，那么首先要使国际储备资产的投向安全、可靠。一国货币当局必须了解国际储备资产投资地的外汇管制情况、汇率及其货币稳定情况，以及储备资产流向银行的资信情况、流向的金融市场的稳定情况以及有关国家的主要金融资产的信誉情况。货币当局会选择将外汇资产投放到外汇管制宽松的国家、资信高的银行和安全的信用工具上。其次，要维护国际储备价值的稳定。作为国际储备的资产，其内在价值必须具有相当的稳定性，不能频繁波动，增加风险损失，以致影响支付质量。

对此而言，黄金储备的安全性是最好的，因为黄金是实物资产，本身具有内在价值，遭受风险损失冲击的风险小。一般情况下，各国政府都会将黄金储备存放于国内。存放在国内的具有保值作用的黄金储备就是一国掌握在自己手中的安全的储备资产，一般也不会受到货币发行国的限制。相反，作为外汇储备的货币都是信用货币，本身并无价值，其货币功能取决于发行国政府的信誉、经济实力和政策取向。作为外汇储备的货币在对外支付时，有可能受到发行国的约束和限制，其安全性也就相应下降。

2. 流动性

流动性目标主要是指要保证国际储备在不遭受价值损失的前提下，随时可转换成现汇或其他可兑换资产，以满足国际支付的需要。它主要包括两层含义：第一，要使储备资产能随时兑现，在需要时可以兑换成现汇或其他可兑换货币，以用于随时可能出现的国际收支逆差；第二，货币当局在调整储备资产结构时，应根据对本年度国际支付需求的时间、金额、币种的估算，将外汇投向不同期限的短、中、长期投资，以使各信用工具的到期期限与对外支付需求期限匹配，且保证资金能在国际金融市场自由流入流出。

就流动性而言，外汇储备的流动性较强，而黄金的流动性较差，因此，为了保证国际储备流动性，货币当局必须持有大量国际投资者能够接受的、可兑换的外汇作为储备。

3. 盈利性

盈利性是指国际储备必须能够保持稳定的价值，具有良好的保值甚至增值的特性，不易出现大幅度价格下跌。因而，第一，一国应当以最少的国际储备量获得最大的国际清偿保障；第二，在保证储备资产的流动性和安全性的前提下，一国对于国际储备结构的调整，会使储备资产有所收益，实现储备资产的保值和增值。

就盈利性而言，外汇的盈利性比黄金强。由于具有一定的内在价值，所以黄金的保值能力很强。尤其是在通货膨胀较高的时期内，黄金价格会大幅度上升。但黄金本身不能投入市场获得投资收益，持有黄金还具有一定的储备和保管成本。因此，黄金的收益性很难确定。但是一国可以将外汇储备投资到金融市场，获得利息收益。因此，与黄金储备相比，外汇储备收益比较稳定。

但是从这三个目标的关系来看，储备资产结构管理的三个目标之间往往是相互矛盾、相互制约的。安全性、流动性高的储备资产，收益性通常较差；而收益性高的储备资产，其安全性、流动性又偏低。一国要增强储备资产的安全性和流动性，就要影响其盈利水平，如活期存款的流动性较高，但其盈利性较低；中长期债券的安全性较高，但流动性较弱。而要增强收益，安全性和流动性就势必受到威胁，如硬通货安全性高，但盈利性却较低。所以，必须在三者之间进行权衡，合理配置。

（二）国际储备的结构管理内容

国际储备的结构管理是指一国如何合理地分布其储备资产，包括对外汇储备的币种结构以及外汇储备资产流动性的选择与调整。具体来说，国际储备结构管理内容包括币种结构管理和流动性结构管理。

1.币种结构管理

由于外汇储备在各国的国际储备资产中比重最大，所以一国的币种结构管理的重点主要是针对外汇储备的结构管理，包括对外汇储备资产的币种选择及其比例的确定。一国往往要考虑本国的国际贸易和国际支付所需的币种，考虑在外汇市场上支持本币汇率的不同储备货币的数量和结构，考虑各种储备货币的币值结构和收益性。一国要恰当地调整和搭配储备资产货币种类的构成，尽可能地增加收益、减少风险。

具体来说，为使储备货币结构合理化，在币种选择时应注意以下原则：

第一，尽可能选择硬货币，减少软货币，保证储备货币组合的币值稳定。在选择储备货币种类时，为了使储备货币组合的币值稳定，要增加有升值趋势的硬货币储备量，减少有下跌趋势的软货币的储备量。但是，还是要考虑货币的利率和兑换成本。一是硬货币的利率一般比软货币低，选择硬货币虽然可以避免汇率风险，但要损失一定的利息收入；二是一国储备货币中通常既有"软"又有"硬"，如果是清一色的硬货币，那么到了支付时，可能还需要兑换成软货币，也会增加一定的兑换费用；三是硬货币与软货币的区分是相对的，即硬货币在某一时期可能会变"软"，如果全部保持硬货币，那么一旦硬货币变成软货币时，就要承受汇率损失了。因此，软、硬货币如何组合，要根据当时的汇率波动状况做全面考察与选择。

第二，币种选择与对外支付需求相符合。国际储备的主要作用在于弥补国际收支逆差，是国际支付的准备金，因此一国选择何种货币作为国际储备资产，首先要考虑本国对外贸易和债务往来的地区结构和经常使用的清算货币种类，以避免在需要动用储备时发生汇率风险，节省兑换成本，提高储备使用效率。

第三，满足干预外汇市场的需求。国际储备还有一个重要的作用就是用来干预外汇市场，以稳定市场汇率。因此，在确定储备货币种类时，应尽可能地与干预外汇市场所需要的货币保持一致。

第四，在充分考虑到安全性和流动性的前提下，可以适当增加收益性较高的货币。不仅国际储备货币资产的名义收益率和实际收益率不同，即使是同一种储备货币，不同的投资方式和投资工具也可能收益不同、风险不同。收益性原则要求在国际储备资产货币种类管理上要适当地搭配币种和投资方式，使外汇储备尽可能以高收益的货币形式持有。

第五，保持储备货币的多元化，做到分散风险，不要把鸡蛋放在一个篮子里。

2.流动性结构管理

一国的储备资产除了考虑币种结构，还需要从流动性角度考虑储备资产的流动性结构。由于存在利率的期限结构，期限越长的资产风险越大，所以相应的收益率也越高，但是变现能力也越差，流动性与收益性成反比例变化。

根据流动性的高低，储备资产可以分成三类，包括一级储备、二级储备和三级储备。

一级储备资产是现金或准现金，包括在国外银行的活期存款、外币商业票据和外国短期政府债券。一级储备资产是流动性最强，但是收益率最低的资产。它主要用于一国经常性或临时性对外支付，绝大多数国家是禁止对活期存款账户支付利息的，有些国家（例如美国）对非居民的美元存款还要收取利息。因此，它几乎不存在收益。但是，它可以随时用来支付，因此流动性最强。一般每个国家的政府都会持有一定比例的一级储备，以用来应对短期的流动性债务的清偿需要。

二级储备资产包括各国政府发行的中期债券或大型商业银行发行的定期存单、大额存单等货币市场工具，二级储备资产的收益性高于一级储备，但流动性低于一级储备。它在保证一定的流动性的同时，兼具一定的收益性。二级储备是在必要时弥补一级储备不足以应付对外支付需要的储备资产，主要用于应对临时性、突发性的对外支付。它们一般都有非常发达的二级市场，随时可以变现，持有它又不存在违约的风险，比较安全可靠。在政府的储备资产中这部分资产占的比重最大。

三级储备资产包括长期债券、AAA级欧洲债券等各种长期投资工具。三级储备资产的收益性高于二级储备，但流动性低于二级储备，是一种收益率高但流动性低的储备资产。相比一级储备资产、二级储备资产，三级储备资产主要侧重于收益能力，主要用于长期的稳定性支付，此类储备资产到期时可转化为一级储备，如提前动用，则将会蒙受较大损失。

关于这三级储备资产的比例划分，主要取决于一国的国际收支状况，尤其是该国的进出口状况。一国的一级储备作为交易性储备，用于平衡国际收支逆差和干预性资产的，需要满足随时动用的需求。一旦这种需求满足后，货币当局就可以将剩余的储备在二级资产和三级资产之间进行组合投资，以期在保持一定的流动性条件下获取尽可能高的预期收益率。其中，二级储备资产偏重中期投资，更侧重于流动性；三级储备资产偏重长期投资，更侧重于收益性。

3.储备头寸和特别提款权的管理

各成员国分到的储备头寸和特别提款权的数量都取决于各国向基金组织缴纳的份额，且受基金组织的分配安排或控制，不能随意变更。20世纪80年代以来，这两种储备资产在各成员国储备资产总额中所占的比重，始终未突破9%，而黄金储备与外汇储备则达90%以上。

【参考资料6-2】　中央银行外汇储备的币种构成

阅读请扫码

第三节　国际储备体系

国际储备体系，是指在国际经济金融体系下国际储备货币或资产的构成与集合的法律制度安排。一般来说，国际储备体系考虑的首要问题是以何种货币或资产作为中心储备货币或资产，并且确定中心储备货币或资产与其他货币或资产的相互关系。

一、国际储备体系的演进

国际储备体系的演变，实际上就是中心货币或资产在国际经济交易中的延伸与扩大。从演变过程来看，国际储备体系是随着国际货币体系的变迁，从单元的储备体系逐步向多元的储备体系发展的。

（一）第一次世界大战前以黄金为主的储备体系

在国际金本位制度下，黄金是该制度的基础，天然发挥世界货币的职能。世界市场上主要的流通货币是黄金。此时的国际储备体系单一资产化，以黄金作为国际储备体系的中心资产。

由于金本位制度率先在英国实行，并且英国在当时的世界经济体系中占据中心地位，所以逐渐形成了以英镑为中心，金币（或黄金）在国际上流通和被广泛储备的现象。此时的国际储备体系又称黄金-英镑储备体系。在这个储备体系中，黄金是最主要的储备资产。但由于黄金的流动性较差，所以在实际国际经济贸易交易中大量使用英镑。

（二）两次世界大战之间过渡性的储备体系

第一次世界大战后，单纯的金本位制崩溃，取而代之的是各国建立起来的金块本位制或金汇兑本位制。国际储备中外汇储备逐渐朝多元化方向发展，形成非典型性的多元化储备体系。此时的国际储备体系的主要货币并不单一。当时充当国际储备货币的有英镑、美元、法郎等，以英镑为主，但美元有逐步取代英镑地位之势。但该体系不系统、不健全，严格地说是一种过渡性质的储备体系。

（三）第二次世界大战后至20世纪70年代初以美元为中心的储备体系

第二次世界大战后，布雷顿森林货币体系建立起来了。美元取得了与黄金等同的地位，成为最主要的储备货币。这时的储备体系称为美元-黄金储备体系。在这个体系中，黄金仍是重要的国际储备资产。但随着国际经济交易的恢复与迅速发展，美元成为最主要的储备资产。这是因为，一方面，当时世界黄金产量增加缓慢，产生各国对国际储备需求增长与黄金单方面供不应求的矛盾；另一方面，黄金储备在各国的持有量比例失衡，美国持有黄金储备总量的75%以上，其他国家的持有比例则较小。因此，在各国国际储备中，黄金储备逐渐下降，而美元在国际储备体系中的比例却逐渐超过了黄金而成为最重要的国际储备资产。因此，这时期各国的外汇储备是以美元为中心的储备体系。

（四）20世纪70年代后至今的多元化储备体系

布雷顿森林货币体系崩溃后，为了避免美元汇率下跌造成外汇储备资产损失，很多国家开始调整外汇储备中的货币构成，增加德国马克、日元、瑞士法郎等货币。国际储备体系从以美元为主的储备货币体系转变为多币种、多资产种类的储备货币体系。从币种状况来看，美元作为单一储备货币转变为美元、欧元、英镑、日元等多种货币充当储备货币。从资产种类状况来看，最终形成了以黄金、外汇、特别提款权、储备头寸等多种国际储备资产混合构成的多元化的国际储备体系。这一时期储备体系的特点是多种储备货币构成国际储备体系，共同充当国际流通手段、支付手段和储备手段，并由此形成多种货币构成的储备体系。

二、多元化国际储备体系的形成

（一）特里芬两难

多元化储备体系是随着美元在储备体系中唯一储备货币地位下降而出现的。而美元储备货币地位下降，主要是源于"特里芬两难"局面的出现。20世纪60年代，美国经济学家罗伯特·特里芬发现储备货币发行国往往会面临一种两难局面。一方面，储备货币发行国要满足各国对储备货币的需求，需要向国际经济体系提供更多储备货币。但是这会诱使该国国际收支发生逆差，而国际收支逆差又会降低该储备货币的信誉，导致储备货币危机。另一方面，储备货币发行国要维持储备货币信誉，必须保持国际收支顺差，而国际收支顺差又会减少储备货币的供给，导致国际经济体系内国际储备的短缺。

自20世纪60年代开始，当时主要的国际货币发行国美国开始面临这一难题，最终导致单一美元储备货币体系的解体。

一方面，美国作为单一储备货币发行国，要承担美元与黄金自由兑换的义务，即要按照1盎司黄金等于35美元的兑换价格，允许各国以美元向其兑换黄金。但自20世纪60年代开始，美国持有的黄金储备逐年降低，从第二次世界大战后初期的245亿美元降至1967年的121亿美元，再降至1971年美元第一次贬值时的102亿美元。美国的黄金储备已远远不能满足其他国家用官方美元储备向美国兑换黄金的需要。

另一方面，美国需要通过贸易或资本渠道向世界经济体系释放美元流动性。各国由于要应付国际支付，也有储备美元的需求。而随着各国持有美元储备需求的增加，对美元的需求压力也会增大，美国国际收支必然出现逆差。黄金大量外流，国际收支连年逆差，导致美元信用下降，进而导致人们抛售美元、抢购黄金和其他硬货币，最后导致美元危机爆发。

（二）其他货币国际储备地位的上升

在美元爆发危机的同时，西欧和日本经济实力开始增强。因而日元和德国马克等货币开始满足部分国际支付需求，许多国家纷纷将美元储备兑换成日元、德国马克和瑞士法郎，使储备货币分散化。同时，日本和德国也通过开放金融市场、实行金融自由化等方式，吸引国际金融投资者参与货币交易，促进本国货币国际化，为储备货币多元化提供了条件。至1979年年底，美元在诸多储备货币中所占的比重从1973年的84.6%降为1979年的65.1%，而其他货币所占比重则由1973年的15.4%上升为34.9%。而后随着欧洲美元市场的形成和逐渐强盛，许多国家把自己的美元储备从美国市场转移到欧洲美元市场，并兑换为其他货币，客观上促进了其他货币国际储备地位的上升。

浮动汇率制度下，各国由于规避汇率风险的客观需要，将美元兑换为其他货币。自从1973年西方国家普遍实行浮动汇率制度以后，外汇市场上的主要货币尤其是美元的汇率波动越来越剧烈，汇率风险明显加大。出于规避风险的考虑，各国有意识地持有多种储备货币，以此分散风险，减少损失。这种主观保值行为推动了储备货币的多元化。而且随着欧洲共同体的发展乃至欧盟的成立，欧元的国际接受度大幅上升，国际投资者在国际支付结算、国际信贷投资领域逐步推广和使用欧元。欧元在国际储备体系中的重要性大大增加，在全球外汇储备中的比重也逐年上升。

三、多元化国际储备体系的特征

多元化的国际储备体系主要有以下四个特征：

（一）美元仍在多元化的国际储备体系中居主导地位

虽然20世纪中后期，以美元为单一储备货币的国际储备体系逐渐转变为多元化国际储备体系，但在多元化储备体系中，美元依然是主要的储备货币，国际储备体系的发展变化受美元地位变动与美元汇率的波动影响显著。美元地位下降，多元化储备体系发展进程就加快；美元地位提高，多元化储备体系的发展进程就缓慢。如2017年以后，美国不断加大对外制裁造成美元在国际支付和清算领域地位下降。2021年四季度，美元在全球央行国际储备中的市场份额降至58.81%，创下26年来的新低。相比之下，1999年欧盟推出欧元时，美元所占份额为71%；2017年，美国展开贸易战前，美元所占份额为64.7%。但2022年，美联储连续五次加息，美元汇率持续走强，国际投资者开始一定程度上重新持有美元资产，美元在全球国际储备占比稍许上升。这说明美元汇率和美元地位对国际储备体系仍有重要影响。美元仍在多元化的国际储备体系中占主导地位，但面对美国的经济政策和美国滥用金融制裁带来的巨大冲击，各国的国际储备配置开始有去美元化倾向，各国货币当局在逐渐减持美元。

（二）国际储备总额迅速增长

20世纪70年代以来，世界国际储备总额迅速增长。据国际货币基金组织统计，1950年世界国际储备总额（不包括中国、苏联和东欧国家）仅为183.25亿美元，但至1970年增长为932.43亿美元，1983年年底（包括中国）增为4 154.6亿美元（合3 968.29亿特别提款权，黄金储备按每盎司35个特别提款权计算），约增长了22倍。而截至2022年3季度，全球外汇储备为115 986.3亿美元。全球外汇储备情况见表6-1。

（三）国际储备中黄金仍占相当比重，但非黄金储备显著增长

国际储备中，外汇占绝大比重，但黄金亦占相当比重。自布雷顿森林货币体系解散后，黄金逐渐非货币化，1978年国际货币基金组织还宣布取消黄金条款，切断黄金与货币的直接联系。20世纪90年代以来，不少国家也出现了抛售黄金的现象，黄金储备在国际储备总资产中的比重呈快速下降趋势。尽管如此，黄金仍是财富的象征或价值实体，所以仍在各国国际储备中占重要地位。所不同的是当人们要动用黄金来清偿债务或弥补国际收支逆差时，得先把黄金出售，换回外汇再进行支付。

表6-1　　　　　　　　　全球外汇储备情况　　　　　　　　单位：十亿美元

	2021年第3季度	2021年第4季度	2022年第1季度	2022年第2季度	2022年第3季度
外汇储备总量	12 823.88	12 918.50	12 541.98	12 032.44	11 598.63
已分配外汇储备	11 970.21	12 048.13	11 680.06	11 172.45	10 773.07
其中：美元	7 092.31	7 085.69	6 874.98	6 653.00	6 441.65
欧元	2 456.73	2 481.34	2 342.15	2 207.84	2 117.94
人民币	321.26	337.26	335.71	319.42	297.79
日元	679.68	665.10	630.05	577.45	566.43
英镑	558.60	579.38	571.97	54169	497.33
澳元	214.24	221.32	222.33	209.98	206.26
加元	264.27	286.93	287.32	277.83	264.15
瑞士法郎	23.77	20.79	29.48	27.92	25.04
其他货币	359.36	370.31	386.08	357.32	356.47
未分配外汇储备	853.67	870.37	861.92	860.00	825.56

资料来源：国际货币基金组织和国际金融统计数据库。

（四）国际储备分布不均衡

国际储备的数量及其分布始终是不均衡的。发达国家往往通过国际贸易和国际投资，占有了绝大部分的黄金储备和外汇储备，经济实力雄厚，国际清偿力充足。相反，发展中国家的国际储备极少，发展国际贸易和国际投资的国际清偿力不足。

【思政谈】　　　　　　习近平总书记论人民币国际化

要在金融保障上下功夫，加快形成金融支持共建"一带一路"的政策体系，有序推动人民币国际化，引导社会资金共同投入沿线国家基础设施、资源开发等项目，为走出去企业提供外汇资金支持。

——习近平总书记出席推进"一带一路"建设工作5周年座谈会时发表重要讲话

有序推进人民币国际化，依法保护外商投资权益，构建参与国际经济合作和竞争的新优势。推动共建"一带一路"高质量发展，积极参与国际经贸规则谈判，推动形成开放、多元、稳定的世界经济秩序，为实现国内国际两个市场、两种资源联动循环创造条件。

——习近平《加快构建新发展格局 把握未来发展主动权》

【参考资料6-3】 **中国的外汇储备持有及经营管理**

2005—2016年，中国外汇储备各时期的平均收益率均超过了同期中国对外投资回报率，显示中国官方对外资产运用效率高于民间部门。这反映了中国非成熟对外债权国的特征。民间对外投资能力不足，是新兴市场被迫通过官方储备运用对外投资的重要原因，贸易顺差、储备增加并非完全出于汇率的"浮动恐惧"。

中国外汇储备持有及经营管理状况一直广受关注。

继续阅读请扫码

--- **本章小结** ---

国际储备是指一国货币当局控制和可利用的在国家间可以被普遍接受的可自由兑换资产，用来平衡该国国际收支、维持本国货币汇率稳定以及弥补国际收支差额。

按照最终所有权，一国的国际储备可以分为自有储备和借入储备。自有储备是指该项国际储备的最终所有权属于本国货币当局，一般来源为本国向其他地区居民提供货物和服务取得的经常项目顺差。而借入储备指该项国际储备的所有权属于非本国居民，本国货币当局只是通过融资等手段持有和使用储备。

国际储备一般具有官方持有、可兑换性、充分流动性和普遍接受性等特征。国际储备的功能为弥补国际收支逆差、干预外汇市场、维护汇率稳定、充当一国经济实力的象征、提高向外借款的信用保证、扩大本国货币的影响力和推动本国货币国际化。

国际储备管理是指一国货币当局根据本国在一定时期内的经济增长情况和国际收支要求，对国际储备的规模、结构及储备资产的运用等进行计划、调整和控制，以实现储备资产规模和结构的最优化、使用高效化的过程。国际储备管理直接影响本币汇率和本国经济情况，间接影响本国进出口和价格水平等，各国货币当局都十分重视国际储备管理。

国际储备规模管理是指对国际储备规模的确定和调整，以保持足够、适量的国际储备水平。国际储备结构管理就是在储备总量既定的水平下，合理安排各种储备资产的构成，确定这些资产之间的最佳构成比例，以实现储备资产结构的最优化。

　　国际储备体系，是指在国际金融体系下国际储备货币或资产的构成与集合的法律制度安排。一般来说，国际储备体系考虑的首要问题是以何种货币或资产作为中心储备货币或资产，并且确定中心储备货币或资产与其他货币或资产的相互关系。

───────────── **关键概念** ─────────────

　　国际储备　自有储备　借入储备　外汇储备　特别提款权　储备头寸　国际储备规模管理　国际储备结构管理　国际储备体系　特里芬两难

───────────── **思考与应用** ─────────────

1.什么是国际储备？国际储备的功能是什么？

2.国际储备的构成有哪些？

3.如何确定最优的国际储备规模？

4.国际储备结构管理涉及哪些内容？

5.简述多元化国际储备体系的成因和特征。

第七章 国际投资

国际投资

学习目标

掌握国际投资的定义和分类，理解国际投资的作用。

理解跨国公司投资的定义和分类，理解跨国公司投资决策和经营决策。

理解跨国银行的组织形式和分类，掌握国际银团贷款、国际贸易融资的种类和形式。

第一节　国际投资概述

国际投资是一种跨国性经济活动，它促进了国际经济金融领域一体化的发展，为全球经济增长带来新的动力。

一、国际投资的定义

国际投资是指一国的企业、个人、金融机构或者其他投资主体将其拥有的货币资本或者产业资本跨国界流动和跨国经营，形成实物资产、无形资产或者金融资产，实现投资主体的资本价值增值的经济行为。

在作为跨国性经济活动的国际投资关系中，往往涉及两类国家，即投资国和东道国。投资国作为资本流出国或对外投资国，东道国作为资本流入国或对外被投资国。

国际投资主要有以下几个特点：

（一）国际投资主体多元化

投资主体指对国际投资拥有独立决策权，并占有投资收益、承担投资损失的经济实体。国际投资主体范围较为广泛，主要有以下几类主体：

1.法人企业，法人企业广泛参与到国际投资中，有可能是一国企业，也有可能为跨国企业。

2.个人投资者，个人投资者主要通过个人资本参与国际证券投资。

3.金融机构，包括银行和非银行金融机构，也是参与国际证券投资和金融服务业直接投资的主体。

4.各国政府部门以及各类国际性组织，它们是某些带有国际经济援助性质的基础性、公益性国际投资的主要承担者，同时为了管理国际储备和干预外汇市场，参与国际证券投资。

（二）国际投资客体的多元化

投资客体是投资主体为了实现投资目标进行投资决策和经营的指向对象。国际投资客体包括：

1.实物资产，包括以土地、厂房、机器设备、原材料等实物形式存在的资产。

2.无形资产，包括生产技术、管理技术、专利、商誉、销售渠道等。

3.金融资产，包括货币市场产品、债券、股票、金融衍生品等。

一般来说，国际投资主体既可以采用一种客体投资形式，也可以同时采取几种客体投资形式，从而使国际投资呈现多样化和复杂化的特点。

（三）国际投资以实现价值增值为根本目的

国际投资的目的就是为投资主体实现价值增值，获取预期回报，但其中包括多重的价值目标，既可能是一般意义上的经济价值，也可能是政治价值、社会价值和公益价值等。经济价值是经营性投资主体所追求的主要目标。也有许多非经营性的政府或非政府组织所进行的国际投资则往往追求特定的政治价值、社会价值或者公益价值。

（四）国际投资包含实物资产的跨国经营

实物资产跨国经营是国际投资与其他国际经济贸易方式相区别的重要特征。国际投资不同于国际贸易和国际信贷，国际贸易主要是商品的流通和交换，而国际信贷则主要是国际范围内的信贷投放与回收。国际投资则是实物资产的跨国经营，是国际资本流动中最重要的组成部分。因而国际投资所面对的投资环境也更加复杂，因此国际投资的风险也更大。

二、国际投资的分类

（一）按投资期限的不同分类

按照投资期限不同，国际投资可分为长期国际投资和短期国际投资。长期国际投资是指期限在1年以上的国际投资，包括1年以上的国际直接投资、国际证券投资和国际贷款。短期国际投资为期限在1年以内的国际投资，包括短期国际银行信贷和短期国际债券投资。

（二）按资金来源及用途的不同分类

按资本来源及用途的不同分类，国际投资可分为公共投资和私人投资。公共投资一般是指为了追求社会公共利益目标，一国政府或者国际组织作出的带有一定的国际经济援助性质的投资。这类投资的首要目的往往是追求社会公共利益，甚至是非本国的国际公共利益，其次才是取得直接经济效益。

私人投资一般是指一国的个人或者法人等经济实体以营利为目的而对他国的经济活动进行的跨国投资。无论从投资者的数目还是投资金额来看，私人投资都是国际投资中最活跃的部分。

（三）按资本的特性不同分类

按资本的特性不同，国际投资可以分为国际直接投资和国际间接投资。国际直接投资又称为对外直接投资，是指投资主体直接参与国外企业的经营管理，以取得或者拥有国外投资企业的以控制权为目的的投资。从事这种跨国投资的企业被称为跨国公司。

国际间接投资又称为对外间接投资，是指投资主体以取得股息或者利息等形式的资本增值为目的，以被投资国的公司股票、债券、金融衍生品的证券为对象的投资。国际间接投资通过国际金融市场进行。

国际直接投资和国际间接投资的本质差异是是否取得对投资对象的控制权。国际直接投资的投资主体试图参与被投资企业的经营管理，往往需要取得被投资企业的控制权。国际间接投资的投资主体往往以获得资本增值为目的，并不试图取得被投资企业的控制权。

三、国际投资的作用

国际投资是发生在全球经济金融环境下资本输入国经济实体与资本输出国经济实体之间的投资行为。因此，在考虑国际投资的作用时，需要从资本输入国、资本输出国和全球经济三个视角来考虑国际投资的作用。

从资本输入国的角度来看，国际投资主要有以下作用：

（一）国际投资有效地弥补了资本输入国尤其是发展中国家的发展经济资金不足

资本输入国尤其是发展中国家的经济增长需要大量的基础设施建设和基础产业投入，而这些国家政府受限于资金短缺和融资能力不足，很难靠自身的经济能力进行建设开发。国际投资带来的大量资本弥补了资本输入国的资本不足，满足了资本输入国发展经济时的资本需求。

（二）通过国际投资，资本输入国引进了国外先进的管理方法与技术经验

国际投资为资本输入国带来的不仅是资金，也带来了国际主流的管理方法和生产技术。国际投资者的引入，加速了国内企业技术改造进程，提高了国内企业的市场竞争力，有利于增强本国企业出口创汇能力。国内企业也可以通过国际投资拓展对外技术交流的渠道，同时为本国培养技术和经济管理人才。

（三）国际投资为本国劳动者提供新的就业机会，同时也增加了本国的财政收入

（四）引入国际投资活跃了资本输入国的国内市场，增强了国内市场与国际市场的联系

从资本输出国的角度来看，国际投资主要有以下作用：

（一）对外国际投资可以维持本国优势产品的竞争力和本国优势产业地位

资本输出国往往是发达国家或正处于增长路径的新兴市场国家，这些国家的产业结构完备，已经具有一定的优势产业，开发出一定种类的优势产品。而对外国际投资有利于这些国家的优势产业发展。这些国家可以通过国际投资在全球范围内向产业链上下游拓展，加强对生产原料和销售渠道的控制力，增强产品竞争力。

（二）对外国际投资可以将不符合本国产业发展的产业向国外转移，为国内优势产业提供更多的要素和市场空间

不符合本国产业政策的产业主要包括两类。第一，已经失去或者临近失去比较优势的产业。第二，高污染、高能耗等不符合本国发展战略的产业。通过对外直接投资将这部分产业向国外转移，既为本国优势产业提供了发展空间，又可以不减少对这部分产业的国际控制力，从而维护本国的产业链稳定和产业安全。

（三）国际投资扩大了资本输出国贸易规模，为其产品提供了更广阔的市场空间

从全球经济角度来看，国际投资主要有以下作用：

（一）国际投资推动世界经济产业结构优化，促进全球高新产业发展和技术创新

在全球经济金融面临百年未有之大变局的今天，无论是发达国家还是发展中国家都处在产业结构调整和新技术革命的浪潮之中。而国际投资可以吸引国外资金，引进先进技术，加速本国产业结构的调整，是坚持对外开放、应对国际挑战的策略。发达国家和一部分工业化国家或地区，正是通过国际投资促进本国产业结构调整，取得了经济上的长足发展。而且通过国际投资，资本输出国可以利用要素资源，开发以新能源新材料、电子技术、先进装备制造、航天技术、海洋技术和智能机器人为代表的高新技术，淘汰转移落后产业，发展并构建新技术产业。同时，带

动与高新技术相关的生产性服务业发展，优化整体产业结构。资本输入国可以利用投资者带来的资本和先进技术，优化自身经济产业结构。因此，国际投资已成为开发高新技术产业、实现产业结构优化与科技发展的战略举措。

（二）国际投资促进生产、资本等要素国际化

生产国际化和要素国际化是当前世界经济发展的推动力。国际投资者通过投融资方式促进生产和资本等要素配置的国际化，推动各国人力、资本等生产要素在全球范围内流动，为世界经济发展起到不可忽视的作用。国际投资促使资本在各国之间频繁流动，通过对资金、市场和资源进行重新分配，生产要素得以优化组合，进而提高了产品质量和附加值，降低了成本，提高了资源利用率，极大地扩展了国际市场，为生产国际化开辟了良性循环通道。

（三）国际投资是政府发展经济的重要政策导向

国际投资是政府发展经济的重要政策导向。第一，在国际政治经济形势变化莫测的今天，各国为了抢占经济发展的优先地位，都把对外开放作为主要的战略目标。为实现这一战略目标，各国都十分重视自主创新和科技研发，通过发展高新技术产业，不断增强市场竞争能力、占据全球经济发展中的有利地位。因此，各国都在不断改善投资环境，吸引外资并把投资的重点与目标转向高科技行业。国际投资的广泛展开，能促使各国合理利用资源，加速生产要素的优化组合，发展信息产业、高科技产业，并注重把高科技成果转化为生产力，以推动经济的发展。第二，随着发达经济体经济增长逐步放缓和国际竞争的不断加剧，发达经济体政府为了本国经济发展，会通过宏观政策引导投资者为其资本寻求盈利，向世界各国特别是向广大的发展中国家进行国际投资，以获取海外的高额利润。

（四）国际投资可以开拓新的世界市场

随着世界经济的增长潜力逐渐被挖掘，主要发达国家经济增长乏力。投资者需要通过国际投资开拓新的世界市场和全球经济的新增长点。这些新的世界市场往往位于发展中国家。而发展中国家为摆脱落后的经济状态，也迫切需要利用外资，引进技术，发展本国的民族经济，实现经济的现代化。因而这些国家会实行开放政策，采取有效措施，改善投资环境，吸引外资，引进技术，成为新的世界市场增长点。而本国经济增长潜力不足的发达国家也会鼓励本国私人资本向发展中国家投资，保护本国投资者在发展中国家的投资利益，提供对外投资贷款等。因此，国际投资能促进发展中国家的经济发展，为开拓世界广阔市场提供条件。

（五）国际投资可以促进国际经济一体化的发展

国际投资丰富了各国之间的贸易、金融往来，通过商品和要素流动，将各国经济紧密联系在一起，从而形成互惠互利的国际大市场。当两个国家相互进行投资、

经济交往日益密切时，开始会形成投资区域化，但随着双边经济的不断加深，并向多边经济转化，必然会向经济区域化和一体化方向发展。因而，国际投资促进了国际经济一体化。

四、国际直接投资

国际直接投资又称对外直接投资（Foreign Direct Investment，FDI）、外商直接投资或海外直接投资。它是指一国的投资者以控制被投资企业的经营管理权为核心，以实现利润最大化为目的，在国外创建持久性企业或分支机构的投资行为。通过国际直接投资，投资者可以实现企业经营资源的国际转移和运用，有效地控制世界市场和全球资源，以获取新的国际竞争优势。

（一）国际直接投资的特点

国际直接投资具有以下五个特点：

1.国际直接投资是多种生产要素在不同国家间流动的一种方式

国际直接投资中，资本输出国向资本输入国不仅只是输出资本，而是输出资本、人力、生产和经营管理技术、企业家精神等多种生产要素的组合，其中生产和经营管理技术不是伴随资本流动的附属要素，而是构成了生产要素组合的核心。

2.国际直接投资者试图取得被投资企业的生产经营控制权

国际直接投资者对所投资的企业不仅拥有部分或全部股权，而且试图支配企业的生产经营决策，对企业拥有有效的经营控制权，可支配该企业的生产、营销、财务、研发等所有的经营活动；即使投资者采取非股权投资的方式进行国际投资，投资者仍然力图尽可能地利用生产要素、销售渠道、财务管理等方法控制被投资企业的经营资源。

3.国际直接投资目的具有多样性

国际直接投资的直接目的是要取得企业的控制权，但最终目的视国家和投资者的战略目标而定。投资者进行国际直接投资可以获取战略资源，可能是为了规避进口国的贸易壁垒，也可能是为了逃避法律和政策的管制，还可能是为了获取新技术或者新的销售渠道。

4.国际直接投资通常不能使用本币投资

国际投资者一般不能使用本国的货币直接进行投资。尽管一些国家的货币可以自由兑换，但是投资者在资本输入国进行投资时必须先把本国货币或者其他国的可兑换货币兑换成资本输入国货币，才可以在资本输入国进行投资。

5.国际投资的投资环境复杂，投资风险较大

国际投资环境是指影响投资者在东道国投资活动的各种条件的综合，包括东

道国的经济环境、人文环境、法律环境、基础设施条件和自然地理环境等。国际投资环境又可分成硬环境和软环境两类。硬环境是指能够影响投资的外部物质条件或因素，如自然资源和基础设施等；软环境是指能够影响国际投资的各种非物质形态因素，如外资政策与法规、经济管理水平、员工技能水平及社会文化传统等。跨国投资项目面临的是全新而陌生的环境，因为资本输入国软环境与本国有很大差异，如市场规则和制度文化背景、员工的价值观和工作态度等。这些差异给跨国公司管理直接投资项目带来了很大的障碍。如果不能很好地适应投资环境，那么将影响国际直接投资的投资收益。因而，国际投资的风险要远远高于国内投资。这是因为国际投资会遇到若干特有的风险因素。跨国经营要受到母国和东道国的双重管理。另外，投资者还要面临汇率风险、国家风险和东道国战争等政治风险。

（二）国际直接投资的方式

按照投资者对资本输入国的投资形成形式，可以将国际直接投资分为新建投资与跨国并购两种形式。

新建投资又称绿地投资，是指资本输出国投资者在资本输入国境内依照资本输入国的相关法律，出资新建企业，该企业的全部或部分资产所有权为外国投资者所有的投资行为。新建投资是国际直接投资中获得实物资产的重要方式，早期的国际直接投资基本上都采用这种方式。

跨国并购是跨国兼并和跨国收购的简称，指资本输出国投资者通过一定的法律程序取得资本输入国目标企业全部或部分控制权的投资行为。其中，跨国兼并是指资本输出国投资者在资本输入国将当地或国外企业的资产及经营业务并入一家新的法人实体或现存企业；跨国收购是指资本输出国投资者在资本输入国收购当地或国外企业的资产或股权，从而获取经营控制权的投资行为。跨国兼并和跨国收购的区别在于，跨国兼并的结果是将两个或两个以上的实体法人合并为一个法人，而跨国收购的结果则不会改变资本输入国实体法人的数量，而是改变被收购企业的控制权归属或经营权归属。

按照投资主体对国外投资的所有权比例，国际直接投资的基本方式可以划分为三种：股权式合营、非股权式经营和独资经营。

1.股权式合营

股权式合营是指资本输出国投资者与资本输入国投资者及其他外国投资者依照资本输入国法律，在资本输入国境内共同出资建立企业，实行共同经营、共担风险、共负盈亏的企业经营方式。各投资方依照各自的出资比率共同行使经营管理权，并承担相应的经营风险和享有相应的经营收益。出资比率通常由投资各方商定。此外，合营企业又通常分为股份有限公司和有限责任公司两种形式。股份有限公司是指注册资本由等额股份构成，股东以其所认购的股份对公司承担有限责任，公司以其全部资产对其债务承担有限责任的企业法人。有限责任公司是指由两个以上的股东，以其所认缴的出资额对公司承担有限责任，公司以其全部资产对其债务承担有限责任的企业法人。

2.非股权式经营

非股权式经营是指资本输出国投资者依照资本输入国法律和政策，为资本输入国企业提供没有直接联系的生产技术、管理咨询、资金融通和销售渠道等，但并不直接参与经营并从中获取相应利益的企业经营方式。

3.独资经营

独资经营是指国际投资者（公司、企业、其他经济组织或个人），按照资本输入国法律，经政府批准，在其境内单独投资、独立经营、自负盈亏的一种国际直接投资方式。独资经营的基本形式主要有两种：一种是独资子公司，另一种为分公司。分公司一般在资本输入国不具有独立的法人地位，仅仅是母公司的附属机构，分公司没有自己的名称、公司章程，以母公司的资产对分公司的债务承担法律责任。独资经营一般由国际投资者提供全部资本，独立经营，自担风险，引进国外比较先进的技术、设备和管理方法，并可以提高资本输入国的技术水平和管理水平。

五、国际间接投资

国际间接投资指国际投资者以资本增值为目的、以被投资国的证券为对象，取得相应的证券股息或利息的跨国投资。国际间接投资者并不直接参与国外企业的经营管理活动，只是针对被投资国证券进行投资活动。国际间接投资活动主要通过国际资本市场进行。国际投资者一般会在国际债券市场上购买中长期债券，或在外国股票市场上购买企业股票。

与国际直接投资相比，国际间接投资有以下一些特点：

（一）投资目的不同

国际间接投资的投资者不要求获取投资对象经营活动控制权，国际直接投资的投资者则对投资对象的经营活动拥有控制权。

（二）流动性和风险性不同

国际间接投资一般不参与被投资企业生产经营，只是随着二级市场的日益发达与完善，证券可以自由买卖，流动性大，风险性小。国际直接投资要参与一国企业的生产，生产周期长，一般在10年以上，由企业的利润直接偿还投资。资金一旦投入某一特定的项目，要抽出投资比较困难，其流动性小，风险性大。

（三）投资渠道不同

大部分国际间接投资的投资渠道为场内投资或场外投资，可能通过或不通过证券交易场所进行投资。国际直接投资则由双方根据自身需求，通过谈判和签订协议来进行投资，一般不通过证券交易场所进行投资。

（四）投资使用对象不同

国际间接投资一般只涉及金融领域的资金，即货币资本运动。国际直接投资则不仅需要货币资本，还需要其他生产要素形式的资本进行投资，它不仅涉及货币资本运动，还涉及生产资本和商品资本运动及其对资本使用过程的控制。

【参考资料 7-1】　　不断开创服务"一带一路"建设新格局

阅读请扫码

【思政谈】　提高地区基础设施融资水平、促进地区经济社会发展

亚投行应该奉行开放的区域主义，同现有多边开发银行相互补充，应该以其优势和特色给现有多边体系增添新活力，促进多边机构共同发展，努力成为一个互利共赢和专业高效的基础设施投融资平台，在提高地区基础设施融资水平、促进地区经济社会发展中发挥应有作用。

亚洲基础设施融资需求巨大，是一片广阔的蓝海，新老机构互补空间巨大，可以通过开展联合融资、知识共享、能力建设等多种形式的合作和良性竞争，相互促进，取长补短，共同提高，提升多边开发机构对亚洲基础设施互联互通和经济可持续发展的贡献度。

——2016 年 1 月习近平总书记在亚洲基础设施投资银行开业仪式上的致辞

第二节　跨国公司投资

跨国公司是在国际投资快速发展进程中出现的一种特殊的企业组织形式。很多国际投资尤其是国际直接投资以这种组织形式展开。因而，跨国公司投资是国际直接投资的重要形式。跨国公司的快速扩张，有力地推动了全球经济金融一体化的进程。

一、跨国公司投资概述

跨国公司，也称多国公司、国际公司和超国家公司等。20世纪70年代初，联合国经济及社会理事会组成跨国公司小组，较为全面地考察了跨国公司的各种准则和定义后，于1974年作出决议，决定联合国统一采用"跨国公司"这一名称。

跨国公司主要是指国际投资者通过对外直接投资，在两个或更多国家成立的实体。跨国公司投资则是指成立跨国公司实体的相关投资。跨国公司可以为公营、私营或混合所有制企业，从事国际化生产和经营活动。跨国公司由多个决策中心组成，但这些决策中心在同一个决策体系下运营，以便制定协调的政策和共同的战略。跨国公司中的各个实体通过所有权或其他方式结合成为同一个决策体系，从而使其中一个或更多的实体能够对其他实体的活动施加有效的影响，特别是与其他实体分享知识、资源和责任。

因而，跨国公司应具备以下三要素：第一，跨国公司的空间要素，即组成这个企业的实体在两个或两个以上国家经营业务，其生产经营领域超过了一国的国界界限；第二，共同决策体系要素，即跨国公司无论由多少实体组成，都应该受共同的中央决策体系影响；第三，共同影响实体要素，即跨国公司的各个实体分享资源、信息以及分担责任，其中一个实体对其他大部分或全部实体施加重大影响。

此外，也可以通过其他标准来认定跨国公司。第一，结构标准。跨国公司在不同国家经营，有相当广泛的地理分布，并且对国外子公司有一定的控制权。因此，可以从跨国公司在国外的子公司数、母公司及国外子公司的所有权形式及最高经营者的国籍等指标认定跨国公司。国际货币基金组织也认定跨国公司对国外子公司的股权控制比例一般不低于25%。第二，经营业绩标准。其包括跨国公司的国外利润收入、销售额、资产及雇佣人数及其在企业总利润收入、总销售额、总资产及总雇佣人数中所占比率等指标。

跨国公司投资的特点主要有以下几点：

（一）经营规模较大

跨国公司一般都是由投资者通过对外直接投资或兼并收购东道国企业的方式，在许多国家和地区形成子公司或分公司，达到较大的经营规模的经济实体。从资产、销售和影响等方面，跨国公司的经营规模都很大。首先，跨国公司的总资产及在国外的资产规模巨大；其次，跨国公司的总销售额及国际销售额较高，产品的国际市场占比较高。最后，跨国公司对世界经济的影响力巨大。很多大型跨国公司的总资产、总销售额及营业收入要超过不少国家的GDP总额，对世界经济具有较强的影响力。

（二）具有技术竞争优势

跨国公司通常拥有先进的生产和管理技术。这使得它们能够高效地经营，从而抵消在跨国经营中产生的成本，并具有很强的国际竞争优势。它们花费巨额的研发投资来开发新技术和新产品，并利用已有的技术竞争优势进行对外直接投资，在企业内进行技术转移以实现全球利润最大化。跨国公司还充分利用国际上的研究开发资源来促进整个企业的技术革新，通过国外子公司学习和吸收当地的特有技术来形成新的竞争优势。在生产过程中，跨国公司通常会将加工组装技术标准化和成熟化后转让给国外子公司，同时牢牢控制与技术开发、产品开发相关的上游技术，以及与营销、售后服务相关的下游技术来进一步强化它们的技术竞争优势。

（三）生产经营活动跨国化，具有国际及全球战略视角

跨国公司由于在两个或两个以上的国家组织生产，经营活动具有跨国化特征。这也决定了跨国公司一般都从国际及全球战略视角出发安排其经营活动，它们充分利用其经营资源方面的优势，并根据各国要素禀赋和劳动生产率的差异，在世界范围内寻找最合适的生产场所，以实现最优的生产配置，由此形成企业内垂直分工及水平分工等多重结构交错的国际分工体系，进而降低整个生产过程的成本，实现全球利润的最大化。而跨国公司的技术优势以及在此基础上实现的生产过程的细分，为跨国公司开展全球价值链的生产和经营提供了进一步的可能。

（四）拥有一体化的组织管理体制

跨国公司的经营体系中有遍布全球的子公司、分公司从事经营活动，决定了跨国公司必须要有一个重大决策集权化、一般管理分权化的一体化的组织管理体制。跨国公司的各子公司、分公司分散在世界各地，但它们并非各自为政，而是在跨国公司一体化组织管理框架下统一协调和行动。国外子公司必须要服从跨国公司统一的全球战略目标。跨国公司经营体系内的所有实体都要以整个国际市场为目标，在世界范围内有效配置生产力。通过对公司所处的竞争环境和公司自身竞争优势的分析，充分利用各国和各地区的优势，制定全球性的经营战略、原材料采购战略、分销战略和投融资战略。此外，在统一的全球战略目标下，母公司与国外子公司之间已不是简单的控制与服从的关系，让国外子公司能动地吸收、开发和整合国别及区域性的知识资源及战略资产，并在跨国组织内部传播和运用，已是跨国公司一体化组织管理体制的重要部分。国外子公司之间在组织上也形成相互依存的紧密关系，实行资源共享及责任共担的原则，以提高组织管理体制的整体效率。同时，在统一的所有权支配下，跨国公司尽可能将交易内部化，以降低交易成本，也可以通过转移定价的方式合理避税和转移利润。

（五）多元化经营

为了分散经营风险，获得更高收益，越来越多的跨国公司采用多元化经营战略。一家跨国公司往往从事多个行业，第一，这样可以充分利用其经营资源方面的优势，利用不同国家和地区的适用于不同行业的禀赋资源，从而经营获利。第二，防范主要业务的波动对跨国公司的经营形成冲击。跨国公司一般从事的各行业在各年度之间的获利状况相关度较小。跨国公司进行多元化经营，就可以避免因一项经营活动的波动而影响整个公司的收益，进而给公司经营带来财务风险。

二、跨国公司投资决策

（一）跨国公司投资动机

一国投资者为了实现收益最大化而选择跨国公司投资。但具体来看，一国投资者的投资动机往往是从生产条件、市场条件、财务条件等方面作出决策的。因此，选择进行跨国公司投资的动机也从这几方面来进行考虑。

从生产条件来看，跨国公司投资动机有以下几点：

1.获得规模经济收益

根据规模经济理论，在企业未达到最佳生产规模之前，增加产品的生产和销售可以进一步扩大企业的利润。如果企业在本国市场面临激烈的竞争，就很难继续扩大市场份额，企业就希望通过对外直接投资开拓海外市场，扩大产品销量。东道国的市场常常具有规模巨大且成长迅速的特征，因此企业选择跨国经营会获取规模经济收益。

2.发挥比较优势获取超额利润

各国经济发展、资源禀赋、产业结构和技术水平不同，生产同种产品也会由于生产能力、技术创新和供求关系不同而在各国之间产生比较优势和比较劣势，即技术先进、市场成熟国家的企业在生产技术、经营管理上具有比较优势，能够在技术相对落后、市场相对封闭的国家获得比较利益和超额利润。而某些资本输入国的人力资本、自然资源的价格低廉，在原料成本和人员工资上具有比较优势。因而具有技术优势的跨国公司利用对外直接投资方式进入东道国，利用当地低廉的生产成本，通过垄断技术、扩大市场份额等方式提高企业的利润率。

3.利用资本输出国的生产优势

在现实中，市场上存在很多壁垒，如信息不完全、行业壁垒和技术垄断等。这些因素会造成各国的劳动力、技术、土地、资金和其他要素的稀缺程度和价格水平不同。跨国公司可以选择生产要素成本较低、技术发达的市场进行投资，充分利用国外的优势资源组织生产，以降低成本、提高技术和管理水平、扩大市场份额。一般来说，跨国公司可以充分利用发展中国家东道国劳动力成本低的优势，进行劳动密集型产业的投资；可以充分利用东道国政府对外资实施的优惠政策，最大限度地降低生产建设费用；也可以有效地利用东道国的生产设备、成熟技术和人才资源，作为企业跨国经营的一个补充。

4.利用国外的原材料资源

各国自然资源差异巨大，不同地区具有不同价格的原材料，而原料与运输成本直接构成产品的成本和销售价格。从控制成本的角度考虑，企业应该尽量避免采用从国外进口原材料的方式组织生产，尤其要避免将生产出来的最终产品再出口到原材料来源国销售。因此，在资金和技术条件许可的情况下，跨国公司应选择在原材料来源国投资建厂组织生产。甚至为了保证原材料的稳定供应，应通过影响和获取资本输入国的资源开发控制权，实现前向及后向的垂直一体化生产，这样便可以最大限度地追求收益。

从市场条件来看，跨国公司投资动机有以下几点：

为了扩大市场占有率，控制相应销售渠道，降低营销成本，跨国投资者往往会出于市场动机考虑采取跨国公司形式进行跨国投资。

1.避免贸易摩擦

在国际经济竞争中，各国为了保持本国企业的竞争力，往往会对外国产品设置关税及非关税壁垒。而外国投资者往往为了避免东道国的关税及非关税壁垒，通过向东道国直接投资建立跨国公司，采取当地生产及当地销售的方式，以缓和因贸易不平衡而产生的与东道国的贸易摩擦；通过跨国公司形式可以避免贸易摩擦，绕过贸易壁垒，占领市场。

2.维护和拓展国际市场

跨国公司可以通过在东道国建立分支机构维护原有的出口市场，同时根据当地市场信息，开发适合东道国的产品以拓展新的国外市场。首先，在东道国建立分支机构，有利于在东道国进行生产、销售决策的管理，维护公司商品的声誉，维持原有市场。有时竞争对手在东道国投资，为了保住现有市场份额也要紧跟竞争对手进行投资。其次，在东道国建立分支机构，能更好地掌握市场信息，并提供各种市场服务，研发生产适合当地需求的产品，拓展新的市场。再次，在东道国建立分支机构，往往会对东道国的文化和风土人情有更深的认识，合资企业具有本国背景，其生产的产品也比较容易被消费者接受。最后，如果产品出口的运输及仓储费用较高，通过当地生产及当地销售，可以节省相关的销售成本。

从财务条件来看，跨国公司投资动机有以下几点：

1.利用东道国较低的税率及其他税收优惠，减少税收负担

跨国公司在不同国家拥有分支机构，因而可以在全球布局生产销售，在税率较低的东道国进行生产、销售，享受其税收优惠。

2.充分利用东道国当地的资金，以减少母公司的融资成本，迅速扩大经营规模

不同国家金融市场的融资成本不同。在不同国家进行跨国经营，可以以融资成本较低的国家的分支机构为依托在东道国进行融资，综合降低整个跨国公司的融资成本。

3.利用母公司与国外子公司的全球财务网络，通过制定转让定价避税、转移利润及调配资金，实现税收最小化，并增加整个企业资金流动的弹性

4.利用各国经济增长的差异及货币汇率的变动，实现资产保值及规避外汇风险

经济全球化和要素国际化虽然使很多国家的经济周期趋同，但各国经济发展仍然难以保持完全同步。特别是发展中国家和发达国家的经济周期往往不同步，而跨国公司可以在不同国家同时进行生产和运营，减少经济周期对企业经营成果的影响，与仅在一国生产和销售相比，跨国公司的收入和现金流量具有更大的稳定性。稳定的现金流降低了跨国公司的整体经营风险，向投资者和债权人传递了有价值的信号，使他们不会要求过多的风险溢价，这就有利于降低跨国公司的资本成本，提高收益。

（二）跨国公司投资方式

从跨国公司的投资方式来看，类似于其他国际直接投资，跨国公司的投资方式也可按照投资形成形式分为新建投资和跨国并购。

1.新建投资

新建投资（绿地投资）是指外国投资者在东道国境内依照东道国的相关法律，出资设立新企业的投资行为。其中，所设立企业的全部或部分资产所有权由外国投资者所有。新建投资一般有两种形式：一是建立独资企业，主要包括投资者母公司的国外分公司和国外子公司；二是建立合资企业，主要包括股份有限公司和有限责任公司两种形式。

一般来说，跨国投资者新建投资的出资方式主要有以下三种：第一，货币出资，即直接用货币（外汇）投资；第二，实物出资，即以设备、技术等形式出资；第三，混合出资，即部分货币出资，部分实物出资。

跨国公司一般选择新建投资的目的在于投资者在投资决策上具有相当大的控制力和灵活性，受外界干预较小。投资者可以选择投资项目、投资地点和投资规模。但新建项目前期的可行性工作较长，投资者需要花费大量时间、人力和资金，并且容易受到国际形势和东道国政策的影响，风险较大。

2.跨国并购

跨国并购是指跨国公司通过一定的法律程序取得东道国某企业（目标企业）全部或部分所有权的投资行为。跨国并购一般有两种方式：一是跨国收购，即收购东道国当地或国外企业的资产或股权；二是跨国兼并，即将东道国两家或更多企业的资产及经营业务并入一家新的法人实体或现存企业。所谓并购，就是兼并和收购的简称。

跨国并购的行业特征主要有：同行业内的横向并购、不同行业间的纵向并购以及横向和纵向相结合的综合并购。并购方式主要有：出资收购被并购方的资产或股权，以及通过股权置换或出资承担对方的债务从而获得被并购方的控制权等。并购途径主要有：通过证券市场的要约收购和不通过证券市场的协议收购等。

跨国公司一般选择跨国并购的优势在于，跨国并购可以节省前期的建设成本，迅速获得相应的生产设备、生产、管理人员和管理制度等生产条件进行生产，迅速盈利。有利于跨国公司对商业机遇快速响应。但不利条件在于，不同国家或地区的会计财务制度不同，不利于跨国公司核算并购成本，容易出现跨国公司并购亏损的情况；不同国家或地区的法律制度不同，容易受到东道国法律限制，影响并购成功率和并购公司的企业价值。

按照所有权形式，可以将跨国公司的投资方式分为独资经营、合资经营、非股权经营和国际战略联盟。

1.独资经营

独资经营是指跨国公司依照东道国法律，在东道国境内单独出资建立企业，单独享有收益、承担风险的企业经营方式。一般选择独资经营的跨国公司往往看重被投资企业的所有权和控制权。跨国公司一般选择独资经营的原因在于，尽管独资经营跨国公司必须承担所有的经营风险，但它能更有效地利用其所有权方面的优势，通过内部交易来规避各种经营风险。

2.合资经营

合资经营是指跨国公司与东道国投资者或其他外国投资者依照东道国法律，在东道国境内共同出资建立企业，实行共同经营、共担风险、共负盈亏的企业经营方式。跨国公司一般选择合资经营的原因有以下几点。第一，分散经营风险。相比独资经营，合资经营的各方可以共担风险。因而，外国投资者采用合资经营能够降低风险。第二，降低外国企业的进入风险。外国投资者在东道国进行独资经营往往会受到限制，比如不能进入某些行业，或者限制其对企业注册资本的出资比率。采取合资经营可以了解当地对跨国公司的法律法规，在一定程度上降低进入壁垒。第三，便于利用经营资源，接近市场。跨国公司往往会在产品的主要市场与当地企业合资经营。这样可以利用当地企业现有的营销渠道、管理机构等经营资源，也会更靠近市场。合资经营的出资方式包括货币出资、实物出资及实物和货币的混合出资。

3.非股权经营

非股权经营是指跨国公司依照东道国的法律和政策，为东道国企业提供与股权或控制权没有直接联系的生产技术、管理咨询、资金融通和销售渠道等，并从中获取相应利益的企业经营方式。非股权经营的具体形式很多，主要有许可证合同、管理合同、产品分成合同、协作生产合同、劳务合同、销售合同、联合投标合同、交钥匙合同和咨询服务合同等。

非股权经营是跨国公司充分利用其经营优势进入目标市场、降低投资风险的经营方式，也是不少发展中国家吸引跨国公司直接投资的有效形式。从投资国角度来说，非股权经营占用的经营资源较少，还可以获取投资收益。从东道国角度来说，非股权经营不涉及敏感的所有权问题，造成本国资产流失的可能性小。因此，非股权经营考虑到被参与各方的利益，是容易被接受的国际经营方式。

4.国际战略联盟

国际战略联盟是指两家以上的跨国公司为实现某一战略目标而建立的互为补充、相互衔接的合作关系。它一般采取非股权安排的方式，主要形式有研发合作、营销合作、许可协定等。国际战略联盟因有利于加快技术研发、减轻研发风险、降低投资成本、提高规模效益、开发新的市场和避免过度竞争而深受跨国公司的青睐。

（三）影响跨国公司投资的因素

投资者往往通过考虑跨国公司所面临的内部和外部因素，来选择如何进行跨国公司投资。

外部因素主要包括东道国的市场因素、东道国的生产因素、东道国的环境因素及投资者母国的相关因素等，这些因素对投资者选择何种方式进行跨国公司投资具有很大影响。

1.东道国的市场因素

很多跨国公司在东道国进行投资是为了将产品推向东道国的市场，因而在跨国投资中需要考虑东道国的市场规模与结构。第一，现有及未来的市场规模。如果东道国的人口较少、收入较低，则表明东道国的现有及未来市场规模有限，不宜采取独资、合资等股权投资的方式，但可以考虑选择非股权经营等形式。如果东道国的人口较多，即使目前收入水平较低，也表明东道国的市场存在潜在发展空间，未来可能会快速发展。因此，在其他条件基本满足的前提下，跨国公司可选择独资、合资和跨国并购等投资方式。第二，市场竞争结构。如果东道国的市场环境较好，制度较为完善，对外国投资者没有太大的限制，则说明东道国市场存在可参与竞争的空间，此时可考虑采取绿地投资中的独资或合资方式；如果东道国的市场结构接近寡头垄断，市场环境较差、制度不够完善，表明跨国公司要直接进入该市场有较大的难度，此时可考虑选择技术合作等建立国际战略联盟的方式。

2. 东道国的生产因素

跨国公司在东道国进行投资和生产，往往能利用东道国的生产条件，也能较为便捷地将产品推向市场。其中，生产条件主要是指东道国的基础设施、要素价格等。如果东道国的交通、通信、港口等基础设施较完备，原材料、能源、劳动力等要素价格较低，那就表明在当地生产有一定的优势，可考虑选择绿地投资或跨国并购的方式，以独资或合资的方式，在东道国当地直接从事生产。如果东道国的基础设施较落后，要素价格较高，那就表明在当地生产没有优势，可考虑采取非股权经营中诸如管理咨询、劳务合同、销售合同等投入资源相对少、投资风险比较小的方式。

3. 东道国的环境因素

东道国的环境因素主要包括东道国的政治、经济、社会及文化等因素。如果东道国有较为稳定的政治环境和法律制度环境，相关的投资法规较健全，政府采取鼓励或不干预外国直接投资的政策，经济上有较大的发展空间，经济运行质量和国民收入较高，对内对外奉行自由竞争的政策，该国企业的经营方式与本企业接近，那么可以考虑采取绿地投资或跨国并购的方式。如果东道国政治上不稳定，那么为了防止可能出现的政治动荡风险，可考虑选择非股权经营或作为少数股东的合资经营方式；如果东道国在经济上有一定的发展潜力，但为了保护本国产业而对外国投资有一定限制，那么可以考虑选择合资经营或非股权经营的方式；如果东道国的政治风险不大、经济上有一定的优势，但文化上的差异性较大，那就可以考虑选择绿地投资中的独资或非股权经营中诸如技术许可证合同、管理咨询合同等方式。

4. 投资者母国的相关因素

母国的因素主要是指母国的市场规模、竞争结构、生产成本等因素。如果母国的市场规模较大，那么企业在开始实施对外直接投资之前，一般可在国内发展到一定的规模，由此可选择对外进行绿地投资及跨国并购。如果母国的市场竞争结构接近寡头垄断，那么当一家寡头垄断企业通过绿地投资或跨国并购的方式进入他国后，担心竞争失衡的另一家寡头垄断企业便会采取跟进战略，也会通过绿地投资或跨国并购的方式进入该国。如果母国的生产成本较高，企业会选择跨国并购及绿地投资的方式，在生产成本较低的目标国从事生产和销售。

内部因素主要包括产品因素、国际经营资源及跨国经营经验等因素，这些因素同样是外国投资者进行跨国公司投资方式选择要考虑的因素。

1.产品因素

产品因素主要是指产品差异化、产品技术特性、售前及售后服务要求等因素。首先是产品的差异化，如果与东道国同类产品相比投资企业产品的差异化程度较大，则表明该企业具有较强的所有权优势，因而可考虑选择绿地投资中独资的方式；相反，如果产品的差异化程度较小，或已属标准化产品，则可选择绿地投资中合资经营的方式。关于产品的技术特性，如果该产品的技术密集度较高、专用性较强，则可考虑采取绿地投资中独资的方式，以便控制技术、防止技术外流；相反，如果该产品的技术密集度较低、专用性较弱，则可考虑采取绿地投资中合资经营的方式，以最大程度利用目标国的生产资源及市场渠道。关于售前及售后服务要求，如果产品的售前及售后服务要求较高，则可考虑选择绿地投资的方式，或通过跨国并购当地相关的服务企业，建立一体化的生产和服务体系。

2.国际经营资源

国际经营资源主要是指资本、劳动、生产技术、经营技能、企业家能力等，其中生产技术和经营技能是国际经营资源的核心要素。如果投资企业有丰富的国际经营资源，其选择投资方式的余地就很大，可根据上述的企业外部因素，采取最有利的投资方式；如果投资企业的国际经营资源有限，则可选择绿地投资中的合资经营或非股权经营中资源投入较少的方式，以最大限度地利用当地的经营资源。

3.跨国经营经验

跨国经营经验主要是指从事跨国经营的时间、对不同文化的理解和包容程度、对不同经营环境的适应能力、对各种经营风险的防御能力等。企业跨国经营的经验越丰富，其可选择的投资方式就越多，从而就越能充分利用企业外部的经营资源，增强其在全球的竞争优势；如果投资企业跨国经营的经验不足，那么一般只能从合资经营或非股权经营中资源投入较少的方式开始，在不断积累经验的基础上，逐渐增加投资方式的可选性。

三、跨国公司经营决策

在选择投资方式、完成投资决策后，跨国公司会选择相应的经营战略，在全球开展经营活动。跨国公司经营的决策有密集型增长战略、一体化增长战略和多样化增长战略。

（一）密集型增长战略

密集型增长战略是指跨国公司在当前生产范围内挖掘自我产品和市场方面的潜力，加快当前的增长速度来求得成长与发展的战略。该种战略又称为集约型成长战略，是较为普遍采用的一种公司增长战略类型。其中，主要从市场渗透、市场开发和产品开发三方面来实施该种战略。

市场渗透战略是指跨国公司通过加大营销投入、拓宽现有产品的市场范围，来提高现有产品或服务的市场份额的战略。若产品市场仍处于成长期，企业产品或服务在当前市场还具有一定的空间，那么可以采取市场渗透战略。企业可以通过营销手段促进用户购买产品，提高产品的市场占有率。在整个行业销售额增长时，企业就可以通过市场份额增加获得收益；企业在进行产品营销时，随着营销力度增加，其销售呈上升趋势，通过市场渗透战略带来市场份额的增加，使企业达到销售规模的增长，且这种规模能够给企业带来显著的市场优势。

市场开发战略是密集型发展战略在市场范围上的扩展，是将现有产品或服务打入新市场的战略。市场开发战略比市场渗透战略具有更多的战略机遇，能够减少由于原有产品面对市场饱和而带来的风险，但不能降低由于技术更新而使原有产品市场份额下降，进而产品受到淘汰的风险。

产品开发战略是密集型成长战略在产品上的运用。它是跨国公司在现有市场上通过改造现有产品或服务，或开发新产品或服务而增加产品市场份额的战略。从某种意义上讲，产品开发战略是企业成长和发展的核心，实施这一战略可以充分利用现有产品的声誉，吸引对现有产品有好感的用户对新产品的关注。这一战略的优势在于企业对现有市场有充分的了解，产品开发针对性强，容易取得成功。但另一方面，由于企业局限于现有的市场，所以也容易失去获取广大新市场的机会。

实施产品开发战略的条件有：（1）跨国公司产品的市场信誉度很高，产品或服务可以增强用户对企业新产品的信心。（2）跨国公司参与竞争的行业属于迅速发展的高新技术产业，可以开发和改进的产品对市场具有重要意义。（3）企业所处的行业高速增长，必须进行产品创新以保持竞争优势。反之，如果跨国公司所处行业增长缓慢或趋于稳定，则进行产品创新要承担较大的风险。（4）跨国公司在产品开发时，提供的新产品能够保持较高的性能价格比，比竞争对手更好地满足顾客需求。（5）跨国公司具备很高的研究和开发能力，能不断进行产品的开发创新。（6）跨国公司拥有完善的新产品销售系统。

（二）一体化增长战略

一体化增长战略指跨国公司充分利用自身产品或服务在生产、技术和市场等方面的优势，沿着其产品业务生产经营链条，通过不断扩大其业务经营的深度和广度来扩大经营规模，提高收入与利润水平，使企业得到发展壮大。一体化战略分为纵向一体化与横向一体化两大类。

纵向一体化战略是指跨国公司在产品生产链上沿着向前和向后两个可能的方向

进行延伸、扩大跨国公司现有经营业务的一种发展战略，具体包括后向一体化与前向一体化。后向一体化指企业介入原供应商的生产经营活动，获得供货方的控制权或者可以控制双方之间的产品和资金往来；前向一体化指企业控制其原属客户公司的生产经营活动，获得分销商或零售商的所有权或加强对它们的控制。

横向一体化战略是指跨国公司通过在本行业内扩展生产活动并由此导致市场份额的扩大，该类增长可以从三个方向进行：第一，扩大原有产品的生产和销售；第二，向与原产品有关功能或技术方向扩展；第三，与上述两个方向有关的向国际市场扩展或向新的客户类别扩展。

通过横向一体化可以带来企业同类生产规模的扩大，实现规模经济。由于该类增长与原来的生产活动有关，比起其他类型的增长更易于实现，故一般来说，企业早期的增长多以此为主且以内部增长为主要实现方式。据对美国1895年至1972年的公司增长战略分析，1895年至20世纪初的公司增长主要以横向一体化为主；我国工业企业的增长在相当长时期内也以横向一体化为主，20世纪80年代以后，其他形式的扩张才较多出现。

（三）多样化增长战略

多样化增长战略又称多元化发展战略或多角化发展战略，指企业为了更多地占领市场、开拓新市场或避免经营单一带来的风险而选择进入新领域的战略。多样化是一个意义广泛的概念，它可以涉及相关产品的活动，也可以涉及不相关产品的活动。由于横向一体化已涉及同类产品的多样化，纵向一体化已涉及相关但不同生产阶段产品的多样化，所以这里的多样化仅指不相关产品的多样化。但是，严格区分相关与否，并不容易。因为在实际中，多数公司多样化扩张的部门均与其原有市场营销和技术开发有联系。尤其是研究与开发，多来自于现存生产活动的需求，但可用于其他无关部门的生产之中。

多样化扩张是基于对市场风险和环境的不确定因素的防范意识。具有多样化经营的公司，可以减少某种不可预测因素的冲击。此外，原有产品市场需求的下降，也会促使公司寻求多样化机会，以充分利用其生产能力。而当某一产品出现旺盛市场需求时，也会诱发新的公司介入此类生产活动。

【参考资料7-2】　"一带一路"投融资应以市场化为标准

阅读请扫码

第三节　跨国银行和国际融资

在国际经济金融领域中，大部分国际投资所需资金要依靠国际融资行为完成，尤其是跨国公司的直接投资所需资金往往需要依靠跨国银行和国际融资完成。

一、跨国银行

跨国银行是指以国内银行为基础，同时在海外拥有或控制一定数量的分支机构，并通过这些分支机构从事国际业务，为企业提供跨国金融服务，实现其全球经营战略目标的银行。

银行不仅是历史上最早出现的金融机构，也是最早从事跨国金融服务的金融机构。早在17世纪，地中海周围的雅典、开罗、耶路撒冷和罗马等城市已经出现了经营跨国金融业务的银行。意大利银行家最先在国际贸易领域引入存款—转账业务和汇票业务，此后荷兰人、日耳曼人也仿效这一做法，使得跨国银行与国际贸易紧密相连。

但是一直到第二次世界大战时期，银行开展的大部分国际业务都是通过代理行或联营机构办理的，而通过开设分支机构办理国际业务的很少，而且分支机构业务主要集中在一些发达的国际性中心城市。20世纪五六十年代，美国银行业借着海外投资的热潮，建立分行、附属行并与许多国外的银行建立合资银行，在国际市场尤其是西欧、中东和中南美洲的商业中心城市迅速扩张。20世纪七八十年代，借着世界油价急速飙升和石油输出国组织在亚太地区积累大部分资金，美国跨国银行业在亚洲-太平洋地区，尤其是在日本、新加坡和中国香港等国家和地区继续扩张发展。而后金融管制的放松、银行经营风险的加大、金融工具的不断创新、全能制银行的兴起以及跨国结算体系的发展，无一例外地导致了银行业国际化趋势的不断加快。世界主要银行除了在国内设立办理国际业务的机构外，还在国外开设分行、代表处，建立海外附属行以及附属金融机构，有的甚至建立非金融性分支机构，并与其他银行组成合资银行或国际银行集团。在这一时期，日本的跨国银行业，得到了迅速的发展，在亚洲乃至整个世界的市场份额迅速扩大。到了20世纪90年代，银行业海外机构的发展开始迅速加快，除了在国外广设分支机构，这一时期银行业的机构国际化还得到了前所未有的发展，银行业开始变得全能化。进入21世纪，随着日本经济衰退，日本银行业有所衰落，美国和欧洲银行的市场份额迅速扩大，得到长足的发展。而中国银行业作为跨国银行业的新生力量，国际化程度不断提高，对全球经济的影响力不断扩大。根据金融稳定委员会2022年的数据显示，中国银行、中国工商银行、中国农业银行和中国建设银行均入选全球系统重要性银行。这说明中国的跨国银行对全球经济和全球金融体系稳定性具有重要的影响。

（一）跨国银行的组织形式

银行在全球范围内会采取各种不同的组织形式向国际金融客户提供服务。从跨国银行海外分支机构的组织形式来看，主要有以下几种形式：

1.代表处

这是跨国银行最低层次的海外分支机构，也是在海外市场开展业务的最简单的形式。代表处并不直接经营银行业务。其主要职责是代表母行与东道国政府进行接触，在东道国市场推广母行提供的金融服务，为母行挖掘和招揽新客户，但它无法向海外市场接受存款和发放贷款，因此它称不上是真正意义上的银行。

2.办事处

这是介于代表处和分行之间的组织形式。同代表处相比，办事处的经营范围相对广泛，主要从事国际市场上的工商业贷款和贸易融资，开立信用证，向客户提供咨询，管理客户的现金账户，但不能接受东道国的居民存款业务和信托业务。它的资金来源主要是通过东道国货币市场和欧洲货币市场进行同业拆借。

3.分行

这是跨国银行根据东道国法律规定设立并经营的境外银行机构。从法律地位来看分行是母行的一个组成部分。分行可以经营母行的大多数业务，比如在境外发放贷款，接受东道国存款，同时可以对东道国公司进行并购或对投资活动提供财务咨询等服务。但分行并不是独立的法律实体，没有法人地位，仅仅是代表母行的境外营业场所。分行的资产负债表合并入母行的资产负债表，其经营战略和财务战略也与母行保持一致。

4.附属行或联属行

这是由跨国银行对东道国银行拥有股权而形成的合资银行，往往是由跨国银行与东道国有关机构共同出资设立，或者由跨国银行对当地银行进行并购而形成。附属行和联属行的区别是，跨国银行在附属行的股权中比重较大，而东道国有关机构在联属行的股权中比重较大。由于附属行或联属行实质上是东道国的银行，而且拥有自己的章程和股本，所以可以不受限制地经营一切银行业务，从而大大地方便了母行进入当地金融市场，开展相应的金融业务，有利于在当地建立稳固的客户网络。跨国银行依据股权对其附属或联属行的资本投资额行使法律责任。

5.爱治发公司（Edge Act Corporation）

这是美国跨国银行根据1919年修订的《联邦储备法》（Federal Reserve Act）设立的经营国际银行业务的海外分支机构形式。爱治发公司有两种类型：银行爱治发公司及投资爱治发公司。前者是美国跨国银行经营国际业务及设立海外分行的主要机构，后者则主要通过国外金融机构为母行建立附属行等。爱治发公司仅限于进行国际商业业务。

6.财团银行

这是由两家以上银行共同出资组成的银行集团。每家银行以持股的形式各掌握低于50%的所有权和控制权，其主要业务是在国际市场上从事大额贷款。

（二）跨国银行的作用

跨国银行在国际投资中具有重要地位。首先，跨国银行的建立本身就是一种直接投资。跨国银行在国外设立分支机构，向目标东道国投入资本，本身即是一种直接投资。其次，跨国银行往往通过资本运作参与到其他跨国公司的股权交易中，形成银行资本与工业资本的融合，推动金融资本的国际化，间接参与到有关跨国公司的直接投资中。跨国银行在国际投资中发挥作用，主要体现在其为国际投资活动提供资金融通和中介服务，具体表现在以下几个方面：

1.跨国银行可以为国际投资者提供融资中介服务

跨国银行往往在国际投资中作为信用中介存在。国际投资需要调整和运营世界范围内的资金支持国际投资过程，而在这一过程中，资本供求不平衡是经常出现的现象，一方面国际投资者在投资时可能会欠缺资本，出现资金缺口，另一方面国际金融市场上存在众多剩余资本，可能会产生巨额的资金供给。跨国银行的出现，可以作为资金配置的中介，实现资金供求双方的对接。另外，即使这种资金供求在总量上是相等的，但也可能会出现在期限、币种等方面的错配，这就需要跨国银行通过发挥自己的信用中介作用予以调整。

2.跨国银行可以为国际投资者提供资金清算服务

国际投资领域的资本流动是较为频繁的，为了使国际投资能顺利完成。需要跨国银行作为中介，为投资者提供资金清算服务。跨国银行拥有分布广泛的海外分支机构和代理行网络，因而能为投资者的跨国界支付提供全球范围的转账清算和现金收付业务，缩短资金的在途时间，提高资金运用的效率。

3.跨国银行可以为国际投资者提供全方位的信息咨询服务

跨国银行拥有遍布全球的机构网络和广泛的客户群体，因而从与同业及客户的业务活动中，跨国银行掌握了极为丰富的政治、经济信息。同时为了识别和评估各行业企业的信用信息，跨国银行汇集了许多精通财务管理、投资分析方面的专家人才。借助信息和人才的禀赋储备，跨国银行可以向国际投资者提供多方面的咨询服务，帮助投资者拓展其海外业务。

二、国际银团贷款

利用国际信贷资金发展本国经济是许多发展中国家的可行途径。国际投资依赖的资金大多数是由国际融资活动提供的。按照融资活动针对的业务类型不同，可以将各种融资活动分为国际信贷融资、国际贸易融资和国际项目融资等。其中，国际信贷大部分是中长期信贷，而国际中长期信贷大部分通过银团贷款形式展开。

因而，本节主要阐述国际银团贷款。国际银团贷款是由一家或几家跨国商业银行牵头组成集团，向借款人共同提供的贷款。国际银团贷款金额巨大，一般在5亿～10亿美元，且专款专用，贷款的对象多为各国的政府机构（包括中央银行）或跨国公司。

国际银团一般由多家跨国银行组成，证券公司、财务公司有时也有可能参与其中。按照银团贷款的职能和分工，银团成员分为牵头行、经理行、代理行和参与行。牵头行是指经借款人同意，发起组织银团、分销银团贷款份额的银行。经理行是指在银团组建过程中负责组团任务的银行。经理行由牵头行根据参与银团的各家银行在询价阶段承诺的贷款数额大小和各银行的行业地位重要与否确定。经理行负责评估贷款项目和组建银团的合理性，与牵头行商讨银团组建细节，推动银团组建进程。代理行在银团贷款合同签订后，按贷款条件确定的融资条件和进度归集资金，向借款人提供贷款，并接受银团委托，按贷款合同管理银团贷款事务，协调各参与行的活动。除牵头行、代理行外，银团的其他银行为参与行。参与行是指受牵头行邀请，参加银团并按照协商确定的贷款份额向借款人提供贷款的银行。

（一）国际银团贷款的流程

1.选择银团牵头行

当借款人决定要用国际银团贷款方式筹资时，首先就是选择牵头银行。确定牵头行，对银团贷款的发放成功和贷款价格具有重要影响，需要根据借款人的项目情况、信用要求和国际金融市场情况确定牵头行。一般情况下，不同的借款人有不同的选择习惯。有的借款人选择同自己关系密切的银行；有的借款人轮流挑选国际上一些大银行，以便和更多的国际银行建立关系；有的借款人邀请一些大银行投标，从中选择合适的牵头银行。

2.借款人向牵头银行递交筹资委托书

借款人向牵头银行递交筹资委托书的同时，还应附上有关文件，包括项目的批准证书、营业执照、合同和可行性研究报告等。

3.牵头银行回复借款人贷款承诺书

牵头银行与借款人进行初步谈判，当借款人的条件基本符合贷款要求时，银行要向借款人递交贷款承诺书和贷款合同的基本结构，初步概述银团贷款的条件和价格。

4.组建银团

如果借款人原则上同意银行的条件，授权牵头行组织银团，那么说明银团贷款的组织工作已经开始了。首先，确定参加行名单，这些参加行必须经牵头行审查同意；其次，与有关参加行接触，向参加行介绍项目的情况并进行非正式询价。

5.起草"项目概况"，并分发给各参加行

牵头行应根据借款人提供的有关资料进行认真的项目评估，写出评估报告并进行现金流量分析，在此基础上写出"项目概况"。"项目概况"的主要内容包括执行摘要、项目投资决策、项目贷款条件（包括定价、资金结构、担保和信用评估）、借款人的行业分析和基本财务情况。"项目概况"分别提供给各参加行研究，牵头行收到各参加行的承诺电传后，银团即宣告组成。

6.准备有关文件，进行贷款合同的谈判

在银团基本组成后，牵头行要与借款人进行谈判。文件的起草工作由牵头行委托或聘请的律师进行。这些文件包括贷款合同、还款担保、抵押担保、超支担保（或备用信贷协议）、完工担保（或履约保证）、合同转让书（包括管理合同、销售合同、工程合同等），牵头行就这些文件逐项与借款人进行谈判。

7.签约、发布"墓碑"广告

银团成员在贷款合同上共同签字，达成银团贷款协议后，可以在发行量比较大的国际性商业报刊上发布广告。由于篇幅较小、措辞严谨、形式严肃，所以又被称为"墓碑"广告。广告对借款人、牵头行和参加行来说都有正面的宣传作用。对于借款人来说，等于为项目做了一次促销广告，因为只有获利前景好的项目才能得到银团贷款的支持；对牵头行来说，银团贷款的成功一方面给它带来丰厚的收益，另一方面也是其信誉和能力的体现；对于参加行来说，能够参与签订国际知名的银团贷款协议可以提高其知名度。

8.贷款监督和贷款偿还工作

银团贷款的签订只是贷款合同履行的第一步，银团贷款能否得到预期的收益还要看项目的完成情况和贷款的偿还情况。所以，在资金到位后，确定的代理行就要按照协议进行贷款的监督，确保资金的合理使用，保证款项得到偿还。

（二）国际银团贷款的分类

按照银团的不同组织形式，可以将国际银团贷款分为包销协议、尽力联贷和普通银团贷款。

1.包销协议

包销协议是指国际银团贷款的牵头行对整个贷款发放成功作出承诺，针对融资项目特点，组建银团的协议安排。一旦银团贷款发放不成功，牵头行将承担所有责任，单独向借款人发放贷款。银行选择包销银团贷款的原因有两个。第一，银行可以通过包销条款获得银团贷款业务的主动优势，从而获取更大利润。第二，银行作为包销行，可以获得借款人更多的信息，在贷款定价上获得主动优势。但一旦银团贷款不成功，包销协议贷款就会给银行带来潜在风险。

2.尽力联贷

尽力联贷指银团考虑到市场状况的变化，为借款人承诺一定的包销贷款量的协议安排。但不像包销一样，尽力联贷所保证的包销贷款量一般小于贷款总量。

3.普通银团贷款

普通银团贷款是不附加任何包销或联贷协议安排的银团贷款

按照发放银团贷款的类型，可以将国际银团贷款分为直接银团贷款和间接银团贷款：（1）直接银团贷款是指由银团内各成员行共同与借款人签订银团贷款协议，委托代理行向借款人发放、收回和统一管理的银团贷款；（2）间接银团贷款是指牵头行单独与借款人签订贷款协议并向借款人发放或承诺发放贷款，牵头行再通过分销或转让等方式再将贷款或贷款承诺转让给其他参与行，由牵头行和参加行共同组成银团，并由牵头行作为代理行负责贷款的管理的银团贷款。

（三）国际银团贷款的特点

1.贷款风险共担

国际银团贷款项目的风险不是由一家银行承担，而是由各参加行按其提供贷款的份额分担风险。国际银团贷款的项目较大，资金需求较高。单独一家银行进行贷款会面临很大的风险。通过国际银团，多家银行可以通过协议明确共享收益，实现风险共担。参加银团的银行数目根据项目大小可多可少，大型项目有几十家银行参加，小型项目有三至五家银行参加。银行也可以避免对单个借款人承担过多债权，可以同时参与多个不同的国际银团贷款，面向更多的借款人，以分散信用风险。

2.节省借款人的信息和交流成本

对于借款人来说，采用国际银团贷款方式融资，只需要一次谈判借款条件，签订一个贷款协议，一次向国际银团成员银行报告其金融条件和信用要求，就能融得相应的大额资金。这样就避免了借款人为满足自身需求，连续与多家不同银行进行协商，从而节省了时间成本。

3.活跃国际金融市场，提高国际银行间的交流，提升银团参与行的国际声誉

国际银团一般针对的是国际大型项目的资金需求，参与行组织和参加银团

可加强国际银行间的交流，提高参加行的国际地位。国际银团贷款可以吸收较小的银行参与到国际贷款批发销售市场中来，提高国际金融市场的流动性。许多小银行本无力单独承担国际贷款，大银行在承担大部分信贷之后，再把部分信贷转售给小银行。

4.银团贷款依托于大型项目融资

银团贷款的审批和投放主要针对的是依托项目融资的收益。银团主要考虑的是为营建某一项目而组成的承办单位的资产状况及该项目完工后所创造出来的经济效益，而不是主办项目单位的资产与信誉。因此，银团贷款必须依托于项目建设。

三、国际贸易融资

早在13世纪，国际贸易就与以跨国银行体系展开的国际融资紧密相连。国际贸易融资是银行为出口商或进口商提供的与进出口贸易结算相关的融资或信用便利。国际贸易融资以各种方式融得的资金有效满足了贸易参与方的资金需求，有效保障了国际贸易的顺利开展。这些融资方式有短期贸易融资、远期信用证贸易融资、保理业务和福费廷业务等。

（一）短期贸易融资

短期贸易融资主要有进口押汇、信用证打包放款和出口押汇。

1.进口押汇

进口押汇是国际贸易融资的主要方式，它是由银行向开证的进口商提供的一种短期贸易融资。开证的银行和进口商需要签订有关的进口押汇协议。开证行在收到出口商通过议付行寄来的信用证上所注明的单据后，先行替进口商向议付行付款，并根据进口押汇协议约定及进口商签发的信托收据，将单据交与进口商，进口商凭单提货并进行销售后，将货款附加相应利息偿还给开证行。进口押汇协议和信托收据是进口押汇中的主要文件。进口押汇协议是融资的依据协议。信托收据是进口商在未向开证行付款前必须向该行出具的凭证，用以获取货物单据来提取货物。该凭证说明进口商所提货物的所有权仍属银行。

2.信用证打包放款

信用证打包放款指在银行向出口商提供用于该信用证项下出口商品的备货和出运的贷款，该项贷款以进口商开立的信用证为抵押。打包放款的期限自信用证抵押之日起至出口商提供货运单据并向开证行寄单收回货款之日止。借款期限的长短由银行与出口商根据收回货款的时间协定解决，通常不超过3个月。打包放款的金额一般为信用证金额的70%~80%。银行在向开证行收回货款后，将从货款中扣除贷款本金和利息。

3.出口押汇

出口押汇是在信用证、托收和出口保理项下银行对出口商提供的短期资金融通。出口商在货物发运后，将货运单据交给银行，银行在审核单证相符后，向出口商付款。之后，银行再向开证行寄单收款，冲回垫付的资金。

出口押汇的融资金额一般为信用证或单据金额的一定比例。时间通常较长，为3—6个月；贷款利息在出口押汇中以贴现方式从贷款中扣除，而在打包放款中是从收回的货款里直接扣除。

（二）远期信用证贸易融资

国际贸易中一些大宗的进出口交易，如大型机械设备进出口，往往需要进行中长期融资。远期信用证贸易融资是比较常见的一种，它实质上是由出口商所在地银行提供的对进口商的融资。

在远期信用证结算方式下，进口商通过进口地银行开立此类信用证，出口商收到信用证后，装船发货，并通过议付行向开证行提交远期外币汇票及全套货运单据。开证行审核无误后，即承兑信用证项下的远期汇票。经承兑的远期汇票将退回议付行，由议付行于汇票到期日向承兑行（即开证行）提示，取得票款。

远期信用证项下的远期汇票可以有多张，每张汇票的付款期限均可不同。例如，进出口合同规定2年内分4次付清，则汇票到期日可分别为提单日期后180天、360天、540天和720天。议付行的汇票提示及收款依此日期进行。

出口商在远期信用证方式下可以和银行作出多种融资安排，这些融资安排有：（1）出口商在取得进口商开立的信用证之后可以将其作为抵押，向银行申请打包放款；（2）远期汇票经开证行承兑并退还议付行后，议付行可以向出口商进行议付或办理贴现，出口商则把取得的资金用来偿还打包放款的融资款项。

（三）保理业务

保理业务是指国际贸易中在承兑交单、赊销方式下，由保理商对出口商应收账款进行核准或购买，从而使出口商收款得到保证的一种结算方式。保理业务由专门的保理公司承办，保理公司负责对进口商的资信进行调查、核准信用额度、催收账款、向出口商融通资金和提供财务管理等。由于许多商业银行也从事保理业务，所以这种结算方式亦具有银行信用的性质。

1.保理业务的流程

（1）出口商、保理商等相关方签订有关的保理合约，例如保理商代理合约和保理合同。

（2）由出口商按收款金额申请保理额度，并由保理商对进口商的资信和财务状况调查评估后核准这一额度。

（3）进出口商之间签订销售合同。

（4）出口商装运货物，并将货运单据和应收账款转移通知书等分别寄送进口商和出口保理商，取得资金融通。

（5）进口保理商凭受让应收账款向进口商催收货款。

（6）出口保理商收得账款后，扣除保理费用，向出口商支付账款余额，并处理有关账表。

2.保理业务的主要费用

（1）利率。利率可能是浮动利率，通常在基础借款利率上加约3%。

（2）融资费用。这取决于所融通资金的数量及期限。保理商对信用较好、自我管理账户的出口商收取的融资费用一般为所融通资金的0.25%～0.75%；对需要全部销售账户管理的出口商，收费标准通常为所融通资金的0.75%～2.75%。

（3）信用保险。在保理商承担全部进口商信用风险的情况下，需附加0.2%～1%的费用，这一费用在向信用较差国家的出口保理中有可能更高。

3.保理业务的特点

（1）保理商承担了信贷风险。出口商将单据卖断给保理商后，如果到时进口商拒付货款或不按期付款等，保理商就不能向出口商行使追索权，全部风险由保理商承担。

（2）保理商通常还提供资信调查、托收、催收账款，甚至代办会计处理手续等业务。因此，保理业务是一种综合性业务，既不同于议付业务，又不同于贴现业务。

（3）预支货款。典型的保理业务是出口商在出卖单据后立即收到货款，得到资金融通。但是，只要出口商资金雄厚，也可与保理商达成协议在票据到期后再向保理商索要货款。

（四）福费廷业务

福费廷（Forfeiting）是一种中长期国际贸易融资方式。在这一方式下，包买人从出口商那里以无追索权的方式购买远期票据，使出口商立即获得款项。这些远期票据是经进口商承兑并通常由进口地银行承兑的远期汇票或本票，在票据到期日由包买人借以向进口商索偿。包买也就是包买人对出口商持有的债权凭证进行无追索权的贴现。包买人通常由银行或专门的包买公司来承当，故又称"包买行"。伦敦作为国际金融交易中心，是主要的福费廷业务市场。在福费廷业务中，涉及的金额总数少则几十万美元，多达数千万美元。有些规模较大的业务还需要通过银团来承办。福费廷业务中的远期票据，期限多为3—7年，其中5年的居多，最长可达 10 年。

福费廷业务和保理业务都是对出口商应收账款的包买，在形式上具有一定相似性。但两者存在多种不同。首先，福费廷业务适用于大型设备的进出口，融资期限一般比较长。保理业务适用于国际贸易的普通商品，融资期限一般比较短。其次，福费廷业务要求进口商银行对汇票进行承兑，需要进口商和出口商签订远期合同，而保理业务并不要求这些条件。

福费廷业务的基本流程如下：

1.出口商与包买行接洽包买事宜，签订包买协议；进口商从当地银行获得信用支持，包括提供担保便利。之后，由进口商和出口商签订远期付款贸易合同。

2.出口商装运货物，并将货运单据通过当地银行交与进口方银行。

3.出口商出具远期汇票，交由进口商承兑，并由进口方银行加保，或者由进口商出具远期本票，再由进口方银行加保。加保后的票据转交出口商。转交前，一般由出口地银行代为加盖出票日期。

4.货运单据交给进口商，由其凭以提货。

5.出口商收到票据后，经背书，向包买行贴现。

6.包买行贴入票据后，按不同到期日依次向进口方加保银行求偿。

【参考资料7-3】　　　陆金所跨国银行银团贷款

2020 年陆金所控股获得高达 12.9 亿美元（约 91.35 亿元人民币）境外银行"天团"贷款额度，这是今年以来国内规模最大的企业融资。在目前市场整体流动性紧张的背景下，此次大规模授信，显示了市场对陆金所的认可。

接近交易的人士透露，此次银团贷款为纯信用授信，融资成本也远低于市场利率。并且，此次银团贷款由汇丰银行和花旗银行牵头，中银、摩根大通、摩根士丹利、高盛、瑞银、美银、日本瑞穗等众多国际银行参与。

继续阅读请扫码

本章小结

国际投资是指一国企业、个人、金融机构或者官方和半官方机构等投资主体将其拥有的货币资本或者产业资本经跨国界流动和跨国经营，形成实物资产、无形资产或者金融资产，并得以实现资本的价值增值的经济行为。

　　国际投资作为跨国性经济活动，涉及投资国和东道国。投资国作为资本流出国或对外投资国，东道国作为资本流入国或对外被投资国。按照投资期限不同，国际投资可分为长期国际投资和短期国际投资。按资本来源及用途的不同分类，国际投资可分为公共投资和私人投资。按资本的特性不同，国际投资可以分为国际直接投资和国际间接投资。

　　国际直接投资又称为对外直接投资（Foreign Direct Investment，FDI），是指一国的投资者以控制企业的经营管理权为核心、以实现整体利润最大化为目的，在国外创建持久性企业或分支机构的投资行为，其过程是通过企业经营资源的国际转移和运用，有效地控制世界市场和全球资源，以获取新的国际竞争优势。国际直接投资的基本方式可以划分为三种：股权式合营、非股权式合营和独资经营。

　　国际间接投资指国际投资者以资本增值为目的、以被投资国的证券为对象，取得相应的证券股息或利息的跨国投资。国际间接投资者并不直接参与国外企业的经营管理活动，其投资活动主要通过国际资本市场进行。国际投资者一般会在国际债券市场上购买中长期债券，或在外国股票市场上购买企业股票。

　　跨国公司主要是指国际投资者通过对外直接投资，在两个或更多国家成立实体，其形式可以为公营、私营或混合所有制企业，从事国际化生产和经营活动的垄断企业。跨国公司投资主要有以下特点：经营规模较大；具有技术竞争优势；生产经营活动跨国化，具有国际及全球战略视角；拥有一体化的组织管理体制；一体化经营。

　　跨国银行是指以国内银行为基础，同时在海外拥有或控制一定数量的分支机构，并通过这些分支机构从事国际业务，为企业提供跨国金融服务，实现其全球经营战略目标的银行。跨国银行可以为国际投资者提供融资中介服务。跨国银行可以为国际投资者提供资金清算服务。跨国银行可以为国际投资者提供全方位的信息咨询服务。

　　国际银团贷款是指由一家或几家跨国商业银行牵头组成集团，向借款人共同提供的贷款。国际银团贷款金额巨大且专款专用，贷款的对象多为各国的政府机构（包括中央银行）或跨国公司。

　　国际贸易融资是银行为出口商或进口商提供的与进出口贸易结算相关的融资或信用便利。国际贸易融资以各种方式融得的资金有效满足了贸易参与方的资金需求，有效保障了国际贸易的顺利开展。这些融资方式有短期贸易融资、远期信用证贸易融资、保理业务和福费廷业务等。

─────────────── **关键概念** ───────────────

　国际投资　国际直接投资　国际间接投资　跨国公司　新建投资　跨国并购
跨国银行　国际银团贷款　国际贸易融资　保理　福费廷

─────────────── **思考与应用** ───────────────

1.什么是国际投资？国际投资的特点是什么？

2.什么是国际直接投资？国际直接投资的特点是什么？

3.跨国公司投资的特点是什么？有哪些跨国公司经营决策？

4.跨国银行的作用是什么？

5.国际银团贷款的流程是怎样的？

国际货币体系与国际金融组织

熟练掌握国际货币体系的定义和构成。

理解国际金本位体系、布雷顿森林体系、牙买加体系的特点。

掌握货币一体化的定义及相关理论,理解主要的国际金融组织。

第一节　国际货币体系

一国的货币拥有国际货币职能,会使该国在国际经济金融体系中拥有有利的地位。因而,只有国际经济金融实力雄厚的国家,才能推动本币的国际化,乃至使本币成为国际货币。而国际货币体系则在国际金融领域内具有基础性作用,对国际贸易支付与结算、国际资本流动、各国外汇储备、汇率的调整、国际收支都产生重大的影响。同时在国际货币体系下,各国之间才能进行国际经济政策的协调,推动各国经济金融的稳定发展。国际货币体系影响着国际经济金融运行的规则。国际货币体系历经长时间的演变,先后经历了金本位制度、布雷顿森林体系和牙买加体系。这些货币体系的演变逐渐适应国际贸易和国际投资的需要。每个货币体系在建立伊始都促进了世界经济的发展。了解国际货币体系的规则、历史,才能更好地运用国际经济金融的规则。

一、国际货币体系概述

国际货币体系是国际货币往来,包括国际货币和储备资产的确定及在此基础上的资金转移,如与支付和结算有关的组织结构、制度安排、规则设定和相应的机构设置的总和。一般来说,国际货币体系主要包括以下组成部分:

1.汇率制度的确定

汇率制度的安排是国际货币制度的核心。汇率不仅体现本币的购买力大小，而且还会影响金融和实体资源在不同国家之间的分配。汇率的决定和变动受各国国内外经济金融等多种复杂因素的影响。因而，确定汇率制度是国际货币体系需要进行协调和管理的重要内容。具体来说，国际货币体系应当包括如何确立各国货币之间的汇率，确立汇率的依据或标准，如何确定货币汇率的波动界限，以及如何调整改变或维持汇率。

2.国际货币和储备资产的确定

国际货币和储备资产的确定，即一国应以哪种货币用于国际支付，一国政府应持有何种资产作为各国普遍接受的储备资产，以及为满足国际支付和调节国际收支的需要，一国应持有的储备资产的总额和结构，并且在此基础上，决定调节储备资产结构的调节方式。

3.国际收支的调节机制

国际收支从总体上反映一国对外经济交易的状况。任何国家的国际收支，无论任何时候，都难以做到收支完全相抵，恰好平衡，而是经常处于不平衡状态。但如果一国长期处于顺差或逆差状态，则需要进行调整。而在国际经济一体化背景下，一国国际收支的调整，势必影响到与其他相关国家的经济关系。因此，国际货币体系要协调各国国际收支调节机制，制定相应的规则和制度。国际收支调节机制具体包括国际收支的调节方式，即各国政府应采取什么方式弥补国际收支逆差，以及为了更好地执行国际货币制度，必须建立的对各国国际收支进行政策调节和约束的机制。

4.各国货币的可兑换性与国际结算的原则

这一原则即一国货币能否自由兑换，在结算国家间债权债务时采取何种结算方式，以及对支付是否加以限制等。

在以上几方面的内容中，汇率制度安排居于核心地位，它制约着国际货币制度的其他方面，反映了一定时间内国际货币制度的特征。

国际货币体系是各国间利益与矛盾冲突协调的结果。其作用主要表现在：明确了国际清算和支付手段的供应和管理原则；明确了国际收支的调节机制；确立了有关国际货币金融事务的协商机制并建立了相关协调监督机构；确立了多边支付制度，加速了世界经济一体化。

根据不同时期本位货币和汇率安排的不同，可以将历史上的国际货币体系分为国际金本位制度、布雷顿森林体系和牙买加体系。

二、国际金本位体系

（一）国际金本位制度概述

金本位体系是以黄金为本位货币的一种国际货币体系，它是基于金本位制度形成的国际货币体系。金本位制度是以黄金为基础对货币的含金量、货币的单位、货币的发行和货币的支付等一系列事务所作出的规范和安排。其中，本位货币是作为一国货币制度基础的货币。因而金本位制度下，只有黄金可以作为本位货币执行价值尺度、流通手段、支付手段、贮藏手段、世界货币等全部货币职能。但在实际经济事务中，除黄金外的金属辅币，可兑换为黄金的银行券与可兑换为黄金的纸币等都可行使货币职能。

1819年，英国颁布了《恢复法令》，要求英格兰银行恢复银行券与黄金按固定比率兑换的业务，并且废除了英国对黄金和金条出口的限制。至此，英国的金本位制度基本确立。19世纪末，美国、德国、日本等主要西方国家也都实行了金本位制度。国际金本位体系由此确立。

在国际金本位体系下，黄金充当世界货币。各国货币可以按照法律规定的含金量自由兑换黄金。黄金可以在各国之间自由输入输出。任何人都可以自由铸造、熔化金币。流通中的其他货币可以与黄金自由兑换，同时人们可以自由储存黄金。

因而，在国际金本位体系下，黄金充当国际货币和国际储备的载体。而各国货币之间的汇率是以铸币平价为基础形成的。各国货币按照其含金量之比形成铸币平价，以铸币平价决定各国货币之间的汇率。外汇市场上各国货币之间的汇率波动以铸币平价为基础，并按照市场供求状况上下波动。由于黄金的自由输入和输出，以及各国货币含有法定含金量，所以保证了各国货币之间的铸币平价稳定，形成了各国货币之间的固定汇率。各国国际收支通过铸币-价格机制自动调节。

根据货币与黄金的联系程度，金本位制度可细分为金币本位制、金块本位制和金汇兑本位制三种类型。第一种是标准的金本位制度，其余两种是不完整的、残缺的金本位制度，因而又被称为跛行金本位制度。

（二）金币本位制

金币本位制是以金币单独作为本位货币的货币制度，金币本位制的存在需要4个条件：将本国货币价值与一定数量的黄金相联系；任何人都可以自由铸造、储存、熔化金币；流通中的其他货币可以与黄金自由兑换；黄金可以自由地输出和输入本国。

在金币本位制下，各国的金币虽然有不同的名称和含金量，但其价值是按其相对的含金量来规定的。也就是说，在金币本位制下，各国汇率由其铸币平价来决定，并受黄金输入点、输出点影响。例如，若1英镑=5厘纯金，1美元=25厘纯金，则根据铸币平价，1英镑=5美元。但两国货币汇率变动区间限于黄金输入点与黄金输出点之间的狭窄范围。由于在国与国之间运输黄金具有一定成本，所以当一国货币汇率变动超出这一范围时，往往投资者会通过运输黄金获取利差。其中，黄金输出点等于铸币平价加上输送成本（包括保险费、包装费、运费等）。黄金输入点等于铸币平价减去输送成本。当一国货币汇率下跌到黄金输出点以下时，投资者会将该货币兑换成黄金，运出该国，即本国货币流入，黄金流出，直至汇率回到黄金输出点以上；当一国货币汇率上升到黄金输入点以上时，投资者会将黄金兑换成该国货币，即本国货币流出，黄金流入，直至汇率回到黄金输入点以下。

金币本位制的优点在于，首先，金币本位制可以自动调整各国货币汇率波动，形成各国货币之间的固定汇率。其次，金币本位制可自动调节国际收支机制，即在金币本位制下，当一国持续发生贸易逆差时，其汇率会涨至黄金输出点，从而黄金外流，此时货币供应量减少，随之物价降低，该国商品国际竞争力提高，贸易逆差改善；当一国持续发生贸易顺差时，其汇率会下降至黄金输入点，从而黄金流入，此时货币供应量增加，随之物价上升，该国商品国际竞争力下降，贸易顺差减少。

（三）金块本位制和金汇兑本位制

第一次世界大战前夕，西方各国为了准备战争，加紧对黄金的掠夺。这使许多国家的金币自由铸造与自由兑换受到了严重的削弱，黄金输出输入受到了严格限制。第一次世界大战爆发后，参战各国由于军费开支猛增而大量发行纸币或银行券。同时，参战各国又由于遭受经济危机，商品输出减少，资本外逃严重，黄金短缺，各国纷纷停止金币铸造和兑换，禁止黄金输出。这从根本上动摇了金币本位制赖以生存的必要条件。金币本位制趋于破产。第一次世界大战结束后，世界货币体系的重建问题受到各国政府的普遍关注。1922年，各国政府在意大利热那亚召开了世界货币金融会议，吸取了第一次世界大战前国际金本位制的教训，以节约黄金为基本原则确定世界货币规则。会议结束后，除美国继续采用金币本位之外，其他国家均相继采用金块本位制和金汇兑本位制。

金块本位制是以黄金作为准备金，以有法定含金量的银行券作为流通手段的一种货币制度。它的主要内容是：一是基本货币单位仍规定含金量。二是国家不再铸造金币，国内不流通金币，只流通银行券，银行券必须按含金量计算，达到规定数量才能兑换黄金。在这种制度下，既没有金币流通，又对银行券兑换黄金设定严格限制，以达到节省黄金的目的。三是虽然银行券不能自由兑换黄金，但银行券本身已是法定货币，具有强制流通的能力。四是由国家储存金块，将其作为发行储备。

金汇兑本位制是一种虚金本位制，指将本国货币通过另一种同黄金挂钩的货币挂钩，进而与黄金间接连接的金本位制。在间接挂钩的情况下，一国只能通过购买与黄金挂钩货币（即外汇）来获取黄金。本国发行的货币虽然不能直接兑换成黄金，但是可以兑换成挂钩货币，进而以挂钩货币向挂钩货币发行国兑换黄金。为了稳定汇率，该国须在直接挂钩的国家存入一定数量的外汇和黄金作为平准基金。政府为了维持汇率，通过无限制买卖外汇，维持本国货币与挂钩货币的比价，进而维持本国汇率稳定。而在应对国际收支不平衡时，一国政府会首先动用外汇，黄金只有在最后关头才充当支付手段，以维持汇率的稳定。

虽然，金块本位制或金汇兑本位制设计的初衷是为了节省黄金储备。但是这些制度下的黄金供应量依然满足不了稳定汇率的需要。而实行金汇兑本位制的国家，其货币要与挂钩的国家货币保持固定比价，其对外贸易和汇率会受到挂钩国家的影响。若挂钩国家的货币汇率发生动荡，其国货币就会受到影响。

因而，金块本位制和金汇兑本位制与金币本位制相比，其基础已被严重削弱。1929—1933年世界经济大危机到来时，金块本位制和金汇兑本位制便彻底崩溃了。英国于1931年9月放弃金本位制后，美国又于1933年3月宣布停止兑换黄金并禁止黄金输出，也放弃了金本位制。1935年以后，比利时、法国、荷兰等国宣布货币贬值，放弃金本位制，国际金本位制随之瓦解。在西方国家纷纷放弃金本位制、普遍实行纸币制度的情况下，货币信用危机加深，矛盾重重。由于建立不起统一的国际货币体系，所以西方国家纷纷组成相互对立的货币集团，如英镑集团、美元集团和法国法郎集团。在各集团内部，货币比价、汇率波动界限和货币兑换与支付均有统一规定，而对集团外的国际支付则采取严格的管制，货币不能自由兑换。在国际收支调节方面，各国也采取了各种各样的手段，为了解决国内严重的失业问题，各国竞相实行货币贬值以达到扩大出口、抑制进口的目的，各种贸易保护主义措施和外汇管制手段也非常盛行。这就是"以邻为壑"的经济货币战。这一时期不存在统一的国际货币体系，结果是国际贸易严重受阻，国际资本流动几乎陷于停顿，世界经济发展停滞。

（四）国际金本位制度的特点

国际金本位制是一种以一定质量和成色的黄金作为本位货币的货币制度，货币体系的基础是黄金，各国货币按其含金量之比确定一个法定平价，所以可以说国际金本位制是一种各国货币根据黄金来确定比价的固定汇率制度。具体来说国际金本位制具有以下特点：

1.实行固定汇率制

国际金本位制是严格的固定汇率制度。由于外汇供求关系的变动，外汇市场的实际汇率会围绕铸币平价而上下波动。

2.黄金执行国际支付手段和国际储备货币的职能

各国的储备货币都是黄金，黄金作为最终的清偿手段，充分发挥世界货币的职能。各国在国际结算当中也都使用黄金，而且金币可以自由铸造，银行券可自由兑换成黄金，黄金可以自由输出输入，各国一般不对黄金的流出和流入加以任何限制。但事实上，在金本位制实行期间，黄金的输入、输出并不频繁，大多数时候人们总是使用英镑来替代黄金。

3.国际收支自动调节

金本位制下，各国的国际收支可以自发进行调节，一定程度上政府不用采取经济政策对经济进行干预，节省了政策成本。

（五）国际金本位制度的缺陷

同样，国际金本位也具有以下一些缺陷：

1.金本位制下，黄金数量和结构分布对维持金本位存在挑战

金本位制的成功与否取决于货币黄金的增加能否满足经济发展的需要。但黄金的增长速度越来越落后于各国经济贸易增长的速度，由此造成的清偿手段不足严重制约了各国经济的发展。同时，由于西方工业国之间经济发展的不平衡，世界大部分的黄金存量越来越集中到强国手中。这不但影响了黄金的国际结算职能，也削弱了其他国家金本位货币制度的基础，同时造成了西方工业国货币信用制度和国际金融领域的危机。黄金供求的矛盾和分配的不平衡是金本位制崩溃的根本原因。

2.金本位制的自动调节机制有限

金本位制下的固定汇率制要求各国把国际收支平衡和汇率稳定作为政府的首要目标，国内经济的发展要服从金本位制的运行规则。但各国政府对这条规则是难以接受的，他们不可能忽视本国经济发展对货币的需求而保持充分的黄金准备，或听任金本位体系的自动调节，而采取对经济自由放任的政策。从客观情况来看，一国经济情况错综复杂，内外经济政策相互牵制，因此它们更愿意利用利率、国际信贷及公开市场业务等手段，而不是国际黄金的频繁波动，来调节国际收支。

3.国际金本位制度是一个松散、无组织的体系

各国实行金本位制时所做的规定与采取的措施大致相同，黄金在国际上的支付原则、结算制度与运动规律都是统一的。但国际金本位制度中没有一个常设的国际金融机构来规范和协调各国的行为。国际金本位制度只是各国自行选择的结果，各国都实行金本位制，遵守金本位制的原则和惯例，因而自动构成了国际金本位制度。因此，一旦各国出现对外政策的冲突，随之而来的就是货币制度的失灵乃至崩溃，从而严重冲击国际经济金融的稳定。

三、布雷顿森林体系

第二次世界大战使资本主义国家的经济实力对比发生了巨大变化，造成参战国国际收支恶化，汇率极端不稳定。例如，英国经济遭到重创，出口额不足战前的1/3，国外资产损失达40亿美元以上，对外债务高达120亿美元，黄金储备降至100万美元。而美国成了战争的最大受益国，第二次世界大战结束后，美国成为世界上最大的债权国和储备国。这为建立美元的霸权地位奠定了基础。

两次世界大战期间国际金融体系的混乱使建立稳定的国际货币体系成为各国的一致选择。美、英两国都从本国利益出发，分别提出了自己的重建世界金融体系的计划。美国政府提出了"怀特计划"，而英国政府提出了"凯恩斯计划"，这两个计划充分反映了两个国家各自的利益以及建立国际金融新秩序的深刻分歧。在对第二次世界大战后国际货币体系主导权的争夺战中，美国由于实力较强而占据上风，英国在美国作出适当让步后被迫接受了"怀特计划"。1944年7月1日，联合国44个成员方在美国新罕布什尔州的布雷顿森林小镇召开了联合国货币金融会议。会议通过了以"怀特计划"为基础的《国际货币基金协定》和《国际复兴开发银行协定》，总称《布雷顿森林协定》。截至1945年12月27日，有29个国家的代表前往美国在协定上签字，布雷顿森林体系正式生效。至此，确定了第二次世界大战后以美国为中心的国际货币体系，即布雷顿森林体系。

（一）布雷顿森林体系的主要内容

1.建立美元-黄金本位制

美元作为最主要的国际储备货币。《布雷顿森林协定》中规定，美元与黄金挂钩，相应的比率为1盎司黄金等于35美元。其他国家的货币按照规定比率与美元挂钩。各国政府或中央银行随时可用美元向美国按照每盎司黄金等于35美元的价格兑换黄金。通过这种双挂钩制度，确立了美元的中心地位。储备货币和国际清偿力的主要来源是美元，美元既是美国本国货币，又是国际储备货币。因此，布雷顿森林体系下的国际货币制度就是美元-黄金本位制，在某种程度上也可以看作是以美元为中心的金汇兑本位制度。这种制度安排给予美国在国际货币体系中特殊的地位。美国不需要干预外汇市场，没有维持国际收支平衡的负担，在固定汇率制度下也可以用货币政策稳定宏观经济。当美国购买国内资产，增加货币供应，降低国内利率时，外汇市场上将出现对非美元货币的过度需求。国际货币体系中所有其他国家为阻止本国货币升值，需要干预外汇市场，稳定汇率。因而，美国的货币供应变动不但能够影响本国的经济，还能够影响其他国家的经济。但美国同样负有维持美元对黄金价格的责任，以保证货币的可兑换性。

2.建立一个永久性的国际金融机构——国际货币基金组织

国际货币基金组织的成立是布雷顿森林体系的主要内容之一。国际货币基金组织的职能主要有：监督各成员方遵守《布雷顿森林协定》的各项条款，以维护国际金融和外汇交易秩序；与成员方就有关国际货币事项进行磋商；对国际收支逆差国提供贷款等融资援助，以稳定汇率并促进国际贸易和经济的发展；成员国在需要贷款时，可用本国货币向国际货币基金组织按规定程序购买一定数额的外汇，在规定期限内，再用以黄金或外汇购回本币的方式偿还借用的外汇资金。

3.实行可调整的固定汇率制度

国际货币基金组织规定，各成员国货币与美元的汇率如果发生波动，则其波动范围不得超过平价的±1%。汇率超过波动范围时，除美国外，各成员国的中央银行有义务维持本国货币同美元汇率的稳定。只有在国际收支出现根本性不平衡时，经国际货币基金组织批准，才允许进行汇率调整。汇率平价的任何变动都要经过基金组织批准。在实际运行中，成员国汇率调整的情况很少，偶有变动，也是贬值多于升值。

4.确定国际收支的调节机制

（1）针对逆差国，布雷顿森林体系制定了两种国际收支调节方式。对于短期的暂时性失衡，可以通过向国际货币基金组织进行资金融通而加以解决。对于国际收支出现的"根本性不平衡"，国际货币基金组织规定可以对平价进行调整，实行法定升值或法定贬值。但由于"根本性不平衡"较抽象，没有明确标准，所以导致在实际中难以运用。

（2）针对顺差国，布雷顿森林体系制定了所谓的"稀缺货币条款"。所谓"稀缺货币"是指，当一国国际收支持续盈余，并且该国货币在国际货币基金组织的库存下降到份额的75%以下时，国际货币基金组织可以将该国货币宣布为"稀缺货币"。国际货币基金组织可按逆差国的需要实行限额分配，其他国家有权对"稀缺货币"采取临时性兑换限制，或限制进口该国商品和劳务。这一条款旨在建立顺差国和逆差国共同调节的责任。但是，这一构想难以真正实现，因为条款中还同时规定，基金组织在稀缺货币出现后需确定所要采取措施时，要有稀缺货币国家的代表参加。这样，在布雷顿森林体系下，国际收支调节的责任实际上主要是由逆差国来承担的。

（二）布雷顿森林体系的优点

布雷顿森林体系的实质是以美元为中心的金汇兑本位。它的一些优点使其在一定时间内稳定了世界金融体系，对世界经济有重要的促进作用。

1.解决了国际清偿力短缺的问题

国际金本位制度崩溃的一大问题是黄金数量限制导致国际清偿力不足。而在布雷顿森林体系下，美元被广泛地用作国际计价单位、支付手段和储备手段，成为唯一的国际储备货币。把美元等同于黄金，弥补了当时国际清偿能力不足的问题，保证了国际货币体系的正常运转，使各国间商品、劳务和资本的流通得以正常进行。

2.形成了稳定的国际货币金融环境

国际金本位解体后，各国汇率在很长一段时间内陷入"以邻为壑"的竞相贬值的怪圈。这种局面对国际贸易和资本流动造成严重的负面影响，限制了各国的经济发展和货币金融合作。第二次世界大战后，各国亟需发展经济，因而需要一个汇率稳定的国际货币金融环境。布雷顿森林体系下，美元与黄金挂钩，各国货币与美元实行可调整的固定汇率制，进而决定各成员国货币彼此之间的平价关系，有利于各成员方的汇率稳定，为国际贸易和国际投资创造了一个稳定的环境，推动了国际经济的发展和合作。

3.缓解了国际收支危机

第二次世界大战结束后，受本国经济发展、外部经济危机等一些原因的影响，一些成员国先后出现巨额国际收支逆差。国际货币基金组织协助这些国家维持国际收支平衡，采取多种类型的短期和中期贷款，使逆差国逐步改善国际收支状况，避免了逆差国为了改善国际收支实行紧缩性经济政策而对经济带来的负面效应。

4.促进了国际贸易和国际多边支付体系建立，有助于各国经济的稳定和增长

国际货币基金组织及其制度安排在促进国际货币合作和建立多边支付体系方面起了一定作用，在监督各国汇率变动、调节国际收支不平衡、对会员国提供贷款、监督一国财政货币政策等方面也发挥着重要作用，并树立了开展国际货币合作的典范。这与金本位制度下缺乏组织、处于松散状态的国际货币体系形成了鲜明的对比。布雷顿森林体系下的有关制度安排也促进了各国的政策协调和国际合作，推动国际贸易发展和资本流动。

（三）布雷顿森林体系的缺陷

布雷顿森林体系在一定时段内稳定了国际经济金融秩序，为各国经济发展确立了稳定的外部环境，有利于各国国际贸易和国际投资的发展。但布雷顿森林体系也存在着根本缺陷，并最终导致了布雷顿森林体系的解体。

1.美元享有特殊地位，导致美国的货币政策对各国经济产生重要影响

由于美元是主要的储备资产，享有"纸黄金"之称，所以美国可以利用美元直接对外投资，购买外国企业，或利用美元弥补国际收支赤字；而各国货币又与美元挂钩，对美元存在着一种依附关系，因此便造成牵一发而动全身的局面，即美国货

币金融当局的一举一动都将会影响整个世界金融领域，从而导致世界金融体系的不稳定。

2.以美元作为主要的储备资产会面临"特里芬两难"

作为一国货币，美元的发行必须受制于美国的货币政策和黄金储备；作为世界货币，美元的供应又必须满足世界经济和国际贸易增长的需求。为满足国际贸易和国际金融的发展要求，美元供应必须相应扩大。在这种情况下，需要依靠美国国际收支持续出现逆差，向世界经济体系输出美元，但国际收支持续逆差会导致美元波动，国际投资者会将美元大量兑换成黄金，美国的黄金储备量又无法满足兑换要求，就会形成美元危机。

3.固定汇率安排导致国际收支调节机制效率不高

在布雷顿森林体系下，各国负有维持其固定汇率的责任，而固定汇率的多边性增加了调整汇率平价的困难，且汇价只允许以平价为基础，上下各1%进行波动，显得过于刚性，各国不能利用汇率的变动来达到调节国际收支平衡的目的，而只能消极地实行外汇管制或采取国内经济政策来调整。一国发生逆差时，往往不得不采用牺牲国内经济目标的紧缩性财政货币政策来进行调节，容易形成对本国经济的冲击，加大经济的衰退风险。

4.国际收支调节存在双重不对称机制

国际收支调节存在双重不对称机制，容易造成国际收支调节责任和义务的不平衡。(1)各国货币与美元之间的国际收支调节不对称。美元作为基准货币的特殊地位，美国具有自行调节本国国际收支的特权，因此即使美元定值过高也不能降低美元的汇率。在逆差时，美国并不需要采取紧缩的措施，但会因为其货币供应不受黄金的限制而导致通货膨胀，并且可以通过固定汇率制输出通货膨胀。(2)逆差国与顺差国调节责任的不对称。国际货币基金组织通过贷款促使逆差国纠正其收支不平衡的状况，但没有监督顺差国的调节责任。在布雷顿森林体系下，国际收支调节的责任往往由逆差国承担。

（四）布雷顿森林体系的崩溃

布雷顿森林体系的内在缺陷影响着中心储备货币美元的运行，并且爆发了一系列美元危机，最终导致布雷顿森林体系的崩溃。美元危机是指由于美元国际信用下降而发生的抛售美元、抢购黄金及其他国家货币，而使美元汇率下跌、黄金价格及其他国家货币汇率上涨的状况或风潮。

第一次美元危机爆发于1960年10月。当时，国际金融市场上掀起了抛售美元、抢购黄金的巨大风潮。伦敦黄金市场的金价由35美元一盎司官价暴涨到41.5美元一盎司，高出官价18.5%；同时，西方各国的外汇市场剧烈动荡。这是美元危机对国际金融市场形成的第一次大冲击。这次危机之后，国际社会采取了建立黄金总库、货币互换协定、借款总安排等措施，但未能阻止危机继续发生。到1967年，美国对外的短期债务激增至331亿美元，而黄金储备则降至相当于121亿美元，从而严重影响了美元的国际声誉。

第二次美元危机于1968年3月爆发。美国黄金储备短期内急剧流失，半个月内流失量达14亿美元。巴黎市场金价涨到44美元一盎司，而伦敦市场黄金日交易量达到350~400吨，迫使西欧大多数黄金市场停止交易，伦敦证券市场、外汇市场和黄金市场被迫关闭。1968年3月6日，美国与相关国家召开紧急会议，宣布解散黄金总库，实行黄金双价制，美元变相贬值，同时提议创立特别提款权。

第三次美元危机于1971年5月爆发。而在1971年8月5日，尼克松政府宣布实行所谓"新经济政策"，不仅停止履行美元兑换黄金的义务，而且加强商品进口管制，对进口商品征收10%的附加税，因此引起国际金融市场的混乱。同年12月18日，十国集团举行会议，达成"史密森协议"，决定美元官价贬值7.89%，金价升至38美元一盎司。但这一举措并未阻止美元危机的继续爆发。

1972年2月，第四次美元危机爆发。抢购黄金及西德马克和日元的风潮袭击了整个西方国际金融市场，导致各国外汇市场纷纷关闭。

1973年2月，第五次美元危机爆发，迫使西方各国外汇市场再度关闭。1973年2月12日美国被迫宣布美元官价再度贬值10%，金价升至42.22美元一盎司。但这时，各国已不愿再继续承担干预外汇市场汇率的义务，而纷纷实行浮动汇率制，多次的美元危机已从根本上破坏了布雷顿森林体系双挂钩制度的基础，从而导致了布雷顿森林体系的彻底崩溃。

四、牙买加体系

随着20世纪70年代初期以美元为中心的布雷顿森林体系的解体，西方主要国家货币汇率开始逐步实行浮动汇率。但是当时西方国家仅仅将浮动汇率看作是暂时性的应急手段，并对恢复固定汇率制度抱有幻想。1974年国际货币基金组织成立了改革国际货币体系的"临时委员会"，旨在设计一个能够摆脱布雷顿森林体系的不对称性的新的固定汇率制度，但石油危机给各国经济带来的滞胀问题打破了这一幻想。

1973年，石油价格猛涨引发了第一次石油危机，各国经济面临着严峻的内部平衡问题——以高通货膨胀率和低经济增长率并存为特征的经济滞胀。许多国家同时还面临着由于进口支出的大幅度增加造成的贸易收支的严重逆差。在这种背景下，各国政府需要同时采用财政政策和货币政策对付内外失衡问题，各国对政策灵活性的需求使回归固定汇率制度已经显得不切实际。1975年年末，基于浮动汇率制度在经济衰退和混乱中的良好表现，西方国家先后宣布准备长期实行浮动汇率制度。1976年1月，各国通过妥协，就一些基本问题达成了共识，于1976年1月在牙买加首都金斯敦签署了一个协议，这个协议被称作牙买加协议。相应的，人们就把布雷顿森林体系崩溃后一直延续至今的浮动汇率下的国际货币体系称为牙买加体系。

（一）牙买加体系的主要内容

牙买加体系内容是依据牙买加协议来制定的，主要包括以下几点：

1.浮动汇率合法化

1973年美元危机之后，各国普遍实行浮动汇率制。国际货币基金组织在牙买加协议中承认了这一既成事实。牙买加协议规定，成员国有权利选择汇率制度，既可以实行固定汇率制度，也可以实行浮动汇率制度，从而正式确认了浮动汇率制度的合法性。国际货币基金组织允许固定汇率制度与浮动汇率制度暂时并存，但是会对各成员国的汇率政策实行监督，并对各成员国的经济政策进行协调。在条件许可的情况下，实行浮动汇率制度的国家应当逐步恢复固定汇率制度。在经济条件具备的情况下，经投票以85%的多数票通过，国际货币基金组织就可以恢复可调整的固定汇率制度。后来的实际情况表明，西方各国并无恢复固定汇率制度的强烈意愿，浮动汇率终于成为一种长期现象。

2.黄金非货币化

黄金与货币彻底脱钩，不再作为各国货币的定值标准，降低了黄金在国际货币体系中的作用。国际货币基金组织主要采取了以下措施推动黄金非货币化：（1）废除黄金官价，各成员国中央银行不再按照官价买卖黄金，允许黄金按照市场供求关系浮动；（2）各成员国与国际货币基金组织之间、各成员国之间取消以黄金清算债权债务，各成员国原来需用黄金缴纳的基金份额部分改以外汇缴纳。

3.强调特别提款权的作用

扩大特别提款权的使用，并规定以特别提款权作为主要的国际储备资产和各国货币的定值标准。在主要储备货币美元出现危机的情况下，国际货币基金组织试图以特别提款权补充原有储备资产，以方便国际流通。协议规定，各成员国之间可以自由进行特别提款权交易，而不必征得国际货币基金组织的同意。国际货币基金组织与会员国之间的交易以特别提款权代替黄金，国际货币基金组织一般账户中所持有的资产一律以特别提款权表示。它是国际货币基金组织分配给其他成员国的在原有的一般提款权以外的一种资金使用权利。成员国可用它来履行对国际货币基金组织的义务和接受国际货币基金组织的贷款，各成员国相互之间也可以用它来进行借贷。

4.增加会员国在基金组织的份额

基金组织份额总量由原来的292亿特别提款权增加到390亿特别提款权，并且调整了各国在基金组织的份额比重。石油输出国的份额所占比重提高1倍，由5%升至10%，其他发展中国家基本不变，主要西方国家除当时的联邦德国和日本略有增加外，其余国家都有所下降，美国的份额比例也略有减少。

5.扩大对发展中国家的资金融通

协议规定用出售黄金所得收益设立信托基金，以优惠条件向最贫穷的发展中国家提供贷款或援助，以解决其国际收支问题。同时，基金组织扩大信用贷款部分的总额，由占会员国份额的100%增加到145%，提高国际货币基金组织"出口波动补偿贷款"在份额中的比重，由占份额的50%提高到占份额的75%。

（二）牙买加体系的主要特点

1.国际储备体系多元化

国际储备体系的根本问题是以哪种储备作为货币体系的中心。在牙买加货币体系中，黄金的作用已大大降低，美元也并不是单一的储备资产，特别提款权的作用有所加强。但目前这三种储备资产中，还没有哪一种可以独立担当国际储备资产的职能。因此，国际储备体系呈现储备资产多元化局面。在三者中，虽然美元的地位有所削弱，但它仍是最主要的国际储备资产。除美元以外，欧元、日元等其他可自由兑换货币以及特别提款权、欧洲货币单位等其他国际储备资产的地位日益加强。特别提款权是国际货币基金组织发行的一篮子货币，其储备资产地位逐渐凸显。

储备多元化有利于缓和国际清偿能力不足的矛盾，相对降低了单一中心货币对国际储备体系的负面影响，也为各国储备资产种类的选择和结构的调整提供了条件。但同时，在储备多元化和管理浮动汇率制的共同作用下，国际市场汇率波动频繁，投机活动盛行，使国际贸易和投资风险增大，不利于世界经济的稳定和发展。

2.汇率制度多元化

牙买加协议允许各国自由作出汇率安排，固定汇率制与浮动汇率制可以并存。因此，各国在经济金融发展中逐渐摸索，最终形成本国的汇率制度。其中美国、日本、加拿大、澳大利亚和新西兰等主要国家（地区）的货币实行独立浮动；发展中国家的货币或是实行管理浮动汇率，或是单独浮动，或是钉住某一种货币，或是钉住一篮子货币，或是按照一组经济指标进行浮动。在牙买加体系下，各国的汇率可以根据市场供求状况自发调整，更加符合各国经济发展和对外经济金融发展的客观情况。各国不再负有维持固定汇率的义务，可以使一国的财政政策和货币政策更具独立性和有效性，不再会为了外部经济而牺牲内部经济，汇率制度安排比布雷顿森林体系下的汇率制度安排更加复杂和灵活。

但是，汇率制度浮动化和多元化在一定程度上加剧了国际金融的动荡，增加了国际经济金融交易时面临的汇率风险，增加了维持国际经济金融稳定的难度。

3.国际收支调节机制多样化

除利用利率机制、国际货币基金组织短期信贷与干预措施调节国际收支外，在牙买加体系下，发达国家实行浮动汇率制，对利用汇率机制来调节国际收支起着重要作用。此外，通过国际货币基金组织的年会、磋商会议制定稳定金融与国际收支的准则，以加强国际协调在调节国际收支中的作用，特别是从1975年开始的七国首脑会议在协调各国经济金融政策、保持金融稳定中也起着不可忽视的作用。

（三）牙买加体系的缺陷

尽管牙买加体系在一定程度上克服了布雷顿森林体系的缺陷，但是自1973年布雷顿森林体系彻底崩溃至今，国际金融的发展历史表明，牙买加体系仍存在如下诸多缺陷：

1.储备货币过于分散，存在结构缺陷

牙买加体系下的国际储备货币多元化具有不稳定的因素。储备货币分散化虽然有利于一国的外汇管理和减少汇率变动带来的风险，相对降低了单一中心货币（如美元）对世界储备体系的影响，缓和了国际清偿能力的不足，但国际储备货币多元化具有内在的不稳定性，缺乏统一、稳定的国际货币标准。储备货币的汇率变动要受到本国贸易和投资的方式、汇率制度的选择、货币当局的自身偏好、收益和风险等众多因素的影响。这迫使货币当局为了寻求储备资产的最优配置，不断转换不同储备资产的份额，客观上造成了储备货币的汇率变动，加大了汇率风险。同时，不确定统一的国际货币标准并没有解决主要储备货币发行国的内外均衡问题，而只是将这一问题分散化、复杂化。各储备货币发行国没有动力考虑世界经济金融秩序，而是根据各自的偏好和本国的经济目标来制定和执行货币政策，这使得国际货币格局错综复杂，主要储备货币发行国的货币发行缺乏外部约束，带来了许多不利的影响。

2.牙买加体系的国际收支调节机制仍不健全，国际收支危机的隐患犹存

牙买加体系寄希望于通过汇率的浮动来形成一个有效和灵活的国际收支调节机制。但实践表明，这一机制并没有达到预期的效果，其主要表现在汇率机制比较低效，利率机制不稳定。国际货币基金组织的贷款能力有限，同时也无力指导和监督顺差国和逆差国双方对称地调节国际收支。国际收支的调节往往都由逆差国自行调节，并且对这种自行调节没有相应的外部制度约束和制度支持。

3.牙买加体系下的汇率体系不稳定

牙买加体系下，全球主要经济体实行独立浮动或者有管理的浮动汇率安排，其

余的国家实行钉住汇率制。浮动汇率的特点是外汇汇率由外汇市场的供求关系自发决定，波动比较频繁，各国政府都有动力采取种种措施干预外汇市场，加剧了汇率波动，汇率体系表现为极大的不稳定性。汇率的经常变动，不仅影响国际贸易和资本流动，也使国际储备和外债管理变得相当复杂。

【参考资料8-1】　　　托宾税与国际资本流动管制

随着经济全球化趋势的加深、世界各国经济的发展，国际资本流动的总规模日益加大。大规模的国际资本流动对于一个国家或者地区的经济发展具有非常重要的作用，但是，资本的流动性对于新兴经济体也意味着一定的挑战和威胁

首先，大量国际资本的涌入很容易导致基础货币超常增长，货币供应量远远超过同期经济增长率，与此同时，国际资本流入还会造成外汇市场供求失衡，进而造成新兴经济体基础货币的升值压力。

继续阅读请扫码

第二节　国际货币一体化

浮动汇率制基础上的国际货币体系一定程度上解决了原有的国际经济金融体系不稳定的问题。但是在牙买加体系下，各国的经济政策缺乏外部制度约束，各国政府各自为政，宏观经济政策经常互相抵触，由此带来的金融风险对国际经济金融体系形成了冲击，使得经济学家和政策制定者对建立在浮动汇率制下的国际货币体系产生了怀疑，并试图一定程度上重新拥抱固定汇率制。而货币一体化理论是从汇率制度角度完善国际货币体系的有力探索。由此建立的欧洲货币体系及其后期发展成为欧元区单一货币，在完善区域乃至全球货币秩序方面取得了突破性进展。

一、货币一体化的定义

货币一体化这一概念可以从静态和动态两个角度来理解。静态意义上的货币一体化是指相关经济体实现了货币统一这一状态。动态意义的货币一体化强调实现货币统一的渐进过程。

从实践来看，区域货币一体化会经历由局部到全面、由非常规到常规、由松散到紧密这样的逐渐深化的发展过程，可以将货币一体化实现进程分为三个层次。

（一）区域货币合作

区域货币合作指有关国家在货币问题上实现的协商、协调及共同行动。它在合作形式、时间和内容上都有很大的灵活性，往往是相对暂时、松散的货币合作。

（二）区域货币同盟

这是区域货币合作的深入发展。参与区域货币合作的各国家或地区根据共同遵守的国际协议就货币金融问题进行更加正式、更具常规性、更广泛的合作，而且共同组成专门性的组织，对各国货币合作的有关事宜进行指导、监督和协调。

（三）货币一体化

它指的是参与通货区的成员国之间的名义比价相互固定，具有一种占主导地位的货币作为各国货币汇率的共同基础，最终实现统一货币。成员国共同成立相应的政策协调的国际机构，最终实现由该机构发行共同货币，以及决定统一的货币政策。通货区是区域货币一体化的高级形式，而如果在通货区内实行单一货币，则将成为区域货币一体化的最高形式。

二、最适度通货区理论

区域货币一体化的理论依据主要是最适度通货区理论。最适度通货区理论是20世纪60年代发展起来的，来自关于在固定汇率制和浮动汇率制之间进行选择的理论，是关于汇率机制和货币一体化的理论。该理论研究的是具有什么样特性的国家相互之间可以结合成为一个通货区，如何结合不同的国家特征来安排汇率，以及在何种情况下，实行固定汇率安排或货币一体化。1961年蒙代尔教授在《美国经济评论》杂志上发表了《最适度通货区理论》一文，最先对区域货币一体化理念进行了系统阐述。其后罗纳德·麦金农（McKinnon R，1979）和彼得·凯南（Kenen P，1975）亦对最适度通货区理论做了开创性的研究。一般认为，这三位学者的思想构成了经典的最适度通货区理论。该理论推动了货币一体化、欧洲货币联盟和欧元的诞生。蒙代尔也因此被经济学界称为"欧元之父"。

在《最适度通货区理论》一文中，蒙代尔认为，最适度通货区是指地理相近的两个以上的主权国家，组成的一个对内实行货币联盟、汇率固定，对外实行浮动汇率的经济区域。该经济区域形成了高度的经济融合和完整的市场结构的经济实体，区域内部各国维持双边的固定汇率和内部经济均衡，同时对区域以外各国实行统一的浮动汇率，以实现对外经济均衡和区域经济的稳定与发展。

（一）最适度通货区的衡量方法

最适度通货区的衡量方法主要是确定何种条件下，具有什么样的经济特征的地理区域才有可能成为最适度通货区。研究者通过不同的经济特征提出了不同的最适度通货区的衡量方法。

1.要素流动性分析法

1961年，罗伯特·蒙代尔提出以生产要素流动性作为确定最适度通货区的方法。

蒙代尔认为：需求转移是一国出现外部失衡的主要原因。而生产要素流动会作为固定汇率下维持内外均衡的需求转移机制。因而生产要素（尤其是劳动力）高度流动的几个国家或地区是组成最适度通货区的最佳区域。

假定有A、B两个国家。若原来对B国产品的需求现在转向A国产品，则B国的失业率增加，A国的通货膨胀率增加；若B国采取本币贬值的政策，则有助于减轻B国的失业率，而A国本币升值，则有助于降低A国的通货膨胀率；但如果A、B是同一国家内的两个区域，它们使用同一种货币，则汇率变动无法同时解决A区域的通货膨胀和B区域的失业问题。因此，蒙代尔认为浮动汇率只能解决两个不同通货区之间的需求转移问题，而不能解决同一通货区内不同地区之间的需求转移问题；同一通货区内不同地区之间的产品需求转移问题只能通过通货区内生产要素的流动来解决。同理，若要在一个经济区域内几个国家之间维持固定汇率并保持物价稳定和充分就业，就必须通过生产要素在国与国之间的高度流动来调节需求转移，寻求每个国家内外经济均衡的实现。

2.经济开放性分析法

1963年，罗纳德·麦金农提出以经济的高度开放性作为确定最适度通货区的标准。他认为，一国的经济开放程度越高，越宜实行固定汇率制，反之则宜实行浮动汇率制。因此，相互间贸易关系密切的经济开放国家应组成一个货币区，在货币区内，国家的双边汇率实行固定汇率安排，对货币区外其他国家的汇率实行浮动或弹性汇率安排。

麦金农将社会总产品区分为可贸易商品和不可贸易商品。他以可贸易商品在社会总产品中的比重衡量经济开放性，该比重越高，经济越开放。他认为，在经济高度开放下，汇率变动对国际收支失衡的弥补作用会无效。一是若经济高度开放，市场汇率稍有波动，就会引起国内物价的剧烈波动；二是在一个进口量在社会总产品中占有很大比重的高度开放的小国中，汇率波动对居民实际收入的影响非常大，使得存在于封闭经济中的货币幻觉消失。因而，一些相互间贸易关系密切的经济开放国家应组成一个相对封闭的共同货币区。

3.产品多样性分析法

1969年，彼得·凯南认为应当以产品多样性作为确定最适度通货区的标准。凯南假设，国际收支失衡的主因是宏观经济的社会总需求波动。他认为，一个产品相当多样化的国家，出口商品结构也是多样化的。在固定汇率安排下，对一个高程度产品多样性的国家而言，由于出口产品的多样性，单一品种的出口商品在整个出口中所占的比重不大，其需求的下降不会对国内就业产生太大影响；相反，对低程度产品多样性的国家来说，其出口产品的多样性也是低程度的，若外国对本国出口商品的需求下降，则它必须对汇率做较大幅度的变动，才能维护原有的就业水平。可见，出口产品的多样性使外部冲击对国家经济的影响在平均化作用下变小了，出口收益可以相对稳定。因此，高程度产品多样性的国家可以承受外部冲击对固定汇率制的影响；而低程度产品多样性的国家则无法承受这种影响，因而这些国家更适宜加入汇率灵活安排的最适度通货区。

（二）最适度通货区的影响因素

随后，最适度通货区理论不断得到发展与完善，在这一过程中，经济学家们总结出一系列影响因素，主要概括为以下6个方面：

1.政策偏好

加入最适度通货区的不同国家应当在经济政策方面拥有相同的目标和政策的一致性。加入最适度通货区的国家需要在有关失业、通货膨胀、国际收支平衡等方面具有相同的经济特征，需要对未来经济发展目标有趋同的追求和政策一致性。如果不同国家对经济政策的总目标存在着分歧，就很难加入同一个最适度通货区。比如从历史来看，一国很难容忍通货膨胀，而另一国很难容忍失业，两国的政策偏好就很难达成一致性。

2.经济多元化

一国经济的多元化意味着商品生产的多样化，而商品多样化，特别是可贸易商品的多样化可以降低国际收支逆差风险，降低商品受外界市场冲击的风险，并可以通过多样化的商品交易与其他国家建立紧密的经贸关系，在区域内结成相互依赖的国际经贸网，形成经济共同体。一方面能承受实行固定汇率制后对本国贸易竞争力和经济稳定的负面压力，另一方面可与其他成员国建立紧密联系，享有实行最适度通货区后带来的制度效用。

3.经济开放

经济开放反映商品市场的一体化程度，如用进出口额占国内生产总值的比例来度量。如果商品市场通过对外贸易交易达到高度一体化，共同货币的利益就相对很大，如汇兑交易成本的节省、汇率不稳定性的降低和价格透明度的增加等。如果国家之间通过进出口交易紧密地联系在一起，就会具有重大的总需求溢出效应。

4.劳动力流动

当一国受到不对称冲击时，劳动力流动可以作为最适度通货区的自动稳定器。

当通货区内的国家受到不对称冲击时，如果劳动力流动比较容易，失业者就会从需求减少的国家流向需求增多的国家，从而改善不对称冲击对最适度通货区总体失业率的影响。劳动力要素的流动节省了政府的政策成本，政府不需要调整货币和汇率政策来实现国际收支平衡。

5.价格相似性

如果最适度通货区内各成员国具有价格相似性，则可以避免汇率的波动，进而可以实现最适度通货区内成员国之间的固定汇率安排。

6.金融一体化

伊格拉姆（Ingraw，1973）提出以国际金融高度一体化作为最适度通货区标准的理论。伊格拉姆认为，一个最适度通货区内各国国际收支的不平衡，同资金的移动状况有关，尤其同缺乏长期证券的自由交易有关。如果金融市场的一体化是不充分的，那么国际投资者就会以买卖短期外国证券为主，通过远期市场抛补以避免风险，因而各国的长期利率结构会出现差异。若金融市场一体化是充分的，那么当国际收支失衡后，利率小幅波动就会引起均衡性资本的大规模流动，从而可以平抑汇率的波动。

（三）最适度通货区的综合分析法

随着研究和实践的深入，研究者发现，以单一指标或因素作为最适度通货区的衡量方法是片面的。单一的指标和因素虽然反映了国际经济形势的某一状况，但无法综合解释各国为何选择加入最适度通货区。因而，需要综合分析不同指标，确定一国如何决策加入最适度通货区。最适度通货区的综合分析法应运而生。

最适度通货区的综合分析法主要从收益和成本两个方面进行分析。一国通过评估其成本和收益，综合决定是否加入最适度通货区。一国加入最适度通货区可能获取的收益主要有以下几方面：

1.固定汇率制有利于经济发展

同一最适度通货区内各国货币的汇率固定，减缓或消除了汇率风险，汇率变动对各国相互之间的对外贸易和资本流动冲击不大。这有利于促进区域内经济一体化和扩大区域内国际贸易规模，有利于区域内各国经济的稳定发展。

2.加入最适度通货区后降低了各成员国的货币兑换成本

最适度通货区内各成员国的双边汇率采用固定汇率安排后，各国的货币兑换成本会降低。首先，固定汇率制的安排减少了汇率波动给各国货币带来的兑换比率波动，进而减少了兑换成本。其次，以中心货币为主的货币自由兑换，有利于多边贸易和多边支付体系的建立，有利于国际金融活动的开展和成员国的经济一体化。

3.加入最适度通货区有利于各成员国之间的货币合作，有利于各国之间财政、货币政策的协调，从而提高了财政、货币政策的效率

4.加入最适度通货区可以节约外汇储备，提高外汇储备的使用效率

5.加入最适度通货区可以减少政策成本

一国往往因国际收支失衡而不得不采取紧缩政策，给国内经济增长带来负面影响，而加入最适度通货区可以减少相应的政策成本。

但从成本来看，一国加入最适度通货区会丧失各种政策自主权，也很难管理资本流动。这主要体现在以下几个方面：

1.丧失汇率政策自主权

汇率是调节涉外经济活动的重要工具，采用固定汇率制就是基本上放弃采用汇率调节内外均衡，而采用共同货币则完全丧失了汇率政策工具。特别是对于那些与区域内其他国家的经济相关度较低的国家而言，失去了汇率工具的成本更高。因为当一国的国际收支出现逆差时，货币当局就不能用贬值的方法缓解逆差问题，所以可能不得不提高利率，从而使投资和消费受到影响。

2.丧失货币政策独立性

在货币一体化进程中，各国货币政策的独立性会受到影响，甚至完全不存在。如果统一的货币政策与各国国情不符，就可能牺牲国内经济利益。例如，有较高失业率的国家无法通过宽松的货币政策拉动经济。而且如果各国采用统一货币，那么也放弃了本国原本的铸币税收入。

3.财政政策将受到约束

在货币一体化已经实现的场合，财政政策将由以下原因受到约束。其一，如果有独立的货币政策，则可以通过宽松的货币政策为财政政策融资，增加财政政策空间；而在无独立的货币政策的情况下，财政收支必须平衡。其二，如果一国为解决高失业率问题而增大财政支出，那么会出现国内利率相对上升的情况，从而有助于吸引外资进入，进而解决失业问题，但同时会造成最适度通货区内其他国家资金流出和投资下降情况的出现，从而可能会影响最适度通货区的共同利益。

因而从成本-收益的综合角度来考虑，若加入最适度通货区以后，成员国能够实现的收益超过成本，则成员国有动力加入或组成最适度通货区。20世纪90年代，保罗·克鲁格曼以欧盟和芬兰为例，分析了芬兰加入欧盟的成本-收益曲线，得出了著名的GG-LL模型。依据这一模型，可以对是否加入最适度通货区进行综合分析。

在实践中很难对加入最适度通货区的国家货币效率收益计算一个确切的数据，但是从分析中可以发现，最适度通货区内不同国家之间的贸易规模越大、生产要素流动的自由度越大，则固定汇率和节省的货币兑换成本对这些国家的收益越大，这些国家建立最适度通货区的收益也将越大。因此，加入最适度通货区的收益与相关国家之间的经济一体化程度呈正相关关系。这一关系可以通过一条向右上方倾斜的

GG曲线表示（如图8-1所示）。

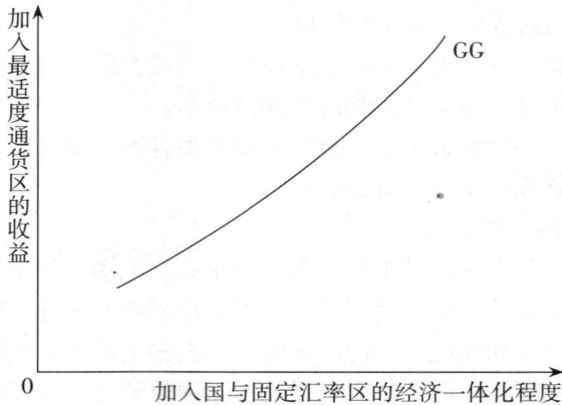

图8-1　GG曲线

同理，也很难对加入最适度通货区的国家货币成本进行衡量。但是加入最适度通货区的国家所付出的成本主要表现在宏观经济政策方面，尤其是需要放弃本国独立的货币政策、汇率政策，本国的财政政策需要受到约束。这意味着最适度通货区的成员国将不能通过调控本国货币供应量来调节宏观经济，以实现内部均衡，也无法运用汇率政策实现外部均衡。但是，随着最适度通货区各国的经济一体化程度的提高和相互间的经济融合，内外经济失衡的可能性就会下降，因此，加入最适度通货区的成本也随之下降。我们可以用一条向右下方倾斜的LL曲线来表示经济一体化程度与加入最适度通货区的成本的负相关关系（如图8-2所示）。

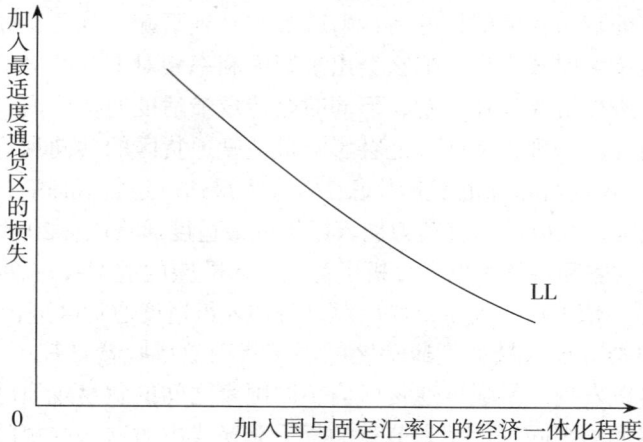

图8-2　LL曲线

如何确定一国是否应当加入最适度通货区呢？我们可以把GG曲线和LL曲线结

合起来进行分析，说明一国是否应决定加入最适度通货区。从图8-3中我们可以看出，如果一国和最适度通货区其他国家经济一体化程度不低于p_1，就应该加入；而p_1是由GG曲线和LL曲线的交点P确定的。当经济一体化程度的值小于p_1时，GG曲线在LL曲线的下方。此时若加入，则经济产出和就业稳定性损失比货币效率收益要大，该国会选择不加入。如果经济一体化程度大于等于p_1，GG曲线衡量的货币效率收益就比LL曲线表示的经济稳定性损失要大，该国就会选择加入。

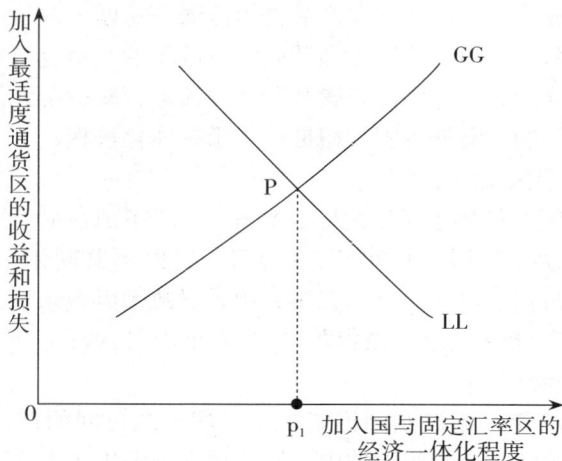

图8-3　最适度通货区的综合分析

三、欧洲的货币一体化实践

随着第二次世界大战后经济金融全球化趋势不断加强，美元的国际货币地位不断下降，欧洲各国试图摆脱美元汇率波动对本地区经济金融的冲击，推动了本地区货币一体化进程，最终启动了欧盟内部的单一货币——欧元。欧元的出现是区域货币一体化最有代表性的成果，为国际货币体系改革拓展了新方向。

（一）欧洲货币一体化准备时期

1.欧洲共同体的产生

欧洲货币一体化最早是从欧洲经济合作组织于1950年成立的欧洲支付同盟开始的。而后1952年法国、联邦德国、意大利、荷兰、卢森堡和比利时6国成立了煤钢联盟。1957年3月，上述6国在罗马签署成立欧洲经济共同体和欧洲原子能共同体条约，简称《罗马条约》，确定建立欧洲共同市场的目标。1967年，3个共同体合并，统称为欧洲共同体。欧洲共同体意图协调各成员国的经济政策，以实现共同体经济的均衡增长；共同体内取消工业品关税限额，对外实行共同关税税率和共同贸易政策；实施共同农业政策，统一内部主要的农产品价格，对外征收进口差价税，设立共同基金；在运输、能源、渔业、社会、地区开发和研究及发展等方面，制定和实施不同程度的共同政策。欧洲共同体的总目标是，在欧洲共同体内部实行商品、人员、劳务和资本自由流动。

欧洲共同体于1968年实现了关税同盟，取消了成员国之间的贸易限制和关税，统一设定对外关税税率。欧洲共同体于1969年实行了共同农业政策，基本取消内部农产品关税，在成员国之间实现农产品自由流通。这两大政策的实施为最终实行货币一体化打下了基础，而关税同盟和共同农业政策的实施也迫切需要货币一体化的支持。为了推动欧洲共同体内部要素和劳动力流动，减少美元汇率波动对欧洲共同体一体化进程的影响，欧洲各国开始推动货币一体化进程。

2.欧洲经济与货币同盟的建立

1969年，布雷顿森林体系瓦解之际，欧洲共同体6国在荷兰海牙举行会议，提出建立欧洲经济与货币联盟。1970年2月9日，经欧洲共同体6国部长会议通过，欧洲经济和货币同盟宣告成立。以卢森堡首相兼财政大臣魏尔纳为首的委员会于当年10月提出了《魏尔纳报告》。该报告计划10年内（1971年年初—1980年年底）分三阶段实现货币同盟目标。

（1）1971—1973年：创设欧洲记账单位，用于成员间的结算等；缩小成员国货币之间的汇率波动幅度，参与国的中央银行须在外汇市场上采取联合干预行动降低汇率波动；建立欧洲货币合作基金，为成员国稳定汇率提供贷款。此外，还要逐步放开欧洲共同体内部的资本市场，协调成员国的货币和信贷政策。

（2）1974—1976年：汇聚成员国部分外汇储备，建立共同体外汇储备基金，进一步维持成员国内部固定汇率，逐步实现内部资本的自由流动。

（3）1977—1980年：建立一个商品、货币、劳动、资本自由流动的经济统一体，固定汇率制度向统一的货币发展，货币储备基金向统一的中央银行发展。

3.欧洲货币体系的建立

1972年欧洲共同体开始实行成员国货币汇率的联合浮动。联合浮动汇率制度又称为"可调整的中心汇率制度"，参与该机制的内部成员国货币之间保持可调整的钉住汇率，并规定汇率的波动幅度，对外则实行集体浮动汇率。参与联合浮动的西欧六国，其货币汇率的波动不超过当时公布的美元平价的±1.125%。而国际货币基金组织规定各国货币对美元的波动幅度在1971年12月达成的"史密森协议"（"华盛顿协议"）后已由平价的±1%扩大到平价的±2.25%。因此，欧洲共同体六国货币汇率对外的集体浮动在国际货币基金组织上下限之内形成一个更小的波动幅度，犹如"隧道中的蛇"，因此又称为"蛇形浮动"。1973年，布雷顿森林体系崩溃，西欧各国货币与美元脱钩，国际货币基金组织规定的±2.25%的幅度不复存在，但欧洲共同体成员国货币的联合浮动依然存在，只是过去对美元的中心汇率被实际上的对西德马克和以后对欧洲货币单位的平价取代。

联合浮动极易受到美元汇率波动的冲击。从1977年开始，美元对西德马克、英镑、法国法郎连续下跌，特别是西德马克不断升值，使联合浮动汇率制度受到严重威胁。为摆脱美元汇率波动的冲击，推动成员国贸易发展，1978年7月，当时的联邦德国总理施密特和法国总统密特朗联合在欧洲共同体召开的不来梅会议上提出了建立"欧洲货币体系"的建议，得到与会国的积极反应，并就此发表了《不来梅宣言》。同年12月，欧洲共同体首脑在布鲁塞尔就欧洲货币体系问题达成一项协议，1979年3月31日协议正式生效，欧洲货币体系宣告成立。欧洲货币体系的成员国包括法国、联邦德国、意大利、荷兰、比利时、卢森堡、丹麦和爱尔兰。英国当时未参加欧洲货币体系，但英格兰银行按规定认缴黄金和外汇储备，参加了共同基金。希腊、西班牙和葡萄牙加入欧洲共同体后分别于1985年、1989年和1992年正式参加欧洲货币体系，英国也于1990年加入。瑞典、芬兰、奥地利三国在1995年加入欧洲共同体后也加入了欧洲货币体系。这样欧洲共同体的成员全部被纳入欧洲货币体系的机制之内。

欧洲货币体系主要由以下3个方面构成：

1.欧洲货币单位

欧洲货币单位是欧洲货币体系的核心，用以规定各成员国货币的中心汇率。它是将欧洲共同体各国货币经过加权平均计算得出价值的记账单位，并非实体货币。欧洲货币单位主要用于各国干预外汇市场、稳定本国货币汇率的钉住对象以及作为内部支付和清算的工具。它根据所有参与国国内生产总值和在共同体内部贸易额的比重进行加权平均确定权重。各国货币的比重在欧洲货币体系实施后的6个月内调整一次，此后每隔5年重新审核并调整一次，必要时也可随时调整。在构成货币中，德国马克的权重最大，占30%左右。

2.欧洲汇率机制

欧洲汇率机制（European Exchange Rate Mechanism，ERM）是欧洲货币体系的中心内容。各国货币对欧洲货币单位设定一个中心汇率，汇率波动幅度上下限为2.25%，允许英国、意大利以及西班牙的货币汇率波动幅度为上下6%。各国货币通过与欧洲货币单位的汇率进行套算可以得出相互之间的双边汇率。中央银行有义务干预市场，通过买卖外汇将汇率保持在波动区间内。各国货币汇率对中心汇率的偏离水平若触及规定幅度上下限的75%，中央银行就需要入市干预汇率波动。各国可以根据自身的宏观经济状况的变动对中心汇率作出相应调整。

对于如何进行汇率干预，稳定各成员国相互之间的固定汇率，欧洲汇率机制采用了两种设计方式。一是平价网体系。在欧洲汇率机制的安排下，各国货币之间的汇率以其与欧洲货币单位的中心汇率为基础，形成一个网状的平价体系，称为平价网体系。在这一体系下，可以对某种出现偏离的货币汇率进行预警。但通常由出现偏离的汇率中软货币国家进行外汇市场干预。二是偏离临界值。各成员国都确定本国货币与欧洲货币单位的偏离指标。该指标表示一国（地区）货币汇率与其中心汇率的偏离程度。在欧洲货币单位中所占权数越大的货币，其偏离界限就越小；反之，则偏离界限越大。若某种货币的该指标出现偏离，则需要由该货币所属中央银行干预市场以消除偏离程度，从而实现整个汇率机制的稳定。

平价网体系和偏离临界值对汇率大幅偏离形成了双重限制，因而各成员国中央银行对稳定汇率机制可以选择两种干预方式：一种是边际干预；另一种是边际内干预。边际干预是指成员国货币汇率波幅达到或接近最大允许波幅时，货币当局应该采取强制性的市场干预，使汇率重新接近中心汇率。由于干预点是对称的，所以边际干预也是对称的。边际内干预是指当成员国货币汇率的波幅达到偏离临界值时，有关国家的货币当局会进行磋商和采取预警措施。它属于预防性干预，不具备强制性约束力，但能够有效地减少欧洲汇率机制内部的汇率波动，对于推动欧洲货币一体化进程具有重要意义。

3.欧洲货币基金

欧洲货币基金（European Monetary Fund，EMF）是欧洲货币体系成员国的共同储备，集中了各成员国20%的黄金和外汇储备，作为发行欧洲货币单位的准备，并便于为成员国提供信贷、干预市场、稳定汇率和平衡国际收支。

欧洲货币基金的主要作用是干预汇率，保持汇率稳定，向成员国提供相应的贷款，以稳定外汇市场，帮助成员国克服暂时性的国际收支困难。为了充分发挥欧洲货币合作基金的作用，欧洲货币基金增设了3个信贷品种：（1）超短期互惠信贷，这是为维持汇率的波动幅度而设立的，适用于所有成员国的中央银行；（2）短期货币支持，这是出于国际收支暂时赤字引起的短期筹资的需要，适用于所有欧洲共同体国家；（3）中期财政援助，在成员国发生严重国际收支困难时使用，为期2—5年。

（二）欧洲货币一体化和欧元的诞生

欧洲货币体系的汇率机制虽然在一定程度上约束着参加国的汇率政策，但它并不是一个彻底的固定汇率制度。因而受世界经济局势影响，欧洲货币体系下不少国家汇率波动的幅度不断加大。1993年8月以后，多数参加国的汇率波动幅度由原来规定的±2.25%扩大到±15%，而只有统一货币才能从根本上消除汇率波动。

早在1985年6月，欧洲共同体执行委员会通过了《欧洲一体化文件》和《完成内部市场》白皮书，决定在1992年年底之前建立欧洲统一大市场，实现商品、劳务、资本、人员自由流动，并正式将货币联盟作为其发展目标之一。1986年，欧洲共同体12国外长签署了《单一欧洲法案》，修改并补充了《罗马条约》，为建立欧洲统一大市场确立了法律基础。从此，欧洲经济一体化进入新的阶段。1989年4月，欧洲共同体执行委员会主席雅克·德洛尔提出了《欧洲共同体和货币联盟的报告》，又称《德洛尔计划》。《德洛尔计划》明确指出，货币联盟的最终目标之一就是建立单一欧洲货币，并决定自1990年7月1日实行计划。该计划认为，货币联盟的建设需要有一个共同体级的货币机构，因而提出要建立欧洲中央银行体系。这个中央银行体系并不排斥成员国中央银行，而是由各成员国中央银行与欧洲新建的拥有自己的资产负债表的中央机构组成的。中央银行体系理事会将独立于各成员国和共同体当局，只对欧洲议会和欧洲委员会负责。《德洛尔计划》的核心就是通过建立欧洲中央银行体系、统一货币政策和单一货币以保证经济货币联盟的实现。该报告经过欧洲共同体首脑会议多次讨论，最后在1991年12月召开的荷兰马斯特里赫特会议上得以正式通过并形成。《马斯特里赫特条约》（以下简称《马约》）是欧洲货币一体化道路上的一个里程碑，它为实现欧洲货币联盟制订了一个明确的时间表。

《马约》规定了一个分三阶段实施货币一体化的计划：第一阶段，1990年7月—1993年年底，完成德洛尔计划第一阶段的任务，实现资本的自由流动，使欧洲共同体所有成员国都以同一条件加入欧洲货币汇率机制，扩大欧洲货币单位的应用范围，取消外汇管制，银行和保险公司等金融机构自由提供金融服务，资本完全自由流动；第二阶段，从1994年开始，成员国要调整经济政策，使一些主要经济指标达到欧洲共同体规定的标准，缩小成员国在经济发展上的差距，协调成员国宏观经济政策、强化经济趋同，并且尽量避免过度的财政赤字，建立未来欧洲中央银行的雏形——欧洲货币局，最早于1997年但不晚于1999年1月1日前发行欧洲单一货币——欧元；第三阶段，1999年年初—2000年6月月底，建立欧洲中央银行体系，成员国之间实行不可逆转的固定汇率制度，引进欧元，各国货币退出流通。1996年年底以前要对各成员国的经济状况按加入第三阶段的条件进行一次评估。如果届时多数国家（7个国家以上）仍未达标准，则第三阶段最迟也要于1999年年初开始。届时，达标国家使用单一货币，未达标国家达到标准后可随时使用此货币。

进入第三阶段的条件是，成员国必须达到下述4项趋同标准：最近一年的通货膨胀率（以消费价格指数CPI衡量）不得比3个通货膨胀率最低的成员国的平均水平高出1.5%；最近一年的长期利率不得比3个经济情况最好的成员国平均水平高出

2%；至少在两年以内货币汇率的波幅基本保持在欧洲货币体系汇率机制所许可的波幅内，不对其他任何成员国采取货币贬值行为；政府预算赤字不能超过国内生产总值的3%；公共债务不能超过国内生产总值的60%。

《马约》在以下两个方面达成了共识。第一，统一货币有四大好处。（1）增强联盟信心。统一货币是建成经济与货币联盟的重要标志，可以加强各国的经济聚合力。（2）降低交易成本。交易成本的降幅每年达150亿欧洲货币单位，或相当于欧洲共同体GDP的0.4%左右。（3）增加价格透明度。统一货币后，单一的货币标价使各国的价格一目了然，便于迅速传递商业信息，促进贸易与投资的发展。（4）促成统一大市场的建立。统一货币意味着完全突破一国货币在流通范围、使用方式等方面的局限，能更好地为统一大市场服务。第二，规定欧洲中央银行体系的基本任务和模式。《马约》规定中央银行体系的基本任务是：（1）确定和执行共同的货币政策；（2）从事外汇交易；（3）拥有和管理成员国的外汇储备；（4）促进国际收支体系的正常运行。

1999年1月1日，欧洲货币一体化的第三阶段正式启动，发行统一的欧洲货币——欧元。欧元作为记账货币正式启动，作为11个参加国的非现金交易货币，以支票、信用卡、股票和债券等方式进行流通，希腊于2001年1月1日正式加入欧元区。2002年1月1日，欧元纸币和硬币正式流通。2002年7月1日以后，欧元区12国各自的货币已全部退出流通，由欧元完全取代。

欧洲货币局也相应转变为欧洲中央银行。1998年6月1日，欧洲中央银行正式成立，成为欧元区国家统一的中央银行。欧洲中央银行和欧元区各成员国的中央银行共同组成欧洲中央银行体系。欧洲中央银行负责制定和实施欧元区的货币和金融政策，以维持欧元区的价格稳定、促进欧元区的经济增长。欧洲中央银行的成立是欧洲中央银行法的产物，具有坚实的法律基础。欧洲中央银行有自己的预算，独立于欧洲联盟预算之外。欧盟的其他机构不能干涉欧洲中央银行的行政事务，有助于将欧洲中央银行的预算与欧盟各国的财政利益分离。欧洲中央银行行长正常任期为8年。

欧元区成立之初共有11个成员国，随后不断有新的成员加入。希腊于2000年加入欧元区。2007年1月1日，斯洛文尼亚加入了欧元区。2008年1月1日，塞浦路斯、马耳他加入了欧元区。2009年1月1日，斯洛伐克加入了欧元区。2011年1月1日，爱沙尼亚加入了欧元区。2014年1月1日，拉脱维亚正式成为欧元区成员国。2015年1月1日，立陶宛正式成为欧元区成员国。2023年，克罗地亚正式加入欧元区。欧元区成员国从最初的11个已增至2023年的20个。

欧元的诞生，标志着人类对货币一体化的有力尝试。欧元的发展将推动欧洲政治经济的一体化，在欧盟内部促进经济发展和繁荣，带动而后加入欧盟的东欧等国的经济发展。

1.减少乃至完全消除了欧盟内贸易和投资活动中的外汇风险，从而促进了欧盟国家资源的自由流动和经济一体化程度的提高。

2.促进和完善了欧洲统一大市场，有助于竞争机制的强化、企业规模经济效益的提高和资源配置的优化。

3.在抑制通货膨胀方面取得了明显成效，也消除或减轻了各国货币当局货币政策的以邻为壑效应以及零和博弈的发生。

4.从短期看来，在为实现货币一体化而控制通货膨胀和财政赤字的过程中，成员国会出现增长放慢、失业率较高的现象；但是从长期来看，它为经济的持续增长创造了条件。

5.对美元霸权提出了挑战。欧盟的经济实力大体相当于美国，因此欧元是唯一能够与美元相抗衡的国际货币。如果欧元能够成功经受住各种考验，那么世界储备资产中的欧元比重将明显增加，国际货币制度会出现美元与欧元的二元格局。这也会迫使美国在国际货币事务中采取更加合作的态度。

但欧元本身也存在不足，有以下3个结构性问题严重影响欧元的发展。

1.欧洲不是一个最适度通货区。欧元区内不同国家的不对称经济发展状况使得很难通过统一的货币政策应对不同国家的经济状况。欧元区严重限制了各国政府运用汇率政策、货币政策、直接管制和财政政策的权力，因此欧洲中央银行就要负责解决欧盟高失业率和内部发展不平衡的问题。如果这两个问题解决不好，欧元区就可能瓦解。

2.在多数较大的欧盟国家里，劳动力市场仍然是僵化而难以统一的，它容易受到政府的就业税以及其他妨碍劳动力在行业和地区间流动的管制措施的影响。因而，各国的劳动力流动不畅，带来部分国家的高失业率。

3.欧元区暂时缺乏更为完善的统一协调机构，以实现各国之间的财政转移。因而，欧元自诞生伊始，先后面临了欧洲主权债务危机和英国脱欧等多方面的挑战。

【参考资料8-2】　　　　　　　　　　欧元危机

阅读请扫码

第三节　国际金融组织

国际金融组织泛指从事国际融资业务、协调国际金融关系、维持国际货币及信用体系正常运作的国际机构。国际金融组织在世界金融体系中占有重要地位。国际金融组织的出现是顺应国际金融体系发展的必然要求。其建立和发展也稳定了国际金融秩序，许多国际金融组织在提供国际融资、对发展中国家的援助、危机救助等方面具有重要作用。

国际金融组织大体分为两种类型：一类是全球性的国际金融组织，如国际货币基金组织、世界银行、国际金融公司等；另一类是区域性的国际金融组织，如亚洲开发银行、非洲开发银行等。

一、国际货币基金组织

（一）背景与宗旨

国际货币基金组织（International Monetary Fund，IMF）是联合国管理和协调国际金融关系的专门机构，成立于1945年12月7日。国际货币基金组织的总部设于美国华盛顿特区，拥有来自150多个国家的2 900多名工作人员。我国是国际货币基金组织的创立国之一。国际货币基金组织成立之初有创始国39个，目前拥有190个成员国，遍布世界各地。

鉴于第二次世界大战前金本位制崩溃之后，国际货币体系长期混乱及其所产生的严重的后果，进行新的国际货币制度安排日益成为突出的问题。为此，在第二次世界大战期间，英美两国政府开始筹划第二次世界大战后的国际金融工作。1943年，英美两国先后公布了解决国际货币问题的凯恩斯计划和怀特计划。1944年2月，英美两国又发表关于建立国际货币基金的专家联合声明。1944年7月，英美等国利用参加筹建联合国会议和机构的机会，在美国的新罕布什尔州的布雷顿森林召开了具有历史意义的联合国货币与金融会议，并通过决议成立"国际货币基金组织"作为国际性的常设金融机构。1945年12月27日，29国政府在华盛顿签署了《国际货币基金协定》，自此国际货币基金组织宣告正式成立。国际货币基金组织的成立，为第二次世界大战后以美元为中心的国际货币体系的建立与发展奠定了组织基础。1946年3月，国际货币基金组织在美国佐治亚州萨凡纳召开首次理事会创立大会，选举了首届执行董事，并决定将总部设在华盛顿。同年5月，基金组织召开第一届执行董事会，会上选出戈特（比利时人）为总裁兼执行董事会主席。同年9月、10月间，基金组织和世界银行理事会第一届年会在华盛顿召开。12月，基金组织公布当时32个成员国的货币对黄金和美元的平价。1947年3月，国际货币基金组织宣布开始办理外汇交易业务，同年11月15日，国际货币基金组织成为联合国的一个专门机构。

国际货币基金组织具有三大职能：促进国际货币合作、支持贸易发展和经济增长，以及阻止有损繁荣的政策。具体来说，根据国际货币基金组织协定，又可归纳为6条宗旨：（1）设立一个永久性的对国际货币问题磋商和合作的常设机构，以寻求促进国际货币合作的途径；（2）促进国际贸易的扩大与平衡发展，借此提高就业和实际收入水平，开发成员国的生产能力；（3）促进汇率的稳定，在成员国之间保持有秩序的汇率安排，避免竞争性的货币贬值；（4）协助成员国建立经常性交易的多边支付制度，消除妨碍世界贸易发展的外汇管制；（5）在临时性的基础上和具有保障的条件下，为会员国融通资金，使它们在无须采取有损于本国和国际经济繁荣措施的情况下，纠正国际收支的不平衡；（6）缩短成员国国际收支不平衡的时间，减轻不平衡的程度。

（二）组织和治理形式

国际货币基金组织是一个由会员国组成的、不以营利为直接目的的经营性组织。其管理机构由理事会、执行董事会、总裁、副总裁及各业务机构组成。

理事会是国际货币基金组织的最高权力机构，由会员国各选派1名理事和副理事组成。理事一般由各国财政部部长或中央银行行长担任，理事会的职能是批准增加份额、分配特别提款权、接受新成员国、强制取缔成员国资格，以及修订基金组织协定和附则。理事会还负责选举执行董事，并对有关基金组织的问题解释作出最终裁决。国际货币基金组织和世界银行集团理事会通常每年开一次年会，讨论各自机构的工作。每年的年会在9月或10月举行，通常是连续两年在华盛顿举行，第三年在另一成员国举行。

负责日常工作的机构是执行董事会。执行董事会工作由国际货币与金融委员会指导，并由基金组织的工作人员提供支持。执行董事会由当时认缴份额最多的美国、英国、德国、法国、日本五国各委派1名执行董事，中国和最大的债权国沙特阿拉伯各单独委派1名执行董事，以及按国家或地区推选出的17名执行董事，共24人组成。执行董事会的决策通常根据协商一致原则作出决定，但有时也进行正式投票。每个成员国的投票权等于其基本票（所有成员国平均分配）加上其基于份额的投票权。在执行董事会召开的正式会议结束之后，执行董事会一般会发表总结，概述会议观点。执行董事会还可以召开非正式会议，对复杂的政策问题进行探讨。

总裁是由执行董事会推选出的，是基金组织的最高行政领导人。总裁任期5年，同时兼任执行董事会主席。但总裁在平时并无投票权，只有在执行董事会进行表决且双方票数相等时，总裁才拥有决定性的一票。总裁之下设副总裁，以协助总裁工作。

国际货币基金组织有16个常设职能部门，负责各方面的业务活动。此外，国际货币基金组织还有2个永久性的海外业务机构，即欧洲办事处（设在巴黎）和日内瓦办事处。

此外，国际货币基金组织还设有两个专门委员会——国际货币与金融委员会和发展委员会向理事会提供咨询，同时国际货币与金融委员会还负责指导执行董事会的工作。国际货币与金融委员会每年就国际货币和金融体系的监督与管理向国际货币基金组织理事会提供建议并汇报工作，还会考虑执董会为修订《基金组织协定》提出的建议，以及针对国际货币基金组织理事会向其提出的其他事项提供咨询。虽然国际货币与金融委员会没有正式的决策权，但在实践中，它是为国际货币基金组织的工作和政策提供战略方向的关键机构。国际货币与金融委员会每年在基金组织-世界银行年会和春季会议之际举行两次会议。针对每次会议，国际货币与金融委员会总裁会准备一份议程草案。该草案经执董会讨论、由国际货币与金融委员会主席批准，并在国际货币与金融委员会会议上正式通过。在每次会议结束时，国际货币与金融委员会发布一份联合公报概述会议观点。这份公报将指导国际货币基金组织在下次春季会议或年会之前半年的工作计划。

发展委员会是一个联合委员会，负责就与新兴市场和发展中国家经济发展有关的问题向国际货币基金组织和世界银行理事会提供咨询。发展委员会有25名成员（通常是各国财政部或发展部部长）。它为基金组织和世界银行的全体成员国提供交流论坛，促进各国对关键的世界经济金融发展问题达成共识。

（三）资金来源

国际货币基金组织的资金来源于成员国份额缴纳、借款和信托基金。

1.份额缴纳

国际货币基金组织的主要资金来源是成员国的份额，份额大致反映成员国在世界经济中的相对地位。根据《国际货币基金协定》，成员国必须向基金组织缴纳一定份额的基金，从财务角度看相当于股本。成员国的份额由国际货币基金组织的份额公式计算得出，它由成员国的国内生产总值、储备余额、平均进口额、出口变化额以及出口占国内生产总值的比例等因素决定。关于份额的缴纳方式。1975年以前，成员国份额的25%是以黄金缴纳的，但在1976年牙买加会议以后，国际货币基金组织废除了黄金条款，这25%的份额改以特别提款权或可自由兑换货币缴纳。成员国份额的75%可以用本币缴纳，即以本国货币缴纳存放于本国中央银行，但在国际货币基金组织需要时可以随时动用。

份额与成员国的利益关系重大。首先，它决定了成员国投票权的大小。成员国在国际货币基金组织的投票权基本上与其份额规模直接相关，国际货币基金组织的一切活动都与成员国缴纳的份额相联系，对重大问题的裁定要有80%以上的票数通过，甚至要有85%以上的票数通过。国际货币基金组织规定，每一成员方有250份基本票，这些基本票代表了国家的主权，然后按成员方所认缴份额的量，每10万特别提款权折合一票，成员方认缴的份额越多，所获票数也就越多，表决权也就越大。

其次，份额决定了成员国可以获得贷款的最高限额。根据基金组织的规定，对各成员国的份额，每隔5年重新审定和调整一次。份额的单位原为美元，后改以特别提款权。国际货币基金组织最初创立时各成员国认缴的份额总值为76亿美元，此后随着成员国的不断增加及份额的不断调整，份额总数不断提高，现为4 762亿特别提款权。在成员国认缴的份额中，美国所占份额最大，其次为日本。根据2016年的国际货币基金组织最新一次的改革数据，美国占会员国认缴份额的17.43%，日本在国际货币基金组织的实际份额占基金组织总份额的6.47%。中国在改革发展中扩大了自身的基金份额，在国际货币基金组织的实际份额超过了德国、法国和英国，占基金组织总份额的6.39%，排在第三位。

2.借款

借款安排是国际货币基金组织另一项重要的资金来源。但国际货币基金组织的借款总额有限度规定，一般不得超过借款国基金份额总量的50%~60%。国际货币基金组织可以通过与成员国协商，向成员国借入资金，作为对成员国提供资金融通的来源。国际货币基金组织寻求融资的范围较为广泛，不仅可以向官方机构借款，也可以向私人组织包括商业银行借款。根据2020年国际货币基金组织执行董事会决议，新借款安排为国际货币基金组织提供高达3 650亿特别提款权的补充资金，成员国还承诺通过双边借款协议增加基金组织的资金。

3.信托基金

信托基金是国际货币基金组织曾经采用的筹资方式。1976年1月，国际货币基金组织决定将其所持有的黄金的1/6，即2 500万盎司，分4年按市价出售，以所得的收益中的一部分，作为建立信托基金的资金来源，用以向最贫穷的成员国提供信贷。

（四）业务活动

根据国际货币基金组织协定，国际货币基金组织的业务活动主要有以下几种：

1.汇率监督

为了保证国际汇率体系稳定和各国货币汇兑安排，取消外汇管制以便利国际贸易，防止成员国为谋求本国利益，操纵汇率或采取歧视性的汇率政策，国际货币基金组织一般对成员国的汇率政策进行监督，以保证作出有秩序的汇兑安排，并促进建立一个稳定的汇率制度。这就是国际货币基金组织的汇率监督功能。

2.磋商与协调

为了能够履行监督成员国汇率政策的责任，了解成员国的经济发展状况和政策措施，迅速处理成员国申请贷款的要求，国际货币基金组织按基金协定规定，每年原则上应与成员国进行一次磋商。磋商可以定期或不定期举行。定期磋商一般每年举行1~2次，不定期磋商则视情况需要而定。一般来讲，在磋商之前，国际货币基金组织要求成员国提供与经济运行和经济政策有关的资料，国际货币基金组织通过研究这些资料并与成员国进行磋商，向成员国提出有关政策建议和劝告。国际货币基金组织每年还要对各国汇率和外汇管制情况进行评价，评价内容包括汇率安排、汇率确定、外汇管制状况、财政和货币政策运行状况等。

3.金融贷款

为了帮助成员国预防和应对国际收支危机，国际货币基金组织会向成员国提供贷款。首先，需要资金支持的成员国向国际货币基金组织提出贷款请求。随后，该国政府和国际货币基金组织工作人员讨论经济金融形势和融资需求。一般情况下，在国际货币基金组织向一国提供贷款之前，该国政府和国际货币基金组织需要就一项经济政策规划达成一致。多数情况下，该国须承诺采取某些政策行动（称为"政策条件"），这是国际货币基金组织贷款的必要组成部分。一旦就相关条款达成一致，贷款安排下的政策规划就会通过一份意向书，将之提交给国际货币基金组织执董会，并在一份谅解备忘录中予以详细说明。国际货币基金组织工作人员向执董会提出建议，同意该国的政策意向并提供融资。在国际货币基金组织的紧急融资机制下，这一过程可以加快。在执董会批准贷款后，国际货币基金组织将对成员国落实相关政策行动的情况进行监测。如果该国的经济和财政状况恢复正常，那么国际货币基金组织的贷款就能得到偿还，这些资金继而可以用于为其他成员国提供贷款。

国际货币基金组织的贷款对象限于成员国政府，国际货币基金组织只同成员国的财政部、中央银行及类似的财政金融机构往来。贷款用途只限于解决短期性的国际收支不平衡，用于贸易和非贸易的经常项目的支付。贷款期限限于短期或中期，某些贷款最长可延长到5年，贷款额度是按各成员国的份额及规定的各类贷款的最高可贷比例，确定其最高贷款总额。贷款方式是根据经成员国和国际货币基金组织磋商同意的计划，由借款成员国使用本国货币向基金组织购买其他成员国的等值货币（或特别提款权），偿还时，用特别提款权或国际货币基金组织指定的货币回购借用时使用的本国货币。

国际货币基金组织向成员国提供的贷款资金主要来源于三类资金——普通资金账户、减贫与增长信托账户以及韧性与可持续性信托。普通资金账户支持的项目针对短期内成员国的国际收支问题；而减贫与增长信托将在更长时间内解决成员国的国际收支问题；韧性与可持续性信托为帮助低收入和脆弱的中等收入国家建立抵御外部冲击的能力，确保可持续增长，促进其长期国际收支的稳定。成员国可以按非利率优惠条件从普通资金账户获得资金。国际货币基金组织贷款产品见表8-1。

表8-1　　　　　　　　　国际货币基金组织贷款产品

贷款产品名称	资金来源	期限	条件
备用安排（SBA）	普通资金账户	不超过3年，但通常为12—18个月	事后条件，必要时有事前条件（先期行动）
备用信贷（SCF）	减贫与增长信托	1年至3年	
中期贷款（EFF）	普通资金账户	不超过4年	事后条件，重点是结构性改革，必要时有事前条件（先期行动）
中期信贷（ECF）	减贫与增长信托	3年至4年，可延长至5年	
快速融资工具	普通资金账户	直接购买	没有审查/事后条件，但可能有事前条件（先期行动）
快速信贷（RCF）	减贫与增长信托	直接拨付	
灵活信贷额度（FCL）	普通资金账户	1年或2年	两年期安排有事前条件（资格标准）和年度审查要求
短期流动性额度（SLL）	普通资金账户	批准期限为12个月	事前条件（资格标准）
预防性和流动性额度（PLL）	普通资金账户	6个月（流动性窗口）或者1年或2年	事前条件（资格标准）和事后条件
韧性与可持续性贷款（RSF）	韧性与可持续性信托（RST）	最短18个月，不能超过同时实施的高信贷档资格规划的期限	事后条件，要求同时实施高信贷档资格规划

【思政谈】　习近平主席有关国际货币基金组织的观点

国际货币基金组织要加快落实向低收入国家转借特别提款权进程。国际金融机构和商业债权人作为发展中国家的主要债权方，应该参与对发展中国家减缓债行动。中方全面落实二十国集团缓债倡议，缓债总额在二十国集团成员中最大，并同有关成员一道参与《二十国集团缓债倡议后续债务处理共同框架》债务处理，为有关发展中国家渡过难关提供了支持。

——2022年11月习近平主席在二十国集团领导人第十七次峰会第一阶段会议上的讲话

二、世界银行集团

世界银行是1944年7月布雷顿森林会议后，与国际货币基金组织同时产生的两个国际性金融机构之一，也是联合国属下的一个专门机构。世界银行的成员国必须是国际货币基金组织的成员国，但国际货币基金组织的成员国不一定都参加世界银行。世界银行成立于1944年，最初成立的是国际复兴开发银行，后又称为世界银行，之后扩大为5个密切相关的开发机构组成的世界银行集团。5家开发机构分别为国际复兴开发银行、国际开发协会、国际金融公司、多边投资担保机构和国际投资争端解决中心。其中，国际复兴开发银行和国际开发协会向发展中国家的政府提供资金、政策咨询和技术援助。国际开发协会的重点是援助世界上最贫困的国家。国际复兴开发银行的重点是援助中等收入国家和资信良好的较贫困国家。国际金融公司、多边投资担保机构和国际投资争端解决中心的重点是推动发展中国家的私营部门发展。世界银行集团通过这三家机构向私营企业提供资金、技术援助、政治风险担保和争端调解服务。

从历史来看，最初于1944年成立的国际复兴开发银行采用贷款帮助在第二次世界大战中遭受严重破坏的国家进行战后重建。而后，世界银行的关注点从战后重建转向发展，重点放在大坝、电网、灌溉体系、道路等基础设施建设上。1956年，国际金融公司成立，开始向发展中国家的私营企业和金融机构提供贷款。1960年，国际开发协会成立，加大对最贫困国家的重视，逐渐转向以消除贫困作为世界银行集团的首要目标。

世界银行集团的主要目标是终结极度贫困和促进共享繁荣。世界银行的工作触及几乎所有对发展中国家反贫困、促增长和确保持续提高人民生活质量具有重要意义的行业。世界银行集团与180多个成员国有着长期的合作关系，并利用这种关系来应对日益全球化的发展挑战。在气候变化、流行病和被迫移民等关键问题上，世界银行集团凭借其召集成员国和众多合作伙伴开展研讨的能力，发挥出领导作用。

（一）世界银行

世界银行，又称国际复兴开发银行，是世界银行集团5家机构中最先成立的机构，成立于1944年，现由189个成员国组成。按照《国际复兴开发银行协定》的规定，世界银行的宗旨是：通过对生产事业的投资，协助成员国经济的复兴与建设，鼓励不发达国家对资源的开发；通过担保或参加私人贷款及其他私人投资的方式，促进私人对外投资。当成员国不能在合理条件下获得私人资本时，可运用该行自有资本或筹集的资金来补充私人投资的不足；鼓励国际投资，协助成员国提高生产能力，促进成员国国际贸易的平衡发展和国际收支状况的改善；在提供贷款保证时，应与其他方面的国际贷款配合。

1. 组织机构

世界银行是具有股份性质的一个金融机构，设有理事会、执行董事会、行长及业务机构。理事会是世界银行的最高权力机构，由每一成员国委派理事和副理事各一名组成。该职位通常由成员国财政部部长、中央银行行长或类似级别的高级官员担任。理事和副理事的任期为5年，可以连任。副理事在理事缺席时才有投票权。理事会将日常管理权力授予执行董事会，但理事会仍保有一些权力，包括接纳成员国和暂停会员国资格；增加或减少法定股本；确定世界银行净收入的分配；决定对执行董事对协议条款的解释的上诉；作出与其他国际组织合作的正式、全面安排；永久暂停业务；增加当选执行董事的人数；批准对世界银行协定条款的修订。世界银行理事会每年举行一次会议，一般与国际货币基金组织的理事会议联合举行。同国际货币基金组织相似，世界银行的投票权也分为基本投票权和份额投票权。每个成员国均有250票的基本投票权，另外每认缴10万美元的股金则增加一票。

执行董事会负责银行的日常业务，行使理事会授予的职权。执行董事共有25名，目前拥有最多股份的5个成员国（美国、日本、德国、法国和英国）各任命一名执行董事，中国、俄罗斯和沙特阿拉伯也任命各自的执行董事，其余执行董事由其他成员国选出。执行董事负责对各项贷款、赠款、担保等业务进行决策，向理事会提交账目审计、行政预算、关于世界银行业务和政策的年度报告以及年度会议的其他事项。

银行政策管理机构由行长、副行长、局长、处长及工作人员组成。行长由执行董事会选举产生，是银行行政管理机构的首脑，其在执行董事会的有关方针政策指导下，负责世界银行的日常行政管理工作，任免世界银行高级职员和工作人员。行长同时兼任执行董事会主席，但没有投票权，只有在执行董事会表决中双方的票数相等时，行长才可以投关键性的一票。

按照地区和职能划分，世界银行设置50多个相当于局的业务机构对日常业务进行管理。东亚及太平洋地区的国家三局负责我国的贷款业务，国家三局也称中国和蒙古国家局，简称"中蒙局"。

2. 资金来源

世界银行的资金来源，主要来自成员国缴纳的股金、发行债券取得的借款、业务净收益和其他来源。

（1）成员国缴纳的股金。世界银行成立之初，法定股本为100亿美元，分为10万股，每股10万美元。后经几次增资，截至1993年6月，法定股本为1530亿特别提款权。根据世界银行协定原来的规定，成员国认缴的股金分两部分缴纳：第一，成员国参加时应缴纳认缴股金的20%，其中的2%必须用黄金或美元支付，世界银行有权自由使用这一部分股金，其余的18%用成员国的本国货币支付，世界银行须征得该成员国的同意才能将这部分股金用于贷款。第二，成员国认缴股金的80%是待缴股本，它可以在世界银行因偿还借款或清偿债务而催缴时，以黄金、美元或世界银行需用的货币支付。但在1959年增资时，成员国实缴股金降为10%，其中以黄金、美元缴纳的部分降为1%，以本币缴付的部分降为9%，其余部分为待缴股金。

（2）发行债券取得的借款。在自有资本极其有限而又不能吸收短期存款的条件下，世界银行主要通过在各国和国际金融市场发行债券来筹措资金。在世界银行的贷款总额中，约有80%是依靠发行债券借入的。世界银行在借款方面的基本政策是：借款市场分散化，以防止对某一市场的过分依赖。世界银行发行债券的方式主要有两种：一是直接向成员国政府、政府机构或中央银行出售中短期债券；二是通过投资银行、商业银行等中间包销商向私人投资市场出售债券。由于世界银行信誉优良，其发行的债券一直被评为AAA级，所以在国际资本市场上获得了比较优惠的融资条件，并成为世界上最大的非居民借款人。

（3）业务净收益和其他来源。世界银行从1947年开始营业以来，除第一年有小额亏损外，每年都有盈余。世界银行将历年业务净收益大部分留作银行的储备金，小部分以赠款形式拨给国际开发协会做贷款资金。此外，世界银行还有两种辅助的资金来源，一种是借款国偿还的到期借款额，另一种是银行将部分贷款债权转让给私人投资者而收回的资金。

3.职能

世界银行与中等收入国家和信誉良好的贫困国家合作，向国家和国家以下各级政府提供创新的金融解决方案，包括贷款、担保和风险管理产品等金融产品以及知识和咨询服务。

世界银行为成员国的项目投资提供融资服务，并在项目投资的全周期内提供技术支持和专业知识，并帮助成员国政府、官方部门机构和发展组织提升保护和扩大财政资源的可持续能力。世界银行支持成员国政府努力加强公共财政管理，改善投资环境，突破有关服务提供的瓶颈，加强政策和制度建设。

4.贷款条件

按照《国际复兴开发银行协定》的要求，向世界银行申请贷款的成员国必须满足以下条件：

（1）贷款对象是成员国政府，公私机构贷款必须有政府的担保。

（2）贷款一般用于世界银行审定、批准的特定项目，在技术和经济上应为可行的工程项目，专款专用，且有助于生产的发展和经济增长，重点是交通、公用工程、农业建设和教育建设等基础设施项目。只有在特殊情况下，世界银行才考虑发放非项目贷款。

（3）世界银行只有在申请借款国确实不能在合理的条件下通过其他渠道获得资金时，才考虑给予贷款。

（4）只向有偿还能力的成员国发放贷款，以确保贷款可以按期收回。

（5）贷款的利息、还本方法、期限及偿还日期均由世界银行决定。

5.贷款特点

（1）贷款期限较长。世界银行贷款的平均期限为20年，最长可达30年，同时还可以有5年的宽限期。

（2）贷款利率参照资本市场利率而定，采用浮动利率计息，但一般低于市场利率。

（3）借款国要承担汇率变动的风险。

（4）贷款必须如期归还，不得拖欠或改变还款日期。

（5）贷款手续严密。成员国申请项目贷款从开始到完成必须经过所谓的"项目周期"，即选定、准备、评估、谈判、执行和总结评价6个阶段，一般要1年半到2年时间。

（6）贷款类型主要是项目贷款。项目贷款向成员国政府发放，且与特定的工程和项目相联系，需要成员国政府筹集项目配套资金。世界银行对其资助的项目一般只提供货物和服务所需要的外汇部分，占项目总额的30%～40%，个别项目可达50%，其余部分的资金需要借款国自己筹集。

6.贷款业务种类

（1）项目贷款。这是世界银行传统的贷款业务，也是最重要的业务。世界银行贷款中约有90%属此类贷款。该贷款属于世界银行的一般性贷款，主要用于成员国发展相关项目。

（2）非项目贷款。这是一种不与具体工程和项目相联系的，而与成员国进口物资、设备及应对突发事件、调整经济结构等相关的专门贷款。非项目贷款的目的是提供成员国实际发展或进口短缺的原材料和先进设备所需的外汇资金，或者当成员国因遇到自然灾害出口突然下降而产生国际收支不平衡时需要的应急性贷款。

（3）技术援助贷款。它包括两类：一是与项目结合的技术援助贷款，如对项目的可行性研究、规划、实施，以及项目机构的组织管理及人员培训等方面提供的贷款；二是不与特定项目相联系的技术援助贷款，亦称独立技术援助贷款，主要用于资助为经济结构调整和人力资源开发而提供的专家服务。

（4）联合贷款。这是一种由世界银行牵头，联合其他贷款机构一起向借款国提供的项目融资。该贷款设立于20世纪70年代中期，主要有两种形式：一是世界银行与有关国家政府确定贷款项目后，即与其他贷款者签订联合贷款协议，而后它们各自按通常的贷款条件分别与借款国签订协议，各自提供融资；二是世界银行与其他借款者按商定的比例出资，由前者按贷款程序和商品、劳务的采购原则与借款国签订协议，提供融资。

（5）"第三窗口"贷款。这是指在世界银行和国际开发协会提供的两项贷款之外的另一种贷款。该贷款条件介于上述两种贷款之间，即比世界银行贷款条件宽，但不如开发协会贷款条件优惠，因而也称中间性贷款。贷款期限可长达25年，主要贷放给低收入的发展中国家。

（6）调整贷款。调整贷款主要用于借款国国家或部门的相关改革和结构调整。它包括结构调整贷款和部门调整贷款。结构调整贷款的目的在于：通过1—3年的时间推动借款国宏观经济范围内政策或/和机构改革，有效地利用资源，使借款国在5—10年内实现持久的国际收支平衡，维持经济的增长。结构调整问题主要是宏观经济问题和影响若干部门的重要部门问题，包括贸易政策、财政政策、货币政策、资源有效利用（如公共投资计划、定价、刺激措施等）以及整个经济和特定部门的机构改革等。部门调整贷款的目的在于支持借款国的特定部门全面的政策改变与机构改革。

（二）国际开发协会

国际开发协会成立于1960年，是世界银行发起成立的国际金融组织。该协会从名义上看是独立的，但是从人事管理系统来看则是世界银行的一个附属机构。该协会的宗旨是促进经济发展，提高生产力，提高协会成员中世界欠发达地区国家的福利水平，特别是通过提供资金以满足这些国家的发展要求。与传统贷款相比，国际开发协会提供的贷款更为灵活，对贫困国家的国际收支财务负担更小。

国际开发协会提供的贷款和赠款针对的是世界上最贫困的国家，因而贷款条件非常优惠，不收取利息或收取低利息。国际开发协会会综合考虑国家人均国民总收入状况、信用状况和国际开发协会的项目来分配信贷资源。借款国应当需满足人均收入低于1 255美元的条件，或者借款国是无法从传统渠道获得资金或者缺乏信用因而无法在世界银行进行贷款的国家。贷款难度较大的国家会以赠款的形式获得100%的财政援助，贷款难度中等的国家以赠款的形式获得50%的财政援助。其他受援国分别以定期或混合方式获得信贷，期限分别为38年和30年。

国际开发协会的资金来源有以下几种：

（1）成员国认缴的股金。国际开发协会成立时的法定资本为10亿美元，协会的成员国分为两组，第一组为发达国家，共21个，这些国家认缴的股金必须全部以黄金或可兑换货币缴纳；第二组为发展中国家，其认缴资本的10%必须以可兑换货币缴纳，其余90%可用本国货币缴纳。协会要动用这些国家的货币发放贷款时，必须先征得各国的同意。

（2）成员国提供的补充资金。因成员国认缴的股金极其有限，远远不能满足贷款需求，所以国际开发协会需要向成员国寻求补充资金。自成立以来，国际开发协会已经多次补充资金。在全部资金中，美、英、德、日、法等国占大部分比例。

（3）世界银行的赠款。从1964年开始，世界银行每年将净收益的一部分以赠款形式转拨给协会，作为协会的资金来源。

（4）协会本身经营业务的盈余。协会从发放开发信贷的过程中，收取小比例的手续费，以及从投资收益中得到业务收益。

国际开发协会资助的项目涉及初等教育、基本医疗服务、清洁饮水和卫生设施、环境保障、改善营商环境、基础设施和体制改革。这些项目为经济增长、创造就业机会、提高收入和改善生活条件铺平了道路。

（三）国际金融公司

国际金融公司成立于1956年，有184个成员国，是世界银行集团的五个开发机构之一，但和世界银行、国际开发协会等其他实体在法律和财务上保持独立。国际金融公司的资本金来自成员国，并由成员国共同决定其各项政策。由于国际货币基金组织和世界银行的贷款对象主要是成员国政府，而私人企业的贷款必须由政府机构向其提供担保才能得到，所以这在一定程度上限制了世界银行向私人企业领域的业务活动扩展。为了对私人企业发展提供帮助，国际金融公司得以成立。国际金融公司的宗旨是向发展中经济体尤其欠发达的成员国的生产性企业，提供无须政府担保的贷款与投资，鼓励国际私人资本流向这些国家，促进私人企业部门的发展，进而推动成员国经济的发展。

国际金融公司设有理事会、执行董事会和以总经理为首的办事机构，其管理方法与世界银行相同。与国际开发协会一样，公司总经理和执行董事会主席由世界银行行长兼任，但与协会不同的是，公司除了少数机构和工作人员由世界银行相关人员兼任外，还设有自己独立的办事机构和工作人员，包括若干地区局、专业业务局和职能局。按公司规定，只有世界银行成员国才能成为公司的成员国。

国际金融公司的资金主要来源于成员国认缴的股金、在国际金融市场发行的国际债券、世界银行和成员国提供的贷款、公司各项贷款和投资业务的积累资金。

国际金融公司的主要业务活动是对成员国的私人企业或私人同政府合资经营的企业提供贷款或协助其筹措国内外资金。另外，国际金融公司还从事其他旨在促进私人企业效率和发展的活动，如提供项目技术援助和政策咨询以及一般的技术援助。贷款发放的部门主要是制造业、加工业、开采业以及公用事业与旅游业等。其业务特点主要有以下几点：

1.贷款对象是成员国的私人企业，贷款无须有关政府担保，但它有时也向公私合营企业以及为私人企业提供资金的国营金融机构发放贷款。

2.国际金融公司的业务除长期贷款外，还可以对私人企业投资直接入股，也可以既贷款，又入股。

3.贷款期限较长，一般为7—15年，如确属需要，则还可以延长。国际金融公司的贷款从发放贷款到开始还本之前，有1—4年宽限期。贷款利率视资金投放风险、预期收益、国际金融市场的利率变化情况和每一项目的具体情况而定，但利率一般高于世界银行的贷款利率。对未提用部分的贷款每年征收1%的承担费，还款时需以原借入货币偿还。

4.贷款具有较大的灵活性，既提供项目建设的外汇需要，又提供本地货币开支部分，既可作为流动资金，又可作为购置固定资产之用。

5.公司贷款通常不单独提供，而是与私人投资者、商业银行和其他金融机构联合向企业提供。

（四）多边投资担保机构

多边投资担保机构是世界银行集团的五个开发机构之一，其任务是通过向投资者和借款人提供担保来促进发展中国家的跨境投资。

第二次世界大战后，世界各国及国际投资者均迫切需要一个增进投资信用的机构以促进国际融资的顺利开展。1985年9月，世界银行理事会批准了《多边投资担保机构公约》，开始创建新的投资担保机构的进程，该公约确定了其核心任务："在符合发展中国家发展需要、政策和目标的条件下，在公平和稳定的外国投资待遇标准的基础上，增加流向发展中国家的生产资本和生产技术。"

1988年4月12日，多边投资担保机构成立，并作为一个法律、财务独立的实体开展业务活动。多边投资担保机构的设立是为了补充发展中国家针对非商业风险的公共和私人投资保险来源。多边投资担保机构的多边性质以及发达国家和发展中国家的联合赞助被认为大大增强了跨界投资者的信心。

多边投资担保机构的使命是促进对发展中国家的直接投资增长、支持发展中国家经济增长以及减少贫困和改善人民生活。多边投资担保机构的成员国有182个，其中154个为发展中国家。

（五）国际投资争端解决中心

国际投资争端解决中心是世界领先的致力于国际投资争端解决的机构。它在这一领域拥有丰富的经验，管理了大多数国际投资案件。各国在大多数国际投资条约和众多投资法及合同中都同意将国际投资争端解决中心作为解决投资者与国家争端的论坛。

国际投资争端解决中心于1966年根据《解决国家与其他国家国民之间投资争端公约》成立。《解决国家与其他国家国民之间投资争端公约》是由世界银行执行董事制定的多边条约，旨在推进世界银行促进国际投资的目标。国际投资争端解决中心是一个独立、非政治化和有效的争端解决机构。投资者和国家可以获得该机构的援助，通过提供对争端解决程序的信心，来促进国际投资。国际投资争端解决中心不仅适用于解决投资协定和自由贸易协定下的投资者与国家之间的争端，也适用于解决国家之间的争端。

国际投资争端解决中心规定通过调解、调停、仲裁或实况调查来解决争端。国际投资争端解决中心旨在考虑到国际投资争端和有关各方的特点，在投资者和东道国的利益之间保持谨慎的平衡，在听取各方的证据和法律论点后对每个案件进行审议。

三、国际清算银行

国际清算银行（Bank for International Settlement，BIS）是致力于国际货币政策和财政政策合作的国际组织。它是英、法、德、意、比、日等国的中央银行与代表美国银行界利益的摩根银行、纽约和芝加哥的花旗银行组成的银团，根据海牙国际会议上的杨格计划，于1930年5月共同组建的。初建时成员国只有7个，现已发展至63个，遍布世界五大洲。成员国的经济总量合计占世界GDP的95%左右。其总部位于瑞士巴塞尔，在中国香港和墨西哥城设有两个代表处。国际清算银行最初创办的目的是处理第一次世界大战后德国的赔偿支付及其有关的清算等业务问题。第二次世界大战后，它成为经济合作与发展组织成员国之间的结算机构，该行的宗旨也逐渐转变为促进各国中央银行之间的合作，为国际金融业务提供便利，并接受委托或作为代理人办理国际清算业务等。

国际清算银行的使命是通过国际合作支持中央银行促进货币和金融稳定，并充当中央银行的银行。国际清算银行为国际金融业务提供便利，并接受委托或作为代理人办理国际清算业务等。因而，它不是政府间的金融决策机构，亦非类似世界银行集团的一些发展援助机构，实际上是西方中央银行的银行。

（一）组织形式和治理结构

国际清算银行是一个股份公司性质的国际金融组织。其治理结构分为董事会、中央银行股东大会和管理层。国际清算银行管理层下设银行业部、货币经济部、秘书处和国际清算银行创新中心等。董事主要由成员国的中央银行行长担任。

此外，随着国际金融经济的发展和金融风险的周期性冲击，国际清算银行也承担了一些金融标准制定和金融稳定维护的职能。因此，不少国际委员会和国际协会也依托国际清算银行成立和开展工作，如巴塞尔银行监管委员会、国际清算银行支付委员会等。

（二）资金来源

国际清算银行的资金主要来源于以下3个方面：

1.成员国缴纳的股金。该行建立时，法定资本为5亿金法郎，1969年增至15亿金法郎，以后几度增资。该行股份80%为各国中央银行持有，其余20%为私人持有。

2.借款。国际清算银行向各成员国中央银行借款，以补充该行自有资金的不足。

3.吸收存款。国际清算银行接受各国中央银行的黄金存款和商业银行的存款。

（三）业务活动

1.处理国际清算事务

第二次世界大战后，国际清算银行先后成为欧洲经济合作组织、欧洲支付同盟、欧洲煤钢联营、黄金总库、欧洲货币合作基金等国际机构的金融业务代理人，承担着大量的国际结算业务。

2.办理或代理有关银行业务

第二次世界大战后，国际清算银行业务不断拓展，目前可从事的业务主要有：接受成员国中央银行的黄金或货币存款，买卖黄金和货币，买卖可供上市的证券，向成员国进行贷款或存款业务，也可以与商业银行和国际机构进行类似业务，但不得向政府提供贷款或以其名义开设往来账户。目前，世界上很多中央银行在国际清算银行存有黄金和硬通货，并获取相应的利息。

3.提供各国中央银行交流的平台，促进国际货币合作

国际清算银行为各国中央银行提供对话和广泛国际合作的论坛、创新和知识共享平台，促进各国交流核心政策问题的深入分析和见解，以及为各国提供健全且具有竞争力的金融服务。

本章小结

国际货币体系是国家间货币往来，包括国际货币和储备资产的确定及在此基础上的资金转移，如与支付和结算有关的组织结构、统一安排、办事程序、规则设定和相应的机构设置的总和。一般来说，国际货币体系主要包括以下组成部分：汇率制度的确定、国际货币和储备资产的确定、国际收支的调节机制以及各国货币的可

兑换性与国际结算的原则。

根据不同时期本位货币和汇率安排的不同，可以将历史上的国际货币体系分为国际金本位制度、布雷顿森林体系和牙买加体系。

在国际金本位制度下，黄金充当国际货币和国际储备的载体。而汇率制度是以铸币平价为基础形成的。各国货币按照其含金量之比会形成铸币平价，以铸币平价决定各国货币之间的汇率，外汇市场上各国货币之间的汇率波动以铸币平价为基础，并按照市场供求状况上下波动。由于黄金的自由输入和输出与各国货币的含金量法定，保证了各国货币之间的铸币平价稳定，形成了各国货币之间的固定汇率。各国国际收支的自动调节通过铸币-价格机制自动调节。

布雷顿森林体系下，建立了美元-黄金本位制。美元作为最主要的国际储备货币，美元与黄金挂钩，其他国家的货币按照规定比率与美元挂钩。各国政府或中央银行随时可用美元向美国兑换黄金。通过这种双挂钩制度，确立了美元的中心地位，建立了一个永久性的国际金融机构——国际货币基金组织，实行可调整的固定汇率制度。国际货币基金组织规定，各成员国的货币与美元的汇率如果发生波动，范围不得超过平价的±1%，并确定了国际收支的调节机制 。

布雷顿森林体系崩溃后一直延续至今的浮动汇率下的国际货币体系称为牙买加体系。牙买加体系的内容主要包括：浮动汇率合法化，黄金"非货币化"，强调特别提款权的作用，增加会员国在基金组织的份额，以及扩大对发展中国家的资金融通。

货币一体化理论是从汇率制度角度完善国际货币体系的有力探索。静态意义上的货币一体化是指相关经济体实现了货币统一这一状态。动态意义的货币一体化强调实现货币统一的渐进过程。

区域货币一体化的理论依据主要是最适度通货区理论，该理论是关于汇率机制和货币一体化的理论，研究的是具有什么样特性的国家相互之间可以结合成为一个通货区。

随着第二次世界大战后经济金融全球化趋势不断加强和美元的国际货币地位有所下降，欧洲各国试图摆脱美元汇率波动对本地区经济金融的冲击，推动了本地区货币一体化进程，最终启动了欧盟内部的单一货币——欧元。

国际金融组织泛指从事国际融资业务、协调国际金融关系、维持国际货币及信用体系正常运作的超国家机构。国际金融组织的出现顺应了国际金融体系发展的必然要求。国际金融组织的建立和发展稳定了国际金融秩序，在世界金融体系中占有重要地位。主要的国际金融组织有国际货币基金组织、世界银行集团和国际清算银行等。

---------- 关键概念 ----------

国际货币体系　金本位体系　金块本位制　金汇兑本位制　布雷顿森林体系
牙买加体系　货币一体化　最适度通货区　国际货币基金组织　世界银行　国际清
算银行

---------- 思考与应用 ----------

1.什么是国际货币体系？国际货币体系的构成是怎样的？

2.国际金本位制度的演变是怎样的？

3.布雷顿森林体系有哪些特征？

4.牙买加体系有哪些基本特征？

5.欧元的诞生有何影响？

6.国际货币基金组织的职能有哪些？

第九章 国际金融危机与国际金融监管

──────── **学习目标** ────────

熟练掌握货币危机的定义和分类。

理解第一代、第二代、第三代货币危机的机制和特点。

掌握主权债务危机的定义和分类，理解主权债务危机的产生原因、处理方式和影响。

理解银行危机的防范和治理方式。

理解国际金融危机后的治理变革，掌握巴塞尔协议Ⅲ的宏观审慎要求。

金融危机对世界经济和各国经济的发展有着强烈的负面影响。莱茵哈特和明斯基（Rainhart and Kaminsky，1998）对金融危机的定义是金融危机包括资产价格急剧下跌，大型金融和非金融机构破产、经济萎缩，也包括通货膨胀、外汇交易市场崩溃或者以上所述现象混合出现的状况。但从最近的2008—2009年全球金融危机来看，当前的冲击往往存在系统性溢出现象，对其他国家，乃至整个世界的经济金融稳定以及国际货币体系都造成剧烈冲击。因此，需要加强国际金融监管，防范系统性风险在国家间的形成和传导。

按照国际货币基金组织（1998）的分类，金融危机可分为货币危机、银行危机、外债危机和系统性金融危机。货币危机（Currency Crises）是指当某种货币的汇率受到投机性袭击时，该货币出现持续性贬值，或迫使当局扩大外汇储备，大幅度地提高利率。银行危机（Banking Crises）是指银行不能如期偿付债务，或迫使政府出面，提供大规模援助，以避免违约现象的发生———家银行的危机发展到一定程度，可能波及其他银行，从而引起整个银行系统的危机。外债危机（Foreign

Debt Crises）是指一国国内的支付系统严重混乱，不能按期偿付所欠外债，不管是主权债还是私人债等。系统性金融危机（Systematic Financial Crises）可以被称为"全面金融危机"，是指对金融市场的严重破坏损害了金融市场有效发挥功能的能力，对实体经济造成巨大的负面影响，如货币危机、银行业危机、外债危机的同时或相继发生。

第一节　货币危机

一、货币危机概述

货币危机的定义有广义和狭义之分。广义货币危机泛指在短期内汇率的变动幅度发生了大幅度贬值，超出了一国可承受的范围（如15%～20%）时，就称之为货币危机。狭义的货币危机则与固定汇率制度相联系，其含义是在实行固定汇率制度的国家，当其货币的汇率受到投机性袭击时，该货币出现持续性贬值压力，迫使货币当局动用大量外汇储备或大幅度提高利率来维持汇率稳定，并最终放弃固定汇率制度，转而实行浮动汇率制度的危机。

显然，狭义货币危机包含了广义货币危机的特点，本节关于货币危机的范畴往往指狭义货币危机。

货币危机是金融危机的一种，主要是由货币汇率大幅变动所引起的。从对货币危机的识别来看，不少研究关注汇率大幅贬值，以每年汇率变动25%作为临界值。

货币危机往往由一国国内外多种经济、政治因素单一或复合导致而爆发。考虑到一国国内外的经济因素，可以引申为以下几个方面：

1.汇率制度选择

从狭义货币危机定义来看，货币危机往往与固定汇率制度有着密不可分的联系。发展中国家往往为了发展对外经济，出于降低汇率波动性的目的，倾向于选择固定汇率制度。但固定汇率制度安排往往会高估一国的本币币值，削弱一国货币政策的独立性，并且实行固定汇率制度的国家需要保有较大规模的外汇储备来维持固定汇率制度。本币币值高估，往往会降低该国商品的出口竞争力，持续减少经常项目顺差，恶化经常项目状况，诱使资本外逃，本币贬值压力加大，而在固定汇率制度或是钉住浮动的汇率制度条件下，一国难以采用浮动汇率来改善经常项目状况。因而，该国中央银行不得不进行外汇干预，外汇储备快速消耗，国内利率大幅提高。随着中央银行维持固定汇率制度的成本不断提高，最终难以为继，只得放弃固定汇率制度，转而实行浮动汇率制度，本币出现恶性贬值，爆发货币危机。

2.金融脆弱性

除汇率制度外，金融脆弱性往往是诱发货币危机的一大重要原因。在许多发展中国家，银行收入过度集中于贷款收益，但金融业相应的风险管理和内控能力又较为薄弱。这容易造成信贷规模过度膨胀，其增长速度远远超过了工商业的增长速度和储蓄的增长，迫使许多银行向国外举债。这些资本充足率较低而又缺乏严格监管的银行在国际金融市场大肆借款，再放贷给国内，由于币种、期限的不匹配，从而带来期限风险或者汇率风险。一旦银行累积大量不良贷款，金融脆弱性就会引致资本外逃，进而导致货币危机。

3.资本外逃

一些发展中国家过快地开放金融市场，尤其是过早取消了对资本的控制，也是导致货币危机发生的主要原因。金融市场开放会引发大规模资本流入，在固定汇率制下导致实际汇率升值，极易扭曲国内经济；而一旦国际或国内经济出现变动，就会在短期内引起大规模资本外逃，导致货币急剧贬值，由此不可避免地爆发货币危机。

4.产业结构缺陷，财政赤字严重

一国经济基础薄弱、产业结构出现严重缺陷有可能会诱使货币危机产生。有些国家产业结构调整滞后，经济发展过多依赖初级产品和矿产资源的出口，或是长期停留在劳动密集的加工制造业。政府往往采取扩张性宏观经济政策刺激经济增长，有可能会诱使财政赤字不断扩大，或者货币供应量增加；而在固定汇率制条件下，政府为了维持汇率稳定而需要不断抛出外汇储备，进而会产生货币贬值预期。一旦预期较强，投机者就会对该国货币发起冲击，政府在外汇储备耗尽时只能选择汇率浮动或者本币贬值，最后固定汇率制度崩溃，货币危机爆发。

5.贬值预期的影响

贸易自由化、区域经济一体化，特别是国际资本流动的便利化，使得一国发生货币危机后，极易引起投资者预期的变动。而在固定汇率制度和资本自由流动下，投资者的预期变动会导致发生货币危机的概率增大。

从货币危机理论的系统研究来看，经济学家提出了三类货币危机模型：克鲁格曼（Krugman，1979）提出的第一代货币危机模型、奥伯斯法新德（Obstfeld，1986；1996）提出的第二代货币危机模型以及着眼于微观层次的第三代货币危机模型。

二、第一代货币危机模型

第一代货币危机模型是基于国内经济基本面来解释货币危机的成因，它将原有外汇市场上难以被经济学把握的投机攻击变成了可以用一个国家的经济基本面因素和政策冲突来解释和预测的理性行为，从理论上阐明了货币危机产生的系统性原因。第一代货币危机模型主要由克鲁格曼（Krugman，1979）提出，而后弗拉德和戈博（Flood and Garber，1984）完善了模型的相应线性化。

（一）第一代货币危机模型的机制

第一代货币危机模型认为，货币危机主要由于投资者贬值预期而发生，但投资者的贬值预期主要是因为政府采取了某些与固定汇率制度并不一致的经济政策，进而引发投资者对固定汇率的投机攻击，最终导致货币危机的爆发。

具体来说，从国际收支货币说的角度来看，第一代货币危机模型假定一国的货币需求是非常稳定的，而货币供应则是由国内资产和外汇储备两部分构成。在固定汇率制度下，国内利率等于国外利率，因此国内货币市场均衡就变为：设货币需求 M_d 不变，货币供给 M_s 由国内信贷 D 和折合为本币的外汇储备 R 组成，货币乘数为 r，则有：

$$M_d = M_s = rD + rR = r(D + R) \tag{9.1}$$

因此，外汇储备等于：

$$R = M_s/r - D \tag{9.2}$$

从 9.2 式可知，国内信贷的增加必然伴随着相应的外汇储备的减少。一旦政府实行持续的财政扩张政策，并通过向中央银行出售政府债券为财政赤字融资，就会变相导致中央银行实行信贷扩张，国内信贷增加。而在固定汇率制度下，当国外利率和本国产出保持不变时，货币供应量是不会改变的。因此，中央银行为了维持固定汇率，只能持续消耗外汇储备干预汇率。最终，外汇储备在时间点 T1 耗尽，政府也无法通过外汇市场干预来维持固定汇率，也就只能放弃固定汇率，听凭本币随着货币供应量的增加而贬值。而投资者既然意识到政府不可能一直维持固定汇率，为了避免本币贬值的损失，就会在政府耗尽外汇储备前的某一时点，比如图 9-1 中的时间点 T0 进行汇率投机，造成外汇储备的急剧下降，加速固定汇率制度的崩溃。

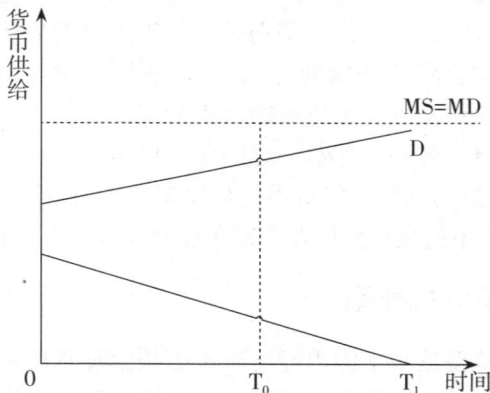

图9-1　第一代货币危机模型对货币危机的解释

（二）第一代货币危机模型的特点

第一代货币危机模型有以下三个特点：

首先，从货币危机成因上，第一代货币危机模型着重强调的是政府宏观经济政策与固定汇率制的目标冲突会引发货币危机。在宏观经济政策与固定汇率相矛盾的情况下，固定汇率必然会遭遇投机攻击，强调一国的经济基本面决定货币对外价值的稳定与否，决定货币危机是否会爆发、何时爆发。在这一模型中，假定政府为解决赤字问题会不顾外汇储备无限制地进行扩张性的经济政策，中央银行为维持固定汇率制会无限制地抛出外汇直至消耗殆尽。

其次，在货币危机发生机制上，强调投机攻击导致外汇储备快速下降会加速货币危机的发生。国际储备数量决定中央银行是否放弃固定汇率，而市场预期和投机决定货币危机发生时间。

最后，一国内部的经济政策是防止货币危机发生的关键。对于防范货币危机，第一代货币危机模型的政策建议方向集中于一国内部的经济政策。首先，可以通过监测一国宏观经济的运行状况对货币危机进行预测，并在此基础上及时调整经济运行，以避免货币危机的爆发或减轻其冲击强度。其次，执行固定汇率的国家必须实施恰当的财政、货币政策，保持经济基本面的健康运行，否则，投机活动将迫使政府放弃固定汇率制。

第一代货币危机模型首先阐明了货币危机的系统性原因，而且对20世纪70年代以来墨西哥的三次货币危机、1982年的智利货币危机等比较具有解释力。但是，20世纪90年代以来，一些国家的货币危机往往发生在其基本面比较健康之时，这一理论的局限性就显现出来。

三、第二代货币危机模型

第一代货币危机模型在20世纪七八十年代占据了货币危机研究的主导地位。但是随着20世纪90年代的欧洲货币危机的爆发，第一代货币危机模型已无法解释这次欧洲货币危机。因为这一时期的货币危机往往发生于欧洲发达国家，这些国家的经济基本面并没有发生明显问题，但是依然发生了货币危机。因而，奥波斯特菲尔德等人提出了第二代货币危机模型。不同于第一代货币危机模型，第二代货币危机模型认为，投机者之所以对货币发起攻击，并不是因为经济基础的恶化，而是由贬值预期的自我实现导致的。

从客观实际来看，第二代货币危机模型认为投资者的贬值预期是爆发货币危机的直接原因。但是不同于第一代货币危机认为贬值预期是产生于政府采取了某些与固定汇率制度并不一致的经济政策，第二代货币危机认为贬值预期产生于预期的自我实现机制。

（一）第二代货币危机模型的机制

第二代货币危机理论从投机者与货币当局的博弈均衡角度来诠释危机爆发的原因。

第二代货币危机模型认为政府有两个博弈选择：一是放弃维护固定汇率制度以便采取货币政策维护内部均衡、保证充分就业和产出稳定，而反之，维护固定汇率制度所带来的产出衰退就是其维护固定汇率的成本；二是维护固定汇率，以获得固定汇率制度的收益。政府通过权衡维持固定汇率所付出的成本与得到的收益，来决定是否放弃固定汇率。该模型认为，经济的基本面出现问题时，经济可能步入一个基本面薄弱区，也就是"危机区"，在这个区域里，货币危机可能发生也可能不发生。如果预期货币会有贬值，那么政府维持固定汇率的成本会上升。一方面工薪阶层就会要求提高工资，因为货币贬值会引起通货膨胀，于是产出成本上升，经济出现衰退；另一方面为了继续保持固定汇率，面对货币贬值的预期，政府就会提高利率，这同样会造成经济衰退。因此，货币贬值预期使维持固定汇率的成本上升，从而使政府放弃固定汇率。

但是，投机者同样具有两种博弈选择，选择哪一种取决于投机者的成本收益对比。如果投机者预期政府维持固定汇率的决心不可信、货币危机肯定会发生，就会发起投机攻击，而应对投机攻击的高昂成本最终会促使政府放弃固定汇率，货币危机也就发生了；反之，如果投机者预期政府维持固定汇率的决心是可信的，其投机成本较高，则不会选择进行投机，也就不会造成货币危机。这时候的货币危机是投机者预期的自我实现机制引起的。因而，第二代货币危机模型的两个基本特征就是自我实现的预期和多重均衡。这里的多重均衡，就是指在危机区内发生危机和不发生危机这两种均衡都存在。而多重均衡的存在基础恰恰是"自我实现的预期"。所以第二代货币危机模型又称为预期自我实现的货币危机模型。

根据第二代货币危机模型，公众对于货币贬值的预期是非常重要的因素。一旦市场形成了货币贬值预期，政府维持固定汇率制度的成本就会非常高昂。因此，货币贬值预期受以下因素影响：

1.政治因素

为了选举，很多国外政客会使用汇率政策构造"政治商业周期"。政治商业周期的一种形式是，强调政府的意图是吸引那些重视增长和低失业率的关键选民，另一种形式则强调政府的党派意图是满足某一部分选民，例如，认为低失业率比通胀更严重的选民。在开放经济内，政治商业周期存在的可能性意味着政策制定者能够也愿意为了选举而采用汇率政策。当然，政策制定者如何在政治上使用货币，将取决于那些他们试图讨好的选民。而政治因素则会使选民乃至市场对货币贬值产生预期。

2.对总需求的不利冲击

当外来冲击使得一国的总需求下降时，政府就会陷入维持国内目标和维持固定汇率制度之间的矛盾中。总需求的下降会使经济出现衰退迹象，并且当投资者对本币产生贬值预期时，政府必须提高利率才能维持固定汇率，但是会带来维持固定汇率制的成本，这可能是政府所不能忍受的。一旦公众认识到这一点，就会产生自我实现的货币贬值预期。

3.国外利率上升

国外利率上升时，为了维持与外国货币的汇率稳定，中央银行必须提高本国利率，否则就会导致资本外流和本币的贬值。利率提高对国内经济产生紧缩作用，公众会产生货币贬值的预期，这进一步提高了维持固定汇率的成本。

4.金融脆弱性

一国金融体系的脆弱性会引起汇率贬值预期。利率上升时，资产价格的下跌会引起金融机构资产负债状况的恶化和不良贷款的增加，严重时会导致金融机构的破产。面对投机攻击，公众认识到政府无法通过提高利率来维持固定汇率，因而会产生自我实现的贬值预期。

5.财政状况

当政府财政状况较差、存在债务负担时，高利率会增加债务的利息支出，加大政府的财政赤字。如果政府不能通过市场机制解决财政赤字融资问题，投资者就会预期政府体系内有货币扩张，因而过高的公共债务将引发投资者自我实现的货币贬值预期。

【小专栏】 **欧洲货币危机**

1979年，欧洲货币体系（European Monetary System，EMS）正式建立，联邦德国、法国、意大利等8个国家构建了联合浮动的汇率制度。具体而言，就是在该货币体系内部，各个国家之间实行固定汇率制度，整个货币体系对外实行统一的浮动汇率制度。到1992年，欧洲货币体系共有11个成员国。该体系试图通过成员国之间的汇率协调与稳定机制构造一个稳定的货币区域，使得成员国免受外部不稳定因素的影响。由于德国的经济总量较大，并且拥有低通货膨胀的信誉，所以其他欧洲国家都选择德国马克作为储备货币，并且参照德国来制定自身的货币政策。此时，欧洲货币体系成为以德国为主导地位的货币体系。

1990年，联邦德国和民主德国统一，德国的经济实力因此大大增强，但同时，德国政府也出现了巨额财政赤字，造成通货膨胀压力上升。为了缓解通货膨胀压力，德意志联邦银行收紧银根，连续提高再贴现率，在1992年7月把贴现率提高到8.75%。而英国、意大利等国则经济不景气，增长缓慢、失业增加，他们需要降低利率水平，刺激企业投资，扩大就业，刺激居民消费以提振经济。因此，德国和英国、意大利等国的利差扩大，使投机者对除德国马克以外的货币产生了贬值预期，外汇市场上出现了抛售英镑、里拉，购买德国马克的投机行为风潮，致使德国马克不断升值。为了维持意大利里拉与欧洲货币单位之间的平价关系，1992年9月11日，德意志联邦银行动用了240亿马克对外汇市场进行干预。但是，由于投机压力过大，欧洲货币体系最后不得不在同年9月13日同意里拉贬值，里拉对欧洲货币单位一次性贬值幅度达到7%。在宣布贬值后的第三天，意大利里拉进一步受到向下调整币值的压力，而英国受到的投机攻击也让英格兰银行消耗外汇储备，无力应对。最终英镑和意大利里拉退出欧洲货币体系的汇率机制，其汇率可以自由浮动。而后投机者把目光转向法国法郎、丹麦克朗等其他货币。最终，在1993年8月2日，伴随着针对欧洲货币的大量投机浪潮，除德国马克、荷兰盾和卢森堡法郎外，其他欧洲货币体系中的货币中心汇率浮动扩大到了15%。由于市场的贬值预期与相应的投机行为，欧洲货币体系遭受了巨大破坏。

——斯蒂格利茨．欧元危机［M］．蔡笑，等译．北京：机械工业出版社，2017.

（二）第二代货币危机模型的特点

第二代货币危机模型有以下特点：

第一，从货币危机成因上，第二代货币危机模型着重强调的是预期的自我实现机制对货币危机爆发的影响。货币危机的发生并不以过度扩张的财政货币政策为前提，只要一国的内部经济压力达到一定限度，固定汇率就可能步入以自我实现为特征的、随时可能在市场预期推动下陷入崩溃的多重均衡区间。因而在一国经济基本面没有出现问题时，依然有可能因为贬值预期导致货币危机爆发。

第二，多重均衡区间的存在，实际上暴露了预期的自我实现机制对国际金融体系的不稳定影响。而降低货币危机发生的方式就是要提高政府政策的可信性和透明度。定期公开货币政策、财政政策和其他各种政策的目标，以引导公众的预期，并且提高交易成本，特别是在投机者的收益相对比较小的时候，可以起到事先防范和引导投机者预期的作用。

四、第三代货币危机模型

1997—1998 年亚洲金融危机后，麦金农（McKinnon，1999）和克鲁格曼（Krugman，1998）提出了"道德风险论"，多米尼克·萨尔瓦多和考赛提（Salvatore D and Corset，1998）提出了"基本因素论"，瑞得莱特和萨克斯（Radelet and Sachs，1998）提出了"金融恐慌论"，这些模型在加入银行和其他金融中介的微观基础上试图对危机成因进行解释，构成了第三代货币危机模型。

（一）道德风险论

一般意义上的道德风险是指因当事人的权利和义务不对称而导致他人的资产或权益受到损失的情形。货币危机的道德风险论则主要是指政府对存款者所做的隐性或显性担保使金融机构进行风险很高的投资行为，造成了巨额的呆坏账，引起了公众的信心危机和金融机构的偿付危机，最终引发货币危机。

在上述背景下，货币危机生成过程经历了以下阶段：

第一，金融机构在隐含担保条件下进行投资决策。在投资决策时，由于失败了归别人、成功了归自己的预期，金融机构倾向于选择风险性较高的投资项目。

第二，在金融机构这种扭曲的投资决策和政府隐含担保同时存在的条件下，人们对风险视而不见，仍然放心地将资金贷放给这些机构，进一步激发了其过度借贷的行为。这样，"过度借贷→资产价格上涨→投资过热→金融泡沫"的链条就形成了。

第三，在泡沫存续一段时间之后的一个刹那，金融机构意识到资产价格上涨而形成的"良好"财务状况并不一定良好，开始了"关注和警觉→普遍的金融恐慌→资产价格下跌→泡沫开始破裂→金融机构财务状况恶化→偿付危机"的传导。这时，若人们期待的政府援助并没有出现，就会导致资产价格急速下降，金融市场动荡，金融体系崩溃，危机爆发。

相应地，其结论就是：政府的隐含担保导致的道德风险是引发危机的真正原因，货币价值的波动只不过是危机的表象。所以，防范危机的关键就是，尽可能减少政府与金融机构之间的"裙带关系"和过于密切的往来，加强对金融体系和资本市场的监管。

道德风险论对亚洲金融危机具有一定的解释力。亚洲各国政府对金融机构的"隐性担保"造成了过度投资和过度借贷，当其中几家财务状况出现问题时，就会引发大规模的金融恐慌。但是，该理论的局限性也显而易见。第一，假定前提不能完全与现实相符。其三个前提分别是：存在政府隐性担保时，金融机构必定会过度投资；风险性投资行为一定会挤出金融机构和其他经济部门的"正当"投资；外资必然会优先考虑具有政府隐性担保的企业或金融机构。事实上，在危机之前，亚洲国家所有类型的投资行为都有所增加，还有半数以上的国际银行贷款和几乎所有的证券投资或直接投资都进入了没有国家担保的非银行企业。第二，没有说明是什么因素促使危机突然爆发，忽略了国际游资的恶意攻击。

（二）基本因素论

基本因素论是在传统的基本因素基础上引申出来的。其认为，一国的基本因素是决定货币危机是否会爆发的最关键因素。基本因素的恶化包括外部不平衡与内部不平衡两方面。前者如经常项目赤字、本币贬值和外汇汇率上升等，后者如金融体系的脆弱性、较低的外汇储备等。而一国基本因素的恶化程度可以用一个多元化的宏观金融指标体系来进行量化和预警。这些指标一般包括：第一，经常项目赤字，若维持在GDP的5%或以上，则它常被视为长期不可维持的一个标志；第二，债务指标；第三，金融脆弱性指标，如不良贷款比率等。

从总体上看，基本因素论对亚洲金融危机的解释具有一定的说服力。在亚洲金融危机发生前，各国的各项指标都表明风险正在不断累积。

但是这一理论也存在局限，如基本因素作为导致危机、恶化危机的必要条件固然重要，但并不是引发危机的充分条件。经济基本面的恶化只是表明经济发展不平衡，需要进行适当的调控，并不一定会爆发重大危机；基本因素的恶化与危机的相关性并不足以表明其因果关系同样成立。根据这些基本因素不能准确地预测出一国何时爆发金融危机，但能表明危机的趋势。而在许多条件的共同影响下，投机攻击、政治危机或政治问题这些非基本因素才是促发金融危机的催化剂。

（三）金融恐慌论

金融恐慌论认为，一国在危机前大多经历了一个资本迅速内流的过程。但是，外资的流入是很脆弱的，极易受到金融恐慌的影响而发生逆转，一旦发生大规模逆转，危机就会爆发。

金融恐慌之所以会发生，其原因主要可能为：一国或一个金融机构的短期债务超过了短期资产的数额；一国或一个金融机构不具备足够的流动资金来偿还其所有的短期债务；危机国政府和国际社会的政策失误；没有一个机构担负最后贷款人的职责。

金融恐慌论的政策建议是：第一，改革资本市场和金融体系，使其健康发展，以防患于未然；第二，寻找一个公平有效的组织或机构充当国际最后贷款人，以便及时防止金融恐慌的蔓延和扩大；第三，政策制定者必须全面又谨慎地制定和采取措施，并在危机初现端倪时就采取微调手段，以防止短期行为对市场情绪产生不利的影响。

金融恐慌论的理论价值毋庸置疑，它结合了基本因素论和道德风险论等理论的诸多优点，引进了市场情绪这一新变量，突出了国际资本流动逆转的触发作用，对危机的恶化作出了新的解释。但是，这一理论仅仅以银行体系和金融机构为中心来概括危机的某种特点，似乎有些片面。

上述理论对货币危机的解释角度和选择的变量尽管不同，但有一个共同的结论：在开放经济条件下，若允许资本自由流动，则固定或钉住汇率制度更易遭受投机者攻击，在市场预期和市场信心看淡的情况下，往往会导致货币危机和汇率制度崩溃。

五、货币危机的传染

(一) 货币危机传染概述

从经验研究上来看，货币危机会具有传染效应。货币危机传染即一种货币发生危机后，汇率波动带来的金融风险会迅速蔓延到另一种与其经济特征类似或经济联系紧密的货币。例如，墨西哥比索危机后，阿根廷和智利同样发生了货币危机。而在欧洲货币危机中，里拉和英镑大幅贬值后，汇率波动又蔓延到法国法郎、丹麦克朗等其他货币。

经济学家在实证研究中观测到了货币危机的传染现象，但尚未完全就货币危机传染的定义达成一致。从时间视角来看，格拉茨和斯密特 (Gerlach and Smets, 1995) 认为对一国货币成功的投机攻击而导致同时期其他国家货币投机攻击压力增加的现象为货币危机的传染。从共同影响因素角度看，马森 (Masson, 1998) 和皮特斯克 (Pritsker, 2000) 认为货币危机传染有两种。第一种强调不同市场之间存在实体经济或金融方面的相互联系，导致溢出效应，使局部的或全球性的冲击在国家间传导。卡尔沃和莱因哈特 (Calvo and Rainhart, 1996) 把这类危机的传播称为"基于基本面的传染"。第二种则指危机的传染与可观测到的宏观经济或其他基本面无关，而仅仅是由投资者或其他市场参与者的行为导致的结果。其通常被认为是"非理性"的结果，如金融恐慌、羊群行为等导致的投资者风险厌恶程度增加，进而出现预期的自我实现，引发货币危机。

(二) 货币危机的传染原因

关于货币危机的传染原因，经济学家通常从共同冲击、贸易和金融联系、多重均衡和唤醒效应等方面来解释。

1. 共同冲击

随着经济全球化的日益发展，各国经济周期运行有趋同的趋势。主要工业化国家的政策变化和大宗商品价格变化对全球各国经济金融运行形成共同冲击。这种冲击有可能会形成对不同国家的货币贬值预期，从而使这些国家发生货币危机的概率上升。当美国提高利率时，资本就会从与美元保持固定汇率的拉美国家流向美国，从而使这些国家可能同时出现货币大幅贬值，爆发货币危机。

2. 贸易和金融联系

随着生产全球化和金融全球化，各国之间的贸易和金融关系日趋密切。这种密切的贸易和金融联系也会成为货币危机传染的原因。从贸易角度来看，一国货币的大幅贬值，会使其贸易伙伴的基本面恶化，市场可能会产生其伙伴国货币的贬值预期，引发货币危机传染。比如，某个国家发生货币危机，就会导致该国货币大幅贬值，从而提高该国出口商品的竞争力，而其贸易伙伴就会出现贸易逆差和外汇储备的逐渐减少，最后同样会遭受货币攻击。此外，危机国货币的贬值降低了其贸易伙伴国进口品的价格，从而降低了贸易伙伴国的消费价格指数以及货币需求，于是公众会把本币转换成外币，导致该国外汇储备降低，并引发投机者对其进行投机攻击。从金融角度来看，借款国如果爆发货币危机，会面临短期的流动性不足。贷款国金融机构很难及时收回对该国的贷款以应付流动性需要，于是就会面临支付困难，进而引发挤兑。随着外国投资者把提取的存款大量兑换成外汇，贷款国货币危机也就在所难免。此外，投资者对存款的提取，减少了贷款国金融机构的流动性，迫使贷款国的金融机构收回给其他借款国的贷款或无力给其他国家提供新的贷款，从而导致其他国家的危机。

3.投机预期引起的多重均衡

从第二代货币危机模型理论来看，投机者的预期引起金融市场预期自我实现的多重均衡，引发货币危机。而当一国爆发货币危机时，贸易条件和金融流动性的变化可能会使另一国步入可能发生危机的区域，进而引发投资者间的羊群效应，形成预期的自我实现机制，进而引起货币危机。羊群效应是指投资者具有一种从众心理，在市场上常常根据其他投资者的行为决定自己的选择。在货币危机中，羊群效应意味着无论货币危机因何爆发，抛售浪潮将通过人们纯粹的模仿行为逐级放大，并最终导致货币机制的彻底崩溃。

4.唤醒效应

唤醒效应认为，当一国发生货币危机时，投资者会认识到经济金融条件类似的其他国家或地区的问题严重性，进而重新估计该国或地区的宏观经济金融基本面。如果发现该国或地区的某些状况与货币危机发生国类似，投资者就会被唤醒，认识到投资风险，进而将资金撤离，该国或地区的货币就会在短期内大幅贬值，引发该国或地区的货币危机。

【参考资料9-1】 　　　　　**墨西哥"龙舌兰危机"**

阅读请扫码

第二节 主权债务危机

一、主权债务危机概述

(一) 主权债务危机的定义

主权债务危机是指一国因无法对以其主权为担保的到期债务进行还本付息而最终引发的危机。由于一国爆发债务危机时，其主权信用也会受到市场质疑，所以主权债务危机又会被称为主权信用危机。一般来说，发生主权债务危机的国家具有一些共性特征：出口不断萎缩，外汇主要来源于举借外债；国际债务条件对债务国不利；债务国缺乏外债管理经验；外债投资效益不高，创汇能力弱；财政赤字高。当上述特征暴露出来后，就会打击投资者的信心并出现短期资本的快速抽逃，从而引发主权债务危机。

(二) 主权债务危机的分类

从债务性质来看，债务危机可以分为外债危机和内债危机。外债危机通常指一国对在另一国法律管辖权下发行的主权债务不履行偿付义务，未能及时对国外债权人支付本金或利息而形成违约，进而引发的债务危机。内债危机则指一国对在本国法律管辖权下发行的主权债务形成违约，进而引发债务危机。对于大多数国家，在其大部分历史时期，国内债务都是以本国货币计值并由本国公民持有。一般来说，主权债务危机大多是外债危机。这是由于内债的违约往往不涉及较强势的外部债权人，政府也可能通过借新还旧或者通货膨胀形式解决内债违约。但一国所违约的国内债务和国际债务通常有交互作用，因而国内债务违约也有可能影响外债危机爆发的概率。

从清偿能力来看，一国的债务危机可以分为清偿性危机和流动性危机。所谓清偿性债务危机，是指一国的债务水平超过了其偿还能力，进而发生违约形成的危机。债务重整或推迟还本付息只能延后清偿性危机爆发的时间，但无法避免危机的最终爆发。而流动性危机则是指由一国政府因短期内、暂时的资金周转不灵引发的债务危机。该国政府在长期来看依然具有足够的清偿能力。只要在紧缩经济的前提下给予该国政府适当的资金支持或债务重整，最终就可以避免债务危机的爆发。

流动性债务危机与清偿性债务危机的不同之处在于预期的自我实现机制，而非一国的偿债能力决定了流动性债务危机的发生。当一个债务负担在正常范围内的国家出现暂时较大的财政赤字时，如果市场认为该国会爆发债务危机而不愿意继续提供资金，那么即使该国拥有足够的偿债能力，该国政府也无法为其赤字进行融资，到期债务也将无法如期还本付息，从而爆发危机。但是市场如果对该国的财政保持信心而愿意继续提供资金，那么该国就能获得足够的资金度过暂时的财政困难而避免债务危机的爆发。因此，流动性危机往往具有自我实现的特征。

（三）主权债务危机的识别

一般可以从一国的债务负担和偿债能力两个角度来监测该国的债务状况，以判断和预测该国发生主权债务危机的可能性。

从债务负担来看，主要有以下指标监测该国的债务状况：

1.负债率

负债率是指一国当年外债余额与当年国内生产总值（GDP）之比，表明一国经济发展对外债的依赖程度。国际上公认的最高限度为20%。

2.短期债务比率

短期债务比率是指在当年外债余额中，一年和一年期以下的短期债务所占的比率。这是衡量一个国家外债期限和结构是否安全合理的指标。国际上公认的短期债务比率应在25%以下。

3.债务出口比率

债务出口率是指一国当年外债余额占当年商品和劳务出口收入的比率。这是衡量一国负债能力和风险的主要参考指标。国际上公认的债务出口比率为100%，超过100%为外债负担过重。

从偿债能力来看，主要有以下指标来监测该国偿债状况：

1.偿债率

传统意义上的偿债率是指当年的外债还本付息额与当年商品和劳务出口收入的比率，国际上一般认为这一指标在20%以下是安全的。由于这种计算方法仅考虑了经常项目对偿债能力的影响，并没有考虑相关的资本流动，所以还可以用当年的外债还本付息额与当年外汇储备之比来衡量偿债率。由于外汇储备来源于经常项目和资本项目，短期内都可以提供偿债保证，所以作为分母较为合适。一般认为，以外汇储备衡量的偿债率不超过30% ~ 50%是安全的。

2.外汇储备/外债余额

这是反映一国偿债能力的重要指标，国际警戒区间为30% ~ 50%，上下增减10%作为警戒线。

3.短期外债/外汇储备

这是衡量一国快速偿债能力的重要指标，国际警戒线为100%，超过100%则意味着有可能爆发债务危机。

二、主权债务危机产生的原因

主权债务危机对一国对外信用与经济增长都有重要影响，而且主权债务危机容易引起货币危机、银行危机等其他类型的金融危机。一旦一国发生债务危机，该国政府就被迫必须采取紧缩性政策，影响该国的经济增长和人民生活福利。因此，有必要探究主权债务危机发生的原因，并有针对性地应对和防范债务危机。

（一）外部原因

主权债务危机产生的外部原因包括以下两个方面：

1.国际金融市场美元利率和汇率上浮

发展中国家的借款主要由商业银行或金融市场以美元形式提供。因而，美元利率和汇率的波动会影响国际金融市场美元衡量的债务价值，进而会影响债务国的债务成本。而且这一机制随着国际资本流动加快变得更加突出。自2000年以来，资本由新兴市场经济体向发达经济体的逆流成为基本特征。而美元利率和汇率的上升，往往加剧了拥有大量美元债务的发展中国家的债务负担，加之资本快速从新兴市场经济体回流美国，增加了新兴市场经济体爆发债务危机的概率和剧烈程度。

2.国际金融市场流动性变化

随着主要国家的经济基本面状况、政策变化和投资者预期变化影响，国际金融市场流动性会发生相应变化。流动性的变化会影响危机国的经济发展和融资能力，进而影响到其偿付能力，诱使主权债务危机爆发。20世纪70年代初期，美国国内的扩张性货币政策和持续性的国际收支赤字，使大量美元流向国外，促进了欧洲美元市场的发展。商业银行的信贷资金变得充足，开始转向国外寻求放款对象。而同一时期，拉美国家大力发展国内的长期大型建设项目，恰好需要借入大量外部资金。因此，国际商业银行对发展中国家的贷款迅速增加，使得债务国的私人债务比重上升。但1982年以后，国际贷款的风险增大，大量资本流向美国国债等安全资产，国际金融市场流动性下降，这使得拉美国家借新债还旧债的运转模式遇到周转困难，最终爆发了拉美债务危机。

（二）内部原因

国际债务危机是国内外因素共同作用的结果，但外因总是通过内因起作用，内部原因才是债务危机爆发的根本原因。

外债规模过度扩张。外债作为建设资金的一种来源，需要确定与偿债能力匹配适当的外债规模。而发展中国家受制于经济实力和经济制度改革，往往缺乏外债清偿能力。但为了拉动本国经济或提高人民福利，发展中国家往往过度扩张外债规模。举借外债的规模要受制于出口收入等清偿能力。如果债务增长率持续高于出口增长率，就说明该国外债管理在使用及偿还环节上存在着严重问题。

外债结构不合理。在其他条件相同的情况下，外债结构对一国外债有重要影响。外债结构不合理主要有以下表现：

1.商业贷款比重过大

商业贷款的期限一般较短，而且在经济局势较好时，国际银行愿意不断地贷款，借债国家就可以不断地通过借新债还旧债来促进经济发展。但在经济发展中一旦出现某些不稳定因素，如政府的财政赤字过大、巨额贸易逆差或政局不稳等使市场参与者失去信心，外汇储备不足以偿付到期外债，银行就不愿新增贷款了。此时，为偿还到期外债，本来短缺的外汇资金会被迫大规模流出，甚至无力偿还，导致危机爆发。

2.外债的货币错配

发展中国家从国际金融市场进行融资，其产生的债务往往是以非本国货币衡量的。因此负债国天然存在货币错配，面临着汇率风险。如果一国外债集中于一两种币种，汇率风险就会变大。一旦该外币升值，外债价值就会增加，从而增加负债国的偿债负担。

3.期限结构不合理

如果一国的短期外债比重过大，超过国际警戒线，或未合理安排偿债期限，就会造成偿债时间集中的问题。若流动性不足以支付到期外债，就会引发市场对外债违约的预期，进而爆发债务危机。

4.外债使用不当

借债规模与结构确定后，将其投入适当的部门或投资项目，最大限度发挥资金的使用效益，是偿还债务的最终保证。从长期看，偿债能力取决于一国的经济增长率，短期内则取决于它的出口率。所以债务的生产能力和创汇能力是一个国家需要重点关注的问题。许多债务国在大量举债后，没有根据投资额、偿债期限、项目创汇率以及宏观经济发展速度和目标等因素综合考虑，制定出外债使用走向和偿债战略，而是不顾国家的财力、物力和人力等因素的限制，急于盲目从事大工程建设。由于这类项目耗资金、工期长，短期内很难形成生产能力，创造出足够的外汇，所以造成债务积累加速。同时，不仅外债用到项目上的资金效率低，而且还有相当一部分外债根本没有流入到生产领域或用在资本货物的进口方面，而是盲目、过量地进口耐用消费品和奢侈品，这必然导致投资率的降低和偿债能力的减弱。而不合理的消费需求又是储蓄率降低的原因，使得内部积累能力跟不上资金的增长，进而促使外债进一步增加。有些国家则是大量借入短期贷款在国内的房地产和股票市场进行投资，从而形成泡沫经济；一旦泡沫破灭，危机也就来临了。

三、主权债务危机的处理方式

（一）债务重新安排

当一国无力偿还外债时，可以与债权人协商要求将债务重新安排。这样，一方面债务国可以有机会渡过难关，"重整"经济；另一方面债权人亦有希望收回贷出的本金和应得的利息。

债务重新安排主要通过两个途径进行：主权债务重新安排，一般通过主要债权国的非正式集团——巴黎俱乐部来进行；商业银行债务重新安排，一般由商业银行组成特别国际财团组织进行。

1.主权债务重新安排

从拉美债务危机的经验来看，主权债务的重新安排是由"巴黎俱乐部"负责的。"巴黎俱乐部"会议的主要作用在于帮助要求债务重新安排的债务国和各债权政府，一起协商寻求解决的办法。通常，参加"巴黎俱乐部"的债务国，要先接受国际货币基金组织的经济调整计划，然后才能向会议主席提出召开债务重新安排的会议。获得重新安排的借款只限于政府的直接借款和由政府担保的各种中、长期借款，短期借款很少获得重新安排。典型的重新安排协议条款包括：将现在所有借款的80%～100%延长时间偿还，通常有4—5年的宽限期，然后分8—10年时间偿付。至于利率方面，会议不做明确规定，而由各债权国与债务国协商。此外，其中有一小部分是采用再融通方式解决，即借新债还旧债。

2.商业银行债务重新安排

商业银行债务重新安排在某种意义上比官方债务重新安排更复杂。因为商业贷款的债权银行数目可能十分庞大，所以每家银行自然都会尽最大努力去争取自己的利益。而且，商业贷款的种类很多。例如，欧洲债券市场的首次外债重新安排中，债权人以不同贷款形式分成三个集团：一是债券的持有人，二是中长期的银团贷款债权人，三是短期信贷的债权人。一般要经过将近两年的时间才能达成初步的协议。商业银行主要对本期或一年内到期的长期债务重新安排，有时也包括到期未付的本金，但对利息的偿还期不予重新安排，必须在偿还利息欠款后重新安排协议，才能生效。债务重新安排后典型的还款期为6—9年，包括2—4年的宽限期。其利率会高于伦敦银行同业间拆放利率。

（二）债务转换股权

债务资本化是指债务国将部分外债转变为对本国企事业单位的股权，从而达到减少其外债的目的。

债务转换股权是1983年以来出现的解决债务国部分债务的办法。基本步骤如下：

第一，由政府进行协调，转换的债务须属于重新安排协议内的债务。债权方、债务方和政府各方经谈判同意后，委托某中间机构将贷给公共或私人部门的贷款向二级市场打折出售。有时外国银行亦把债权直接打折售给债务国中央银行。

第二，投资人向债务国金融当局提出申请。在取得同意后，即以这一折扣价买下这笔债务，继而到债务国中央银行按官方汇率贴现，兑换成该国货币。最后投资人使用这笔货币在该债务国购入股权进行投资。于是，这笔债务便从债务国的外国贷款登记机构注销而转入股票投资登记机构。除由政府进行协调解决的债务交易外，还有一些未经政府协调的债务人与投资者之间的直接交易。由外国投资者从国际二级市场以折扣价购进尚未到期的债券，而债务人则用本国货币提前支付这些外债。当转换完毕后，双方即在一定期限内通报债务国中央银行，注销外债。有些到期外债还通过国内证券交易所公开拍卖，由债券持有人通过提出折扣进行竞争，从债务国中央银行处换取该国的货币进行投资。

（三）借旧还新

借旧还新指发行新债券以偿付旧债。具体做法为一国以债券形式举借新债，出售债券取得现款，以便在二级市场上回购债务，或直接交换旧债。这种方案的设想是，如果新债券能比现存债务以较小的折现率出售，那么其效应将是减少债务而不必使债务国动用大量的外汇储备。但这种方法受限于一国的资信状况以及资本市场的发达程度。

四、主权债务危机的影响

主权债务危机不仅会对一国对该国经济和社会发展造成严重的后果，也会对国际金融体系形成强烈冲击。

（一）主权债务危机抑制债务国的投融资规模

债务危机的爆发会对一国的正常投融资行为形成剧烈冲击。首先，投资规模会缩减。危机爆发后，国内外投资者会对该国经济前景持悲观态度，纷纷抽回投资，这不仅加重了国家的债务负担，也使投资资金减少，无法维持促进经济发展应有的投资规模。其次，抑制投资所必需的进口品。为了还本付息的需要，债务国必须大幅度压缩进口以获得相当数额的外贸盈余。为经济发展和结构调整所需的材料、技术和设备等的进口必然受到严重抑制，从而造成生产企业投资的萎缩。最后，抑制该国的国际融资。债务危机的爆发使债务国的国际资信大大降低，进入国际资本市场筹资的渠道受阻，不仅难以借到条件优惠的借款，甚至连条件苛刻的贷款也不易取得。

（二）主权债务危机会阻碍债务国的经济增长

为了制止资金外流，控制通货膨胀，政府会大幅提高利率，进一步收紧货币，而为偿债需兑换大量的外汇又使得本币大幅贬值，企业的进口成本急剧升高。资金的缺乏及生产成本的上升，使企业的正常生产活动受到严重影响，甚至破产、倒闭。投资下降，进口减少，虽然有助于消除经济缺口，但生产的下降势必影响出口的增长。出口若不能加速增长，就无法创造足够的外汇来偿还外债，国家的债务负担也就难以减轻。这些都使国家经济增长放慢，甚至出现较大幅度的倒退。

（三）主权债务危机会带来严重的社会后果

随着经济衰退的发生，大批工厂、企业倒闭或停工停产，致使失业人口剧增。在高通货膨胀情况下，职工的生活也受到严重影响，工资购买力不断下降，对低收入劳动者来说，更是入不敷出。失业率的上升和实际工资的下降使债务国人民日益贫困化，穷人队伍越来越庞大。同时，因偿债而实行紧缩政策，债务国在公共事业发展上的投资经费会越来越少，人民的生活水平也会日趋恶化。因此，人民的不满情绪日增，他们反对政府降低人民的生活水平，反对解雇工人，要求提高工资。而政府在债权银行和国际金融机构的压力下，又不得不实行紧缩政策，进而导致政局不稳和社会动乱。

（四）主权债务危机会对国际金融体系形成冲击

债务危机的产生对国际金融体系运作的影响也是十分明显的。第一，债权国与债务国同处于一个金融体系之中，一方遭难，势必会牵连另一方。债权人若不及时向债务国提供援助，就会引起国际金融体系的进一步混乱，从而影响世界经济的发展。第二，对于那些将巨额贷款集中在少数债务国身上的债权银行来说，一旦债务国发生债务危机，就必然使其遭受严重损失，甚至破产。第三，债务危机使债务国国内局势急剧动荡，也会从经济上甚至政治上对债权国产生不利影响。因此，债权人不得不参与债务危机的解决。

第三节　银行危机

一、银行危机概述

银行危机是指一国的银行不能如期偿付债务，或迫使政府出面对银行提供大规模援助，以避免违约现象的发生———家银行的危机发展到一定程度，可能波及其他银行，从而引起整个银行系统的危机。银行危机往往对一国经济和国际金融体系形成强烈冲击。在封闭经济条件下，银行危机主要对本国经济产生影响。但是在金融全球化条件下，跨国银行有动机为了追求利润而逃避监管，开展经营活动。而这会增加全球金融体系的脆弱性，一旦跨国银行面临挤兑甚至倒闭的风险，爆发银行危机，就可能会给全球金融体系带来巨大冲击。

从银行危机成因来看，莱茵哈特和罗格夫（Reinhart and Rogoff，2010）将银行危机分为因金融抑制产生的银行危机和因银行挤兑产生的银行危机。

因金融抑制产生的银行危机通常发生于金融体系发展并不完善的发展中国家。在这些发展中国家中，银行垄断了金融信贷，并被迫为政府赤字融资。政府会通过设定利率上限等金融抑制方式强制经济体系内的资金流向银行，并且政府也会要求银行为财政赤字进行融资。因此，一旦政府财政状况出现问题，财政危机就会转化为银行危机。

因银行挤兑产生的银行危机则有可能发生在金融体系发展较为完善的银行。银行发挥着期限转换（Maturity Transformation）的功能，即依托短期存款发放长期贷款。银行借的短期资金一般都是储蓄和活期存款。同时，银行的贷款期限较长，既直接向企业放贷，也投资于高风险的长期证券。但这种天然的期限错配使银行非常害怕存款人挤兑。在正常情况下，银行持有流动性资产，足以应付存款提取需求。但是当发生挤兑时，存款人会对银行丧失信心，大规模提款撤离。随着提款量的加大，银行只能被迫低价抛售资产，引发银行资产负债表恶化和银行危机。

关于银行危机的形成，2022年诺贝尔经济学奖得主戴蒙德和迪布维格（Diamond and Dybvig，1983）提出了银行挤兑（Bank Run）理论。他们论证了银行作为金融中介的必要性和内在脆弱性[①]，进而说明了银行危机产生的原因。

该理论认为，银行作为一种金融中介机构，其基本的功能是作为金融中介通过借短贷长将不具流动性的资产转化为流动性的信贷资源。但正是这种功能本身使得银行容易遭受挤兑，具有内在脆弱性。戴蒙德和迪布维格对此进行了建模。他们构建了一个三期模型，假设有许多相同的风险厌恶型消费者，在今天、明天和后天这三期内进行决策。每个消费者有总计一单位的要素禀赋可用于投资。每个消费者选择在今天进行投资，而在明天或者后天消费。但是，消费者不知道自己是要在明天消费还是后天消费，他们只知道自己有一定的概率只在明天消费，剩余的概率为只在后天消费。假设有两种资产可以投资，短期资产明天到期，长期资产后天到期，长期资产的收益率大于短期资产，这样消费者就可以全部或者部分投资于短期资产或长期资产。如果消费者是投资短期资产，但是要在后天消费，就必须在明天再重新投资短期资产，这样操作的话，其投资收益要比直接投资长期资产低；若消费者投资长期资产，一旦需要在明天消费，他就不可以提前变现，或者只有贱价大甩卖

① 李宝良，郭其友，郑文智. 金融中介功能的经济分析与应对金融危机的经验教训——2022年度诺贝尔经济学奖得主主要经济理论贡献述评 [J]. 外国经济与管理，2022，44（11）：138-152.

才能得以变现。

　　戴蒙德和迪布维格分析了消费者在不同情况下的最优消费——投资选择。第一种是自给自足的情形。在这种情形下，消费者无法与其他消费者进行风险分担，其最优选择是将其禀赋的一部分投资在短期资产，剩余的投资在长期资产。第二种是仁慈的中央计划者的情形。在这一情形下，虽然单个的消费者不知道自己是要在明天消费还是后天消费，但是按照大数定理，中央计划者知道有一个相对确定的比例的消费者会在明天消费，剩余的人在后天消费，因而其最优选择就是按照这个比例将全社会的禀赋投资在短期资产，剩余的投资于长期资产，这样做能够在消费者之间进行风险分担，要比自给自足的情况好，但也是理想化的静态均衡思路。第三种是分散化的市场经济情形。在这一情形下，消费者通过市场在明天互相交易，即明天要消费的人会将手中的长期资产与后天消费的人所持有的短期资产进行交易，以实现风险分担。但是，消费者是明天消费还是后天消费，这是私人信息，因此，这种市场交易无法实现。于是，银行就在第四种情形中出现了。银行只要知道明天消费的消费者的比例，就可以给消费者提供一个像中央计划者情形一样的消费计划合同。同时，它可以像中央计划者那样，按比例将其吸收的存款投资于短期资产，剩余的部分投资于长期资产，在消费者之间实现风险分担，消费者也可以实现中央计划者情形下的福利水平。这就是银行资产负债表的负债主要的来源方式，即银行吸收活期存款。因为储户通常不会同时提款，所以银行只要持有足够的流动资产，它就能满足储户的短期提款需求，其余部分则可以用于长期投资。可见，银行从活期存款中创造了可以用于长期投资的资金，这个功能被称为期限转换（Maturity Transformation）。

　　而在这一条件下，戴蒙德和迪布维格证明，银行与消费者之间有两个纳什均衡：一个是正常均衡，即明天消费的消费者明天提款，后天消费的消费者后天提款；另外一个是挤兑均衡，即如果后天消费的消费者相信有足够多的后天消费的消费者会提前提款，其最优选择就是提前到银行提款，这就造成了银行挤兑，银行必须提前变现长期资产来应对短期提款需要。这两个均衡哪个会成为现实，取决于消费者的预期，而且这种预期具有自我实现的特征。

　　这就是伴随银行的期限转换功能而生的内在脆弱性。如果一家银行的贷款损失超过了其自有资本的安全余量，储户就会预期银行资产总体质量恶化，在银行宣布破产前争着提取资金，触发挤兑风潮；而由于银行的期限转换功能，银行的资产和负债天然出现错配，挤兑存款就加速了其破产的发生。

二、银行危机的防范和治理方式

鉴于银行脆弱性和银行危机潜在的严重后果，各国政府主要通过以下方式来防范和治理银行危机。

（一）存款保险制度

存款保险制度是指银行等金融机构向存款保险基金管理机构缴纳保费，形成存款保险基金，一旦发生影响存款安全的银行风险事件，存款保险基金管理机构会向存款人偿付被保险存款，并采取必要措施维护存款以及存款保险基金安全的制度。在存款保险制度下的保险会减少小额储户对银行的挤兑，因为他们预期自身的存款损失将会由存款保险制度弥补，不再会竞相取款来挤兑银行。

（二）准备金要求

金融监管部门要求银行将资产的一部分以容易变现的流动资产的形式持有，作为存款准备金以应对突然出现的提款要求。

（三）资本要求和资产限制

金融监管部门设置了银行核心资本的下限以降低银行倒闭的风险。其他条款则限制银行拥有风险过大的资产，比如价格易于变化的普通股，同时也限制银行的贷款集中度，避免银行将大量贷款集中投放给同一个贷款人。

（四）银行监管检查

金融监管部门有权对银行进行监管检查，以确保银行资本合乎标准和其他实施规则。银行必须通过风险资产处置和贷款风险管理保持财务状况的健康，监管部门则对这一过程进行现场和非现场检查来保证银行财务状况的健康。

（五）最后贷款人

银行可以从中央银行的贴现窗口或者其他便利通道获得贷款以应对挤兑时储户的提款需要。对于银行而言，提供贷款的中央银行就是最后贷款人。中央银行作为最后贷款人的作用是试图帮助银行应对暂时的流动性紧缺，为银行处理资产、应对挤兑提供时间。

（六）重组和紧急救助

对于出现严重危机的问题银行，政府可能会进行重组和紧急救助。政府会根据救助成本和收益进行权衡，对问题银行通过购买银行股权、向银行注入资金等方式进行救助，试图降低银行危机对经济增长的负面影响。

【参考资料9-2】　　**2007—2009的全球系统性金融危机**

系统性金融危机，指对金融市场的严重破坏损害了市场有效发挥功能的能力，对实体经济造成巨大的负面影响，货币危机、银行危机、主权债务危机等同时或相继发生的金融危机。各种类型的金融危机在某种条件下存在相互联结的关系。例如，债务危机的爆发往往伴随着货币大幅贬值的货币危机，而一系列经济及非经济事件引发的银行危机也会导致货币危机的发生。而2007—2009年的全球金融危机就是这样一次系统性金融危机。它起源于美国信贷和房地产市场的泡沫化，进而引发了其他国家的货币和主权债务危机。

继续阅读请扫码

第四节　国际金融监管

2007—2009年的全球金融危机无论从深度、广度、对国际金融市场的影响力及对世界经济衰退的持续程度都是自1929—1933年大萧条以来最严重的一次国际金融危机。以此为契机，国际金融监管的重要性被凸显出来。

一、金融监管概述

金融监管（Financial Supervision）是指一国或地区金融管理当局对金融机构、金融市场、金融业务进行审慎监督管理的制度、政策和措施的总和。其在本质上是一种具有特定内涵和特征的政府管制范畴。综观世界各国，凡是实行市场经济体制的国家，无不客观地存在着政府对金融体系的管制。金融监管包括两方面的内容：一是金融管理部门依照国家法律和行政法规的规定，对金融机构及其金融活动实行外部监督、稽核、检查和对其违法违规行为进行处罚；二是金融管理部门根据经济金融形势的变化，制定必要的政策，通过必要的政策手段对金融市场中的金融产品和金融机构的金融服务的供给和需求进行调节，对金融资源的配置进行直接或间接的干预，以达到金融体系稳定和金融活动的正常秩序、维护国家金融安全等目的。

金融监管的总体目标是通过金融业的监管维持一个稳定、健全、高效的金融制度。具体来说，首先，保证金融机构的正常经营运转，维护金融消费者的利益和金融体系的稳定；其次，创造公平竞争的环境，鼓励金融机构通过市场竞争提高服务的效率；最后，确保金融机构的经营活动符合市场经济条件下市场主体的行为规范，从而能够使中央银行的货币政策传导机制畅通，充分发挥经济政策对经济的拉动作用。

而随着经济全球化和金融国际化的发展，跨国银行在世界经济体系中发挥着越来越重要的作用，各国金融业的联系和相互影响程度也不断加强，银行业风险的关联和扩散对各国金融体系稳定的威胁越来越明显。尤其是2007—2009年全球金融危机后，各国进一步认识到跨国银行等系统重要性金融机构的"太大而不倒"和"太关联而不倒"的特征给全球金融体系带来的风险。金融监管政策的重点由关注个体机构稳健性的微观审慎转向关注整体金融体系稳健性的宏观审慎。

不同于微观审慎监管，宏观审慎监管的目标是防范系统性金融风险，尤其是防止系统性金融风险顺周期累积以及跨机构、跨行业、跨市场和跨境传染，提高金融体系韧性和稳健性，降低金融危机发生的可能性和破坏性，促进金融体系整体的稳定性。因而在当今跨国机构快速发展、资本流动愈加频繁、宏观审慎监管凸显重要性之时，各国金融监管当局之间加强联系和协调显得十分必要。

【思政谈】 习近平总书记有关做好重大金融风险防范化解的观点

确保经济金融大局稳定，意义十分重大。要坚持底线思维，增强系统观念，遵循市场化、法治化原则，统筹做好重大金融风险防范化解工作。要夯实金融稳定的基础，处理好稳增长和防风险的关系，巩固经济恢复向好势头，以经济高质量发展化解系统性金融风险，防止在处置其他领域风险过程中引发次生金融风险。

——2021年8月习近平总书记在主持召开的中央财经委员会第十次会议上的讲话

二、主要的国际金融监管组织

在金融全球化的背景下，完善国际金融监管协调机制已成为防范国际金融危机、维护国际金融稳定的重要举措。建立相应的国际金融监管组织也成为各国货币当局的必然选择。2007—2009年后，主要的国际金融监管组织有金融稳定理事会、巴塞尔银行监管委员会等。

（一）金融稳定理事会

金融稳定理事会成立于2009年4月，其前身金融稳定论坛是各国金融监管机构、中央银行和国际金融机构的交流平台，于1999年成立，以加强各种国家和国际监督机构以及国际金融机构之间的合作，以促进国际金融体系的稳定。在当时全球金融危机对全球深度冲击之际，2008年11月，G20国家领导人呼吁增加金融稳定论坛的成员国。在接下来的几个月里，各方达成了广泛的共识，即将金融稳定论坛置于更强大的体制基础上，扩大成员国数目，以加强其作为国家当局、标准制定机构和国际金融机构解决脆弱性的机制的有效性，并制定和实施强有力的金融监管等其他政策，以利于金融稳定。

2009年4月，G20领导人峰会宣布，金融稳定论坛需要扩大成员国范围，扩展职能以促进全球金融稳定，接纳各新兴经济体，如中国、巴西、印度等，同时决议设立金融稳定理事会来作为全球性的金融监管机构。2009年6月26日，金融稳定理事会在瑞士的巴塞尔举行成立大会，27日正式开始运作。金融稳定理事会致力于维护金融稳定，保持金融业的开放性和透明度，落实国际金融监管和相关标准，接受定期的同行评审，并为国际货币基金组织及世界银行等金融国际组织提供评估规划报告。

金融稳定理事会的职能包括：评估影响全球金融体系的脆弱性，从宏观审慎的角度及时和持续地确定和审查解决这些脆弱性及其结果所需的监管、监督和相关行动；促进负责金融稳定的各国政府机构之间的协调和信息交流；监控市场发展及其对监管政策的影响并提供建议；监督金融机构并就金融机构满足监管标准的经营行为提供建议。对国际标准制定机构进行联合战略协调，主要协调各国际机构的政策制定工作；支持跨境金融危机管理的应急计划，着重支持针对系统重要性金融机构所引起的金融危机的应急计划；与国际货币基金组织合作开展金融危机预警推演；通过金融稳定的监测执行情况、同行审查和披露，促进成员国执行各国商定的承诺、标准和政策建议。

金融稳定理事会的结构执行框架包括作为唯一决策机构的全体会议，在全体会议休会时继续推进金融稳定业务工作的指导委员会，以及三个常设委员会，每个委员会具有不同的职责。脆弱性评估常设委员会负责识别和评估金融体系风险。监督和监管合作常设委员会负责对脆弱性评估常设委员会确定的重大漏洞进行进一步的监督分析或制定监管或监督政策响应。标准实施常设委员会（SCSI）负责监督各国对商定的金融稳定政策和国际标准的实施。此外，还设有预算和资源常设委员会对金融稳定委员会预算进行监督，并在必要时向全体会议提出建议。

金融稳定理事会的决定对其成员国没有法律约束力。这就需要理事会通过咨询劝导和国际运作，保证其成员国承诺在国家层面实施的国际商定政策和最低标准。作为成员国的义务，金融稳定理事会成员国承诺维护金融稳定，保持金融部门的开放性和透明度，实施相同的国际金融领域内的标准和守则，并同意接受定期评估。

（二）巴塞尔银行监管委员会

20世纪70年代以来，金融领域的创新活动日渐活跃，促使各国金融当局纷纷调整了对银行业的监督管理政策。一方面各国放松过严的金融管理政策，扶持本国金融业的发展，以适应日趋激烈的国际银行业竞争；另一方面，不断修改和完善金融立法，谋求建立一种适度的监管法规体系，来保证激烈竞争中的银行业的稳定。

国际上，跨国银行开始扮演越来越重要的角色，为了避免银行危机的连锁反应，统一国际银行监管的建议被提上了议事日程。1974年2月，来自比利时、加拿大、法国、德国、意大利、日本、卢森堡、荷兰、瑞典、瑞士、英国和美国的代表在瑞士巴塞尔聚会，商讨成立了巴塞尔银行监管委员会（以下简称巴塞尔委员会）。中国于2009年3月加入巴塞尔银行监管委员会。

巴塞尔委员会的职能是作为银行审慎监管的主要全球标准制定者，为银行监管事务的合作提供交流平台。其任务是加强各国金融监管协作，加强全球银行的监管和规制，以加强金融的稳定性。该委员会并不具备任何凌驾于国家之上的正式监管特权：其文件从不具备亦从未试图具备任何法律效力；其虽鼓励采用共同的方法和标准，但并不强求成员国在监管技术上的一致性。相反，它通过制定广泛的监管标准和指导原则，提倡最佳的监管做法，来期望各国采取措施，根据其自身情况运用具体的立法或其他安排予以实施。

巴塞尔委员会主要采取以下活动来实现其职能：为了应对全球金融体系的新风险，提供各国交流有关银行业和金融市场发展的信息；分享监管问题、方法和技术，以促进各国共识并改善跨境合作；建立全球银行监管标准、准则和框架；消除对金融稳定风险的全球监管差异；评估巴塞尔协议标准在成员国的实施情况，以确保其及时、一致和有效地实施；与非巴塞尔委员会成员国的中央银行和银行监管机构协商，与其他金融部门标准制定机构和国际机构进行协调和合作。

该委员会中，各成员国的代表机构为其银行监管机构和中央银行。各成员国的义务有：共同促进金融稳定；不断提高银行监管质量；积极推动巴塞尔委员会标准、指南和良好实践的制定；在该委员会确定的预定时限内执行其确定的监管标准；接受并参与巴塞尔委员会审查评估与巴塞尔委员会标准相关的国内规则和监督实践；促进全球金融稳定。

巴塞尔委员会每年定期召开3次或4次会议，其历任主席通常由各成员国中央银行的副行长或高级官员担任。

三、巴塞尔协议

随着经济全球化和金融国际化的发展，跨国银行在世界经济中发挥着越来越重要的作用，各国金融业的联系和相互影响程度不断增加。随之而来，银行业风险的扩散对各国金融稳定的威胁越来越明显。以国界为范围的金融监管的漏洞开始被人们注意，各国金融监管当局之间加强联系和合作显得十分必要。推动金融监管国际合作的最主要国际组织之一，是设在国际清算银行的巴塞尔委员会。下面对巴塞尔委员会的主要成果《巴塞尔协议》《巴塞尔协议Ⅱ》《巴塞尔协议Ⅲ》

进行介绍。

随着20世纪70年代以来金融全球化、自由化和金融创新的发展，国际银行业面临的风险日趋复杂，从而促使商业银行开始重视并强化风险管理。20世纪80年代债务危机和信用危机后，西方银行普遍重视信用风险管理，并由此催生了1988年的《巴塞尔协议》。在统一资本监管要求下，各银行积极构建以满足其资本充足性为核心的风险管理体系，资本作为直接吸收银行风险损失的"缓冲器"得到了广泛认同。20世纪90年代，金融衍生工具在银行领域迅速普及，市场风险问题日益重要，推动了巴塞尔委员会将市场风险纳入资本监管框架。1997年亚洲金融危机后，国际银行业努力推动实施全面风险管理的新战略，以应对多风险联动的管理压力。经多次征求意见，2004年巴塞尔委员会正式公布了《巴塞尔新资本协议》。而2007—2009年全球金融危机后，《巴塞尔协议Ⅲ》是巴塞尔银行监管委员会为应对2007—2009年金融危机而制定的一套国际商定的措施。这些措施旨在加强对银行的监管、监督和风险管理。

（一）1988年的《巴塞尔协议》

1988年的《巴塞尔协议》全称为《统一资本衡量和资本标准的国际协议》，其目的是通过规定银行资本充足率，减少各国规定的资本数量差异，加强对银行资本及风险资产的监管，消除银行间的不公平竞争。

其基本内容由四方面组成：

1.资本的组成

巴塞尔委员会将银行资本分为两级。第一级是核心资本，要求银行资本中至少有50%由实收资本及从税后利润保留中提取的公开储备所组成。第二级是附属资本，其最高额可等同于核心资本额。附属资本由未公开的储蓄、重估储备、普通准备金（普通呆账准备金）、带有债务性质的资本工具、长期次级债务和资本扣除部分组成。

2.风险加权制

不同种类的资产根据其广泛的相对风险进行加权，制定风险加权比率，作为衡量银行资本是否充足的依据。这种权数系统的设计比较简单，使用的权数有5个，分别是：0、10%、20%、50%和100%。

3.目标标准比率

为长期保证国际银行拥有一个稳定、稳健的资本比率，总资本与加权风险资产之比为8%（其中，核心资本部分至少为4%）。银行资本充足率=总资本÷加权风险资产。

4.过渡期和实施安排

过渡期从协议发布时间起至1992年年底止，到1992年年底，所有从事大额跨境业务的银行资本金要达到8%的要求。

《巴塞尔协议》主要有三大特点：一是确立了全球统一的银行风险管理标准；二是突出强调了资本充足率标准的意义，通过强调资本充足率，促使全球银行经营从注重规模转向资本、资产质量等因素；三是受20世纪70年代发展中国家债务危机的影响，强调国家风险对银行信用风险的重要作用，明确规定不同国家的授信风险权重比例存在差异。

（二）2004年的《巴塞尔协议Ⅱ》

面对《巴塞尔协议》的缺陷，主要国家开始针对银行风险的动态特征起草新资本协议。2004年6月26日，十国集团央行行长和银行监管当局负责人一致同意公布《资本计量和资本标准的国际协议：修订框架》（即《巴塞尔新资本协议》，又称《巴塞尔协议Ⅱ》），并宣布于2006年实施该协议，一些发展中国家也积极准备向实施新协议过渡。这一国际金融界普遍认同的国际标准，是商业银行在国际市场上生存的底线。

其基本内容由三大支柱组成：

1. 支柱之一：最低资本金要求

新协议保留了1988年巴塞尔协议中对资本的定义以及相对风险加权资产资本充足率为8%的要求，但风险范畴有所拓展，不仅包括信用风险，同时覆盖市场风险和操作风险。在具体操作上与1988年的协议相同，计算风险加权资产总额时，将市场风险和操作风险的资本乘以12.5，将其转化为信用风险加权资产总额。

$$\frac{\text{银行资本}}{\text{充足率}} = \text{总资本} \div \left[\frac{\text{信用风险}}{\text{加权资产}} + \left(\frac{\text{市场}}{\text{风险资本}} + \frac{\text{操作}}{\text{风险资本}} \right) \times 12.5 \right]$$

内部评级法是巴塞尔新资本协议的核心内容，银行将账户中的风险划分为以下6大风险：公司业务风险、国家风险、同业风险、零售业务风险、项目融资风险和股权风险。银行根据标准参数或内部估计确定其风险要素，并计算得出银行所面临的风险。这些风险要素主要包括：（1）违约概率，指债务人违反贷款规定，没有按时偿还本金和利息的概率；（2）违约损失率，指债务人因没有按时偿还本金和利息而给银行带来损失的状况，它表现为单位债的损失均值；（3）违约风险值，指交易对象违约时，对银行所面临的风险的估计；（4）交易期限，指银行可以向监管当局提供的交易的有效合同期限。银行根据计算得出的风险评估结果确定资产风险权重并缴纳相应资本。

2. 支柱之二：监管当局的监督检查

这一支柱的目的是要通过监管银行资本充足状况，确保银行有合理的内部评估程序，便于正确判断风险，促使银行真正建立起依赖资本生存的机制。监管当局的监督检查是最低资本规定的重要补充，它适合处理以下三个领域的风险：第一支柱涉及但没有完全覆盖的风险（如贷款集中风险）、第一支柱中未加考虑的风险（如银行账号中的利率风险、业务和战略风险），以及银行的外部风险（如经济周期影响）。第二支柱中更为重要的一个方面，是对第一支柱中较为先进的方法是否达到了最低的资本标准和披露要求进行评估，特别是针对信用风险 IRB 框架和针对操作风险的高级计量法的评估。监管当局必须确保银行自始至终符合这些要求。

3.支柱之三：强化信息披露，引入市场约束

要求银行不仅要披露风险和资本充足状况的信息，而且要披露风险评估和管理过程、资本结构以及风险与资本匹配状况的信息；不仅要披露定量信息，而且要披露定性信息；不仅要披露核心信息，而且要披露附加信息。

《巴塞尔新资本协议》主要有三大特点：一是要实现向以风险管理为核心的质量监管模式过渡；二是将信用风险、市场风险和操作风险全面纳入资本充足率的计算中，使资本状况与总体风险相匹配，提高了监管的全面性和风险的敏感度；三是推进解决信息不对称的信息披露，重点向资本充足率、银行资产风险状况等市场敏感信息集中，确保市场对银行的约束效果，代表了未来银行业风险管理发展的方向。

（三）2010年的《巴塞尔协议Ⅲ》

巴塞尔协议的核心是以风险为基础来配置资本。但是银行面临的风险具有顺周期特征。在经济上行期，各类资产价格持续上涨，抵押品价值较高，违约率较低，银行不良资产规模会自然下降，资本监管的约束力会被弱化，随着银行信贷能力的增强，会进一步推动经济繁荣和泡沫形成；而在经济衰退期，情况恰好相反，随着风险资产的规模大幅上升，资本监管的约束力会"自我强化"，最终引发进一步的信贷紧缩。从实践来看，《巴塞尔协议Ⅱ》虽然修正了《巴塞尔协议》中不能准确反映实际风险水平动态变化的缺点，通过采用资产可变的风险权重提高了资本监管要求相对于风险的敏感性（采用可变的风险权重），但也因此导致了更为严重的顺周期性问题，容易产生顺周期的风险放大效应。

因而，《巴塞尔协议》《巴塞尔协议Ⅱ》强调的是单个金融机构的风险和稳健性，但并没有关注顺周期性、金融的相互关联性等系统性风险特征，没有从宏观审慎角度进行针对整个金融体系的监管政策。为此，2010年12月16日，巴塞尔银行监管委员会提出了《巴塞尔协议Ⅲ》，并在2017年12月提出了《巴塞尔协议Ⅲ：后危机改革的最终方案》。

《巴塞尔协议Ⅲ》主要提出了三个方面的宏观审慎监管要求。（1）进一步完善

资本充足率要求。《巴塞尔协议Ⅲ》在不同方面提高了资本质量和资本数量要求，首先，规定一级资本的形式为普通股和留存收益，普通股为主的核心一级资本充足率至少为4.5%，一级资本充足率至少为6%，总资本充足率至少为8%。其次，提出银行应保留2.5%的普通股资本留存缓冲，以更好地应对经济和金融波动。同时，各国可依据自身情况要求银行增加0～2.5%的逆周期资本缓冲，以保护银行体系免受冲击。扩大风险覆盖范围，提高对资产证券化、交易对手信用风险的最低资本要求。对于全球系统重要性银行还提出了附加资本要求。（2）引入杠杆率（Leverage Ratio）指标，作为资本充足率要求的有益补充。杠杆率是银行一级资本占其表内资产、表外风险敞口和衍生品总风险暴露的比率。巴塞尔委员会建议将杠杆率最低标准定为3%。由于杠杆率指标所要求的银行风险暴露不经风险调整，故将其纳入《巴塞尔协议Ⅲ》第一支柱，以有效弥补内部评级法下风险权重的顺周期问题。（3）引入两个新的流动性监管指标，即流动性覆盖率（LCR）和净稳定融资比率（NSFR）。流动性覆盖率指银行流动性资产储备与压力情境下30日内净现金流出量之比，用于度量短期即30日内单个银行的流动性状况，目的是提高银行短期应对流动性的敏感性。净稳定融资比率指银行可用的稳定资金与银行发展业务所需资金之比，用于衡量银行在中长期内可供使用的稳定资金来源是否足以支持其资产业务，也可用以反映中长期内银行是否拥有足够资产和能力来解决资产、负债期限错配的问题。

2017年12月，巴塞尔委员会提出《巴塞尔协议Ⅲ：后危机改革的最终方案》。在吸收《巴塞尔协议Ⅲ》推出后的经验和教训后，通过对风险计量方法的修正完善了国际监管政策。第一，对信用风险标准法进行修改。进一步细分了信用风险暴露的类别，并在各类风险暴露中设定更为细化的风险权重，针对银行、公司没有经过外部评级的信贷风险暴露，最终方案提供了信用风险评估的标准法进行风险权重计算。第二，对信用风险内部评级法进行了修订。第三，设定资本底线。银行通过内部模型方法计算加总的风险加权资产不能低于通过标准方法计算风险资产数量的72.5%。此外，还对信用估值调整框架、操作风险计量框架、市场风险监管框架和杠杆率框架等进行了修订。

关于《巴塞尔协议Ⅲ》的完成期限，巴塞尔委员会要求各成员国的经济体在两年内完成相应监管法规的制定和修改工作，并于2013年1月开始实施新监管标准，于2019年1月1日全面达标。巴塞尔委员会于2020年对各成员国的执行情况进行了评估，结果发现，《巴塞尔协议Ⅲ》督促银行提高自有资本和流动性水平有助于它们应对新冠肺炎疫情带来的流动性冲击。而且国际金融监管制度的改革，使国际银行业的整体韧性有所增强。

【参考资料9-3】　习近平主席在二十国集团领导人杭州峰会上的闭幕辞

阅读请扫码

———— **本章小结** ————

金融危机可以分为货币危机、银行危机、外债危机和系统性金融危机。货币危机是指当某种货币的汇率受到投机性袭击时，该货币出现持续性贬值，或迫使当局扩大外汇储备，大幅度地提高利率。银行危机是指银行不能如期偿付债务，或迫使政府出面，提供大规模援助，以避免违约现象的发生，一家银行的危机发展到一定程度，可能波及其他银行，从而引起整个银行系统的危机。外债危机是指一国国内的支付系统严重混乱，不能按期偿付所欠外债，不管是主权债还是私人债等。系统性金融危机可以被称为"全面金融危机"，是指对金融市场的严重破坏损害了市场有效发挥功能的能力，对实际经济造成巨大的负面影响，如货币危机、银行业危机、外债危机的同时或相继发生。

货币危机的定义有广义和狭义之分，往往由一国国内外多种经济、政治因素单一或复合导致而爆发。从货币危机理论的系统研究来看，经济学家提出了三类货币危机模型：克鲁格曼提出的第一代货币危机模型、奥伯斯特瓦尔德提出的第二代货币危机模型，以及着眼于微观层次的第三代货币危机模型。

主权债务危机是指一国因无法对以其主权为担保的到期债务进行还本付息而最终引发的危机，又会被称为主权信用危机。

银行危机是指一国的银行不能如期偿付债务，或迫使政府出面，提供大规模援助，以避免违约现象的发生，一家银行的危机发展到一定程度，可能波及其他银行，从而引起整个银行系统的危机。在金融全球化条件下，跨国银行有动机为了追求利润而逃避监管开展经营活动，这会增加全球金融体系的脆弱性；一旦跨国银行面临挤兑甚至倒闭的风险，甚至爆发银行危机，就会给全球金融体系带来巨大冲击。

金融监管是指一国或地区金融管理当局对金融机构、金融市场、金融业务进行审慎监督管理的制度、政策和措施的总和，其在本质上是一种具有特定内涵和特征的政府管制范畴。综观世界各国，凡是实行市场经济体制的国家，无不客观地存在着政府对金融体系的管制。

在金融全球化的背景下，建立和完善国际金融监管协调机制已成为防范国际金融危机、维护国际金融稳定的重要举措。完善和发展国际金融监管机构也成为各国货币当局的必然选择。目前主要的国际金融监管机构有金融稳定委员会、巴塞尔银行监管委员会等。

─────────── **关键概念** ───────────

金融危机　货币危机　第一代货币危机模型　第二代货币危机模型　主权债务危机　外债危机　内债危机　银行危机　存款保险制度　金融监管

─────────── **思考与应用** ───────────

1.金融危机的范围包括哪些？

2.三代货币危机模型的区别是什么？

3.主权债务危机产生的原因是什么？

4.如何防范和治理银行危机？

5.《巴塞尔协议》《巴塞尔协议Ⅱ》《巴塞尔协议Ⅲ》提出的主要监管要求都有哪些？

参考文献

［1］陈建安．国际直接投资与跨国公司的全球经营［M］．北京：复旦大学出版社，2016.

［2］管涛等．汇率的博弈［M］．北京：中信出版集团，2018.

［3］黄海洲．全球金融体系：危机与变革［M］．北京：中信出版集团，2019.

［4］黄薇．汇率制度与国际货币体系［M］．北京：社会科学文献出版社，2014.

［5］姜波克．国际金融新编［M］．上海：复旦大学出版社，2018.

［6］弗里登．货币政治：汇率政策的政治经济学［M］．孙丹，等译．北京：机械工业出版社，2016.

［7］《径山报告》课题组．中国金融开放的下半场［M］．北京：中信出版社，2018.

［8］克鲁格曼，奥伯斯法尔德，梅里兹．国际金融［M］．丁凯，等译．北京：中国人民大学出版社，2021.

［9］莱因哈特，罗格夫．这次不一样：八百年金融危机史［M］．綦相，等译．北京：机械工业出版社，2015.

［10］刘攀．国际金融学［M］．大连：东北财经大学出版社，2019.

［11］刘园．国际金融［M］．北京：北京大学出版社，2017.

［12］孟昊，郭红．国际金融理论与实务［M］．北京：人民邮电出版社，2020.

［13］沃尔克，行天丰雄．时运变迁——世界货币、美国地位与人民币的未来［M］．于杰，译．北京：中信出版集团，2018.

［14］吴敬琏，等．中国经济50人看三十年：回顾与分析［M］．上海：上海远东出版社，2008.

［15］奚君羊．国际金融学［M］．上海：上海财经大学出版社，2019．

［16］杨长江，姜波克．国际金融学［M］．北京：高等教育出版社，2014．

［17］郑建军，郑甘澍．国际金融理论与政策［M］．北京：清华大学出版社，2019．